21世纪普通高等教育
法学系列教材

监察法学 （第二版）

主　编　吴建雄　廖永安

副主编　李　蓉　魏昌东

撰稿人（以撰写章节先后为序）

吴建雄　魏昌东　张全民　张永红

张义清　李　蓉　廖永安　吕晓刚

穆远征　王秀梅　林艺芳　胡之芳

中国人民大学出版社
·北京·

图书在版编目（CIP）数据

监察法学/吴建雄，廖永安主编．--2 版．
北京：中国人民大学出版社，2024.7. --（21 世纪普
通高等教育法学系列教材）．-- ISBN 978-7-300-32924
-6

Ⅰ.D922.114.1

中国国家版本馆 CIP 数据核字第 2024K3P192 号

21 世纪普通高等教育法学系列教材

监察法学（第二版）

主　编　吴建雄　廖永安

副主编　李　蓉　魏昌东

Jiancha Faxue

出版发行	中国人民大学出版社			
社　　址	北京中关村大街 31 号		**邮政编码**	100080
电　　话	010 - 62511242（总编室）		010 - 62511770（质管部）	
	010 - 82501766（邮购部）		010 - 62514148（门市部）	
	010 - 62515195（发行公司）		010 - 62515275（盗版举报）	
网　　址	http://www.crup.com.cn			
经　　销	新华书店			
印　　刷	北京市鑫霸印务有限公司		**版　次**	2020 年 3 月第 1 版
开　　本	787 mm×1092 mm　1/16			2024 年 7 月第 2 版
印　　张	18.25 插页 1		**印　次**	2024 年 7 月第 1 次印刷
字　　数	484 000		**定　价**	49.00 元

作者简介

吴建雄：法学博士，湘潭大学教授、博士研究生导师，湘潭大学纪检监察研究院院长，中国反腐败司法研究中心主任。兼任湖南省法学会法治反腐研究会会长、全国检察业务专家。曾任湖南省人民检察院研究室主任、检察委员会委员、检察长助理，挂职担任最高人民检察院政治部宣教部副部长。国家二级高级检察官。先后主持完成国家社会科学基金特别委托项目"中国特色社会主义国家监察制度研究""习近平反腐败战略思想研究"，国家社会科学基金重大项目"反腐败领导体制机制研究"等8项国家和省部级重大、重点项目。在《求是》、《人民日报》（理论版）、《中国法学》、《新华文摘》、《法学评论》、《法学家》等权威核心刊物发表论文120余篇；出版理论著作12部。先后获最高人民检察院检察基础理论研究成果特等奖、湖南省社会科学奖一等奖等省部级奖项10项。学术思想反腐资源整合论、刑事司法二元论、反腐立法一元论、监察改革价值论等影响广泛。

廖永安：法学博士，湖南警察学院院长，湘潭大学教授、博士研究生导师。兼任教育部高等学校法学类专业教学指导委员会委员、中国法学会民事诉讼法学研究会副会长、湖南省法学会副会长、湖南省法学会诉讼法学研究会会长。系国务院政府特殊津贴专家、教育部"新世纪优秀人才支持计划"入选者、国家"百千万人才工程"入选者、国家"万人计划哲学社会科学领军人才"、国家"有突出贡献中青年专家"、第七届和第八届"全国十大杰出青年法学家"提名奖获得者、湖南省优秀社会科学专家。先后主持科技部重点研发项目1项、国家社会科学基金重大项目等其他科研项目30余项。在《求是》《中国法学》《人民日报》等报刊上发表学术论文180余篇，出版《民事审判权作用范围研究》《民事诉讼制度专题实证研究》《诉讼费用研究》等著作20余部。荣获教育部霍英东教育基金会高等院校"青年教师奖"、宝钢教育基金会"宝钢优秀教师奖"、教育部高等教育国家级教学成果奖二等奖、中国法学优秀成果奖一等奖、司法部全国法学教材与科研成果奖一等奖、教育部高等学校科学研究优秀成果奖（人文社会科学）二等奖等奖励10余项。

李蓉：法学博士，湘潭大学法学院教授，博士研究生导师。兼任中国法学会刑事诉讼法学研究会理事、湖南省法学会诉讼法学研究会副会长、湖南省法学会法治反腐研究会副会长。长期从事刑事诉讼法学教学与研究工作。出版专著4部，在《政法论坛》《法学家》等刊物上发表学术论文近50篇。主持国家社会科学基金一般项目2项、国家社会科学基金重大招标项目子项目1项、司法部等省部级课题7项。参编教材多部。

魏昌东：法学博士，华东政法大学纪检监察学院教授，博士研究生导师。兼任中国犯罪学学会副会长、中国廉政法制研究会常务理事、中国刑法学研究会理事。国家社会科学基金重大项目"中国特色反腐败国家立法体系重大理论与现实问题研究"（17ZDA135）首席专家，主持国家社会科学基金项目1项、省部级课题6项。出版著作多部，在《中国法学》、《法学》、《法学评论》、《环球法律评论》等刊物发表论文100余篇。著作荣获司法部优秀法学著作奖1项、江苏省及上海市哲学社会科学优秀成果奖共3项。

王秀梅：法学博士，北京师范大学刑事法律科学研究院教授，博士研究生导师。兼任国际刑法学协会副主席、G20反腐败追逃追赃研究中心主任、中国廉政法制研究会副会长、中国刑法学研究会常务理事、高铭暄学术馆馆长、*Series on International Criminal Law*等国际著名期刊编委。系教育部"新世纪优秀人才支持计划"入选者。获联合国"Sheikh Tamim bin Hamad Al Thani Anti-Corruption Excellence Award"（国际反腐败教育与研究卓越奖）等国际国内大奖。在《中国法学》《新华文摘》等海内外报纸杂志发表学术论文200余篇，出版个人专著、译著、合著共计40余部。

张全民：1968年生，历史学博士，湘潭大学法学院教授、博士研究生导师，法律史学位点负责人。兼任湖南省法治文化研究会副会长。研究领域为中国法律史、法律古籍整理，偏重于中国古代法律史（尤其是刑法史）及法律古籍点校、译注。2004年入选新世纪湖南省青年社会科学研究人才"百人工程"、湖南省新世纪"121人才工程"。曾主持过省部级项目4项，出版学术著作3部，在《法学研究》等刊物公开发表论文20余篇。

张义清：法学博士，湘潭大学法学院教授、博士研究生导师，民政部政策理论研究基地合作单位（湘潭大学）负责人。兼任中国法学会法理学研究会常务理事。先后入选湖南省青年社会科学研究人才"百人工程"、湖南省普通高校青年骨干教师等。研究法学理论，主攻宪制与法治理论，近期主要关注纪检监察理论等。主持完成全国教育科学"十五"规划重点课题、国家社会科学基金项目等20余项；出版学术专著2部，主编教材一部，参编（著）多部；在《法学》《法制与社会发展》《社会主义研究》等专业核心期刊发表中英文学术论文60余篇，其中10多篇论文被《中国社会科学文摘》、《新华文摘》、《高等学校文科学术文摘》、"中国人民大学复印报刊资料"等转载、摘录。成果获评民政部全国民政政策理论研究二等奖、CCTI智库优秀成果一等奖等。

张永红：法学博士，湘潭大学法学院教授，博士研究生导师。兼任湖南省人民检察院专家咨询委员、湖南省刑事法治研究会副会长、湖南省法学会法治反腐研究会副会长。主要研究方向为中国刑法学、刑事政策学、监察法学。出版学术著作6部，发表专业学术论文60余篇。曾获"湖南省最具影响力法治人物"称号。

穆远征：法学博士，湘潭大学法学院教授，博士研究生导师，湘潭大学研究生院副院长、湘潭大学纪检监察研究院副院长。入选湖南省"芙蓉计划"—湖湘青年英才（人文社科）、湖南省首批"湘江青年社科人才"。兼任湖南省人民政府学位委员会第六届学科评议组（专业教指委）法学组秘书长，湖南省法学会诉讼法学研究会秘书长，湖南省人民检察院人民监督员、湖南省人民检察院第四届专家咨询委员会委员。主持国家社会科学基金一般项目、国家重点研发计划项目子项目，国家社会科学基金重大项目子课题、最高人民检察院检察理论重点课题等科研项目10余项。在《中国刑事法杂志》《法学论坛》《新华文摘》等高级别刊物发表文章20余篇，出版著作教材6部。荣获国家级教学成果二等奖1项、省级教学成果一等奖1项、省级社科成果一等奖1项。

胡之芳：法学博士，湖南科技大学法学与公共管理学院教授，硕士研究生导师，湖南检察案例研究基地（湖南科技大学）主任。兼任中国法学会刑事诉讼法学研究会理事、湖南省法学会法治反腐研究会副会长、湖南省普通高校法学学科带头人、湖南科技大学第五届学术委员会委员，湘潭市公安局特聘法律顾问，湘潭市人民检察院专家咨询委员会委员。系湖南省高校与实务部门互聘"双千计划"人员。主要从事刑事诉讼法学教学与科研工作，所撰写教学案例入选中国专业学位教学案例库。主持国家社会科学基金、教育部、省社会科学项目10余项；出版独著1部，参著参编近20部；在各类刊物公开发表学术论文40余篇。

林艺芳：法学博士，福建师范大学法学院副教授、硕士研究生导师；兼任湖南省法学会法治反腐研究会常务理事、福建省法学会诉讼法学研究会理事。主要从事刑事诉讼法、监察法研究。出版《监察委员会职务犯罪调查研究》《监察法与刑事诉讼法衔接机制研究》等专著四部，在《国家行政学院学报》《中国刑事法杂志》等期刊上公开发表论文30多篇，参编教材著作多部。主持国家社会科学基金2项，主持省社会科学基金、中国法学会课题、最高人民检察院理论课题等课题16项。

吕晓刚：法学博士，福州大学法学院副教授，硕士研究生导师。兼任福建省法学会诉讼法学会理事。先后公开发表论文20余篇，出版专著2部，主编参编著作多部，主持国家级和省部级课题10余项。

修订说明

2018 年第十三届全国人民代表大会第一次会议通过的《中华人民共和国监察法》（以下简称《监察法》），是习近平新时代中国特色社会主义思想，特别是反腐败新理念、新思想、新战略的法制成果。它将党和国家监察体制改革的实践经验以法律形式固定下来，确立了具有中国特色的社会主义监察法律制度。经过多年的实践验证，它高度契合了权力治理的新理念，对反腐败斗争法治化、规范化起了十分重要的作用。在监察体制改革持续推进的过程中，一些配合《监察法》实施的法律规范相继出台，监察制度与相关制度衔接的法律规范也日臻完善，从而大大丰富了监察法律规范体系。因而，全面阐释监察制度的内容，深刻分析监察实践提出的新命题和新挑战，成为监察理论研究者的重要使命。这也是对本教材进行修订的原因。

本教材第一版于 2019 年出版。本教材第一版以《监察法》为制度蓝本，全面介绍了我国深化国家监察体制改革的时代背景、监察体制改革的文化渊源和现代法治国家的反腐败经验，并对《监察法》的主要内容进行了阐释。本教材出版后经数年使用，因体系的科学性、内容的完整性而广受好评。本次修订在保留第一版主要篇章结构的基础上，充分吸收了《中华人民共和国公职人员政务处分法》《中华人民共和国监察官法》《中华人民共和国监察法实施条例》等法律法规的重要内容和监察理论的最新研究成果。

本教材第一版由吴建雄、廖永安担任主编，李蓉为执行主编，撰稿人包括吴建雄、廖永安、李蓉、张义清、张全民、穆远征、吕晓刚。本次修订在原编撰队伍不变的情况下，增加了在相关领域有丰硕研究成果的四位成员，由吴建雄、廖永安担任主编，由李蓉、魏昌东担任副主编。具体分工如下：

吴建雄：第一章、第三章、第十三章、第十四章；

魏昌东：第二章；

张全民：第四章；

张永红：第五章；

张义清：第六章；

李蓉、廖永安：第七章、第八章；

吕晓刚：第九章；

穆远征：第十章；

王秀梅：第十一章；

林艺芳：第十二章；

胡之芳：第十五章。

本教材参阅了国内外有关学者的论著，这些论著对本教材的形成有重要启发，在此对这些学者表达感谢。写作中受水平和资料限制，不免存在缺点和错误，欢迎同仁批评指正。

编　者

2024 年 4 月

编写说明

中国共产党十九届四中全会擘画了"坚持和完善中国特色社会主义制度、推进国家治理体系和治理能力现代化"的宏伟蓝图，也为坚持和完善中国特色法律制度的法学教育和学科建设提出了新的要求。第十三届全国人民代表大会第一次会议通过的《监察法》（以下简称《监察法》），是习近平新时代中国特色社会主义思想，特别是反腐败新理念、新思想、新战略的重大法制成果。它将党和国家监察体制改革的实践经验以法律形式固定下来，确立了具有中国特色的社会主义监察法律制度。如何运用我们的智识创制监察法学理论学科、构建监察法学学科体系，不仅是在新起点上推进反腐败斗争法治化、规范化的必然要求，而且是中国特色社会主义法学学科建设的时代命题，是新时代法学、法律工作者的重要使命。

本书作者从深化国家监察体制改革的时代背景入手，研究了旧有监察模式的体制性障碍、结构性矛盾、政策性问题，论证了监察体制改革的重要性和必然性；从监察体制改革的文化渊源和域外借鉴入手，研究了中华传统的中央集权文化、监督百官的监察御史文化，考量了现代法治国家的反腐败机构模式，证成监察体制改革的价值认同、文化认同和制度自信；从监察体制改革的理论基础和实践逻辑入手，论证了监察体制改革和新型监察法律制度建立的科学性和时代性；从监察法的立法价值和规范设计入手，对监察委员会的领导体制、职责权限、程序设置、自我约束以及与相关执法、司法部门之间的工作衔接机制等进行了系统的理论分析和实证考量，从而为本书的编写奠定了基础。

作为教学用书，本书肩负着科学定位《监察法》、全面阐释《监察法》、完整理解《监察法》、综合研究《监察法》的重任。其基本思路是：以监察立法为逻辑起点，以监察职权为核心范畴，以监察法理为基础支撑，以相关法律制度、监察法治实践及其规律性研究为体系范围，用发展、开放的思维和方法来编写，以向正在接受法学教育和从事法学研究的广大师生提供一个良好的学习范本，实现促进学科成熟、推动监察制度研究、推进监察制度完善的目的。本书以帮助法学专业本科生、硕士研究生研习我国监察制度，培养广大监察干部，帮助全体受《监察法》保障和监督制约的公职人员学习《监察法》为编撰目的。

本书主要由三部分构成。第一章至第三章为总论部分，主要阐述了监察法学的基本概念，包括监察法学的性质和任务、范畴与学科体系、研究对象和研究方法；重点阐述了监察制度的起源与发展，包括中国监察制度的起源、各国监察模式与发展、我国监察制度的文化源流；重点阐述了监察法的中国特色和基本理论，包括监察法创制的政治特色、民族特色、规范特色、本质特色、实践特色、时代特色，监察法所遵循的新时代中国化马克思主义理论创新成果。第四章至第十二章是分论部分，主要对监察法的基本原则、基本方针、基本内容进行学理和法理阐释，包括监察体制与组织结构、监察职责、监察范围和管辖、监察权限、监察程序、反腐败国际合作、对监察机关和监察人员的监督、监察法律责任。第十三章是余论部分，主要阐述监察法与相关法规的衔接，包括监察法与党内监督条例的贯通、监察法与党纪处分条例的衔接、监察法与相关法律的衔接等内容。

本书由吴建雄、廖永安担任主编，由李蓉担任执行主编。全书由吴建雄、廖永安、李蓉负责统稿。本书作者分工如下。

吴建雄：第一章、第三章、第四章、第十章、第十一章、第十二章、第十三章；

廖永安：第六章；

张全民：第二章；

李　蓉：第七章；

张义清：第五章；

穆远征：第九章；

吕晓刚：第八章。

希望通过本书的编辑出版，能够为构建具有中国特色的监察法学学科体系发挥积极作用。囿于监察法律制度的确立和实施处在初始时期，仍有诸多理论和实践问题需要进一步研究，本书所涉内容尚有诸多不足之处，恳望读者批评指正。

编　者

2019 年 12 月

主要规范性文件全称、简称对照表

全称	简称
《中华人民共和国宪法》	《宪法》
《中华人民共和国监察法》	《监察法》
《中华人民共和国公职人员政务处分法》	《政务处分法》
《中华人民共和国监察法实施条例》	《监察法实施条例》
《中华人民共和国刑法》	《刑法》
《中华人民共和国刑事诉讼法》	《刑事诉讼法》
《中华人民共和国监察官法》	《监察官法》
《中华人民共和国人民检察院组织法》	《人民检察院组织法》
《中国共产党党内监督条例》	《党内监督条例》
《中华人民共和国公务员法》	《公务员法》
《联合国反腐败公约》	《联合国反腐败公约》
《中华人民共和国国际刑事司法协助法》	《国际刑事司法协助法》
《中华人民共和国反洗钱法》	《反洗钱法》
《中华人民共和国引渡法》	《引渡法》
《中华人民共和国宪法修正案》	《宪法修正案》
《中华人民共和国行政监察法》	《行政监察法》
《中华人民共和国地方各级人民代表大会和地方各级人民政府组织法》	《地方组织法》
《中国共产党章程》	《党章》
《中华人民共和国检察官法》	《检察官法》
《中国共产党第十八届中央纪律检查委员会第六次全体会议公报》	《中纪委第六次会议公报》
《中华人民共和国法官法》	《法官法》
《中华人民共和国监察部组织简则》	《监察部组织简则》
《中华人民共和国行政监察法实施条例》	《行政监察法实施条例》
《中华人民共和国道路交通安全法》	《道路交通安全法》
《中华人民共和国村民委员会组织法》	《村民委员会组织法》
《中华人民共和国城市居民委员会组织法》	《城市居民委员会组织法》
《最高人民法院关于适用〈中华人民共和国刑事诉讼法〉的解释》	《高法刑诉解释》
《中国共产党纪律处分条例》	《纪律处分条例》
《国家监察委员会与最高人民检察院办理职务犯罪案件工作衔接办法》	《监检衔接办法》

续表

全称	简称
《中华人民共和国各级人民代表大会常务委员会监督法》	《监督法》
《中国人民政治协商会议章程》	《政协章程》
《国家监察委员会特约监察员工作办法》	《特约监察员工作办法》
《中国共产党纪律检查机关监督执纪工作规则》	《纪检监督执纪工作规则》
《中华人民共和国保守国家秘密法》	《保守国家秘密法》
《中华人民共和国国家赔偿法》	《国家赔偿法》
《中华人民共和国政府采购法》	《政府采购法》
《中华人民共和国招标投标法》	《招标投标法》
《中华人民共和国反外国制裁法》	《反外国制裁法》
《中华人民共和国反不正当竞争法》	《反不正当竞争法》
《中华人民共和国证券法》	《证券法》
《中华人民共和国反垄断法》	《反垄断法》
《中华人民共和国国务院组织法》	《国务院组织法》
《中国人民政治协商会议共同纲领》	《共同纲领》

目　　录

绪　论 ……………………………………………………………………… 1

第一章　监察法概述 …………………………………………………… 11
　　第一节　监察法的概念 …………………………………………… 11
　　第二节　监察法的性质 …………………………………………… 14
　　第三节　监察法的渊源 …………………………………………… 16

第二章　监察法的理论基础 …………………………………………… 22
　　第一节　党的自我革命战略思想 ………………………………… 22
　　第二节　以人民为中心的价值法则 ……………………………… 28
　　第三节　中国化的权力监督制约理论 …………………………… 33

第三章　监察法的中国特色 …………………………………………… 39
　　第一节　监察法的政治性 ………………………………………… 39
　　第二节　监察法的人民性 ………………………………………… 41
　　第三节　监察法的时代性 ………………………………………… 44
　　第四节　监察法的统领性 ………………………………………… 46

第四章　中外监察制度的起源与发展 ………………………………… 49
　　第一节　中国监察制度的起源 …………………………………… 49
　　第二节　各国监察模式与发展 …………………………………… 53
　　第三节　我国监察制度的文化基础与特征 ……………………… 62

第五章　监察法的基本原则 …………………………………………… 69
　　第一节　监察法基本原则概述 …………………………………… 69
　　第二节　党的领导原则 …………………………………………… 69
　　第三节　依宪依法原则 …………………………………………… 70
　　第四节　全面覆盖原则 …………………………………………… 71
　　第五节　监察独立原则 …………………………………………… 72
　　第六节　配合制约原则 …………………………………………… 73
　　第七节　权利保障原则 …………………………………………… 74
　　第八节　惩教结合、宽严相济原则 ……………………………… 74
　　第九节　综合治理、标本兼治原则 ……………………………… 75

第六章　监察机关与监察人员 ·· 77

　　第一节　监察机关的性质与地位 ··· 77

　　第二节　监察机关的基本职责 ··· 81

　　第三节　监察机关的组织体系 ··· 82

　　第四节　监察机关的领导体制 ··· 85

　　第五节　监察机关内部组织机构 ··· 87

　　第六节　监察委员会领导集体 ··· 89

　　第七节　监察委员会派驻/出机构 ··· 92

　　第八节　监察官 ··· 97

第七章　监察职责 ·· 104

　　第一节　监察职责概述 ·· 104

　　第二节　监督职责 ··· 106

　　第三节　调查职责 ··· 110

　　第四节　处置职责 ··· 113

第八章　监察范围和监察管辖 ·· 116

　　第一节　监察范围概述 ·· 116

　　第二节　监察对象 ··· 121

　　第三节　监察管辖 ··· 127

第九章　监察权限 ·· 135

　　第一节　监察权限概述 ·· 135

　　第二节　监察措施 ··· 136

　　第三节　从宽处罚建议 ·· 148

　　第四节　监察证据 ··· 150

第十章　监察程序 ·· 153

　　第一节　监察程序概述 ·· 153

　　第二节　问题线索处置与初步核实程序 ··································· 157

　　第三节　调查与审理程序 ·· 160

　　第四节　监察处置程序 ·· 165

　　第五节　移送审查起诉 ·· 170

第十一章　反腐败国际合作 ··· 173

　　第一节　反腐败国际合作概述 ··· 173

　　第二节　完善我国反腐败国际合作法律制度 ··························· 181

　　第三节　监察机关在反腐败国际合作中的作用 ······················· 183

　　第四节　在新征程反腐败国际合作的深化拓展 ······················· 187

第十二章　《监察法》与相关法律法规的衔接 ················· 191

第一节　《监察法》与相关法律法规衔接的指导思想 ············· 191

第二节　《监察法》与《党内监督条例》的衔接 ················· 194

第三节　《监察法》与《纪律处分条例》的衔接 ················· 200

第四节　《监察法》与《政务处分法》的衔接 ··················· 203

第五节　《监察法》与《刑事诉讼法》的衔接 ··················· 207

第十三章　对监察机关及其人员的监督 ····················· 218

第一节　概　述 ··· 218

第二节　党对监察机关的领导监督 ····························· 220

第三节　人大监督 ··· 223

第四节　其他国家机关的监督制约 ····························· 225

第五节　民主监督、社会监督、舆论监督 ······················· 227

第六节　监察工作信息公开和特约监察员制度 ··················· 232

第七节　被调查人申诉 ······································· 235

第十四章　监察机关内部监督和监察人员履职规范 ··········· 238

第一节　概　述 ··· 238

第二节　监察机关内部监督 ··································· 239

第三节　监察人员履职要求 ··································· 242

第四节　监察人员限制性规定 ································· 246

第十五章　监察法律责任 ································· 253

第一节　监察法律责任概述 ··································· 253

第二节　监察法律责任的主体 ································· 256

第三节　监察法律责任的违法事由 ····························· 258

第四节　监察法律责任的种类 ································· 267

参考文献 ··· 271

绪 论

　　监察法学是纪检监察学一级学科下的二级学科。监察法学以监察理论、监察制度和监察实践为研究对象，其基本范畴包括两个方面：从监察体制和监察实践看，监察机关与纪检机关"一体两面"、合署办公的政治特性，决定了监察实践规范不仅包括宪法、监察法、政务处分法、监察法实施条例等法律法规，而且包括《党章》《纪律处分条例》等党内法规。从监察法律规范看，监察机关及其职责和工作程序都是依照监察法确立和实施的。监察法学的范畴在广义上讲，包括监察法学的价值论、方法论、比较论和系统论。

一、监察法学的地位和作用

　　监察法作为国家的基本法律，在法律体系中具有特殊的重要地位，由此决定了监察法学是一门十分重要的部门法学科，也是纪检监察和法学教育的基础课程和核心课程之一。

　　（一）监察法学的地位

　　监察法学的地位是由监察法律法规在国家法律体系中的地位所决定的。监察法是在中国共产党的领导下制定的第一部国家反腐败专门法律，是党的十八大以来反腐败实践经验的全面总结提炼，具有鲜明的中国特色，是建设社会主义法治国家的有力保障，是完善中国特色社会主义法治体系的重要举措，在中国特色社会主义法治体系中具有独特地位，蕴含着全面依法治国的内在逻辑。正如有学者言："法治精神的要旨在于治官限权，即为官者不得违法，因此推行法治一定要先治官后治民。"习近平总书记强调："要加强对权力运行的制约和监督，把权力关进制度的笼子里，形成不敢腐的惩戒机制、不能腐的防范机制、不易腐的保障机制。"① 这就告诉我们，依法治国必须首先依法治权，依法治权必须依法治吏。这是因为，腐败行为是公共管理活动中的权力滥用，是国家治理中的一种病变，如果不能防止公共权力滥用，遏制国家治理中的病变，就谈不上国家治理体系和治理能力的现代化，全面依法治国的目标也不可能实现。监察法作为党和国家自我监督、自我革命的法律规范，承载着维护公共权力廉洁高效运转、维护人民当家作主、实现"三清"建设廉洁政治的重要使命。它的规制对象是所有行使公共权力的公职人员。它的规制范围涵盖党和国家机关、国有企事业单位、农村乡镇，涉及政治、经济、社会的各个领域、各个方面。可谓"党政军民学，东西南北中"，哪里有公权力，哪里就在监察法的规制之列。监察法与党内法规相辅相成，共同发力，巩固党的执政地位，厚植党的执政基础；监察法与人大、司法、审计等方面的法律法规相衔接，保证国家机器依法履职、秉公用权；监察法与民主监督、社会监督方面的法律法规相衔接，保证权力来自人民、服

---

　　① 中共中央文献研究室．十八大以来重要文献选编：上册．北京：中央文献出版社，2014：136.

务人民，确保人民赋予的权力为人民谋利益。① 正因为监察法律法规在国家法律体系中有如此重要的地位，监察法学在我国法学体系中的重要性不言而喻。

（二）监察法学的作用

第一，支撑构建反腐败法律法规体系。习近平总书记提出，要制定同监察法配套的法律法规，将监察法中原则性、概括性的规定具体化，形成系统完备、科学规范、运行有效的法规体系。② 监察法出台以后，我国相继出台了《政务处分法》《监察官法》《监察法实施条例》。其中，《政务处分法》的制定实现了将国家监察体制改革提出的实现对所有行使公权力的公职人员监察全覆盖的要求进一步具体化。《监察官法》的制定，实现了以宪法和监察法为依据，全面贯彻落实党中央要求，为建设高素质专业化监察官队伍提供了法律保障；《监察法实施条例》的制定，旨在推进监察法规制度建设系统集成、协同高效。这一系列法律法规的出台，都离不开对监察法的理论、制度与实践的研究。监察法学理论研究和学科建设，为反腐败法律法规体系的构建提供了有力智识支持。

第二，指导反腐败工作法治化规范化。监察法学将坚持党的领导作为推进反腐败工作法治化、规范化的首要前提，将一体推进"三不腐"作为反腐败法治化规范化的基本方略；强调坚持以打促防、惩防并举、依法治国和以德治国相结合，把惩治的威慑力与制度的约束力、政策的感召力、文化的影响力叠加起来，一体推进，同向发力；将法治思维和法治方式作为反腐败工作的基本要求，强调反腐败工作应严格遵照宪法和法律，坚持依法办事，做到以事实为根据、以法律为准绳；树立权力制约思维，强化对公权力的监督制约，督促公权力部门或组织合理分解权力、科学配置权力、严格职责权限，加快推进机构、职能、权限、程序、责任法定化，从而遏制腐败；注重保障公民权利，强调在腐败治理的观念、模式、制度等方面必须坚持以人民为中心，切实维护群众切身利益，在保障公民的知情权和监督权的基础上推进和保障权力监督。

第三，推动纪检监察学科与法学学科融创发展。从纪检监察学科建设看，纪检监察法学不仅系统总结了深化国家监察体制改革的理论成果、制度成果、实践成果，而且吸收了中国源远流长的监察文化精华和建党以来特别是新时代监察法治实践的经验，从而为纪检监察一级学科提炼新的概念、新的理论、新的逻辑、新的方法，形成纪检监察领域独特的学科体系、学术体系、话语体系，共同构筑具有中国自主知识特征的纪检监察学科知识体系。从法学学科的建设看，随着时代的进步和社会发展，新的法律制度和新的法律实践必然会产生新问题、新需求，需要新的研究思路和研究范式。特别是随着全面依法治国的推进，依法治权、依法治官，用法律和制度管住关键少数成为法治建设的当务之急。创立和发展以治官治权为研究对象的新兴法学学科，成为中国特色法学学科建设的重要任务。

第四，培养纪检监察法治专业人才。随着纪检监察体制改革的不断深入，监察法和监察实践提出了新问题，需要我们刷新研究思维和研究方法。从纪检监察现实情况看，纪检监察干部普遍面临着能力恐慌、本领恐慌、知识恐慌。特别是在如何正确适用纪律、法律两种规范，如何正确执行执纪、执法两种程序，如何严格按照刑事审判标准收集证据等方面的专业能力不足，不能完全满足实践的新需求。只有通过系统性、专业化的监察学学科教育，才能加强纪检监察干部的理论素养，才能使其建立科学的思维方式，提高执纪执法的专业本领。从长远看，编写监察学专业的教材，以保证知识传递和知识普及的有效性，既能够推动高等院校培

---

① 吴建雄. 国家监察体制改革若干问题探析. 新疆师范大学学报（哲学社会科学版），2019（5）.
② 习近平. 在新的起点上深化国家监察体制改革. 求是，2019（5）：8.

养监察学专业人才，培养高素质的纪检监察后备力量，也有利于吸引高校及科研机构的研究人员投身于监察理论和实务研究，以高质量专业人才建设确保中国特色社会主义纪检监察法行稳致远。

二、监察法学的研究对象和研究方法

（一）监察法学的研究对象

监察法本质上是党和国家自我监督的基本法律，属公权领域的治理规范，因而，以监察法学理论、监察法律制度和监察法律实践为研究对象的监察法学，属于政治与法律为主相交叉的综合性法学学科范畴。

1. 国家监察体制

《监察法》第1条、第2条、第3条从立法宗旨、核心要义、职能责任等三个方面对监察法的政治性作出明确规定：监察法的根本宗旨是"深化国家监察体制改革，加强对所有行使公权力的公职人员的监督，实现国家监察全面覆盖，深入开展反腐败工作，推进国家治理体系和治理能力现代化"；监察法的核心要义是"坚持中国共产党对国家监察工作的领导，以马克思列宁主义、毛泽东思想、邓小平理论、'三个代表'重要思想、科学发展观、习近平新时代中国特色社会主义思想为指导，构建集中统一、权威高效的中国特色国家监察体制"；职能责任是"各级监察委员会是行使国家监察职能的专责机关，依照本法对所有行使公权力的公职人员（以下称公职人员）进行监察，调查职务违法和职务犯罪，开展廉政建设和反腐败工作，维护宪法和法律的尊严"。这三条规定在总体上指引着监察制度的构建，是我国监察法规体系之纲。监察法学应当对中国特色社会主义理论，中国特色政治文明，党对国家监察统一领导，马克思主义中国化、时代化、人民代表大会对国家监察工作的监督制度，以及人民政协对监察工作的监督制度等的科学内涵、基本功能和价值实现等展开研究，以便从更广阔、深远的层面理解我国监察制度。

2. 监察法律制度

作为宪法之下的基本法律，《监察法》规定了国家监察机关组织体制、职责权限、监察范围、监察程序等。监察法属于实体（组织）与程序相结合的特别法，是调整国家与个人之间关系的公法，也是由全国人民代表大会通过的基本法。对监察法律制度的研究主要包括对监察法的基本原则、基本内容进行学理和法理阐释，对监察体制与组织结构、监察职责、监察范围和管辖、监察权限、监察程序、反腐败国际合作、对监察机关和监察人员的监督、监察法律责任等问题展开研究。

除了《监察法》，作为研究对象的监察法律制度还包括《政务处分法》《监察官法》《监察法实施条例》以及与监察执法相关的党内法规和行政法规等。第十三届全国人大常委会第十四次会议通过了《关于国家监察委员会制定监察法规的决定》，明确了国家监察委员会根据宪法和法律制定监察法规的职权，因此，国家监委制定的监察法规也是监察法学的研究对象。

此外，围绕监察法，监察法学还要对监察法与相关法规的衔接展开研究，包括监察法与党内条例的贯通、监察法与党纪条例的衔接、监察法与相关法律的衔接等，因此，与监察法相关的其他法，如《刑事诉讼法》、党纪条例等与监察工作相关的法律法规，也是监察法学研究的对象。

3. 监察法基本理论

监察法学基本理论是指关于监察法律制度和监察活动的一系列法学理论。监察法学基本理论的研究范畴至少包括监察政治理论研究、监察法治理论研究、监察历史文化研究、监察法法律渊源研究、监察法本质属性和特征研究、监察活动一般规律研究、监察法比较研究等。监察法学基本理论的研究主线在于探究监察法律关系，即基于监察权的行使而形成的发生在监察机关与监察对象、监察机关与其他国家机关等之间的法律关系。[①]

4. 监察法治实践

实践乃制度发展和理论创新之源泉，监察法治实践乃监察法律制度发展和监察基础理论创新之源泉。监察法治实践受监察法律制度的规范和制约，是监察机关开展监察工作、实施和适用监察法的具体实践，也是人们通过监察法律理论塑造监察法律关系的实践。广义上的监察法律实践包括监察立法、执法和司法三个基本维度。狭义上的监察法治实践主要是监察机关对监察法规制定权的行使，主要集中于监察机关对监督、调查、处置权力的运用。监察法学主要研究狭义上的监察法治实践，即以监察权和监察机关为中心，分析监察权行使的体制、机制、程序，分析监察官与监察对象、涉案人、证人等主体间的法律关系，分析监察机关与其他国家机关之间的关系。[②]

（二）监察法学的研究思维与方法

1. 监察法学的研究思维。

我国的监察法学是以中国特色社会主义监察法为主要研究对象的监察法学，是中国特色社会主义的监察法学。我们开展监察法学研究，就是推进中国特色社会主义纪检监察理论体系、知识体系、话语体系建设和法治理论体系建设，因而必须运用科学的思想方法，主要包括：

（1）政治思维与法治思维。

政治思维是一种方向性、本质性思维方式。在"中国特色社会主义制度的最大优势是中国共产党领导"[③]语境下，政治思维就是"在政治立场、政治方向、政治原则、政治道路上同党中央保持高度一致"的思维方式。深化国家监察体制改革是以习近平同志为核心的党中央，从全面从严治党和全面依法治国的协调推进出发作出的重大政治改革决策。制定国家监察法是中国特色社会主义监察制度的重大创新，是权力属于人民、人民监督权力的宪法精神的具体体现，是巩固反腐败压倒性态势、夺取反腐败压倒性胜利的迫切需要，也是开展监察法学研究的逻辑起点。

法治思维，简而言之，是一种规则思维，说到底是将法律作为判断是非和处理事务的准绳的思维方式。长期以来，反腐执法依据主要是刑法、刑事诉讼法。而刑事诉讼法无论是从价值取向还是从程序设置上，都无法满足反腐败斗争的客观需要，因而出现查办腐败案件必须借用"两规"这一党内措施的现象。法律资源的严重不足，成为制约反腐败斗争的重要瓶颈。制定国家监察法，就是要通过立法赋予监察委员会职责权限和法定手段，破解反腐执法必须依赖党内法规的困局。运用法治思维开展监察法学研究，就是要在调查手段、强制措施、证据标准等问题上考虑到腐败犯罪与普通犯罪的不同特点，在体现惩治腐败与保障人权两者之间衡平的基础上，把监察法的制度优势转化为执法效能，为腐败的善治提供有效的法治资源。

（2）辩证思维与系统思维。

辩证思维是辩证的科学性思维方式，是一种注重矛盾双方的对立统一，注重全面、联系和发展地看问题的思想方法。习近平新时代中国特色社会主义思想，从根本上说，是"我国社会

---

① 封利强. 监察法学的学科定位与理论体系. 法治研究，2020（06）.

② 江国华. 中国监察法学. 2版. 北京：中国政法大学出版社，2022：8.

③ 习近平. 决胜全面建成小康社会 夺取新时代中国特色社会主义伟大胜利：在中国共产党第十九次全国代表大会上的报告.（2017-10-27）[2023-10-27]. https://www.12371.cn/2017/10/27/ARTI1509103656574313.shtml.

主要矛盾已经转化为人民日益增长的美好生活需要和不平衡不充分的发展之间的矛盾"的时代条件下，解决主要矛盾主要方面的科学性思想方法。运用这一思想方法开展监察法学研究，就要充分认识监察法治反腐框架内惩治和预防腐败的若干重大关系，比如作风建设与惩治腐败之间的关系——前者是固本强基之举，后者是刮骨疗毒之策，但它们都是全面从严治党和全面依法治国的客观要求，体现了有效防治腐败的客观规律，从而为国家监察法巩固、完善监察权配置和运行的规范提供理论支撑和智力支持。

系统思维是宏观性思维方式，是一种高瞻远瞩、总揽各方，把握事物发展趋势和方向的全局性思想方法。习近平新时代中国特色社会主义思想的实践特点，就是对"有效应对重大挑战、抵御重大风险、克服重大阻力、解决重大矛盾"[①]的战略思维和战略安排。深化监察体制改革，是党中央深刻总结历史经验，着眼于"反腐败永远在路上"的科学研判，旨在推进国家治理体系和治理能力现代化而作出的重大战略决策。运用这一思想方法开展监察法学研究，就要着眼于国家监察与党内监督相辅相成，共同发力，巩固党的执政地位，厚植党的执政基础；与人大监督、司法监督、审计监督相结合，保障国家机关及其公职人员依法履职、秉公用权；与民主监督、社会监督相结合，保证国家机器的权力来自人民、服务人民，确保人民赋予的权力为人民谋利益；考量各个监督主体彼此之间如何相互协调、共同发生作用，把中国特色社会主义制度优势转化为整体效能，实现国家治理体系和治理能力的现代化。

2. 监察法学的具体研究方法

（1）法哲学研究方法。

法哲学研究方法就是从哲学角度用哲学方法研究和思考法学问题的研究方法。有什么样的法哲学，人们对法治建设及其本质就会有什么样的法学理解。作为监察法学重要的基本研究方法，法哲学方法就是用中国化的马克思主义立场、观点和方法，对监察体制改革、监察法创制和实施进行总结提炼、法理阐释和理论概括，阐明深化国家监察体制改革是新的历史条件下中国共产党执政的人民主权国家"限制权力、保障权利"的重大法治举措，蕴含依规治党和依法治国的内在逻辑，承载着中国特色社会主义法治建设的立场、观点和方法；揭示中国特色社会主义监察法律制度创立和实施的根本立场就是人民立场，即中国共产党反腐败"全覆盖、无禁区、零容忍"的鲜明态度、"以人民为中心"的初心使命、"打铁必须自身硬"的执政品格。其基本观点是对党和国家自我革新、自我完善、自我提高规律的科学认识，即"加强党对反腐败的统一领导"，"强化人民对权力的监督"，"把权力关进制度的笼子里"。其基本方法源于新时代条件下中国共产党的哲学自觉，表现为政治思维与法治思维、战略思维与辩证思维的思想方法，问题导向与顶层设计、试点探路与整体推进的工作方法，是辩证唯物主义和历史唯物主义的世界观、方法论的集中体现。

（2）法教义学方法。

法教义学也称法释义学、法教条学，其主要包括对现行生效法律的描述、对现行生效法律从事法概念体系的研究，以及提出解决疑难问题的建议，概括起来就是通过对法律文本的解读，阐释法律含义的学习和研究方法。"解释规范时亦须考量该规范之意义脉络、上下关系体系地位及其对该当规范的整个脉络之功能为何"，"以体系的形式将之表现出来，乃是法学最重要的任务之一"[②]。只有正确地理解和分析法律文本，才能正确地适用法律规范，解决法律实

①　习近平. 决胜全面建成小康社会 夺取新时代中国特色社会主义伟大胜利：在中国共产党第十九次全国代表大会上的报告.（2017-10-27）[2023-10-27]. https://www.12371.cn/2017/10/27/ARTI1509103656574313.shtml.

②　卡尔·拉伦茨. 法学方法论. 陈爱娥，译. 北京：商务印书馆，2003：194-203.

践中产生的问题。学习和研究监察法，就要对监察法的内容（包括监察的概念、监察原则、监察组织、监察对象、监察职权、监察程序等）作出既符合立法意图又阐明法律本意的正确解读。同时，由于监察法具有政治性的鲜明特征，而目前我国监察法律存在一定程度的供给不足，故还需将监察法与党内法规和刑事诉讼法的衔接作为研究内容，要阐明纪法衔接的法理内涵和法法衔接的科学逻辑。

（3）比较分析方法。

比较分析方法强调横向比较研究，就是通过对不同历史时期或不同国家的法律进行比较，揭示各自本质、特征及发展规律的学习和研究方法。恩格斯说，"只有当自然和历史的材料搜集到一定程度以后，才能进行批判的分析和比较，并相应地进行纲、目和种的划分"①，只有积累了大量的材料，才"使得运用比较的方法成为可能，同时也成为必要"②。我们党和国家在腐败治理方面积累了大量独具特色的科学经验，形成了管用的权力监督的制度成果，但也要看到我国监察法还存在周延完善的空间。正所谓"他山之石，可以攻玉"。监察法学不仅要比较研究不同社会制度的国家在监察法律法规方面的差异，也要比较研究同一社会制度的不同国家采取的监察路径和监察方法，还要比较研究施行同一社会制度但属不同法系的国家在监察立法模式、监察组织设置等方面的差异，从而为我国监察法律制度的不断发展与进步提供宝贵的域外资源。

（4）历史分析方法。

历史分析方法则侧重于纵向比较研究，强调历史文化轨迹。列宁指出："在分析任何一个社会问题时，马克思主义理论的绝对要求，就是要把问题提到一定的历史范围之内。"③ 研究监察法学同样要运用历史研究法。我国《监察法》第6条就明确规定，我国监察工作要弘扬中华优秀传统文化。监察法学历史分析方法正是以我国监察法治悠久制度文明为研究对象，研究我国监察法治"彰善瘅恶，激浊扬清"的价值理念和可取之处。中国历史上监察法治的完整性、系统性和持久性是世界法制史上少见的，其孕育的监察法体系、完备的监察法律规范无不鲜明地彰显了中华民族以法律约束权力的法治传统。因此，监察法历史研究要立足于中华文化，深入挖掘我国不同历史阶段各监察法的鲜明特色、内在机理和法治意蕴，提炼出巩固完善中国特色社会主义国家监察法的历史借鉴，从历史发展脉络中获得有益于现实发展的重要启示。

（5）实证分析方法。

实证分析方法是指研究者亲自收集观察资料，为提出理论假设或检验理论假设而展开的研究方法。实证分析方法具有鲜明的直接经验特征，是一种通过对经验事实的观察分析来建立和检验各种理论命题的科学研究方法。其目的是发现事实、提供证据，为制度构建和改革决策提供切合实际的参考。我国监察体制改革正是在全面研判反腐败斗争形势、科学总结反腐败斗争经验的基础上，提出的重大政治体制改革，因此，要对我国监察法的合理性和科学性作出立场正确与合乎逻辑的评价，就要在中国特色社会主义政治法律制度框架下，以反腐败斗争实践为素材来源，通过实地调研、调查问卷、深度访谈、案例分析等实证方式对监察法实施情况进行调查研究，从而得出符合实际情况的结论，以客观真实的研究成果促进监察法律制度的坚持和完善。

---

① 马克思恩格斯全集：第20卷. 北京：人民出版社，1971：699.
② 马克思恩格斯选集：第4卷. 2版. 北京：人民出版社，1995：269.
③ 列宁全集：第25卷. 2版增订版. 北京：人民出版社，2017：232.

（6）综合研究方法。

法学研究日益呈现出与社会学、政治学、管理学、统计学、历史学等学科交叉研究的特点，监察法学的研究也应以法学为本，兼容并蓄地采用其他学科的研究方法。综合研究方法就是强调综合运用各相关学科的研究视角和研究工具的研究方法。监察法学研究对象的复杂性决定了监察法学学科的综合性。总的来说，监察法是监督权力运行的制度之笼，综合研究法就是采用多种研究方法解决如何提升制度之笼的硬度和密度，将监察法效能转化为腐败治理效能，如通过大数据对腐败治理成效进行评价，就是法学、管理学、统计学研究方法的综合运用。监察法学综合研究法有助于研究工作在历史与现实、他国与我国、一般与特殊、宏观与微观、理论与实践、动态与静态等方面实现有机结合，得出更有说服力的研究结论。

三、监察法学与其他学科的关系

从学科定位与分工来看，监察法学与法理学、宪法学、行政法学、刑法学、诉讼法学、党内法规学等法学学科存在紧密联系，与法学以外的其他相关学科也存在一定交叉关系。

（一）监察法学与宪法学

国家监察法是国家监督领域的基本法，属于宪法性法律。"宪法性法律"作为监察法的法律性质，已然成为较为一致性的认识。之所以认为监察法属于宪法性法律，核心原因仍然在于监察法涉及权力运行的结构性调整，即监察法的核心功能是把宪法之下的监察委员会及其监察权具体化，明确了监察主体的权力与职责等宪法性内容。据此，监察法学与宪法学的基本立场一致。故在学科研究中，监察法学需要借助宪法学基础理论进行交叉共同研究，如国家监察权的性质、监察机关的定位、国家监察机关与其他国家机关的一般关系、监察制度中的人权保障等问题。

（二）监察法学与行政法学

监察法学与行政法学是两个相互独立又有联系的法学学科。随着国家监察体制改革的展开，曾作为行政监督手段的行政监察演变为国家监察制度，对二者的研究范畴也由先前的行政组织法学逐渐演变为监察法学和行政法学的交叉竞合，如监察机关的调查和处置权具有二元结构性：监察机关对职务违法行为的调查和处置具有行政性质，故行政调查处置部门在履职中应适用《行政强制法》《行政复议法》等行政部门法的规定；而监察机关对职务犯罪行为的调查和处置则具有专门调查属性，故专门调查部门在履职中应严格遵守《监察法》等相关规定。因此，关于对特定形式的政务处分决定等是否应当在行政法上进行内部救济、其相关的行政程序机制如何等问题需要借助监察法学和行政法学进行交叉研究。

（三）监察法学与刑法学

监察法学与刑法学是两个相互独立的学科，但二者的研究对象存在交叉，尽管表面来看，监察法与刑法的相关性仅体现在个别法条的规定中，但是公权力人员的职务犯罪必不可少地需要实体刑法的规制与制约，因而在涉嫌职务犯罪案件的调查活动中，监察法与刑法就必然发生实质关联：第一，监察法的实际运行应当遵守刑法的基本原则；第二，对于依据监察法查处的职务犯罪需要根据刑法规范来认定；第三，监察委员会行使监察职权时必须受刑法的规制。但是二者还存在需协同研究治理的问题，如监察法实施过程中对不同身份混合性共犯案件的查处，监察委员会调查职务违法与职务犯罪案件的时效适用疑惑，以及监察法实施过程中监察违法类型与刑事责任追究的困惑等方面的问题。

（四）监察法学与诉讼法学

监察法是实体法和程序法的综合体，监察法学亦兼具两学科属性。监察法不可避免地与刑事诉讼法发生程序衔接，这两个学科亦存在衔接和配合关系。监察法学与刑事诉讼法学须共同关注两个问题：一是证据问题。由于监察机关在证据材料的转化、收集、审查等方面采用的标准与刑事诉讼法的规定近乎一致，故证据问题需要监察法学与刑事诉讼法学协同研究。证据问题必然涉及调查手段的问题，《监察法》规定监察机关可以采取谈话、留置等措施开展调查，虽这些调查措施不同于刑事侦查措施，但为保障监察机关调查取证措施的正当性，监察法应参照刑事诉讼法中有关侦查行为的规定，对监察机关调查取证的活动进行法律规制。二是起诉衔接问题。根据《监察法》和《刑事诉讼法》的规定，两法在移送审查起诉、退回补充调查、采取刑事强制措施和不起诉决定的作出等方面存在系列相继的程序性问题。对此，两法需要进行配合衔接，两学科需要协同研究。

（五）监察法学与党内法规学

监察法学与党内法规学是两个存在紧密联系的新兴学科：在研究对象上具有交叉性，在研究方法上具有共通性。此外，二者都是"中国共产党以法律手段加强党的纪律和组织建设"的时代背景的产物，都是富有中国特色的学科。因此，这两个学科存在紧密的联系。从研究方法来看，党内法规学需要借助法学的规范分析方法来整理、完善，需要将监察规范释义作为研究的主要手段，因此，在一定程度上党内法规学与监察法学具有共通性。从研究对象来看，监察法学与党内法规学存在共同研究对象，如党内法规学的研究会涉及纪检监察制度以及党的组织建设，而这属于二者的共同研究对象。

（六）监察法学与其他学科

1. 监察法学与中共党史党建学

监察法学与中共党史党建学具有密切联系。中共党史党建学是马克思主义指导下的中国哲学社会科学的主要内容之一。在研究生教育学科专业目录中，中共党史党建学成为法学门类之下新设的一级学科。研究监察法和监察制度有助于完善党的自身建设，在历史语境中加强和巩固党的领导，因此，监察制度也属于中共党史党建学的研究对象。但是二者的研究方法和角度有所不同：监察法学作为法学学科，更强调规范和诠释；中共党史党建学倾向于从党的建设和党的历史方面进行宏观研究，揭示监察制度改革在党的历史发展中的地位以及它对党的建设的实际作用。

2. 监察法学与中外政治制度学

监察法学与中外政治制度学也具有密切联系。中外政治制度学主要从国体、政体方面研究不同国家的政治体制与制度，其具体研究方向主要包括政治建设与基层民主研究、地方治理与农村问题、制度比较与政府管理等。从制度定位与历史影响来讲，国家监察制度在人类政治制度史上是具有独特代表性的制度形态，具有特定的地位和功能，属于比较政治制度研究的对象，并且是比较政治制度研究的新的知识增长点。但比较政治制度研究视野下的监察制度主要属于制度比较和描述的范畴，而监察法学的研究则以规范的诠释和适用为目的。

四、监察法学的学科体系

监察法学的学科体系，是指监察法学内部既相互独立又相互联系的若干分支学科所构成的有机整体和学科群。它与监察法学的理论体系既相互联系又相互区别。监察法学的学科体系的基础和前提，是对监察法典进行深入系统的阐释性研究，对监察法律精神、法律原则、法律规范的完整、全面、准确的学理解读，是监察法基本原理与执法实践相结合的理论创新。在此基础上，监察法学的学科体系是监察法学各分支学科的有机构成。各分支学科既要有自己的理论体系，又要在相互间具有科学的逻辑关系，它们共同构成监察法学理论大厦的整体。本书认为，在对监察法典进行深入系统的阐释性研究和系统性理论创新的基础上，监察法学作为一个学科群，应当包含如下分支学科。

（一）监察法理学

我国监察法的理论基础主要涉及政治学和法学的基本理论，包括马克思列宁主义人民主权学说，毛泽东人民民主专政思想，习近平新时代中国特色社会主义思想特别是反腐败和法治思想，监察体制改革，监察法所蕴含的权力监督的内在逻辑，执政党对权力运行的全方位监督，权力属于人民、人民监督权力的宪治思想等。监察法理学就是要将监察法置于上述不同的理论框架中进行研究和考量，坚持和创新权力监督与制约现代法治理论，不断深化科学有效的关于腐败治理的认识论与方法论。

（二）监察法史学

我国的监察思想和法律可谓源远流长。在延绵两千多年的历史中，监察法是国家政治制度的重要组成部分，是调节古代国家机器的制衡器，对于政治秩序的维护、社会秩序的稳定以及阶级关系的调整都起着重要作用。纵观从古至今监察法的流变脉络，能够看到一条清晰而独具特色的中国监察文化源流。监察法史学通过研究国家监察法构建的历史渊源，阐明中华传统的中央集权文化、监督百官的监察御史文化、官民分野的法律治理文化、重典惩贪的刑事司法文化及相关的思想，证成国家监察体制改革的价值认同和文化认同。

（三）比较监察法学

自瑞典最早建立议会监察专员制度以后，该制度在欧洲国家迅速传播。至20世纪80年代，一些新兴的国家和地区开始建立起专门的监察专员制度，其制度内涵也比过去更加丰富。当代有关国家和地区都赋予了反腐败机构较大的监察权。瑞典议会监察专员有权对法律法规提出修改建议，还有权针对贪污腐败、玩忽职守的官员向法院起诉。在西班牙监察官被称为"护民官"，主要处理人权事务和监督政府。在伊斯兰国家，监察官制度具有浓厚的宗教色彩。在我国香港特别行政区廉政公署的调查对象不仅包括公共机构以及公务员，也包括私营机构，其调查权限包括逮捕、扣留和批准保释，必要时亦可使用枪支和手铐等武力。域外监察制度研究表明，无论采取议会监察专员制，还是在行政系统内设监察机关，均通过立法保障监察权独立行使，明确监察对象的广覆盖。① 比较监察法学理论对中国特色社会主义监察理论的形成具有重要的借鉴意义。

（四）专门监察法学

依据监察法的主要内容，监察法学可分为监察体制学、监察监督学、监察调查学、监察处置学、监察衔接学、监察官管理学等学科。在这些专门监察法学科中，有些学科还可进一步细分，如监察管理学，其下又可分为监察政策学、监察官管理学（可含监察道德学、监察伦理学）、监察业务管理学等。开展专门监察法学研究的目的，就是论证监察委员会作为反腐败专门机构和监督执法机关的职能定位的合理性与必要性；论证人民代表大会之下监察委员会与"一府两院"并列的宪法定位的合理性与必要性；论证国家反腐败领导体制和反腐败监督体系中监察委员会之功能定位的合理性与必要性；论证监察委员会的监督、调查、处置三项监督执法权及其所派生的若干具体权能的配置与运行的合理性和必要性；论证监察委员会与纪检机关合署办公的制度安排、程序规范，党内监督与国家监察双责设计，执纪与执法有机结合的合理

---

① 马怀德，张瑜．通过修法完善国家监察体制．党员生活（湖北），2017（1）：11.

性和必要性；论证监察委员会自身监督与程序制约的合理性和必要性。

五、本书的体系结构

本书以《监察法》的立法结构为参照，在监察法基本原理的基础上，依组织制度、程序制度、履职规范、实施保障的立法逻辑进行体系结构设计，分为"监察法的基本原理""监察组织与监察职责""监察权限与监察程序""监察自律与监察保障"等四个层次。第一个层次"监察法的基本原理"由"绪论""监察法概述""监察法的理论基础""监察法的中国特色""中外监察制度的起源与发展""监察法的基本原则"等六个部分构成。第二个层次"监察组织与监察职责"由"监察机关与监察人员""监察职责""监察范围和监察管辖"等三个部分构成。第三个层次"监察权限与监察程序"由"监察权限""监察程序""反腐败国际合作""《监察法》与相关法律法规的衔接"等四个部分构成。第四个层次"监察自律与监察保障"由"对监察机关及其人员的监督""监察机关内部监督和监察人员履职规范""监察法律责任"等三个部分构成。这四个层次依监察基本原理、监察组织职权、监察程序规制、监察法律责任等四个支撑点，构建起本书的总体框架。

第一章
监察法概述

第一节　监察法的概念

一、"监察"的基本含义

监察，从词义来说，指监督（督促）考察及检举。在汉语中，监察中的"监"，是"监控、监测、监护、监考、监听"之意；监察中的"察"，是"细看、详审"和"考察、调查"之意。"察"源于《论语·卫灵公》："众恶之，必察焉；众好之，必察焉。"可见，"监察"一词既指监督考察，又指检举、制止。

在中国古代，统治者为监督政府官员，设立了自上而下、自成体系的御史制度，以纠察百官，肃正朝纲，维护统治秩序，保障国家机器正常运转和最高统治者的利益。如明朝皇帝朱元璋说："国家立三大府，中书总政事，都督掌军旅，御史掌纠察，朝廷纲纪尽系于此，而台察之任尤清要。"[1]《通志·魏高恭传》就写道："御史检事，移付司直。"[2] 意即将所要纠劾的事项与典章律令相对照查验，如果发现有违制的情况，就依照典章律令的规定移交有关部门处理。源远流长的我国古代监察法，为构建中国特色社会主义监察法奠定了深厚的文化根基。

国外的"监察"与我国的"监察"都有"监督、检举"之意，只是在制度模式上存在差异。国外的"监察"有多种模式，主要包括代议机关内部的行政监察、行政机关内部的行政监察、监察与审计合一的行政监察等。如，以瑞典议会监察专员制度为代表的代议机关内部的行政监察：内部设立的监察机构被称为议会行政监察专员。议会赋予行政监察专员以调查权、批评权和起诉权。行政监察专员在对案件调查结束后可以对有关机关提出建议和批评，这是行政监察专员常用的权力；起诉是行政监察专员可以采取的最严厉的措施，对于重大违法行为，行政监察专员可以行使起诉权。

二、党和国家"监察"的沿革

新中国成立前后，"监察"是指党和国家监督党员干部依法履职、秉公用权、廉洁从政的执纪执法活动。尽管"监督"这一基本形式未变，但监察的内涵和外延历经了从新中国成立前的党的监察、新中国成立后的行政监察、行政监察与党的纪律检查部门合署办公的纪检监察，到行政监察升格为国家监察并与党的纪检机关合署办公的纪检监察的发展变化。

---

① 张廷玉. 明史·职官志二. 北京：中华书局，1974.
② 谭金土. 法言与法相. 呼和浩特：远方出版社，2001：111.

（一）新中国成立前中国共产党的"监察"

新中国成立前中国共产党的监察活动始于1921年党的"一大"通过的党章。"一大"通过的党章强调了党的纪律，但是没有单设一章。1922年党的"二大"通过的党章单列了"纪律"一章，规定党员要服从党的全国大会及中央执行委员会的决议，下级机关必须执行上级机关的命令等党的纪律。

1927年4月，党的"五大"选举产生了中央监察委员会。这是党的历史上首次设立专门的纪律检查机构。其后，受党的"五大"委托，中央政治局于1927年6月召开会议，修改了党章，增设了"监察委员会"一章，规定在党的全国代表大会及省代表大会选举中央和省监察委员会。1945年党的"七大"通过的党章专列了"党的监察机关"一章，规定中央监察委员会由中央全体会议选举产生，并对纪检机关的任务和职能、领导体制作了明确的规定。

（二）新中国成立初期党政分立的"监察"

1949年10月，设立了中央纪律检查委员会，政务院也设立了人民监察委员会。中央纪律检查委员会的主要任务是：检查中央直属各部门及各级党的组织、党的干部及党员违反党的纪律的行为；受理、审查并决定中央直属各部门、各级党的组织及党员违反纪律的处分或取消处分；加强党员干部纪律教育。1955年3月，中国共产党召开全国代表会议，选举产生了中央监察委员会。中央监察委员会的职权比过去纪委的有所扩大，其组织机构有所扩充，"成为党中央对党组织和党员干部进行监督的强有力的机关"①。而政府的监察机构，人民监察委员会则于1954年9月改为监察部。1986年12月，第六届全国人大常委会第十八次会议决定设立中华人民共和国监察部。作为国家行政机构内的监察机关，监察部依法对国家行政机关及其公务员行使行政权力的行为进行监视和督察。

（三）党的"纪检"与行政"监察"合署的"监察"

为适应加快改革开放和现代化建设的新形势，提高党政监督的整体效能，1993年1月，中央和地方各级党的纪律检查机关与监察机关实行合署办公，其主要职责是：检查监察对象在遵守和执行法律、法规和人民政府的决定、命令中的问题；受理对监察对象违反行政纪律行为的控告、检举；调查处理监察对象违反行政纪律的行为；受理监察对象不服主管行政机关给予行政处分决定的申诉，以及法律、行政法规规定的其他由监察机关受理的申诉；依法对监察对象违反国家法律、法规和政策的行为，以及违反政纪的行为行使检查权，调查权、建议权和行政处分权；法律、行政法规规定由监察机关履行的其他职责。

（四）党的"纪检"与国家"监委"合署的"监察"

为适应实现中华民族伟大复兴的中国梦的时代要求，构建集中统一、权威高效的国家监察体系，2016年11月，党中央决定在北京市、山西省、浙江省开展国家监察体制改革试点工作。试点地区依照第十二届全国人大常委会通过的《关于在北京市、山西省、浙江省开展国家监察体制改革试点工作的决定》，将行政监察部门、预防腐败机构和监察机关中查处贪污贿赂、失职渎职以及预防职务犯罪等部门的工作力量整合起来，组建党统一领导的反腐败机构，即监察委员会，实现对所有公权力人员的监察全覆盖。此举从根本上改变了长期以来监察范围过窄、反腐败力量分散、监察专责集中统一不够等问题。

2017年10月党的十九大以后，国家监察体制改革试点工作在全国推开。根据党中央确定的时间表和路线图，各省、市、县（区）监察委员会相继成立。2018年3月，十三届全国人大

---

① 中纪委风雨80载.人民网，2009-10-15.

一次会议通过《宪法修正案》和《监察法》，选举产生中华人民共和国监察委员会。这标志着行政"监察"升格为国家"监察"的重大政治体制改革布局完成。作为国家反腐败专责机关，监察委员会和党的纪律检查机关合署办公，依法履行监督、调查、处置职责权限，为加强中国共产党对反腐败工作的集中统一领导，构建中国特色社会主义监督体系奠定了坚实基础。

三、监察法的概念

监察法是调整监察关系的法律规范的总称，具体而言，是规范监察主体的组织、职权，行使职权的方式、程序，以及监督等各种关系的法律规范的总称，包括监察组织法、监察行为和程序法、监察监督法等。就其发展而言，我国的监察法经历了行政监察法和国家监察法两个阶段。第一阶段，即1997年5月第八届全国人大常委会通过的《行政监察法》和2010年6月25日第十一届全国人大常委会通过的《关于修改〈中华人民共和国行政监察法〉的决定》，都是规范行政机关监察体制、监察职权、监察对象、监察活动的专项法律；第二阶段，即2018年3月20日第十三届全国人大一次会议通过的《监察法》，是规范国家监察机关组织体制、职责权限、监察范围、监察程序等的基本法律，具有高于专项法律的立法位阶。

随着《监察法》的实施和纪检监察工作的不断发展，相关配套法律法规也在不断制定和完善。2021年9月20日，国家监察委员会公布了《监察法实施条例》（该条例已于2021年9月20日施行）。2021年8月20日，第十三届全国人大常委会第三十次会议通过了《监察官法》（该法已自2022年1月1日起施行）。上述与监察工作相关的法律法规和《监察法》一道，构成了广义的监察法。因此，广义的监察法是以宪法关于监察委员会的组织和职权的规定为核心，以《监察法》确立的各项监察制度为基础，以《监察官法》《监察法实施条例》为骨干，辅以各种规范监察关系的法律法规的层次清晰、逻辑严谨、结构合理的监察法体系。更广义的监察法还包括与调整纪检监察关系相关的党的政策、党内法规以及各种规范性文件。[①] 此外，也可以从法律现象的视角，从宏观上把握监察法调整社会关系过程中所产生的社会现象的各种特征。

按照法的不同角度分类，监察法属于：

（1）实体（组织）与程序相结合的特别法。一般法按其内容可分为实体法与程序法：实体法是规定具体权利义务内容或者法律保护的具体情况的法律，如人民检察院组织法、人民法院组织法就是规定检察机关和审判机关的机构设置与权力配置的法律。程序法是规定权利得到实现或职权据以行使，义务和责任得到履行的有关程序的法律。与"一般法"相对称，特别法是对特定的人群和事项，或者在特定的地区和时间内适用的法律。监察法之所以是实体与程序相结合的特别法，原因就在于它既不是一般的实体法或程序法，也不是一般的特别法。监察法规定了监察机关的组织机构及职责、权限和法律责任，具有实体法的内容；同时又规定了监察范围、监察程序等，具有程序法的内容；其规定的反腐败国际合作更具有实体和程序一体的特征。

（2）公法。法按其涉及的国家和个人的关系，可分为公法和私法。这是罗马法上的传统分类。公法调整国家与个人之间的关系的法律，私法是调整个人与个人之间的关系的法律。监察法调整的是监察工作中国家监察机关与公职人员及其他监察参与人的关系，因而它属于公法。制定和实施监察法，应当充分注意到它作为公法的特点，处理好监察执法中国家权力与被监察人员及公民的权利的冲突与平衡问题。

---

① 莫纪宏，姚文胜.监察法学原理.北京：中国社会科学出版社，2022：50.

（3）基本法。我国的法律按其层次分为根本法、基本法和一般法律：根本法指国家的根本大法宪法；基本法是必须由全国人民代表大会通过的重要法律；一般法律则由全国人民代表大会常务委员会通过。监察法经全国人民代表大会通过，是在我国法律体系中占重要地位的基本法。监察法作为一部体现党和国家自我监督的基本法律，也是我国第一部反腐败国家立法。在我国宪法之下的法律体系中，监察法处于源头性、引领性的重要地位。

第二节　监察法的性质

一、国家监察体制改革的重要制度成果

深化国家监察体制改革是以习近平同志为核心的党中央作出的重大决策部署，是事关全局的重大政治体制改革。改革的目标，是建立党统一领导下的国家反腐败工作机构。实行党的纪律检查委员会、监察委员会合署办公，履行纪检、监察两项职能，从而更好地加强和改进党的领导。

自党的十八大以来，我们党以顽强意志品质正风肃纪、反腐惩恶，创造了史无前例的反腐纪录。我们在看到反腐取得巨大成绩的同时，也应当清醒认识到，这是一场输不起的斗争，不敢腐只是反腐第一步，要实现不能腐、不想腐尚需长远的战略谋划、严密的制度体系和完备的法治保障。实践证明，惩治是最好的预防，制度是最大的保障。只有集中全党力量，形成高压态势，通过严厉惩治，才能形成巨大的震慑效果，有效预防腐败；也只有加快建立制度体系，把权力关进制度的笼子里，才能重建政治生态，建设廉洁政治。国家监察体制改革，就是建设廉洁政治的重大政治体制改革。

深化监察体制改革是在党的纪检体制改革取得重大进展的背景下展开的。党的十八大以来的经验告诉我们，只有坚持全面从严治党，集中有效的反腐败力量，才能从根本上解决腐败问题。推进国家监察体制改革，特别是设置国家监察委员会，是全面从严治党的需要，是加强党对反腐败工作统一领导，形成制度化、法制化成果的需要，有利于实现党内监督与人民监督有机结合。为了推进全面从严治党，坚持思想建党和制度治党紧密结合，党的十八届六中全会通过了《关于新形势下党内政治生活的若干准则》和《党内监督条例》。《党内监督条例》第37条明确规定，各级党委应当支持和保证同级人大、政府、监察机关、司法机关等对国家机关及公职人员依法进行监督。随后，中共中央办公厅印发《关于在北京市、山西省、浙江省开展国家监察体制改革试点方案》，部署在该三省市设立各级监察委员会，从体制机制、制度建设上先行先试、探索实践，为在全国推开积累经验。党的十九大报告作出了将国家监察体制改革试点工作在全国推开的决策部署，全国人大常委会就国家监察体制改革试点作出决定。自此，一场系统复杂、牵一发而动全身的重大政治体制改革按照中央确定的时间表和路线图稳步推进。截止到2018年1月，全国地方各级监察委员会相继成立。制定国家监察法，就是要把深化国家监察体制改革的成果用法律形式固定下来，为国家监察委员会的建立和监察体系的构建提供法律依据。

二、国家机关和公职人员监察全覆盖的法律规范

依法治国必须依法控权，依法控权必须依法治权，依法治权必须从健全完善反腐体制机制入手，形成完备的法律规范和党内法规体系、严密的监督体系和有力的保障体系，使所有的公

共权力和公职人员都毫无例外地受到党纪国法的约束和监督。国家监察体制改革前，监察制度存在体制机制不畅的问题。首先，监察范围过窄。行政监察对象主要是行政机关及其工作人员，还没有做到对行使公权力的公职人员全面覆盖。其次，反腐败力量分散。检察机关的查处职务犯罪职能与党的纪律检查机关、行政监察机关的职能既分别行使，又交叉重叠，没有形成合力。最后，检察机关作为法律监督机关，对职务犯罪案件既行使侦查权，又行使批捕、起诉等权力，进而缺乏有效监督制约。因此，需要整合反腐败工作力量，推进国家监察理念思路、体制机制、方式方法的与时俱进。国家监察体制改革后，通过制定监察法，扩大监察范围，整合监察力量，健全国家监察组织架构，形成全面覆盖国家机关及公职人员的国家监察体系。

用权者必受监督的基本法则，在中国政治制度下有着特定的内涵。中国特色社会主义的基本原则是党的领导、人民当家作主和依法治国的有机统一。坚持党的领导，就要坚决彻底地清除腐败，实现党的自我纯洁、自我革新，巩固党的执政地位；坚持人民当家作主，就要维护最广大人民的根本利益，最大限度地满足人民群众对惩治腐败、廉洁政治的迫切期待；坚持依法治国，就要紧紧抓住依法治权、依法治吏这个要义，严格执法、公正执法，职权由法定，用权受监督。因此，健全国家监察体系，是完善中国特色社会主义国家监察制度的重大举措。监察法通过对行政监察权和检察侦查权等监督权能的资源整合，克服监察体制上的种种缺陷，形成集中、统一的国家监督权。国家监察与党内监督相辅相成，共同发力，巩固党的执政地位，厚植党的执政基础；它与人大监督、司法监督、审计监督相结合，保证国家机器依法履职、秉公用权；它与民主监督、社会监督相结合，保证权力来自人民、服务人民，确保人民赋予的权力永远为人民谋利益。

三、廉政建设和反腐败工作的法治遵循

深入开展反腐败工作，就是要提高反腐败斗争的能力和水平。党的十八大以来，以习近平同志为核心的党中央强力推进反腐败斗争，以前所未有的冲击力涤荡党内一段时间以来被污染的政治生态。加强党的建设、全面从严治党，不断优化党内政治生态、提高党的自我净化能力，成为党的十八大以来党中央推动工作的重要着力点。一大批"老虎""苍蝇"在强势反腐中纷纷落马，"不敢腐"的目标初步实现。在当前反腐败斗争压倒性态势已经形成的背景下，需要由"治标"为主转向"标本兼治"。既然是标本兼治，就要保持反腐败斗争力度不减、节奏不变、尺度不松，不断将压力传导到各个领域、各个层面。与此同时，着力推动制度建设和反腐败体制机制创新，推进国家监察体制改革，加强党对反腐败工作的统一领导，更好形成反腐败工作合力；通过完善控权治权的监察法律制度，限制和规范权力行使的范围、方式、手段、条件和程序，把权力关进制度的笼子里，营造不敢腐、不能腐、不想腐的法治环境，构建官员清正、政府清廉、政治清明的政治生态。监察法的制定，从立法上确保用法治思维和法治方式开展监察，惩治腐败。

正是基于上述目的，党中央对国家监察立法工作高度重视，习近平总书记在党的十八届六中全会和十八届中央纪委五次、六次、七次全会上均对此提出明确要求，中央政治局、中央政治局常务委员会和中央全面深化改革领导小组多次专题研究深化国家监察体制改革、国家监察相关立法问题，确定了制定监察法的指导思想、基本原则和主要内容，明确了国家监察立法工作的方向和时间表、路线图。按照党中央部署要求，中央纪委发挥牵头抓总作用，在研究深化国家监察体制改革方案过程中即着手研究将行政监察法修改为国家监察法问题。全国人大常委

会党组高度重视监察法立法工作，十二届全国人大五次会议上关于 2017 年的立法工作任务中，第一项就提出要"贯彻落实党中央关于深化国家监察体制改革的决策部署，将行政监察法修改为国家监察法"。立法工作中吸收改革试点地区的实践经验，听取相关专家学者的意见建议，经反复修改完善，形成了监察法草案。2018 年 3 月 20 日，全国人大通过了《监察法》。此后《监察法实施条例》《监察官法》等监察法律法规出台，标志着国家监察体制改革的制度化巩固，为深入开展反腐败工作提供了重要的法律保障。

四、推进国家治理现代化的重大举措

腐败治理是国家治理的基础和前提。反腐败既是执政党自我净化、自我完善、自我革新、自我提高的表现，又是维护公共权力廉洁高效运转的国家治理工程，是维护人民当家作主、实现人民监督权力的国家行为。腐败行为是公共管理活动中的权力滥用，是国家治理中的一种病变，只有防止公共权力滥用，遏制国家治理中的病变，才能保障国家治理的有效性。因此，要推进国家治理体系与治理能力的现代化，就必须实现腐败治理体系和治理能力的现代化。按照这一治理逻辑，中国共产党主导的腐败治理的两个基本点就是党内监督与国家监察，二者在价值取向、制度安排和行动方向上的"无缝隙对接"，是两个体系的共同发力。但在既往的体制结构下，两个体系的共同发力难以做到。制定监察法，把党内监督与国家监察结合起来，实现了依规治党和依法治权的有机统一。

反腐败既是党的自我革命又是一项复杂的社会治理工程。制定监察法，要求党委在承担起反腐败主体责任的同时，既强化党内监督，又加强国家监察。党内监督按照执纪、监督、问责的职权配置要求，负责党内纪律检查，围绕全体党员是否遵守党的纪律，也即对违反党纪行为进行监督。国家监察按照执法、监督、问责的职权配置要求，负责廉政法规监察，围绕公共权力运行中国家工作人员是否遵守法律法规进行监督，依法对不构成犯罪的腐败行为实施非刑事处罚，对触犯刑法的腐败行为实施刑事犯罪调查，并移送检察机关审查起诉。由此呈现出党纪检查、违法调查和犯罪侦查相互独立、相互衔接和相互配合的崭新格局，形成与社会治理体系相对应的公共权力治理体系，促进国家治理两大体系中，各个治理主体彼此之间相互协调，共同发生作用，把中国特色社会主义各方面的制度优势，转化为推进国家治理体系和治理能力现代化的整体效能。

第三节　监察法的渊源

监察法作为我国法律体系中新出现的、具有显著法律特定性和法治功能的新型法律，不仅有作为其立法依据的《宪法》相关条款的支撑，而且与多种法律法规和党内法规等相关联，它们共同构成我国监察法的渊源体系。具体来讲，我国监察法的效力渊源或者说其具体表现形式主要有以下四种。

一、宪法

十三届全国人大一次会议审议通过的宪法修正案，对国家机构作出重要调整和完善，即在原来人大下的"一府两院"（人民政府、人民法院、人民检察院），增加"一委"（监察委员会）；同时在《宪法》中专门增加"监察委员会"一节，确立监察委员会作为国家机构的法律

地位，对监察委员会的权力运行体制机制等重要问题作出原则性、纲领性规定，为深化国家监察体制改革、保证监察委员会履职尽责提供了根本遵循，为《监察法》的制定提供了宪法依据。具体而言，《宪法》对于《监察法》具有形塑作用：

第一，为确立监察委员会的性质和地位提供依据。《宪法》第 123 条规定："中华人民共和国各级监察委员会是国家的监察机关。"由此明确了监察委员会的性质和地位。在国家权力结构中设置监察机关，是从我国历史传统和现实国情出发加强对公权力监督的重大改革创新，体现了中国特色社会主义道路自信、理论自信、制度自信、文化自信。监察委员会作为行使国家监察职能的专责机关，与党的纪律检查机关合署办公，实现党性和人民性的高度统一。监察委员会是实现党和国家自我监督的政治机关，不是行政机关、司法机关。其依法行使的监察权，不是行政监察、反贪反渎、预防腐败职能的简单叠加。其是在党直接领导下，代表党和国家对所有行使公权力的公职人员进行监督，既调查职务违法行为，又调查职务犯罪行为，故其职能权限与司法机关及其他执法机关的明显不同。同时，监察委员会在履行职责过程中，既要加强日常监督，查清职务违法犯罪事实，进行相应处置，还要开展严肃的思想政治工作，进行理想信念宗旨教育，做到惩前毖后、治病救人，努力取得良好的政治效果、法纪效果和社会效果。

第二，为明确监察委员会的组织架构和职能职责提供依据。《宪法》第 124 条规定："中华人民共和国设立国家监察委员会和地方各级监察委员会。""监察委员会由下列人员组成：主任，副主任若干人，委员若干人。""监察委员会主任每届任期同本级人民代表大会每届任期相同。国家监察委员会主任连续任职不得超过两届。""监察委员会的组织和职权由法律规定。"这一规定明确了监察委员会的基本构成。根据《宪法》的这一规定，《监察法》对设立国家和地方各级监察委员会作出具体规定：在国家一级监察委员会名称前冠以"国家"，表明现行监察体制已由行政监察"小监察"变为国家监察"大监察"，确立了最高一级国家机构的地位；地方各级监察委员会名称采用行政区划加"监察委员会"的表述方式。监察委员会主任由本级人民代表大会选举产生，副主任和委员由主任提请本级人民代表大会常务委员会任免。各级监察委员会可以向本级党的机关、国家机关、经法律法规授权或者委托管理公共事务的组织和单位以及所管辖的行政区域、国有企业等派驻或者派出监察机构、监察专员。监察机关的主要职能是调查职务违法和职务犯罪，开展廉政建设和反腐败工作，维护宪法和法律的尊严；主要职责是监督、调查、处置；主要权限包括谈话、讯问、询问、查询、冻结、调取、查封、扣押、搜查、勘验检查、鉴定、留置等。

第三，为规定监察委员会的领导体制和工作机制提供依据。《宪法》第 125 条规定："中华人民共和国国家监察委员会是最高监察机关。""国家监察委员会领导地方各级监察委员会的工作……"第 126 条规定："国家监察委员会对全国人民代表大会和全国人民代表大会常务委员会负责。地方各级监察委员会对产生它的国家权力机关和上一级监察委员会负责。"对这两条应当统一起来理解、贯通起来把握。一方面，为保证党对反腐败工作的集中统一领导，党的纪律检查机关同监察委员会合署办公，履行纪检、监察两项职责，在领导体制上与纪委的双重领导体制高度一致。监察委员会在行使职权时，就重要事项须经同级党委批准；国家监察委员会领导地方各级监察委员会的工作，上级监察委员会领导下级监察委员会的工作，地方各级监察委员会要对上一级监察委员会负责。另一方面，监察委员会由人民代表大会产生，就必然要对人民代表大会及其常务委员会负责，并接受其监督。在深化国家监察体制改革试点中，试点地区创造出许多有利于人民代表大会及其常务委员会实现对监察委员会的监督的好形式好方法。

第四，为明确监察委员会与其他机关的配合制约关系提供依据。《宪法》第 127 条规定："监察委员会依照法律规定独立行使监察权，不受行政机关、社会团体和个人的干涉。""监察机关办理职务违法和职务犯罪案件，应当与审判机关、检察机关、执法部门相互配合、相互制约。"审判机关指的是各级人民法院，检察机关指的是各级人民检察院，执法部门包括公安机关、国家安全机关、审计机关、行政执法机关等。监察机关履行监督、调查、处置职责，行使调查权限，是依据法律授权，行政机关、社会团体和个人无权干涉。同时，有关单位和个人应当积极协助配合监察委员会行使监察权。目前在实际工作中，纪检监察机关不仅同审判机关、检察机关形成了互相配合、互相制约的关系，同执法部门也形成了互相配合、制约的工作联系。审计机关发现领导干部涉嫌违纪违法问题的线索后，要按规定移送相关纪检监察机关调查处置；纪检监察机关提出采取技术调查、限制出境等措施的请求后，公安机关与相关部门要对适用对象、种类、期限、程序等进行严格审核并批准；在对生产安全责任事故的调查中，由安监、质检、食药监等部门同监察部门组成联合调查组，实地调查取证，共同研究分析事故的性质和责任，确定责任追究的范围和形式。监察委员会成立后，对涉嫌职务犯罪的行为，监察委员会调查终结后移送检察机关依法审查、提起公诉，由人民法院负责审判；对监察委员会移送的案件，检察机关经审查后认为需要补充核实的，应退回监察委员会进行补充调查，必要时还可自行补充侦查。在宪法中对这种关系作出明确规定，是将客观存在的工作关系制度化法律化，可确保监察权依法正确行使，并受到严格监督。

二、监察法律法规

（一）《监察法》

《监察法》作为宪法之下部门法体系的核心规范，集监察组织法和监察程序法于一体，内容涵盖了监察机关的性质与地位、组织与职权，同时还具体规定了监察机关监督、调查的程序以及对职务违法和职务犯罪的公职人员的处置方式等各个方面，是指导监察机关履行监察职责，以及进行内部监督和追责的重要依据。

（二）与《监察法》相关的法律

《监察法》只能对监察工作的重要内容作出一般规定或者概括性规定，而要实现监察法治化，就必须制定更有实践性的法律将宪法上的监察权和《监察法》具体化。如《监察法》规定监察机关有权对违纪和违法的公职人员作出政务处分决定，但并没有对政务处分的适用主体、权限、条件作出具体规定，这就需要制定《政务处分法》等相关法律与之配套。

1.《政务处分法》

2018年，中央纪委、国家监委为落实《监察法》，制定了《公职人员政务处分暂行规定》，对政务处分的适用以及其与党纪、行政处分之间的衔接作出规定。但该规定属于国家监察委员会制定的规范性文件，是监察机关适用政务处分的操作规程，位阶较低，无法对政务处分的适用原则、适用主体、适用对象、适用程序等内容作出系统而全面的规定。2020年6月20日，第十三届全国人大常委会第十九次会议通过了《政务处分法》，明确了政务处分的种类和适用规则，并针对公职人员的违法行为规定了所适用的处分，此外还对政务处分的程序和对被处分人员的救济途径问题作出了明确规定。该法的颁布实施对于规范监察机关的处置权具有重要意义。

2.《监察官法》

《监察法》第14条明确规定国家实行监察官制度，并依法确定了监察官的等级设置、任免、考评和晋升等制度，但《监察法》并没有对监察官的任职条件、职务职级、待遇以及奖惩作出明确规定。2021年8月20日，第十三届全国人大常委会第三十次会议表决通过了《监察官法》，对监察官的范围、职责、义务和权利，任用、任免、管理、考核，奖励、监督和惩戒，以及职业保障等问题作出了规定，有助于补充、解释和拓展《监察法》的相关规定。

3. 其他相关法律

监察机关除执行和适用《监察法》以及专门的监察法律外，还要适用与监察工作相关的法律规范。如监察机关行使监督、调查与处置职能，必须执行有关公职人员纪律要求的规定，在调查职务犯罪与处置犯罪嫌疑人的过程中须适用《刑事诉讼法》和《公务员法》等。这些法律中与监察工作相关的条款，是监察机关履行监督、调查和处置职能必须适用的法律规范，它们与《监察法》共同构成监察法规范体系。关于监察机关在办理涉嫌职务犯罪的案件时是否能够适用《刑事诉讼法》，一些人持不同看法，他们认为，监察机关不是司法机关，因此监察机关办理职务违法和职务犯罪案件时不适用《刑事诉讼法》，只适用《监察法》。这种观点，从监察权限和监察程序的角度来看，是正确的，但不能绝对化，因为监察机关办理职务违法和职务犯罪案件时在程序上只能遵守《监察法》而不能适用刑事诉讼程序规定，但是《监察法》与《刑事诉讼法》均是宪法之下的基本法，在法律体系中具有相同的法律地位和法律效力，这并不会因为监察机关是政治机关的性质而发生变化。因此，《监察法》规定监察机关调查职务犯罪时必须遵守某些刑事诉讼的基本原则或者规则，如《监察法》第33条第2款规定，监察机关在收集、固定、审查、运用证据时，应当与刑事审判关于证据的要求和标准相一致。这意味着，监察机关在收集、固定、审查、运用证据时，应当遵循《刑事诉讼法》第五章关于证据的规定，如在判断是否达到了入罪标准时，应当遵循《刑事诉讼法》第55条关于证据确实、充分的规定。此外，《高法刑诉解释》第四章关于对各类证据的审查与运用标准的规定也构成了《监察法》上的刑事审判的证据要求与标准。概言之，《刑事诉讼法》以及相关司法解释的规定同样适用于监察工作，属于监察法体系的一部分。

同样，监察机关也需要适用《公务员法》，该法律针对公务员规定了纪律要求以及违反纪律应当承担的责任，监察机关虽然可以依照《监察法》对公职人员作出政务处分决定，但监察机关作出政务处分的直接依据还是其他法律法规的规定，因为《监察法》并没有规定公职人员违纪的情形以及政务处分的适用条件。当然，监察机关适用的这些法律是以《监察法》的衔接条款为依据，《监察法》与这些法律条款形成协调一致的有机整体。

三、党内法规

党的十八届四中全会的决定明确指出中国特色社会主义法治体系包括完备的法律法规体系和完善的党内法规体系；党的十九大报告进一步明确党内法规制度体系是依法执政的重要内容；党的十九届四中全会提出坚持和完善党和国家监督体系，推进纪检监察工作规范化、法治化，完善派驻监督体制机制，推进纪律监督、监察监督、派驻监督、巡视监督统筹衔接。可见，法律规范体系与党内法规体系虽然调整的社会关系不同，发挥作用的领域不同，但都是依法治国和依法执政的重要方式。两者虽然存在区别，但有本质一致的基础，即都是党的基本理论、基本路线、基本纲领的具体体现，都是党的主张和意志的体现。在民法、诉讼法、刑法等部门法体系中，党内法规并不是这些法律体系的渊源，但在监察法体系中，与监察工作相关的党内法规属于监察法的正式渊源，这是因为党内法规体系的提出与建构，将国家法律体系作为参照系，从而达到阐释相关法律原则的目的。

党内法规在监察法体系中的构成作用是由下列两种因素决定的：第一，监察体制改革的目标之一在于实现党对反腐败工作的统一领导，并且实现对公职人员监督的全覆盖。为了实现这一目标，监察机关与纪委合署办公，在办理案件过程中实现纪律审查与监察调查同步展开，在处置职务违法时实现党的纪律挺在前面、党的纪律严于国家法律。第二，监察机关依照《监察法》将监察法律规范适用于党的机关的公职人员。如《监察法》第15条规定，监察机关对中国共产党机关的公职人员进行监察。虽然《公务员法》将中国共产党机关的公职人员定位为公务员，但中国共产党机关的主要职责是党务工作，因此，中国共产党机关的公职人员既要履行党章和党内法规规定的义务、遵守党的纪律，同时还要遵守宪法和法律，所以，监察机关在监察中国共产党机关的公职人员时，既适用党内法规，又适用法律。

监察机关对党内法规的适用主要表现在：一是党内法规可以直接适用于非党员领导干部。一般来说，党内法规只适用于党员以及党员领导干部，但是，党内法规不仅直接约束党员，而且直接约束一切党政机关，成为党政机关、国有企业和事业单位公职人员的一般行为准则。如2017年4月中央办公厅和国务院办公厅发布的《领导干部报告个人有关事项规定》明确将副处级以上领导干部列入报告个人有关事项的范围，无论该领导干部是党员还是非党员，均必须遵守该规定。二是党内法规与《监察法》等法律的规定具有一致性。如《监察法》规定，对不履行或者不正确履行职责负有责任的领导人员，按照管理权限对其直接作出问责决定，或者向有权作出问责决定的机关提出问责建议。但《监察法》并没有规定问责的主体、程序和对象。监察机关在适用《监察法》中的问责规定时，可以参照适用《中国共产党问责条例》和《关于实行党政领导干部问责的暂行规定》等党内法规。三是党内法规的部分内容、原则和精神通过立法转化为监察法规范，如《监察法》确立的指导思想、基本原则以及有关政务处分的规定与《纪律处分条例》大致相同。《监察法》规定监察机关有权对监察对象谈话提醒和诫勉，这一规定即来自《党内监督条例》。《公务员法》的修改以及《政务处分法》的制定均体现了党内法规的内容，从而使党内法规和国家法律衔接与融通，党内法规构成监察法的渊源。

四、政策、规范性文件

（一）政策

政策是国家或政党为了完成一定时期的任务而制定的活动准则，包括国家政策和政党政策。国家的基本政策确定国家的大政方针，体现宪法的基本精神或直接被宪法和法律予以确认，是当代中国法的重要渊源。[①]

《监察法》多处体现了政策的指导性作用。首先，国家监察体制改革是以习近平同志为核心的党中央作出的重大决策部署，是事关全局的重大政治体制改革，党的十九大对构建我国监察体系进行了战略部署。国家监察体制改革是在党中央的领导下进行的，《监察法》的制定就是对改革过程中取得的重要成果在法律层面上的确认。其次，监察机关与党的纪律检查机关合署办公是根据党中央关于深化国家监察体制改革的部署，为加强党对监察工作的领导而进行的机构设置。从微观来讲，一些政策与《监察法》的立法精神、基本原则具有一致性，可以在实践中指导监察工作的具体开展，比较典型的包括在监督执纪执法中精准运用"四种形态"。在我国，政策在监察法领域起到了强有力的指导性作用，监察权的行使需要顺应政策指明的方向。因此，政策属于监察法重要的非正式渊源。[②]

（二）规范性文件

规范性文件是指监察机关制定的内部规定。随着国家监察体制实践的深入推进，监察机关

---

① 张文显.法理学.北京：高等教育出版社，2018：91.
② 谭宗泽，张震，褚宸舸.监察法学.北京：高等教育出版社，2020：132.

在实践中会遇到各种复杂且亟须解决的问题。为保证监察机关处理相关问题的规范性，国家监察机关会针对某些特定的问题制定在监察机关内部具有指导性质的规范性文件。为明确管辖范围，国家监察委员会于 2018 年 4 月印发了《国家监察委员会管辖规定（试行）》，对《监察法》中关于管辖的相关规定进一步细化，对实务工作中涉及管辖的相关事项的处理具有非常重要的指导作用。为进一步严格监督执法程序，建设一支忠诚、干净、担当的监察队伍，中央纪委、国家监察委员会于 2019 年 7 月印发了《监察机关监督执法工作规定》。为建立与审判机关、检察机关、行政执法部门之间衔接顺畅的工作机制，《监检衔接办法》《关于纪检监察机关提请公安机关协助采取搜查、留置、通缉措施的规定（试行）》等文件相继出台。

为规范各项监察程序或监察事项，国家监察委员会制定的内部规定还有很多，例如，《中央纪委国家监委立案相关工作程序规定（试行）》《纪检监察机关办理反腐败追逃追赃等涉外案件规定（试行）》等。这些内部规定对于监察机关依法规范履行职责起到了非常重要的指导作用。

除国家监察委员会印发的内部规定外，其他各级监察机关为更好地贯彻落实党委和上级监察机关的指示精神，更好地指导本级及下级监察机关开展工作，也会印发相关的内部规定。这些内部规定对于指导监察机关依法开展工作具有非常重要的意义，但由于内部规定不属于法律法规的范畴，同时基于保密的要求不便向社会公众公开，因而它们不能被归类为监察法的正式渊源，属于监察法的非正式渊源之一。

第二章
监察法的理论基础

　　监察法治体系是中国特色社会主义法律体系的重要组成部分，《监察法》以《宪法》创立国家监察权、设定监察基本制度为基础，是国家监察制度方面的基本法律，是党的领导、人民当家作主和依法治国有机统一在反腐治权领域的具体体现。《监察法》以马克思主义中国化、现代化的积极成果和习近平新时代中国特色社会主义思想为根据，以全面优化、科学高效推进"中国式"腐败治理为目标，其就国家监察的基本定位、基本功能、领导体制、组织体制、职能体系、运行程序、自我监督等进行的制度设计，具有深厚而丰富的理论基础。探寻《监察法》的理论基础，是揭示并论证其科学性的关键。

第一节　党的自我革命战略思想

　　先进的马克思主义政党不是天生的，而是在不断自我革命中淬炼而成的。[①] 坚持自我革命是中国共产党百年奋斗的重要历史经验之一，也是创立并不断发展监察法及其基本制度的首要理论基础。

一、马克思主义建党学说的中国化理论创新

（一）自我革命战略思想渊源于马克思主义建党学说

马克思主义建党学说是世界无产阶级政党建设与发展的行动纲领。1847 年 6 月，世界上第一个以科学社会主义为指导思想的国际无产阶级的政党——共产主义者同盟在伦敦成立。1848 年 2 月，《共产党宣言》发表，成为世界上无产阶级政党第一个完备的理论和实践党纲，奠定了马克思主义建党学说的基础，为世界无产阶级政党的发展指明了方向。

马克思主义学说重视共产主义者的革命性建设，虽然马克思主义经典作家没有直接使用"自我革命"的概念，但是，类似的论述是明确的。马克思、恩格斯指出：共产党人的目的，只有用暴力推翻全部现存的社会制度才能达到[②]，革命之所以必需，不仅是因为没有任何其他的办法能够推翻统治阶级，而且还因为推翻统治阶级的那个阶级，只有在革命中才能抛掉自己身上的一切陈旧的肮脏东西，才能胜任重建社会的工作。[③] 马克思、恩格斯强调："……全部问题都

---

① 中共中央关于党的百年奋斗重大成就和历史经验的决议. 北京：人民出版社，2021：70.
② 马克思恩格斯文集：第 2 卷. 北京：人民出版社，2009：66.
③ 马克思恩格斯选集：第 1 卷 . 3 版. 北京：人民出版社，2012：171.

在于使现存世界革命化，实际地反对并改变现存的事物①；在革命活动中，在改造环境的同时也改变着自己。② 马克思主义建党学说从方法论和价值目标出发，为无产阶级政党的发展指明了方向。恩格斯说，他和马克思一生中对冒牌社会主义者所作的斗争比对其他任何人所作的斗争都多。③ 以上论述被奉为无产阶级政党自我革命理论的重要渊源和理论圭臬。

列宁发展了马克思主义建党学说，对自我革命提出了具体要求，指出：现在全部关键在于，先锋队要不怕进行自我教育，自我改造，要不怕公开承认自己素养不够，本领不大。④ 一个政党对自己的错误所抱的态度，是衡量这个党是否郑重，是否真正履行它对本阶级和劳动群众所负义务的一个最重要最可靠的尺度。公开承认错误，揭露犯错误的原因，分析产生错误的环境，仔细讨论改正错误的方法——这才是一个郑重的党的标志。⑤ 自我批评对于任何一个富有朝气、生气勃勃的政党都是绝对必要的。⑥ 这些经典论述，是世界无产阶级政党自我革命战略思想的孕育之基。马克思主义政党的先进性、人民性、革命性，决定了为实现政党纯洁性的要求，必须敢于自我批评，只有在党内能够进行"……无情的自我批评"⑦，才能更加彰显自身的坚强和力量。这成为中国共产党自我革命战略思想的逻辑起点和理论渊源。

（二）自我革命战略思想植根于中国革命与建设实践

在 20 世纪初叶的中国，革命浪潮风起云涌，在 300 多个带有政党性质的组织中，中国共产党独树一帜地选择了以马克思主义为建党基础，走上中国革命的舞台，承担起领导人民大众反对帝国主义、封建主义、官僚资本主义的革命使命。

在长达约 30 年的新民主主义革命时期，中国共产党以武装革命为主要方式，高擎推进社会革命的大旗，对处于半封建半殖民地社会的中国进行全面改造，建立无产阶级革命政权。与此同时，中国共产党还高擎起自我革命的大旗，将革命精神拓展到自身建设领域，不断与错误的思想和思潮作斗争，形成了以坚持真理、修正错误、批评与自我批评、勇于同党内错误思想与错误行为作斗争等为主要内容的政治品格。从中共一大到七大，中国共产党在同各种错误思想的斗争中不断成长壮大，走向成熟，缔造出"斗争精神"的党内政治文化，使"批评和自我批评"成为党内政治生活、保持党的纯洁性的有效方式和三大优良作风之一。正如毛泽东所说：我们这个队伍完全是为着解放人民的，是彻底地为人民的利益工作的。⑧ 因为我们是为人民服务的，所以，我们如果有缺点，就不怕别人批评指出。不管是什么人，谁向我们指出都行。只要你说得对，我们就改正。⑨ 毛泽东同志在党的七届二中全会上告诫全党：中国的革命是伟大的，但革命以后的路程更长，工作更伟大，更艰苦。这一点现在就必须向党内讲明白，务必使同志们继续地保持谦虚、谨慎、不骄、不躁的作风，务必使同志们继续地保持艰苦奋斗的作风。⑩ "两个务必"深刻总结了中国历史演进和党的历史经验，旨在要求全党在胜利面前始终保持清醒头脑，在夺取全国政权、成为执政党后更要经受住考验，防骄戒奢，为全面取得革命胜利和新中国的建设奠定了基础。

---

① 马克思恩格斯文集：第 1 卷．北京：人民出版社，2009：527.
② 马克思恩格斯全集：第 3 卷．北京：人民出版社，1960：234.
③ 马克思恩格斯文集：第 10 卷．北京：人民出版社，2009：486.
④ 列宁选集：第 4 卷．3 版．北京：人民出版社，1995：700.
⑤ 列宁全集：第 39 卷．2 版增订版．北京：人民出版社，2017：37.
⑥ 列宁全集：第 8 卷．北京：人民出版社，1959：421.
⑦ 马克思恩格斯选集：第 4 卷．3 版．北京：人民出版社，2012：614.
⑧⑨ 毛泽东选集：第 3 卷．北京：人民出版社，1991：1004.
⑩ 毛泽东选集：第 4 卷．北京：人民出版社，1991：1438-1439.

在新中国成立后约 30 年的社会主义革命和建设中，中国共产党继续深化与推进社会革命，全面建立社会主义制度，取得社会革命的重大进展。与此同时，党的自我革命也得到不断加强。在中华人民共和国成立之初，中国共产党启动了完善党和国家制度体系的任务，初步建立起自我革命的观念和制度。1949 年 11 月 9 日，中央政治局通过《关于成立中央及各级党的纪律检查委员会的决定》，要求在组织体制上建立自上而下的党的纪律检查机关。1950 年 5 月，党中央发布《关于在全党全军开展整风运动的指示》，将整风运动作为推进党的自我革命的主要形式，并将其目标确定为，使党员干部克服骄傲自满情绪、克服官僚主义和命令主义、改善党和人民的关系等。1951 年 4 月，中国共产党第一次全国组织会议通过《关于整顿党的基层组织的决议》，决定开展党的基层组织整顿工作，要求"……认真地、谨慎地'对于我们党的组织有计划、有准备、有领导地进行一次普遍的整理'"①。1951 年 12 月，党中央决定在党政军机关开展以反贪污、反浪费、反官僚主义为主要内容的"三反"运动，并与整党运动逐步结合起来，取得了自我革命的积极成果。

进入改革开放的历史时期后，改革成为中国的第二次革命，中国共产党进一步自觉统辖社会革命和自我革命两大力量。从严治党始终受到党中央的高度重视，相关制度体系完善，弥补了前期制度建设的短板，自我革命的任务具体化、现实化。1987 年 10 月党的十三大报告首次提及"腐败"及其消除问题，并首次提出"从严治党"一词。"特别是对不少环节上不同程度存在着的官僚主义和腐败现象，全党同志和广大群众是很不满意的。我们一定要正视它，努力去消除它，不辜负人民对我们的期望。"② 1992 年 10 月党的十四大报告首次将"反腐败斗争"列为重大战略，将"党坚持不懈地反对腐败"写进党章。十四届中央纪委第二次全会在党的历史上首次提出"党风廉政建设和反腐败斗争"的概念，作出"反腐败斗争的形势是严峻的"研判，进而形成了"反腐败斗争具有长期性"的科学认识。邓小平多次针对官僚主义现象提出治理方略，实现了"反腐败由马克思主义的基本主张向中国特色反腐倡廉道路的发展"③。自我革命取得的胜利，促进和保障了改革开放的方向，坚定了社会主义发展的目标。从党的十四大到党的十八大，着力强调以改革精神不断推进党的建设创新，党的十七大报告明确把"以改革创新精神全面推进党的建设新的伟大工程"作为党的建设部分的标题。

（三）自我革命话语体系在新时代的形成与发展

党的十八大以来，新一届党中央围绕"什么是长期执政的马克思主义政党，怎样建设长期执政的马克思主义政党"这一重大课题，坚持和加强党的全面领导，坚持党要管党、全面从严治党，加强党的长期执政能力建设、先进性和纯洁性建设，以政治建设为统领，全面加强思想建设、组织建设、作风建设、纪律建设、反腐败斗争与制度建设，着力解决"党的领导弱化、虚化、淡化问题"、"党员、干部政治信仰发生动摇"、"四风"与贪腐问题④，在推进"中国式"腐败治理进程中，实现了党的自我革命与全面推进从严治党战略的有力结合。党的十九大报告首次把"坚持全面从严治党"作为习近平新时代中国特色社会主义思想的十四个基本方略之一，强调"勇于自我革命，从严管党治党，是我们党最鲜明的品格"⑤，指出自我革命、从严

---

① 建国以来重要文献选编：第 2 册. 北京：中央文献出版社，1992：206.

② 沿着有中国特色的社会主义道路前进. （2007 - 08 - 29）［2023 - 08 - 16］. https://www.gov.cn/govweb/test/2007 - 08/29/content_730445.htm.

③ 魏昌东. 建党百年中国特色反腐之路的理论逻辑. 毛泽东邓小平理论研究，2021（9）.

④ 习近平. 高举中国特色社会主义伟大旗帜 为全面建设社会主义现代化国家而团结奋斗：在中国共产党第二十次全国代表大会上的报告. 北京：人民出版社，2022：66.

⑤ 习近平谈治国理政：第 3 卷. 北京：外文出版社，2020：71.

管党治党的现实路径与实践要求。党的二十大报告重申，经过不懈努力，党找到了自我革命这一跳出治乱兴衰历史周期率的第二个答案，自我净化、自我完善、自我革新、自我提高能力显著增强①；并提出了以党的自我革命引领社会革命的新要求。

二、自我革命战略思想的历史地位与基本内涵

（一）自我革命战略思想的历史地位

马克思主义的科学性、人民性、实践性品格，要求无产阶级政党具有自我革命的理论自醒与实践自觉，自我革命是党的生命线。中国共产党百年来的发展证明，只有把马克思主义基本原理同中国具体实际相结合、同中华优秀传统文化相结合，坚持运用辩证唯物主义和历史唯物主义，才能正确回答时代和实践提出的重大问题。② 2015 年 5 月，习近平总书记在中央全面深化改革领导小组第十二次会议上首次明确使用"自我革命"一词③，并在涉及全面深化改革、全面从严治党的不同场域的讲话中反复强调"党的自我革命"④。党的十九大报告将党的自我革命、全面从严治党、党的建设目标、坚持与加强党的全面领导等四大要素紧密联系起来，系统性地揭示了新时代党的自我革命的政治品格、基本内涵、实现途径与根本目标，标志着新时代党的自我革命战略思想的基本形成。在十九届中共中央政治局常委同中外记者见面时的讲话中，习近平总书记首次将党的自我革命与党领导人民进行的伟大社会革命并列提出，指出，中国共产党能够带领人民进行伟大的社会革命，也能够进行伟大的自我革命，从而郑重宣示推进党的自我革命的坚定意志和决心。在党的十九届六中全会等重要会议上，习近平总书记深刻阐述了党的自我革命的重要性，将它作为跳出历史周期率的"第二个答案"，指出："我们党历史这么长、规模这么大、执政这么久，如何跳出治乱兴衰的历史周期率？毛泽东同志在延安的窑洞里给出了第一个答案，这就是'只有让人民来监督政府，政府才不敢松懈'。经过百年奋斗特别是党的十八大以来新的实践，我们党又给出了第二个答案，这就是自我革命。"⑤ 党的二十大报告重申了自我革命是跳出治乱兴衰历史周期率的"第二个答案"的历史地位，指出，我们党作为世界上最大的马克思主义执政党，要始终赢得人民拥护、巩固长期执政地位，必须时刻保持解决大党独有难题的清醒和坚定⑥；并在党的历史上首次明确提出了"大党独有难题"这一政治命题。在新时代，党的自我革命与全面从严治党、跳出治乱兴衰的历史周期率、解决"大党独有难题"等核心概念与重大判断相辅相成，成为跳出历史周期率的核心问题与关键所在。

（二）自我革命战略思想的基本内涵

党的十九大报告最早揭示了自我革命的基本内涵，习近平总书记对"四个自我"的内涵、内在关系和主要要求进行过全面的论述，为践行勇于自我革命、推进新时代党的建设提供了基

---

① 习近平. 高举中国特色社会主义伟大旗帜 为全面建设社会主义现代化国家而团结奋斗：在中国共产党第二十次全国代表大会上的报告. 北京：人民出版社，2022：14.

② 习近平. 高举中国特色社会主义伟大旗帜 为全面建设社会主义现代化国家而团结奋斗：在中国共产党第二十次全国代表大会上的报告. 北京：人民出版社，2022：17.

③ 习近平. 论坚持全面深化改革. 北京：中央文献出版社，2018：161.

④ 学者刘红凛教授总结习近平总书记使用与强调"自我革命"的场域，大致可归纳为五种情形：一是聚焦全面深化改革与领导干部，在一般意义上使用自我革命一词。二是聚焦解决党内突出问题，从精神勇气层面强调自我革命。三是聚焦党的性质与政治品格，从政党标志层面强调自我革命。四是聚焦党的百年发展经验，从政党精神与政治淬炼层面强调自我革命。五是聚焦破解历史周期率，把自我革命作为跳出治乱兴衰的历史周期率"第二个答案"。刘红凛. 以党的自我革命引领社会革命的时代意蕴与实践取向. 四川大学学报（哲学社会科学版），2023（2）.

⑤ 习近平著作选读：第 4 卷. 北京：人民出版社，2022：541.

⑥ 中国共产党第二十次全国代表大会文件汇编. 北京：人民出版社，2022：69.

本遵循。

1. 自我净化

自我净化的基本功能在于，过滤杂质、清除毒素、割除毒瘤，不断纯洁党的队伍，保证党的肌体健康。[①] 作为自我革命的首要基础，自我净化的核心是刀刃向内、自我斗争，敢于发现并揭示问题，以保证党员和党组织的政治纯洁性。与时俱进地保持党的纯洁性、提高党的政治免疫力，是实现党的政治纯洁、思想纯洁、组织纯洁与作风纯洁的基础。自我净化的对象广泛，包括党员、党员干部以及各级党组织；内容多样，要求党员坚定政治立场与理想信念，要求党组织聚焦在克服与防范各级党组织软弱涣散、政治功能弱化、组织功能虚化、组织力不强、贯彻落实民主集中制不到位、党员队伍软弱涣散等组织不纯问题。自我净化的方式是经常性的正风反腐、整风运动，加强党风廉政建设。

2. 自我完善

自我完善的基本功能在于，补短板、强弱项、修复机体、健全机制、丰富功能。自我完善是自我净化后的内在修复，针对直接发生的问题病灶进行具有针对性的机制再造。其核心在于，与时俱进地加强党的思想与组织建设，保持党的先进性，提高党的凝聚力、组织力、领导力、执政力等。自我完善涉及党的领导与建设的方方面面，既要"构建系统完备、科学规范、运行有效的制度体系，完善决策科学、执行坚决、监督有力的权力运行机制"，也要不断增强党的建设的系统性、创造性与实效性，因而需要以思想建设、组织建设为重点不断加强党的自身建设。

3. 自我革新

自我革新的基本要求在于，坚决破除一切不合时宜的思想观念和体制机制弊端，通过改革和制度创新压缩腐败现象生存空间和滋生土壤。[②] 其核心要义在于，破除僵化保守与因循守旧，与时俱进，改革创新党的领导与建设，实现自我超越。党的自我革新在内容层面，涉及理论、实践、制度、文化等各方面，其根本原则在于与时俱进，始终坚持马克思主义基本原理与中国具体实际相结合；在实现方式上，要求加强党内民主，增强党的创新活力，巩固党的团结统一。自我革新主要通过制度改革、体制机制改革，通过理论、实践与制度创新来实现。

4. 自我提高

自我提高的基本要求在于，不断提高政治境界、思想境界、道德境界，有效解决"大党独有难题"，增强党的建设能力、领导能力、执政能力、拒腐防变能力。其核心要义在于，党员干部、全党与各级党组织"……要有新本领、有新境界……"[③]。提升各级党组织的本领是一项系统工程，核心在于健全决策机制、提升科学决策能力，以科学的路线方针政策引领国家和社会发展。

党的自我净化、自我完善、自我革新是自我提高的前提，自我提高则是自我净化、自我完善、自我革新的落脚点。这"四个自我"，既有破又有立，既有施药动刀的治病之法又有固本培元的强身之举。[④] 党的自我提高的价值目标，定位于践行党的初心使命、提高境界、提高本领、增强效能上，以党的自我革命引领社会革命、跳出历史周期率，以中国式现代化推进中华民族的伟大复兴。

---

① 习近平谈治国理政：第 3 卷 . 北京：外文出版社，2020：534.

②③ 习近平关于"不忘初心、牢记使命"论述摘编 . 北京：党建读物出版社，中央文献出版社，2019：175.

④ 习近平 . 牢记初心使命，推进自我革命 . 求是，2019（15）.

三、自我革命战略思想指导监察法的制度构建

《监察法》的颁布本身就是全面从严治党导向下自我革命战略思想的集中体现，以集中统一、权威高效为立法体系的基本设计方针，确立了监察全覆盖、纪检监察合署办公，以及为确保监察权的高效运行而设计的一系列监察基本制度和运行机制。

（一）通过《宪法修正案》、制定《监察法》，创立国家监察权

党的十八大以后，随着全面从严治党战略的提出，既有腐败治理体制的短板不断被揭示出来，国家腐败治理体制与机制中所存在的条块分割、功能重叠、程序断裂、效能难以提高的问题，亟待通过全面的政治体制改革加以完善。基于自我革命战略思想的导向功能，监察体制改革是因反腐败斗争需要而产生的自我革命思想在政治体制改革中的重要体现。

以探索提升国家腐败治理权的治理效能为中心，针对既有腐败治理权所存在的缺陷和短板，科学设定与配置国家监察权，是《监察法》立法的首要问题。监察权的属性确定，要直接针对既有权力配置和运行中存在的现实问题，突出解决治理效能不彰的问题。《监察法》以自我革命为基础，与时俱进地对既有腐败治理体制机制进行了自我修复与制度建构，最为突出的就是，通过《监察法》确立了中国特色国家监察权的法律地位。监察权具有两大基本属性：一是独立性。《监察法》在自我革命战略思想的导向下，将监察权设定为与立法权、司法权、行政权相并列的一项独立的国家权力，由监察机关独立行使。二是复合性。《监察法》赋予监察机关监督、调查、处置三项基本职能，其中，监督职能受到立法的高度重视，是国家监察委员会的第一职能，作为国家腐败治理权的第一生产力，具有十分重要的作用。保障监察监督权的高效行使，能够最大限度地减少腐败发生概率，铲除腐败滋生的土壤和条件，提高腐败治理的效能。

（二）确保监察权的权威性，创立监察领导体制与运行程序

监察体制改革的核心是，通过《监察法》建立集中统一、权威高效的中国特色监察体制。此外立足于全面提高自我净化能力的基本定位，科学设计与配置国家监察权是监察体制改革的关键，也是《监察法》的立法重点。研析改革开放以来，中国腐败治理体制与机制方面有待完善的问题，可发现，最为突出的是腐败治理权在自我净化能力方面的短板。建构优化的具有发现、监督与揭示功能的制度体系，核心是创立国家监察权的基本领导体制。对此，《监察法》第2条明确，要"构建集中统一、权威高效的中国特色国家监察体制"。"集中统一"，是实现腐败治理体制自我完善、自我革新的核心。依之，针对腐败治理体制多元化，难以全面提高自我完善能力的问题，《监察法》确定了全面整合既有资源，由国家监察委员会集中统一履行国家腐败治理职能的方案，全面革新了既有的腐败治理体制。"权威高效"，是为了解决传统腐败治理组织领导体制和治理机制所存在的效能难以提升的问题，《监察法》在设定独立国家监察权的同时，规定国家监察机关同党的纪律检查机关合署办公，实行一套工作机制、两个机关名称，履行纪检、监察两项职能，对党中央或地方党委全面负责。此举有利于形成监督合力，提高工作效率。《监察法》将国家监察领导体制、组织体制与权力运行体制作为中国特色腐败治理体制的建构重点，在领导体制与组织体制的建构上，确立了"三元制"的体制建构原则与制度体系，设定出合署办公、集中统一行使权力的体制，以确保国家监察权的权威性。

（三）确保监察权的高效性，创立监察职责体系与基本制度

党的二十大报告指出，"腐败是危害党的生命力和战斗力的最大毒瘤，反腐败是最彻底的

自我革命。"①　确保国家腐败治理权高效运行，是实现将制度优势转化为治理效能的关键。改革开放以来，我国不断完善腐败治理权行使的机制体系，但是，诸多问题的存在影响了治理效能的提升。《监察法》以自我革命思想为立法完善的根据，力求通过自我革新，推进由制度优势到治理效能的自我提高。其对既有反腐败机制体系的系统性更新包括：一是优化监察机关的职责内容。《监察法》第 11 条明确授予监察机关监督、调查与处置三大职责，实现了监察职责体系的系统化。二是确立监督职能的"第一职能观"地位。②　科学的监督机制是高效反腐的关键，故应在监察职责体系中明确监督职责的首要职能地位，建构起立体化的监督职责体系，强化监督职能在腐败治理机制体系中的基础功能。三是《监察法》为监察权的运行规定了有别于《刑事诉讼法》的特别程序，规定了 12 种调查措施，依法赋予监察机关职责权限和调查手段，建立独立的留置制度。

第二节　以人民为中心的价值法则

坚持人民立场是马克思主义政党的鲜明品格。《监察法》以人民立场为基本导向，以全面破解腐败治理难题、有效阻止公权力侵犯人民对公共利益的公平分配为出发点，建构与强化对所有行使公权力的公职人员的监督规范体系，体现了以人民为中心的价值法则的基本要求。

一、以人民为中心的马克思主义根本立场

（一）人民观是马克思主义的基本立场

马克思主义创立前的任何一种学说或理论，都没有真正站在广大人民群众的立场，代表人民群众的根本利益，为人民群众的生存与发展提供理论指导。马克思主义致力于维护无产阶级与广大人民群众的切身利益和长远利益，促进了人民观理论的形成。1844 年，马克思、恩格斯在首次合著的《神圣家族》中明确：……历史的活动和思想就是"群众"的思想和活动。③此后又提出：……历史活动是群众的活动，随着历史活动的深入，必将是群众队伍的扩大。④其根据在于，历史过程中的决定性因素归根到底是现实生活的生产和再生产⑤，而生产和再生产最终依靠人民群众作为主体来推动。恩格斯强调，与其说是个别人物、即使是非常杰出的人物的动机，不如说是使广大群众、使整个民族，并且在每一民族中间又是使整个阶级行动起来的动机；正是这些广大群众的、整个民族的、整个阶级的行动"引起重大历史变迁"⑥。《共产党宣言》指出：过去的一切运动都是少数人的，或者为少数人谋利益的运动。无产阶级的运动是绝大多数人的，为绝大多数人谋利益的独立的运动。⑦共产党人不是同其他工人政党相对立的特殊政党，他们没有任何同整个无产阶级的利益不同的利益。⑧这些经典论述，深刻揭示了马克思主义政党的先进性和人民立场，人民立场和人民标准是检验马克思主义理论与实践先

①　中国共产党第二十次全国代表大会文件汇编．北京：人民出版社，2022：57.
②　魏昌东．监督职能是国家监察委员会的第一职能：理论逻辑与实现路径．法学论坛，2019（1）.
③　马克思恩格斯文集：第 1 卷．北京：人民出版社，2009：286.
④　马克思恩格斯文集：第 1 卷．北京：人民出版社，2009：287.
⑤　马克思恩格斯文集：第 10 卷．北京：人民出版社，2009：591.
⑥　马克思恩格斯选集：第 4 卷．3 版．北京：人民出版社，2012：256.
⑦　马克思恩格斯选集：第 1 卷．3 版．北京：人民出版社，2012：411.
⑧　马克思恩格斯选集：第 1 卷．3 版．北京：人民出版社，2012：413.

进性的根本标准。

马克思、恩格斯从社会历史本质出发，找到人民群众的实践活动与社会历史发展的联系，创立了影响整个世界的唯物史观，得出人民群众是社会历史前进的根本动力的结论。唯物史观区别于其他历史观的根本立场在于，始终将劳动人民摆在历史发展进程中，将人民群众作为历史主体看待。

（二）以人民为中心是中国共产党对马克思主义人民观的发展

中国共产党一经诞生，就把为人民谋解放、谋利益作为首要使命，在革命和建设事业的推进中，始终坚持以人民利益为根本，相信群众、依靠群众，准确判断不同时代人民利益的实质内容，并同一切违背人民利益的行为作坚决的斗争，努力维护和实践"人民性"原则。

在新民主主义革命时期，中国共产党深刻领悟人民之于中国革命的历史意义，将为人民谋解放作为最高利益，自觉担负起领导人民实现国家独立、人民解放的使命。以人民为中心思想表现为：一是推进对具有时代发展内容的人民利益的探索。让农民分到土地，为取得新民主主义革命的胜利提供了可靠保证。1945 年，毛泽东在《论联合政府》中提出：共产党人的一切言论行动，必须以合乎最广大人民群众的最大利益，为最广大人民所拥护为最高标准。① "全心全意为人民服务"作为党的根本宗旨，被写入中共七大通过的党章。二是探索形成群众路线。党的二大指出："党的一切运动都必须深入到广大的群众里面去"②。这初步概括了群众路线的内容。毛泽东在《湖南农民运动考察报告》中首次使用"人民"的概念，指出：我们共产党人区别于其他任何政党的又一个显著的标志，就是和最广大的人民群众取得最密切的联系。③ 1943 年，毛泽东在为中共中央所起草的决定《关于领导方法的若干问题》中指出：在我党的一切实际工作中，凡属正确的领导，必须是从群众中来，到群众中去。④ 这丰富、拓展了群众路线的内涵。三是开展整风运动，坚决与脱离群众、官僚主义等问题作斗争。党的群众路线，"一切为了群众，一切依靠群众，从群众中来，到群众中去"，成为党的生命线和根本工作路线。

在社会主义革命和建设时期，中国共产党坚持人民群众的主体地位，领导人民进行"三大改造"，建立社会主义制度，探索形成"一切从人民利益出发"的社会主义利益观，成为完成社会主义改造和进行社会主义建设的根本遵循。一是准确判断人民新的利益追求。党的八大准确分析了社会主要矛盾的变化，明确提出社会的主要矛盾已经是人民对于建立先进的工业国的要求同落后的农业国的现实之间的矛盾，已经是人民对于经济文化迅速发展的需要同当前经济文化不能满足人民需要的状况之间的矛盾⑤；要求将集中力量发展生产力作为全党的主要任务。二是强化群众路线。1957 年，毛泽东在《坚持艰苦奋斗，密切联系群众》一文中强调，"共产党就是要奋斗，就是要全心全意为人民服务，不要半心半意或者三分之二的心三分之二的意为人民服务"⑥。三是开展整风和反腐败斗争。针对新中国成立之初存在的腐败和官僚主义问题，开展全面的反腐败斗争，强化党和政府全心全意为人民服务的宗旨与能力，为推进社会主义建设提供了政治保障。

---

① 毛泽东选集：第 3 卷 . 北京：人民出版社，1991：1096.
② 中共中央文献研究室，中央档案馆 . 建党以来重要文献选编（一九二一——一九四九）：第 1 册 . 北京：中央文献出版社，2011：162.
③ 毛泽东选集：第 3 卷 . 北京：人民出版社，1991：1094.
④ 毛泽东选集：第 3 卷 . 北京：人民出版社，1991：899.
⑤ 中国共产党简史 . 北京：人民出版社，中共党史出版社，2021：188.
⑥ 毛泽东文集：第 7 卷 . 北京：人民出版社，1999：285.

进入改革开放和社会主义经济建设发展时期后，中国共产党将"以人民为中心"思想具体化为"代表最广大人民的利益"的目标，成为党制定路线、方针、政策的出发点。一是推动马克思主义利益观的中国化，形成了发展的社会主义利益观。邓小平指出，社会主义现代化建设是我们当前最大的政治，因为它代表着人民的最大的利益、最根本的利益①；将社会主义人民利益与现代化建设结合起来，"……一定要使人民得到实惠，得到看得见的物质利益……"②。1992 年，邓小平在"南方谈话"中针对姓"社"姓"资"的问题提出了"三个有利于"思想，指出，应当将"是否有利于提高人民的生活水平"③ 作为衡量党的一切工作的三大标准之一。江泽民提出"三个代表"重要思想，指出中国共产党必须始终代表最广大人民的根本利益，强调保障工人阶级和广大劳动群众的经济、政治、文化权益，是党和国家一切工作的根本基本点，也是发挥工人阶级和广大劳动群众积极性和创造性的根本途径。④ 江泽民指出，中国共产党任何时候都必须坚持完成党的各项工作与实现人民利益的一致性⑤，都是为了不断实现好、维护好和发展好人民的利益⑥；强调中国共产党要始终代表中国最广大人民的根本利益。⑦ 胡锦涛提出"科学发展观"，强调第一要义是发展，核心是以人为本，基本要求是全面协调可持续，根本方法是统筹兼顾。⑧ 科学发展观以发展为了人民、发展依靠人民、发展成果由人民共享为价值理念，将全面、协调、可持续作为基本要求，将统筹兼顾作为根本方法，为党治国理政提供了价值观指引和方法论指导。

中国共产党全心全意为人民服务的宗旨以及为中国人民谋幸福、为中华民族谋复兴的初心和使命正是对"民心才是最大的政治"这一重大执政命题的理论解读与实践诠释。

（三）"以人民为中心"思想在新时代的发展与升华

基于中国共产党建党百年的实践探索与理论完善，党的十八大以来，以习近平同志为核心的党中央结合中国特色社会主义事业发展实际，进一步深化了马克思主义人民思想的理论与实践内涵，形成了"以人民为中心"思想的话语体系，并不断促进了制度体系的完善。党的十八届五中全会在党的历史上首次明确提出"以人民为中心的发展思想"，将它作为全面建成小康社会必须遵循的原则的重要内容，并就其基本框架作出阐释。2015 年 11 月 23 日，习近平总书记在中央政治局第二十八次集体学习时进一步从理论的高度提出：要坚持以人民为中心的发展思想，这是马克思主义政治经济学的根本立场。强调要坚持把增进人民福祉、促进人的全面发展、朝着共同富裕方向稳步前进作为经济发展的出发点和落脚点，部署经济工作、制定经济政策、推动经济发展都要牢牢坚持这个根本立场。⑨ 自此，中国共产党"以人民为中心"思想有了新的内涵与创新，迈入了完善时期。党的十九大报告高度凝练了中国共产党人的初心和使命："……就是为中国人民谋幸福，为中华民族谋复兴。"⑩ 人民对美好生活的追求体现在不仅对物质文化生活提出了更高要求，而且在民主、法治、公平、正义、安全、环境等方面的要求

---

① 邓小平文选：第 2 卷．2 版．北京：人民出版社，1994：163.
② 中共中央文献研究室．邓小平思想年编（一九七五——一九九七）．北京：中央文献出版社，2011：336.
③ 邓小平文选：第 3 卷．北京：人民出版社，1993：372.
④ 江泽民文选：第 3 卷．北京：人民出版社，2006：245.
⑤⑥ 论"三个代表"．北京：中央文献出版社，2001：161.
⑦ 江泽民文选：第 3 卷．北京：人民出版社，2006：128.
⑧ 胡锦涛．高举中国特色社会主义伟大旗帜 为夺取全面建设小康社会新胜利而奋斗：在中国共产党第十七次全国代表大会上的报告．北京：人民出版社，2007：15.
⑨ 立足我国国情和我国实践 发展当代中国马克思主义政治经济学．人民日报，2015 - 11 - 25（1）.
⑩ 中共中央党史和文献研究院．十九大以来重要文献选编：上．北京：中央文献出版社，2019：1.

日益增长。①"人民日益增长的美好生活需要"在经济、文化、政治、社会、生态上均提出了更高层次、更多样化的要求。党的十九届四中全会将我国国家制度的显著优势归纳为"坚持以人民为中心的发展思想，不断保障和改善民生、增进人民福祉，走共同富裕道路"②。党的十九届五中全会将坚持"以人民为中心"提升为我国经济社会持续健康发展和全面打赢脱贫攻坚战必须遵循的"五个坚持"之一。党的十九届六中全会明确将"坚持人民至上"作为我们党百年奋斗的重要历史经验。党的二十大指出，要"……深入贯彻以人民为中心的发展思想，在幼有所育、学有所教、劳有所得、病有所医、老有所养、住有所居、弱有所扶上持续用力，人民生活全方位改善"。至此，"以人民为中心"思想的丰富内涵和价值意蕴应当被充分挖掘并融入中国特色社会主义的伟大斗争、伟大工程、伟大事业和伟大梦想之中。

二、以人民为中心的价值法则的历史地位和基本内容

（一）以人民为中心的价值法则的历史地位

"人民""群众""人民群众"作为社会生活和社会运动中的绝大多数人，是科学社会主义、历史唯物主义包含的基本概念，也是《共产党宣言》确立的共产主义运动的出发点和归宿。关于人民和人民群众的理论，构成了马克思主义思想体系中的人民思想，也是历史唯物主义的重要内容。中国共产党是以马克思主义人民观为基础创立的无产阶级政党，将马克思主义人民思想与中国的国情和实践相结合而探索形成的以人民为中心价值法则，成为中国共产党的基本观念，丰富了马克思主义的理论，是中国共产党领导中国人民取得胜利的重要法宝之一。

党的十八大以来，以习近平同志为核心的党中央领导集体结合中国特色社会主义事业发展实际，进一步深化了马克思主义人民思想的理论与实践内涵，将中国实践升华为话语体系，在充分的理论论证的基础上不断进行体系性的理论建构，在理论体系上，形成了目标宗旨观、历史动力观、人民利益至上观、保障改善民生思想、人民当家作主思想、群众路线思想等。习近平总书记指出：中国共产党始终代表最广大人民根本利益，与人民休戚与共、生死相依，没有任何自己特殊的利益，从来不代表任何利益集团、任何权势团体、任何特权阶层的利益。③ 要坚持人民主体地位，顺应人民群众对美好生活的向往，不断实现好、维护好、发展好最广大人民根本利益，做到发展为了人民、发展依靠人民、发展成果由人民共享。④ 我们党没有自己特殊的利益，党在任何时候都把群众利益放在第一位。这是我们党作为马克思主义政党区别于其他政党的显著标志。⑤

（二）以人民为中心的价值法则的基本内容

中国共产党所坚持的以人民为中心的价值法则包括以下三个方面的基本内容。

1. 一切为了人民

中国共产党和国家的权力来自人民，所推动的经济社会发展，必然要以人民为目的，要把人民对美好生活的向往作为自己的奋斗目标；在推进国家治理的实践中，要充分尊重人民群众的权利和意愿，保证人民当家作主。基于我国社会主要矛盾的新变化，当前广大人民群众最大

---

① 中共中央党史和文献研究院．十九大以来重要文献选编：上．北京：中央文献出版社，2019：8.
② 中共中央关于坚持和完善中国特色社会主义制度 推进国家治理体系和治理能力现代化若干重大问题的决定．人民日报，2019-11-1（1）．
③ 习近平谈治国理政：第4卷．北京：外文出版社，2022：9.
④ 习近平谈治国理政：第2卷．北京：外文出版社，2017：214.
⑤ 习近平谈治国理政：第4卷．北京：外文出版社，2022：53.

的利益诉求集中体现在对美好生活的向往上。党和国家在满足人民物质文化需求的同时，更要致力于满足人民在民主、公平、正义、安全、环境等方面的美好需要；要全方位满足人的真实需要，全方位丰富和提高人创造美好生活的能力，努力实现人的全面发展。坚持发展为了人民，就是要把实现好、维护好、发展好最广大人民的根本利益，作为党和政府的一切方针政策与各项工作的根本出发点和落脚点。

2. 一切依靠人民

发展的本质是人类通过劳动不断改造自然的过程。党和政府的一些重大决策的制定，以人民群众创造的具体经验为基础。发展依靠人民，就是要充分发挥人民群众的首创精神，充分发挥人民群众的积极性、主动性和创造性。江泽民强调，任何时候我们都必须坚持尊重社会发展规律与尊重人民历史主体地位的一致性，坚持为崇高理想奋斗与为最广大人民谋利益的一致性，坚持完成党的各项工作与实现人民利益的一致性。[1] 习近平指出：人民是历史的创造者，是决定党和国家前途命运的根本力量。我们党来自人民、植根人民、服务人民，一旦脱离群众，就会失去生命力。[2]

3. 发展成果由人民共享

发展成果由人民共享，即必须在发展社会经济的同时维护公平正义，使人民群众共同享有国家与社会的发展成果。要始终把实现最广大人民利益作为衡量一切工作的最高标准，让发展成果惠及全体人民，最终实现共同富裕。坚持以人民为中心的发展思想，必须围绕最广大人民的根本利益，围绕最终实现全体人民的共同富裕，立足于不同发展阶段的条件和要求，体现公平分享发展成果的要求。只有把实现好、维护好、发展好最广大人民的根本利益作为一切工作的出发点和落脚点，才能协调好社会利益关系，最大限度地解放和发展社会生产力。

三、以人民为中心的中国特色之监察制度

以人民为中心价值法则是《监察法》立法的价值导向，具有唯物史观和价值论的意义，是构建监察法律体系的出发点和落脚点。

（一）确保监察权的人民性，将人民的利益保障作为立法目标

公权力源于人民的让渡，天然地受到人民的监督、接受人民的评判，这是近代以来政治文明学说的意旨。腐败是对公权力的滥用，完善权力的规范体系，首先就要解决导向选择的问题。坚持人民的主体地位，意味着必须在国家监察权的制度设计中注重其人民性内涵，使之成为一切公职人员珍惜公权力、用好人民给予的权力，坚定不移地推进党风廉政建设与反腐败斗争的有力武器，才能使之在彻底整治腐败的斗争中充分发挥其责任与使命，形成有效的权力制约与监督机制。人民群众反对什么、痛恨什么，我们就要坚决防范和打击。人民群众最痛恨腐败现象，我们就必须坚定不移反对腐败。[3] 以人民为中心的价值法则，要求执政党执政、国家机关施政都必须充分保证人民当家作主的权利，让人民群众感受到公平之治、规则之治；要求监察机关对一切借助公权力侵犯人民利益的行为，有效行使监察职责。我国宪法规定：公民在法律面前一律平等，任何组织或者个人都不得有超越宪法和法律的特权。所有行使公权力的公职人员自然要遵守宪法和法律，接受监督。人民立场是习近平法治思想的根本立场，法治的根本目的是保护人民权益。这一切均决定了《监察法》设定监察权时的基本导向，只有满足人民

---

①　江泽民文选：第 3 卷. 北京：人民出版社，2006：279.

②　习近平谈治国理政：第 3 卷. 北京：外文出版社，2020：135.

③　习近平. 在庆祝全国人民代表大会成立 60 周年大会上的讲话. 北京：人民出版社，2014：12.

群众对公平正义的期待和追求，才能真正实现以法治手段推动反腐事业的发展。

（二）确保监察权的人民性，建立人民参与监察权的基本制度

腐败治理是党和政府的职责，但并非党和政府的"独角戏"。中国共产党始终同人民群众保持血肉联系，善于动员社会力量同腐败现象作斗争。开门接访、带案下访、宣讲导访等途径是厚植反腐群众基础，激发人民群众参与腐败治理的关键。唯有如此，才能真正有效地消除腐败滋生的社会土壤。以人民的法治需求为导向，必须强调国家监察权依靠人民的原则。只有将反腐败置于人民的监督之下，充分吸收人民群众的参与，建立鼓励公民参与的制度，才能确保腐败治理的成效；只有彻底地反腐败，防范利益集团对公权力的操弄，才能真正保证权力为民目标的实现。《监察法》在具体机制体系设计上，建立了专门的举报和人民监督制度，以实现真正依靠人民，打好反腐败的人民战争。

（三）确保监察权的人民性，建立为人民公平分配社会利益的反腐败制度

腐败是对人民平等享有社会发展利益、分配利益的最大侵害，强化、优化国家反腐败权，防止利益集团侵占、瓜分由人民共同创造的社会财富，形成公平正义的社会分配体系与制度至关重要，是以人民为中心的根本体现。中国共产党在新民主主义革命时期就旗帜鲜明地提出了反对腐败、建设廉洁政治的口号，将为人民谋取解放与独立作为重要使命，从而赢得人民的信任。以人民的法治需求为导向，《监察法》根据人民的需求进行了权力配置与运行制度设计，包括：一是设定最广泛的监察范围，为监察权配置最广泛的监察权力。二是压缩被调查人的权利范围，实行被调查人权利克减制度。最为突出的是，对于严重职务违法和职务犯罪的被调查人，监察机关可以采取留置措施，而对于被留置人，《监察法》并未为其配置普通刑事犯罪人所享有的律师帮助的权利。关于这一制度设计尽管存在理论上的分歧，但是，从探究立法目的的视角来看，由于留置的对象是公权力的行使者，在其被调查时仍可能存在权力的"余威"，为确保监察调查权的有效行使，立法只有克减被调查人的权利，才能保障人民利益获得有效保护。可见，在法治与人民利益保障的二元价值选择中，《监察法》对人民利益保障给予最大关注与重视。

第三节　中国化的权力监督制约理论

如何建构有效的制度以监督制约公共权力，是世界政治文明发展史的恒久主题。中国化的权力监督制约理论，以马克思主义权力监督理论为基础，深入关注中国式国家权力结构体系及其模式，以及社会发展的历史需求，坚持党统一领导下的制度建设探索与创新，在监督制约机制体系建设上，坚持党性与人民性、党内监督与人民监督的统一，将对权力实行全面监督制约作为推进党和国家治理体系建设的重要内容，使之成为国家监察体制改革的理论基础与基本导向。

一、马克思主义权力监督思想的理论创新

（一）马克思主义关于权力监督制约的思想

西方近代权力监督制约理论由 17 世纪英国思想家洛克首先提出，他提出对权力的法律—道德双重制约与监督原则，在政治哲学史上开辟了权力政治学的路径，奠定了其在西方权力监督思想史上的历史地位。

马克思主义权力制约与监督理论，以从根本上回答权力监督的必要性、谁来监督国家权力、如何制约和监督国家权力等问题为着手点，有别于西方启蒙思想中的相关理论体系。就监督权力的必要性，马克思指出：一切有关社会生活事务的创议权都由公社掌握。总之，一切社会公职，甚至原应属于中央政府的为数不多的几项职能，都要由公社的勤务员执行，从而也就处在公社的监督之下。① 公社可不像一切旧政府那样自诩决不会犯错误。它把自己的所言所行一律公布出来，把自己的一切缺点都让公众知道。② 恩格斯则强调，国家的本质特征，是和人民大众分离的公共权力③；国家、政治制度是从属的东西，而市民社会、经济关系的领域是决定性的因素。④ 公社，由人民当家作主的政权性质决定，需要接受人民群众的监督。公众需要赋予相应的权利来监督公社。为此，马克思、恩格斯提出了防止社会公仆变为社会主人的措施，即赋予工人选举权、罢免权，取消公职人员的特权。

在继承马克思、恩格斯权力监督理论的基础上，列宁面对无产阶级夺取政权后的权力监督问题，提出：就实质来说，监督的全部问题归根到底在于谁监督谁。⑤ 列宁强调监督体系与专门机构建设，主张让工农检查院成为能够检查和改进全部国家工作的机关，提出设立监察委员会，并将二者结合起来。

马克思主义关于权力制约与监督的论断，深刻总结了权力制约与监督的价值、主体与模式等问题，强调公共权力由人民赋予就必须服务于人民，必须受到全面的监督和制约，这是由国家的根本性质决定的。在权力监督的举措上，马克思强调人民群众的外部监督，主张建立议行合一的公社；列宁在坚持群众监督权力的基础上提出了专门机构监督等党和国家自我监督思想，并进行了积极探索。

（二）中国化的权力监督制约理论的探索与发展

重视权力的制约和监督，是中国共产党人的红色血脉。中共一大通过的《中国共产党第一纲领》使"监督"成为党内组织生活管理过程的关键。在中央苏区和延安时期中国共产党就形成了对人民政权组织及其工作人员监督制度的初步方案，中国化权力监督与制约思想由此奠基。1941年，毛泽东指出：共产党是为民族、为人民谋利益的政党，它本身决无私利可图。它应该接受人民的监督，而决不应该违背人民的意旨。它的党员应该站在民众之中，而决不应该站在民众之上。⑥

进入社会主义革命与建设时期后，中国共产党走上执政党地位，面临如何巩固政权、如何有效确保对权力监督制约的双重问题，通过卓有成效的实践探索，促进了权力监督制约理论的发展。毛泽东主张，要将加强权力的制约和监督与充分依靠人民群众结合起来，不仅重视人民来信，将之作为党和人民政府加强与人民联系的方法，而且强调舆论监督的作用，提出对典型的官僚主义、命令主义和违法乱纪的事例应当在报纸上广为揭发，同时，要充分发挥民主党派对共产党的监督作用。

进入改革开放的新时期后，中国共产党作为执政党面临促进经济加速发展与有序推进党风廉政建设和反腐败斗争的双重使命。邓小平首次将权力监督制约与反腐败结合起来，强调要加大反腐力度，提高反腐透明度，雷厉风行地抓腐败案件，公之于众，并按照法律办事。在监督

---

① 马克思．法兰西内战．北京：人民出版社，2018：130.
② 马克思．法兰西内战．北京：人民出版社，2018：70.
③ 马克思恩格斯选集：第4卷．3版．北京：人民出版社，2012：132.
④ 马克思恩格斯选集：第4卷．3版．北京：人民出版社，2012：258.
⑤ 列宁全集：第32卷．2版增订版．北京：人民出版社，2017：202.
⑥ 毛泽东选集：第3卷．北京：人民出版社，1991：809.

的形式上，要重视发挥群众监督制度的功能；在监督规范和主体上，应针对职权范围和政治、生活待遇制定各种条例，设置专门机构进行监督检查。党的第三代领导集体继续推进中国化的权力监督制约制度体系的探索。江泽民明确提出，反腐败必须"坚持标本兼治，教育是基础，法制是保证，监督是关键"①的方针政策；提出，党内监督的重点是对领导干部的监督，要通过加强党内监督、法律监督、群众监督，建立健全依法行使权力的制约机制和监督机制。② 胡锦涛强调，加强对权力的制约和监督，是社会主义民主政治建设的重要任务③，既要加强对与领导干部作风密切相关的关键环节之监督，又要综合运用各种监督形式，形成监督合力，增强监督实效。

（三）中国化的权力监督制约理论在新时代的创新发展

党的十八大以来，中国共产党将加强对权力的制约与监督体系建设的探索提高到新的高度，在全面推进实践探索的同时，相继提出了完善权力运行制约和监督机制等要求，对反腐败体制机制创新和制度保障进行了重点部署。习近平总书记强调，要长期坚持并不断巩固发展党的十八大以来探索出的一套行之有效的权力监督制度和执纪执法体系，坚定不移地推进党风廉政建设和反腐败斗争，强化监督执纪问责，抓住权力体系中的"关键少数"。党的十九大报告提出要"健全党和国家监督体系"，"深化国家监察体制改革，将试点工作在全国推开……"。党的十九届四中全会提出，坚持和完善党和国家监督体系的基本内容，即党和国家监督制度、权力配置和运行制约机制，以及不敢腐、不能腐、不想腐一体推进的体制机制，是党在领导人民践行人民民主、监督权力的长期实践中探索出来的中国特色权力监督体系，丰富了党和国家监督理论，培育了社会监督文化，形成了结构完善的实践执行方案，表明党的权力监督思想和实践探索达到了新的历史高度。党对权力制约与监督方案部署的每一次调适，都体现了特定的阶段性任务。这种不断自我更新的阶段性任务，在当下即体现为推动全面依法治国进程，实现深化监察体制改革的目标要求。中国化权力监督制约理论在新时代的创新发展，离不开马克思主义经典权力制约与监督理论的参照，离不开对党中央领导集体的权力制约和监督理论的继承与创新，与党的十八大以来习近平总书记引领全党和全国人民开启全面依法治国新时代的实践基础相辅相成。权力监督制约理念的形成、方略的提出、体系的完善、机制的健全、方法的创新，有力保障了权力配置与运行的规范性、监督的有效性，使"中国特色社会主义监督制度逐步成熟定型，统筹贯通、常态长效的监督合力正在形成"④。

二、中国化的权力监督制约理论的基本内容

中国化的权力监督制约理论是中国式、发展的马克思主义，这一理论包括以下重点内容。

（一）坚持权力的人民性本质

明确国家权力的基本属性，是判断政权性质与建构权力监督制约体系的基础。现代政治有别于传统政治的根本点在于坚信权力来自人民，人民是约束国家权力的根本力量。我国《宪法》第2条规定："中华人民共和国的一切权力属于人民。"这是中国式权力监督制约体系建设的宪法基础。权力的绝对人民性，决定了人民拥有对一切公权力进行监督的权利和义务。1945年，毛泽东针对黄炎培提出的关于中国共产党如何跳出治乱兴衰历史周期率的"窑洞之问"，

① 中国共产党第十五次全国代表大会文件汇编. 北京：人民出版社，1997：50.
② 江泽民. 在庆祝中国共产党成立八十周年大会上的讲话. 北京：人民出版社，2001：39.
③ 胡锦涛文选：第2卷. 北京：人民出版社，2016：235.
④ 杨晓渡. 充分发挥全面从严治党的政治引领和政治保障作用. 人民日报，2021-11-29（6）.

给出的答案是，让人民来监督政府。只有让人民来监督政府，政府才不敢松懈。只有人人起来负责，才不会人亡政息。① 中国共产党的先进性、人民性决定了其肩负着领导人民建构中国式权力监督制约制度体系的使命，以及对权力监督制约制度体系能否满足社会发展需要的判断责任，据以确保制度体系的与时俱进。

（二）坚持通过自我革命强化权力监督制约

自我革命是以习近平同志为核心的党中央就权力监督制约给出的第二个答案，回答了社会主义国家"谁来监督权力、监督权力为了谁"的政治命题，体现了监督权党性与人民性的高度统一。中国共产党的性质、宗旨决定了党对权力进行自我监督是人民意志的体现，是党内监督与群众监督、直接监督与间接监督的有机统一。百余年来，中国共产党外靠发展人民民主、接受人民监督，内靠全面从严治党、推进自我革命，保证了中国共产党长盛不衰，不断发展壮大。加强党和国家的自我监督，既是马克思主义执政党的革命性锻造，也是保障人民监督权力、维护人民当家作主的根本政治要求。"党内监督在党和国家各种监督形式中是最基本的、第一位的"②。党全面领导、长期执政的职责定位，决定了党具有领导人民监督的权力并对权力进行自我监督的责任与义务。中国式权力监督，应当始终坚持党的领导，以党内监督为主导并注重与群众监督相结合，推动全过程人民民主。

（三）坚持强化权力监督制约专责机关的专门性

邓小平强调专门机构监督检查的重要性。改革开放以后，党恢复重建纪律检查机关和行政监察机关。1993年，党在首次作出"反腐败斗争形势是严峻的"③ 的判断后，决定实行中央纪委和监察部合署办公，集中反腐败力量，履行党的纪律检查和行政监察职能。党的十八大以来，党中央就一直思考和谋划如何适应全面从严治党新形势，在强化党内各方面监督的同时，更好发挥监察机关职能作用，强化国家监察，把公权力关进制度的笼子。④ 深化国家监察制度改革的初心，就是要把增强对公权力和公职人员的监督全覆盖、有效性作为着力点，推进公权力运行法治化，消除权力监督的真空地带，压缩权力行使的任性空间，建立完善的监督管理机制、有效的权力制约机制、严肃的责任追究机制。⑤ 中共中央《关于全面深化改革若干重大问题的决定》强调"加强反腐败体制机制创新和制度保障"，进而作出进行国家监察体制改革，监察机关与党的纪律检查机关合署办公、集中统一行使党内监督和国家监察专责的重大决定，以实现对公权力监督的全覆盖。

（四）建立健全党内监督为主导、各类监督协同的权力监督体制

党的权力监督思想以党内监督与群众监督相结合的形式对权力进行监督。党全面领导、长期执政的地位，决定了党内监督不仅通过加强党的政治建设、严肃党内政治生活、严明党的纪律、加强作风建设等方式为权力的规范行使提供良好的政治生态，对党的领导机关和领导干部廉洁从政、秉公用权情况进行监督，而且通过发挥党的领导、统筹、督促、推动职能，贯通协同其他监督主体，从党和国家层面实现对权力的全方位监督。党始终坚持对权力监督的领导，强化党内监督并注重与外部监督相结合，不断改革完善权力监督制约体制机制。在充分发挥纪委监委专责监督职能的同时，党不断强化自上而下的组织监督，改进自下而上的民主监督，注

① 党的二十大精神专题十二讲．北京：人民出版社，2023：147.
② 中国共产党第十八届中央委员会第六次全体会议公报．北京：人民出版社，2016：23.
③ 坚持遏制腐败蔓延势头目标任务不动摇：学习十八届中央纪委六次全会精神．北京：人民出版社，2016：10.
④ 习近平．论坚持人民当家作主．北京：中央文献出版社，2021：247.
⑤ 习近平．论坚持人民当家作主．北京：中央文献出版社，2021：249-250.

重发挥同级的相互监督，构建起党委（党组）全面监督、纪律检查机关专责监督、党的工作部门职能监督、党的基层组织日常监督、党员民主监督的党内监督体系，注重党内监督与外部监督相结合，形成了由党内监督与人大监督、民主监督、行政监督、司法监督、审计监督、财会监督、统计监督、群众监督、舆论监督构成的党和国家监督体系。

三、中国化的权力监督制约理论是监察法的根基

习近平总书记指出：监督是治理的内在要素，在管党治党、治国理政中居于重要地位。[①]监察法治监督必须紧紧围绕"坚持和完善中国特色社会主义制度、推进国家治理体系和治理能力现代化"的总体要求，建构监察监督的法律规范体系。

（一）强化党对国家监察监督体系建设的领导

《监察法》第 2 条规定：坚持中国共产党对国家监察工作的领导，以马克思列宁主义、毛泽东思想、邓小平理论、"三个代表"重要思想、科学发展观、习近平新时代中国特色社会主义思想为指导，构建集中统一、权威高效的中国特色国家监察体制。历史地看，党和国家监督体系是在中国政治社会变迁与政治结构调整框架下演变的，最初并未将它作为专门的体系予以充分筹划，各类监督的目标导向、内容资源、分工设计不甚明晰。破解监督难题，必须立足于中国式权力体系的基本特色，才能真正找到解决问题的答案。党的领导地位，决定了由其所行使的权力均为对国家的领导权力，是中国式权力体系之最为重要的部分。故保障执政党权力运行的规范性，是权力监督体系建设中最为重要的方面，完善党内监督的自我革命体系是"第二个答案"的核心内容。建立人民政权、确认人民主体地位，是中国式权力体系的基本特征，国家监察依以人民为中心思想之导向而建构起来，作为人民监督的内容，是"第一个答案"发展的重点。《监察法》突出"两个答案"的协调统一，以促进中国式权力二元监督体系的现代化。

（二）建构中国式国家监察监督规范体系

习近平总书记提出，在权力制约和监督方面，我们的制度设计和制度落实存在着一些问题，主要是一些制度执行力不强，权力运行监督体系不完善、不得力，特别是对领导机关、领导干部行使权力的制约和监督形同虚设。[②]国家监察体制改革也正是在这一现实背景下产生的。"监察全覆盖"，是《监察法》所确立的监督体系建设的基本原则，是在我国国家法律体系建设中首次提出的原则。这一原则的设定，契合了中国式国家权力的基本特征。我国的国家权力具有全面性、广泛性与体系性特征，对所有国家事务、重要社会事务行使国家管理职责，是中国式国家权力的基本定位，由此决定了国家公权力在中国经济社会发展中的重要地位，也引发了中国式权力监督的特有问题。《监察法》面对这一国情现实作出了积极的应对，表现为：一是监察法的立法主旨。《监察法》第 1 条明确规定，加强对所有行使公权力的公职人员的监督，实现国家监察全面覆盖，深入开展反腐败工作，推进国家治理体系和治理能力现代化。二是监察法的基本原则。《监察法》第 3 条规定，"各级监察委员会是行使国家监察职能的专责机关，依照本法对所有行使公权力的公职人员（以下称公职人员）进行监察，调查职务违法和职务犯罪，开展廉政建设和反腐败工作，维护宪法和法律的尊严。"三是监察监督范围与对象的全覆盖。《监察法》第 11 条就监察监督范围作出规定，明确了对公职人员开展廉政教育，以及对公职人员依法履职、秉公用权、廉洁从政从业以及道德操守情况的监督、调查、处置职责。

---

① 中共中央党史和文献研究院. 十九大以来重要文献选编：中. 北京：中央文献出版社，2021：388.
② 习近平. 论坚持全面深化改革. 北京：中央文献出版社，2018：204.

《监察法》第 15 条就监督对象的范围设定了六类公职人员主体。

（三）建构国家监察监督权行使的组织体系

确保国家监察监督权行使的组织体系的完备性与权威性，是提高监察监督效能的关键。为了有效破解既往监察监督制度所存在的问题，《监察法》以中国化的权力监督制约理论为基础，进行了规范体系建构：在监督权行使的组织体系建构上，在建立与国家权力体系相适应的监察权的同时，就派驻与派出监察机构、监察专员制度作出规定，并就派驻与派出监察机构、监察专员的行权规则、职能定位、基本职权作出了明确具体的规定，从而使监察监督权在中国式权力体系中能够更好地发挥作用。

第三章
监察法的中国特色

监察法的中国特色，是中国特色社会主义政治制度的立场、观点和方法的语言表达。其核心价值、基本逻辑、结构功能与西方政治学概念、政党政治学说和政治理论模式有着本质的区别。正确认识监察法的中国特色，要从中国特色社会主义政治理论、法治理论与实践的结合出发，把握监察法的政治性、人民性、时代性和统领性。

第一节　监察法的政治性

政治性是监察法的灵魂，也是监察法最鲜明的特色。《监察法》第 2 条规定："坚持中国共产党对国家监察工作的领导"。第 3 条将宪法规定的"中华人民共和国各级监察委员会是国家的监察机关"细化为"各级监察委员会是行使国家监察职能的专责机关，依照本法对所有行使公权力的公职人员……进行监察，调查职务违法和职务犯罪，开展廉政建设和反腐败工作。"这些规定彰显了监察法鲜明的政治性特色。

一、党对国家监察工作的统一领导

坚持党对国家监察工作的统一领导，是监察立法的首要前提。廉政建设和反腐败工作是党和国家自我监督的重大政治任务，是一种刀刃向内、无私无畏的自我革命。自我革命意味着要"革"自己的命，对自身存在的问题"动刀子"；意味着反躬自省，自己扬弃自己，自己超越自己，自己否定自己。这种自我革命的目的不是自己推翻自己、全盘否定自己，不是改弦更张、改旗易帜，而是确保党开创的事业始终沿着正确的轨道、既定的目标前进，确保党始终成为中国特色社会主义事业的坚强领导核心。[①] 因此，以反腐败为专门职责的国家监察工作，必须在党的领导下有效开展。

治国必先治党，治党务必从严，从严必依法度。坚持党的领导和社会主义法治的内在一致性，强调社会主义法治必须坚持党的领导，坚持党的领导必须依靠社会主义法治。依法治国和依规治党一体推进、互相促进，既是中国特色社会主义法治建设的基本经验，也是中国法治与西方"宪政"的根本区别。坚持和加强党对国家监察工作的全面领导，是党"领导立法、保证执法、支持司法、带头守法"的全新例证，也是指导监察法立法执法创新实践的"定海神针"。党的十八大以来，在党中央的坚强领导下，中国共产党自我监督、自我革命的成果显著，打"虎"之多，拍"蝇"之众，既超出国人的期待，又出乎外人的意料。习近平总书记强调：法

---

① 何毅亭. 论中国共产党的自我革命. 学习时报, 2017 - 07 - 24.

治之下，任何人都不能心存侥幸，都不能指望法外施恩，没有免罪的"丹书铁券"，也没有"铁帽子王"①。这段话展示了中国共产党反对腐败的决心和毅力。这样的自我革命，没有破釜沉舟、舍我其谁的魄力，没有刮骨疗毒、壮士断腕的勇气，是根本做不到的。2018年宪法修正案和《监察法》的制定和颁行，就是要把党和国家自我监督和自我革命的成果用根本大法和基本法的形式固定下来，使这种自我监督和自我革命常态化法治化，使党的统一领导由政治话语转化为法律规范。

二、党和国家权力监督的制度创新

从国家监察机关的职责定位来看，宪法确立了国家监察机关在国家权力结构中的职能定位。这一职能定位是从我国历史传统和现实国情出发加强对公权力监督的重大改革创新，是中国特色社会主义道路自信、理论自信、制度自信、文化自信的重要体现。《监察法》第3条规定"各级监察委员会是行使国家监察职能的专责机关"。而我国国家监察职能与党的纪检职能的不可分性决定了国家监察委员会与党的纪检委员会合署办公的必然性，决定了监督调查处置和监督执纪问责一体运行的必要性；既要落实党章关于地方各级纪委在同级党委和上级纪委双重领导下进行工作的规定要求，又要落实宪法关于"上级监察委员会领导下级监察委员会的工作"的规定要求。同时，合署办公的纪委监委共同接受同级党委领导，实现了党性和人民性的高度统一。其鲜明的政治性表明监察委员会是实现党和国家自我监督的政治机关，不是行政机关、司法机关，是党和国家自我革新、自我净化和自我完善的法律利器。

从监察工作的基本方针来看，体现了"纪律反哺法律"的政治特色。进入新时代以来，党中央以党章之下的组织法规制度、领导法规制度、自身建设法规制度和监督保障法规制度为基础，以"两准则四条例"的修订出台为代表，完善了党内法规制度体系，拓展了监督执纪"四种形态"等正风反腐新路径，为"纪衔接法、纪反哺法"夯实了基础。例如，《监察法》"总则"对监察方针和基本原则作出规定，其中的以事实为根据、以法律为准绳等原则带有通约性，与刑事诉讼法、行政诉讼法等的规定一致，但其中的从严监督、惩教结合、宽严相济等内容，特别是根据新时代正风反腐的历史性变化，强调着力构建不敢腐、不能腐、不想腐的长效机制，明显都是借鉴党规党纪所形成的创新点。同时，法律归其根本是设置权利和义务的规范与制度文本，任何权利和义务的设置都会蕴含一定的价值原则。监察法所确定的法律关系，就监察对象而言，带有类似行政法规和党内法规等调整的隶属型关系的特征，其典型表现是即便非党员公职人员，因行使国家权力而成为"特别义务人"时，既要接受相对一般公民更高更严的法律监督与尽职要求，又要像公众人物"牺牲"隐私权那样让渡部分权利，履行接受监察、配合调查的法定（特定）义务。

三、从严治党与国家监察的有机统一

党的十八大以来，党中央坚持全面从严治党，在加大反腐败力度的同时完善党章党规，实现依规治党，并取得历史性成就。在新时代，完善我国监督体系，既要加强党内监督，又要加强国家监察，而监察法充分实现了从严治党与国家监察的有机统一。所以，国家监察法律法规体系形成的重大意义体现在，深化国家监察体制改革，成立监察委员会，并与党的纪律检查机关合署办公，代表党和国家行使监督权和监察权，履行纪检、监察两项职责，加强对所有行使

---

① 习近平.论坚持全面依法治国.北京：中央文献出版社，2020：141.

公权力的公职人员的监督，从而在我们党和国家形成巡视、派驻、监察全覆盖的统一的权力监督格局，形成发现问题、纠正偏差、惩治腐败的有效机制，为实现党和国家长治久安走出了一条中国特色监察道路。[①]

2018宪法修正案和《监察法》把党对反腐败的政治领导和领导反腐败的政治成果转化为国家法律，以根本大法的形式体现广大人民的意志和愿望，旗帜鲜明地昭示党对反腐败斗争领导的法定性，有利于党中央和地方各级党委更加理直气壮、名正言顺地依法领导开展反腐败工作，扛起全面从严治党和依法治国理政的政治责任。监察机关要自觉地把维护习近平总书记核心地位、维护党中央权威和集中统一领导具体落实到强化监督、执纪审查、调查处置、巡视巡察、追责问责等职权活动中，坚决清除政治上蜕变的"两面人"、两面派，在思想上政治上行动上同以习近平同志为核心的党中央保持高度一致；坚决贯彻执行党的十九大、二十大关于全面从严治党、党风廉政建设和反腐败斗争的战略部署，结合实际落实落地，立足职责积极作为，确保党中央始终牢牢掌握反腐败工作的领导权。

四、监察机关被赋予极强的政治属性

公权力腐败对政治安全、制度安全和执政安全的严重危害，以及调查涉嫌腐败人员的政治敏感，使反腐败具有不以人的意志为转移的特殊政治内涵。《监察法》体现了新时代中国特色社会主义权力监督的基本特色与制度逻辑，充分吸收了中国传统监察文化，总结了新中国社会主义行政监察体制运行的经验教训，创建了适合中国政治体制和权力运行机制的公权力监督体制。因此，《监察法》规范和原则的表达，更多地反映了中国政治实践的现实状况和客观规律，体现了党和国家权力监督的概念体系与话语体系。

党的十八大以来，"纪在法前、纪比法严、纪法衔接"的中国特色反腐败之路越走越宽广。党中央反复强调：纪检监察机关是政治机关，监督执纪是政治性极强的工作。根据宪法的规定，由人民代表大会组建专司反腐败的国家监察机构，专责对行使公权力的公职人员进行监督。各级监察机关作为于宪有源的监察法执法主体，同党的纪检机关合署办公，并通过日常的监督执纪、派驻监督和巡视监督等，实现党内监督和国家监察的统一，推动监督监察常规化、常态化，并产生辐射、传导政治机关色彩的"光晕效应"，例如，监察机关行使监察权是在党的直接领导下，就重要事项向党委报告、请示，由党委研究决定。监察工作是否有序有力有效，实际上反映了党对反腐败工作的重视程度和政治态度。再如，监察机关可依法向"本级中国共产党机关"派驻或派出监察机构、监察专员，其监察范围明确包括"中国共产党机关"公务员等，就彰显了各级党组织和领导干部"接受监察无特权"的政治立场。由于党的反腐败政治理念、政治话语被"嵌入"《监察法》，监察机关区别于传统行政监察机关，也不同于一般性执法机关，而是有特殊定位、特殊赋权和特殊使命的政治机关，或者说是担负着反腐败政治责任的国家法定机关。因此，对国家监察机关的高要求必然是双重性的：既要坚守法律上的高规格，也要坚持政治上的高标准。

第二节　监察法的人民性

人民性是监察法的本质，也是监察工作的价值追求。从监察法的精神实质来看，深化国家

---

① 丛斌.国家监察法是全面监督的新举措.民主与科学，2018（2）：3.

监察体制改革代表了最广大人民群众的根本利益和整体意志，恪守了一切权力来自人民、属于人民且为了人民的宪法原则，切实坚持并保证人民的主体地位。它通过加强和改进国家政权建设，弥补在国家权力结构中监察体系不够完善的短板，构筑起防止党在长期执政条件下权力异化和权力寻租的屏障，昭示了党和国家确保公共权力的人民性、确保人民赋予的权力永远为人民谋利益的价值追求和坚定决心。

一、人民至上的价值法则

监察法创制和实施的价值取向是维护人民主权，确保人民赋予的权力永远为人民谋利益。"人民"是"公"的政治理想和治理秩序在政权建设中的落脚点和具体体现，即天下为公的政治理想具体化为人民至上的价值法则。因此，人民至上并不是一个事实命题，而是一个价值命题，具有价值理想、价值目标、价值原则、价值旨归、价值理念等多重基本价值意蕴。把它作为执政党执政和国家治理的根本原则并加以法治化、政策化、道德化，它就具有价值法则的含义。① 坚持人民至上，鲜明体现了党和国家监督体系构建的价值法则，为加强对公共权力运行的监督和制约，保障人民赋予的权力永远为人民谋利益提供了最根本的价值遵循。

从马克思主义唯物史观看，人民是中国共产党执政兴国的力量源泉和最大底气，人民立场是全面从严治党和反腐败斗争的基本政治站位。人民至上、始终代表最广大人民的根本利益作为马克思主义中国化时代化的重要标志，是中国共产党立党立国、兴党兴国的出发点和落脚点。中国共产党为什么能，中国特色社会主义为什么好，归根到底是马克思主义行，是中国化时代化的马克思主义行。② 发展中国化时代化的马克思主义的鲜明要求，就是坚持人民至上，始终代表最广大人民的根本利益。这是马克思主义政党的鲜明特征和必然要求，也是科学社会主义不可动摇的原则，集中反映了中国共产党人基本的人民观、政治观。马克思、恩格斯在《神圣家族》中指出，历史的活动和思想就是"群众"的思想和活动。③ 毛泽东关于"人民，只有人民，才是创造世界历史的动力"④ 的著名论断，是对马克思、恩格斯人民观的深化和拓展。进入新时代后，习近平总书记对这一论断作了进一步宣示和深化，他指出：人民是创造历史的动力，我们共产党人任何时候都不要忘记这个历史唯物主义最基本的道理。⑤ 他强调：人民观也是政治观和权力观。中国共产党人权力观和政治观的核心，就是坚持"权为民所赋"和"权为民所用"相统一。⑥ 修改宪法、制定监察法，就是把人民至上的价值法则体现在权力监督上。

人民至上的权力监督以发展全过程人民民主为要旨，全过程人民民主是党和国家确保人民当家作主不被异化的制度设计。随着国家监察体制改革的深入推进，党和国家监督触角在纵向上已延伸到基层，在横向上已覆盖到所有公共领域，在过程上已贯穿于公权力行使的各个环节，成为全过程人民民主的重要内容。全过程人民民主是全链条、全方位、全覆盖的民主，人民民主运行的每一个环节都离不开权力监督的保障，权力监督日益融入人民民主的运行链条，对违反人民民主要求、损害人民民主权利、破坏人民民主原则的行为及时纠正。全过程人民民

---

① 刘小妹．跳出历史周期率的中国道路：权力监督的法治化．西北大学学报（哲学社会科学版），2023（03）．
② 高举中国特色社会主义伟大旗帜 为全面建设社会主义现代化国家而团结奋斗．人民日报，2022‐10‐17（2）．
③ 韩延明．人民至上：习近平新时代中国特色社会主义思想的精髓．党建，2022（7）．
④ 毛泽东选集：第3卷．北京：人民出版社，1991：1031．
⑤ 杨丽敏．人民是党执政兴国的最大底气．人民日报，2022‐07‐14（11）．
⑥ 李林宝．树立正确的权力观．人民日报，2022‐05‐18（4）．

主要求坚持以人民为中心，探索坚持党的领导、人民当家作主和依法治国有机统一的民主新路。全过程人民民主是权力监督的实践要求，强调权力监督以实现人民民主为重要目标。权力监督丰富了全过程人民民主的内涵，让人民民主具有鲜活的实践形式。借助权力监督形式落地，人民当家作主具体体现在国家政治生活和社会生活的方方面面，体现在人民对自身利益的实现和发展上。

二、权责对等的制度安排

监察法的人民性决定了监察法既是一部授权法也是一部控权法。为防范监察权行使的风险，监察法坚持权力分解、相互制约、防控关键原则，按照有权必有责、有责要担当、用权受监督、失责必追究的权力运行要求，针对监察权行使的不同环节，都提出了严格的控权要求。《监察法》专门在第七章用9个条文，就如何对监察机关和监察人员进行监督作出明确规定。首先，对关键环节监督制约。《监察法》要求监察机关：（1）建立问题线索处置、调查、审理各部门相互协调、相互制约的工作机制，加强对调查、处置工作全过程的监督管理；（2）对重要取证工作全过程录音录像，留存备查等。其次，加强内部监督机构建设。《监察法》规定，上级监察委员会领导下级监察委员会的工作。设立内部专门的监督机构进行专门监督，确保建立忠诚、干净、担当的监察队伍。《监察法》第61条规定，对调查工作结束后发现立案依据不充分或者失实，案件处置出现重大失误，监察人员严重违法的，应当追究负有责任的领导人员和直接责任人员的责任。第65条规定了9类违反规定的行为，追究负有责任的领导人员和直接责任人员的责任。

为确保监察权牢牢掌握在人民手中，《监察法》对监察权的外部监督进行了严密规制。一是强调党的领导与监督。监察委员会与纪委合署办公，始终在党的领导下开展工作，自觉接受党的监督。通过党委书记定期主持研判问题线索、分析反腐败形势、听取重大案件情况报告，对初步核实、立案、采取留置措施、作出处置决定等审核把关，党对监察工作关键环节、重大问题的监督实现制度化和常态化。党委工作部门的相关职能也涵括了对监察委员会的监督与制约。二是强调人大、政协监督。《监察法》规定，监察委员会由同级人民代表大会产生，对其负责，受其监督。人民代表大会通过听取和审议专项工作报告、组织执法检查、提出询问或者质询等，对监察委员会开展监督。人民政协也可对监察委员会进行监督。三是加强司法监督。检察院、法院对监察委员会业务流程的监督，体现了司法机关对监察机关的监督。《监察法》规定人民检察院有退回补充调查的权力及必要时可自行补充侦查。法院在审理案件时，通过对案件性质进行认定、对证据进行审查判断、对量刑建议进行考虑等，实现对监察委员会权力的监督。四是民主监督、社会监督、舆论监督。《监察法》规定，监察委员会应当依法公开监察工作信息，接受民主监督、社会监督、舆论监督。五是相关协作配合机关的监督，如公安机关、反腐败国际合作方等对监察权的行使也有相应的监督制约。六是监察对象的监督。监察对象及其家属等可通过提起申诉、申请复查与国家赔偿等进行监督。可见，《监察法》设定了强有力的内外监督，旨在确保人民赋予的监察权永不蒙尘。

三、人民公仆的政治导向

《监察法》对"建设忠诚、干净、担当的监察队伍"作出规定，强调纪检监察干部要时刻树牢以人民为中心的发展思想，筑牢信仰之基、补足精神之钙、把稳思想之舵，永葆人民公仆的政治本色。第一，要站稳政治立场，夯实理想信念。纪检监察干部不仅要加强对习近平新时代中国特色社会主义思想的学习，也要深刻领会党的路线方针政策，熟练运用《纪律处分条例》《监察法》等党纪法规，在学思践悟中牢记初心使命，在真学真信中坚定理想信念，把学习英模和先烈的红色精神当工作标杆，把警示学习当行事戒尺，把文化学习当陶冶情操，保持政治上的清醒和坚定，经受住各种风浪的考验。第二，要密切联系群众，担起时代重任。民之所想，政之所向，群众的"急难愁盼"就是正风反腐的发力点。纪检监察干部要聚焦于广大群众关注的热点、焦点和难点问题，以坚决整治人民群众身边腐败和不正之风为工作的出发点和落脚点，把群众是否满意作为纪检监察工作成效的"试金石"，不断提升群众的获得感、幸福感和满意度，把忠诚落实到为党和人民行动上，在急难险重关头勇于担当，在歪风邪气面前敢于亮剑，在新的赶考之路上考出好成绩。第三，要立足国之大者，争做先锋楷模。面对全面从严治党的新形势新要求新任务，纪检监察干部要自觉担负起"两个维护"的重大政治责任，准确把握监督执纪职责，切实发挥监督保障执行、促进完善发展作用，充分运用好纪检监察建议、以案促改促治等教育警示手段，时刻教育提醒党员干部，做到警钟长鸣，决不让党和人民赋予的权力腐蚀生锈。第四，要弘扬清风正气，严守反腐底线。全面从严治党是新时代党的自我革命的伟大实践，开辟了百年大党自我革命的新境界。纪检监察干部更要坚守自我革命的根本政治方向，带头执行中央"八项规定"精神，以更严明的纪律要求自己，不断增强自身的免疫力，在坚持永葆务实清廉的政治本色中践行初心使命，严守廉洁底线，始终做党和人民的忠诚卫士。

监察法强调监察活动依宪依法、客观公正，坚持以事实为根据、以纪律法律为准绳的基本原则，追求法律事实与客观事实相统一。以事实为依据，就是监察机关执纪执法必须以案件的客观事实为基础，严格按照法律的规定办事，处理监察案件，必须做到客观、公正、正确、合法；就是坚持实事求是，一切从案件的具体情况出发，使认定的事实完全符合案件的客观真相。以纪律法律为准绳，就是监察人员在办案中既要按实体纪律法律办事，又要按程序规范规则办事。要完善查办腐败违纪违法案件的程序措施和工作机制，树立正确的调查、审查和处置理念，遵循执法调查工作规律，提高对腐败调查工作的科技含量，实现线索统一管理、调查统一指挥、资源统一调配。要明晰腐败违法犯罪调查与司法反腐起诉审判的法律边界，健全监察执法与检察司法的衔接机制，并通过建立健全执法办案的评价标准，完善监察人员的行为规范，发挥纪检监察内部监督机构的作用，以"零容忍"态度清理门户，以自我革命的精神严防"灯下黑"，确保查办腐败案件工作始终在法治轨道上运行，确保反腐败法治利剑永不蒙尘。

第三节　监察法的时代性

时代性是监察法的根基，也是深化国家监察体制改革的动力之源。2018年宪法修正案和《监察法》的制定、颁布和实施，标志着国家监察体制改革和反腐败工作站在了新的起点上：用法治思维和法治方式惩治腐败走向制度化、规范化、程序化；反腐败国家立法从无到有，腐败治理体系和治理能力现代化的基石已经奠定，"永远在路上"的反腐败斗争迈向全面法治反腐新征程。

一、巩固和发展反腐败斗争成果

作为一部把握时代趋势、回应实践要求的法律，《监察法》回应了人民的期待。从《监察法》的出台背景来看，《监察法》是党中央着眼于新时代党的建设伟大工程，把党和人民在实践中取得的重大理论创新、实践创新、制度创新成果上升为法律规定，从而实现反腐败工作理念思路、体制机制、方式方法的与时俱进。从新时代全面依法治国方略来看，《监察法》通过反腐败国家立法，使党的主张通过法定程序上升为国家意志，从而有效提升了反腐败工作的法理基础，解决了长期困扰我们的反腐败法治难题。从新时代全面从严治党方略来看，制定《监察法》，就是要通过制度设计补上过去监督方面存在的短板，实现对所有行使公权力的公职人员监察全覆盖，探索出一条实现自我净化的有效路径。我们要坚定中国特色监督体系的"四个自信"，对表调校、紧跟赶趟，坚持以法治思维和法治方式反腐败，推动监察法在基层落地生根、开花结果。从新时代反腐败斗争实践来看，在党中央的坚强领导下，从果断打虎、高频灭蝇、强高压常震慑，到严纠"四风"、关口前移、构筑防控腐败坚实屏障；从巡视创新、"利剑"高举、威慑常在，到国际合作、织密天网，直捣腐败分子的"避罪天堂"，等等，反腐败压倒性态势已经形成。2018 年宪法修正案和《监察法》的制定和颁行，把党和国家自我监督的反腐败成果用根本大法和基本法的形式固定下来，使反腐败自我监督常态化法治化。

二、推进反腐败法治体系建设

《监察法》的制定，为新时代反腐败法律体系的构建奠定了基础。2018 年 3 月，十三届全国人大常委会第六次会议通过《关于修改〈中华人民共和国刑事诉讼法〉的决定》《国际刑事司法协助法》，完善了刑事诉讼与监察的衔接机制，为深化国家监察体制改革顺利进行提供了保障；建立刑事缺席审判制度，为加强境外追逃工作提供了有力手段。此后，对《人民检察院组织法》《检察官法》等法律中关于检察机关侦查职务犯罪职责的有关规定也进行了修改。《监察法》是反腐败基本法，需要制定将原则性、概括性的规定具体化的配套法规，如：推进了政务处分法立法工作，明确了政务处分的原则、情形、权限、程序以及处分的种类和措施等；制定了监察官法，明确了监察官的任职条件、任免、考评、晋升和行为规范等内容，促使纪检监察人员和党员干部以更高标准和要求履职尽责。同时，还应制定一系列相关法律法规。如制定"公务人员财产申报法"，保证财产申报制度的实施；制定"公民举报保护法"，对公民行使举报权利的范围、方式、程序等作出明确规定等等。还应将近几年党内行之有效的廉政法规上升为廉政立法，完善公职人员勤政、廉政的法律规范。通过立、改、废，形成科学有效、健全完备的反腐败法律法规体系和实施体系，以为夺取反腐败斗争压倒性胜利提供有力法治保证。

三、增强反腐败法治效能

《监察法》立足于中国实际，从我国腐败治理的客观要求出发，明确了监察委员会在国家机构中的地位和主要职能职责。《监察法》将组织机构、职权配置与程序规范结合起来，从领导体制、监察机关及其职责、监察范围和管辖、监察权限、监察程序、反腐败国际合作、对监察机关和监察人员的监督、法律责任等方面作出全面的规定，融实体（组织）法与程序法为一体，是具有中国特色的立法原创和体现反腐败客观规律的科学立法。《监察法》对监察主体的产生和监察对象的拓展作出规定，创新和丰富了我国监察法的内涵。整合反腐败资源力量，由各级人大选举产生各级监察委员会，既是社会主义政治制度的内在要求，也是解决机构分散、打击不力等问题的对策选择。实行国家层面反腐败机构的集中统一，使党的反腐败决策转化为国家意志，使权力机关的反腐败监督通过法定程序落到了实处。监察机关对所有行使公权力的公职人员进行监察，具有权力监督的彻底性；主要职能是调查职务违法和职务犯罪，开展廉政建设和反腐败工作，维护宪法和法律尊严，具有至高的维宪性；主要职责是监督、调查、处置，具有标本兼治、监察反腐的可期待性；主要权限包括谈话、讯问、询问、查询、冻结、调取、查封、扣押、搜查、勘验检查、鉴定、留置等，具有反腐手段的严整性。特别是用留置代替"两规"，适应了腐败问题违规与违法交织的规律，破解了刑事强措施难以突破职务犯罪的困局。

《监察法》突出了对公职人员监察全覆盖和对监察程序、监察自身监督的严格要求，将党中央对公权力监督全覆盖的要求具体化，确定了六类监察对象，使监察对象覆盖所有行使公权力的公职人员，特别是"其他依法履行公职的人员"这一兜底条款，为执法实践中确定监察对象提供了法律依据。《监察法》设专章规定监察程序，从审批权限、操作规范、调查时限和请示报告等方面，对监督、调查、处置工作作出严格规定，特别是对留置调查措施规定了严格的程序和限制条件，有利于确保监察机关正确、及时、有序、有效地行使职权、履行职责。《监察法》强调把党委监督作为第一位的监督，把党的领导贯穿于监察工作全过程、各方面；并从四个方面规定了对监察机关和监察人员的监督举措，以法律形式把党的十八大以来纪检监察机关自我监督的实践创新成果固定下来，把审查调查权力关进制度的笼子里，有效回应了各方面的关切。

第四节　监察法的统领性

统领性是《监察法》的特质。《监察法》的制定，改变了原有的行政监察、党的纪律检查、职务犯罪侦查等以碎片化的立法方式规定监察制度的弊病，具有法律位阶高、内容规定全的特征，实现了从部门立法到国家立法的历史性跨越，彰显了鲜明的中国特色。

一、《监察法》的法律位阶高

以往监察法治较为分散：政纪监督由行政监察机关负责，党纪监督由党的纪律检查机关负责，法纪监督（职务犯罪和预防）由检察机关负责。对这三者采用的都是部门立法或者党内法规的方式，在《行政监察法》《中国共产党廉洁自律准则》《纪律处分条例》《刑事诉讼法》等中零星化、碎片化地规定了对行政机关工作人员行使公权力的行为、党员违纪行为或职务犯罪行为等进行监察。国家监察体制改革实现了政纪监督、党纪监督、法纪监督的"三合一"：由全国人大制定并颁布、实施的具有统领性、基础性的《监察法》是反腐败领域的专门法律，具有宪法性法律及基本法律的双重特质。

从法律部门划分的角度看，《监察法》是宪法性法律（或称宪法相关法），因为：第一，《监察法》由作为国家机构组成部分的国家监察机关执法，所调整的是国家监察法律关系。第二，《监察法》是规定我国监察委员会的组织与权限等监察领域根本性问题的法律。实际上，《监察法》是对《宪法》第三章第七节所规定的监察委员会之组织、行为、权力等的具体化、程序化的规定。从"根本法—基本法—普通法—行政法规与地方性法规—规章"的法律位阶角度看，《监察法》属于基本法。首先，《监察法》是由全国人民代表大会颁布的基本法律。这一法律的出台将《行政监察法》等由全国人大常委会制定的一般法律上升为由全国人大直接颁布、实施的基本法律，将反腐败立法由部门立法上升为国家立法，改变了原有行政监察、纪委检查、司法监察立法层级低的问题，提升了我国监察法的法律位阶。其次，《监察法》是反腐败领域的基本法律，整合了《行政监察法》《中国共产党廉洁自律准则》《纪律处分条例》《刑事诉讼法》等对监察的碎片化规定，形成了具有基础性、统领性的国家监察立法。

二、《监察法》的创制完备

第一，立法指导思想明确，突出了党的集中统一领导，推进了国家治理体系和治理能力现代化。加强党对反腐败斗争的统一领导，是监察体制改革的第一要义。这是因为，反腐败既是全面从严治党的重要组成部分，又是国家依法治权的系统工程，客观要求执政的中国共产党在领导建设中国特色社会主义事业过程中，通过对公权力和公职人员的全方位监督，掌握和控制公权力依法规范运行的主动权，实现党内监督和国家监察功能的最大化，不断提升党和国家的自我净化和自我修复能力。《监察法》规定，坚持中国共产党对国家监察工作的领导，构建具有中国特色的国家监察体系，建立集中统一、权威高效的反腐败体制，强化党和国家的自我监督。

第二，立法体例科学、逻辑缜密。《监察法》共9章69条。"总则"明确了立法目的、指导思想和监察原则等。"分则"规定了监察主体，包括监察机关的产生程序和领导体制、派出监察机构、监察官制度；规定了监察范围，包括监察对象和管辖问题；规定了监察职责，包括监察机关的主要职能和职责；规定了监察权限，包括谈话、讯问、搜查、留置等12项调查措施，以及需要有关机关协助的措施和相关证据规则；规定了监察程序，即工作流程，包括对线索的处置、初步核实、立案、调查、处置、移送审查起诉、申诉程序；规定了反腐败国际合作，包括双边多边合作、追逃追赃和防逃等制度；规定了对监察机关和监察人员的监督，包括内部监督和接受外部监督两个方面；规定了法律责任，包括有关单位和人员、监察机关及其工作人员的法律责任等，基本体现了立法的完整性。

第三，监察主体的产生和监察对象的拓展，创新和丰富了我国监察法的内涵。整合反腐败资源力量，由各级人大选举产生各级监察委员会，既是社会主义政治制度的内在要求，也是解决机构分散、打击不力等问题的对策选择，是实现国家腐败治理体系和治理能力现代化的组织保障。实行国家层面反腐败机构的集中统一，使党的反腐败决策转化为国家意志，使权力机关的反腐败监督通过法定程序落到了实处。将中国共产党机关、人大机关、政协机关、行政机关、监察机关、审判机关、检察机关、民主党派和工商联机关的公务员，参照公务员法管理的人员，法律、法规授权或者受国家机关委托依法管理公共事务的组织中从事公务的人员，国有企业管理人员，公办的教育、科研、文化、医疗卫生、体育等单位中从事管理的人员，基层群众性自治组织中从事集体事务管理的人员，以及其他依法履行公职的人员，统一纳入监察范围，体现了对国家公职人员监察的全覆盖、无例外的立法要旨。

第四，监察职能定位和监察权限设置适应了反腐败斗争的客观需要。《监察法》规定监察机关的主要职能是：维护宪法和法律法规；依法监察公职人员行使公权力的情况，调查职务违法和职务犯罪；开展廉政建设和反腐败工作。《监察法》规定监察机关依法履行监督、调查、处置职责，并规定了十余种调查措施，特别规定监察机关在调查涉嫌贪污贿赂、失职渎职等严重职务违法和职务犯罪时可以采取留置调查措施，从而为揭露、证实、惩治腐败违法犯罪提供了有力的法律武器。这一规定适应了腐败问题违规与违法交织的特点和规律，是查办职务违规违法和职务犯罪措施的制度创新。这一规定，破解了刑事强制措施难以突破职务犯罪案件的困局，同时也为废除实际需要但又饱受诟病的"双规"措施创造了条件，实现了用留置取代"两规"措施的法治化进步。

第五，严格规范监察程序和强化对监察的外部监督，体现了信任不能代替监督的法治原则。为保证监察机关正确行使权力，《监察法》专设"监察程序"一章，对监督、调查、处置工作程序作出严格规定，如针对采取留置调查措施，规定了严格的决定程序、期限和审批程序，以及对被留置人员的基本人权保障。这些规定，为监察权的行使，构筑了严密的制度笼子。为加强对监察机关和监察人员的内外监督，《监察法》规定监察机关接受本级人大及其常委会的监督，并细化了多项监督措施。此外，《监察法》明确了监察机关和检察机关的相互配合与制约，规定对监察机关移送的案件，检察机关经审查后，认为需要补充核实的，应当退回监察机关补充调查，必要时可以自行补充侦查；对于证据不足、犯罪行为较轻，或者没有犯罪事实的，依法作出不起诉的决定。《监察法》还作出了监察机关公开监察工作信息，接受民主监督、社会监督、舆论监督的规定。这些规定的细化和实施，促进了监察权在法治的轨道上规范运行。

三、监察法的统领性强

监察法的统领性是由反腐败法律体系的结构决定的。反腐败法律体系由基本法律制度、相关法律制度及相关法律规范构成。监察法作为反腐败基本法律，是相关法律法规健全和完善的重要指向。在修改和调整相关法律的实践中，必须强调相关法律与监察法相衔接、相补充，不能与监察法的规定相冲突。比如，《监察法》出台后，对原有法律中对有关国家机关职权的划分需要作出相应的修改和调整。《宪法》和《监察法》对监察委员会的设立以及其与同级人大的关系都作了规定，需要相应在全国人民代表大会组织法、全国人民代表大会议事规则、地方组织法、监督法等法律中作出相应规定。又如，2018 年全国人大常委会讨论通过的《刑事诉讼法》修正案，根据诉讼领域司法行为和司法工作人员不可分开的特殊性，保留检察机关对查办案件活动过程中司法工作人员涉嫌暴力取证、刑讯逼供、枉法裁判等职务犯罪的侦查权，就是《刑事诉讼法》与《监察法》紧密衔接的具体体现。通过立、改、废，形成科学有效、健全完备的反腐败法律法规体系，为全面巩固反腐败斗争压倒性胜利提供有力法治保证。[1]

监察法的统领性是由依法治国的实践逻辑决定的。依法治国必须首先依法治权，依法治权必须首先依法治吏。这是因为，腐败行为是公共管理活动中的权力滥用，是国家治理中的一种病变，如果不能防止公共权力滥用，遏制国家治理中的病变，就谈不上国家治理体系和治理能力的现代化，全面依法治国的目标也不可能实现。监察法作为党和国家自我监督、自我革命的法律规范，承载着维护公共权力廉洁高效运转、维护人民当家作主、实现"三清"、建设廉洁政治的重要使命。它的规制对象是所有行使公共权力的公职人员，它的规制范围涉及党和国家机关、国有企事业单位、农村乡镇，包含了政治、经济、社会的各个领域各个方面。可谓"党政军民学，东西南北中"，哪里有公共权力，哪里就在监察法的规制之列。监察法与党内法规相辅相成，共同发力，巩固党的执政地位，厚植党的执政基础；监察法与人大、司法、审计等方面的法律法规相衔接，保证国家机器依法履职、秉公用权；监察法与民主监督、社会监督方面的法律法规相衔接，保证权力来自人民、服务人民，确保人民赋予的权力为人民谋利益。[2]

---

① 吴建雄，马少猛. 构筑监察法统一话语的讨论平台. 行政管理改革，2019（6）.
② 吴建雄. 监察改革的理论逻辑与实践路径. 北京：中共中央党校出版社，2020：282.

第四章
中外监察制度的起源与发展

第一节　中国监察制度的起源

早在先秦时期的奴隶制国家阶段，就已经产生了最初的监察因素。类似监察的职能是伴随着国家机器的产生而萌发的。"监"字在甲骨文和金文中均有出现。"监"为会意字，像人在水盘里照看自己的容颜，故"监"的本义是察看。监察与"法"是相伴而生的。《说文解字》对"法"的解释是："灋，刑也，平之如水，从水。廌，所以触不直者去之。"[①] "廌"就是獬豸，后世专任监察职责的御史所佩戴的冠即被称为"獬豸冠"。可见，监察与司法是紧密相连的，在法律的最初范畴中即反映了司法监察的意义。

在殷墟的卜辞中发现有"东吏来""乃令西吏"等记载，学者据此认为商代的职官中有"东吏""西吏"之设。陈梦家先生考释说，卜辞中的"东吏""西吏"等，"当指派至于东或于西的使者"[②]，也即商王派遣至东西两个方面的大使，他们兼有驻防和监察东、西方国的职责。

西周的职官中也有"大宰""小宰"之设。大宰掌邦之六典、八法、八则，以佐王治邦国。从"八法""八则"的内容看，大宰负有监察的职责，但具体的监察工作由大宰的副手小宰掌管。《周礼·天官·小宰》记载，小宰的职责是"掌建邦之宫刑，以治王宫之政令，凡宫之纠禁。掌邦之六典、八法、八则之贰，以逆邦国、都鄙、官府之治"。郑玄注曰："宫刑，在王宫中者之刑。建，明布告之。纠犹割也，察也，若今御史中丞。"[③] 贾公彦疏曰："既言纠，谓纠举其非。事已发者，依法断割；事未发者，审察之。"对于"若今御史中丞"者，贾疏引应劭云："秩千石，朝会独坐，副贰御史大夫，内掌兰台图籍，外督刺史，纠察百寮。"[④]

综上，可以认为商代的东吏、西吏，西周的大宰、小宰等，其职权已经或多或少地涉及监察官的职权，但这只是后世御史所掌庞杂职权中的一个次要部分。我们可以把这视作监察因素的萌芽，不能视作监察制度的出现，况且，东吏、西吏、大宰、小宰等并没有发展成为后世的监察官。严格意义上的监察制度是在封建社会才出现的，而且，它的产生、发展、演变与中国封建社会的特定历史阶段相适应，或者说两者基本上同步发展。

在战国时期，随着封建制度的最初出现，监察制度开始萌芽。史载韩、赵、魏、秦、齐等国均设置了御史。当时御史的职掌较为复杂，已经担负记事纠察的职责。其中，魏、韩、秦等

---

①　段玉裁. 说文解字注. 郑州：中州古籍出版社，2006：470.
②　陈梦家. 殷墟卜辞综述. 北京：中华书局，1988：520.
③　孙诒让. 周礼正义. 台北：中华书局，2016：157.
④　孙诒让. 周礼正义. 台北：中华书局，2016：158.

国还在地方设置监县御史。《战国策·韩策三》"安邑之御史死"条记载：原驻安邑的御史死了，邑人向王请示，王说地方设置御史的法令是固有的，本王不能违背法令，于是向安邑派驻新的御史。鲍彪在该条注释中引用吕祖谦《大事记》说："六国已遣御史监掌矣，非独秦也。"① 可见，在战国时期各国都向地方派驻御史，以监督地方官员为其主要职责。

在公元前221年，秦始皇统一天下，建立起我国历史上第一个统一的专制主义的中央集权国家——秦朝。为了巩固统治，秦朝在历史上第一次正式创建监察机关和监察制度。秦朝中央设立御史大夫寺，也称御史府。其长官为御史大夫，较之战国时期的御史，增加了"大夫"的头衔，其地位显然大大提高，仅次于丞相，与丞相、太尉同列三公。御史大夫的职掌比较复杂，如掌文书档案、群臣章奏，下达皇帝诏令，在皇帝身边记事，协助丞相处理全国政务，等等，但他又同时职掌"典正法度"，负有监察百官之责。这是御史大夫区别于其他朝廷重臣的独特之处。云梦秦简即有"岁雠辟律于御史"② 之文，是说掌管刑辟的最高长官廷尉每年都必须去御史府核对刑律。这说明御史府负有监督法律法令实施之责。

秦朝在地方设置监郡御史，称为监御史。《汉书·百官公卿表》载："监御史，秦官，掌监郡。"③ 设置监郡御史，是对战国时期在地方设置监县御史制度的继承和发展。在战国时期只在县一级设置监县御史，而秦统一后只在郡一级设置监郡御史。

秦亡后，西汉继起。"汉承秦制"，汉朝基本上继承了秦朝的制度，但又有所发展，在监察制度上也是如此。西汉在中央仍设置御史大夫，也称御史大夫之署为御史府。御史大夫仍为副丞相，地位崇高，职大权重。御史大夫一方面辅佐丞相统理天下政务，另一方面又是御史府的最高长官，具有承风化、典法度、执法以监临百官的职责。显然御史大夫握有监察、弹劾百官的大权，这种权力有时甚至在丞相的权力之上。御史大夫对丞相起既辅佐又制约的作用，故当时不仅称御史大夫为副丞相，而且把丞相府和御史府并称为"两府"。御史大夫之下主要的属官有御史中丞、御史丞及御史数十人，其中，御史中丞"专掌纠劾"，御史"掌察举非法"，"有违失劾举之"，可见，专职监察的功能非常明显。西汉王朝对地方的监察显著加强。汉武帝在元封五年（公元前106年）分全国为13个监察区，置13州部刺史，掌奉诏六条察州：刺史根据汉武帝手订的六条，对部内下属郡国地区进行监察。这六条属于最早的地方监察法规。在西汉末年，中国古代的监察制度进入它的第一个大调整期，发生了嬗变：御史大夫与御史中丞分离，御史大夫转为大司空，而御史中丞成为御史台长官。这种分离的结果是，出现了以专职监察官为首脑的专门监察机关——御史台。从此，御史大夫成为与监察无涉的专职行政官，御史中丞出任御史台的长官。

魏晋南北朝时期属于封建乱世，国家分裂，战乱频仍。各王朝的封建统治者为了巩固政权，在动乱中求得生存和发展，往往比较重视政治制度的建设，因此这一时期的监察制度不仅没有因王朝的不断更替而废弃，反而在动荡中有所发展。经过西汉末年的大调整后，御史台虽然已成为独立的专职的国家监察机关，但在名义上仍隶属于少府。至东晋初，御史台脱离少府，成为完全独立的国家监察机关，最突出的特点是监察机关的职权扩大，以两晋的司法监察较为典型。西晋曾设置黄沙狱治书侍御史，专门负责监察、审理皇帝诏令的大案，并监察廷尉的审判活动。这种设置虽然只是昙花一现，但对唐以后的御史制度影响很大。

唐朝的御史监察制度在中国古代监察制度史上占有十分重要的地位。御史监察制度在秦王

① 范祥雍.战国策笺证：下册.上海：上海古籍出版社，2006：1634.
② 睡虎地秦墓竹简整理小组.睡虎地秦墓竹简尉杂.北京：文物出版社，1978：109.
③ 班固.前汉书·百官公卿表.台北：中华书局，2016：741.

朝设立，发展至唐朝时，已进入成熟期。日本学者池田温对唐代的御史制度评价颇高："中国传统官僚机构的显著特征之一，是监察制度的发达。汉代以来御史制的发展构成了监察制度的核心，而唐代御史台的组织和功能，则可视为完善了的、典型的监察制度。"① 唐朝御史监察制度的成熟与完备主要体现在三方面：一是监察组织体制健全、分工明确。对行政机关的监察权归于御史台，并且御史被分为三类，分别隶属于台院、殿院、察院，"一台三院"制创造性地产生了，"从而使监察机关的具体组织模式御史台模式由初期阶段发展到成熟的'一台三院'制阶段，以后历宋辽金而至于元，基本上维持了'一台三院'制的组织形式"②。二是监察机关的职权广泛，御史能相对独立地行使监察权，范围涉及政治、经济、司法、军事等领域。御史职权的运作以皇权为背景，御史的权力极大，但并非毫无节制，必须寻求法律上的依据，以显示权力发生效力的正当性与合理性，而唐代的律令制度为御史职权的运作奠定了法制基础。御史台是重要的司法监察机构，对大理寺、刑部的司法活动进行监督。大理寺、刑部审理的案件，须申报御史台审核，若审判不当，御史有权提出异议并可弹劾违法的司法官员。察院的监察御史必须定期巡查京城和地方的监狱，以便发现冤案，改善狱政状况；并可推鞫地方衙门的狱案，监察地方司法。京畿地区的罪犯被执行死刑时，御史台派遣监察御史亲临现场监决。这是御史对死刑执行的监察。三是重视御史的选任。唐朝以法律治理天下，尤重风宪官。御史的选拔，要经过严格的程序，由吏部、御史台长官、宰相三方审议之后，最终由皇帝敕授。御史须精通法律、刚正无私、德才兼备。御史台为整饬吏治、弘扬正气的纲纪之地，唐人的文章对此屡有精彩描述："栖乌之府，地凛冽而风生；避马之台，气威棱而霜动。惩奸疾恶，实籍严明；肃政弹非，诚宜允列……御史推核，受委非轻；有罪必绳，无幽不察。神羊竦角，必触邪人；隼鸷惊飞，先驱恶鸟。"③

　　宋朝的中央监察机构沿袭唐朝的"一台三院"制。御史台官制到神宗元丰年间（1078—1085年）才确定人员，划分职责。御史编制共10人，员额规模比唐朝时减少。其中监察御史权威更加显赫，注重行使监察百官的职能。《宋史·职官四》说，"台官职在绳愆纠谬。自宰臣至百官，三省至百司，不循法守，有罪当劾……"。在司法监察方面，中央法司大理寺与刑部从受理案件到执行判决的全过程，都受到御史台的监察，大案要案更成为监察重点。此外，御史负有监察官员道德品行和纪律的职责。御史监察狱政同样是司法监察的重要方面，刑部必须定期向御史台奏报断案数量、留滞未断案件以及狱政情况。宋朝时中央为强化对地方的监察，除设置转运司、提点刑狱司等监司职掌监察外，还临时遣使巡察地方。中央特使的主要职责有两项：一是审理地方疑案、要案，二是监察地方官的其他司法活动。地方官员有贪赃枉法等违法失职行为时，特使就可以对他弹劾治罪。宋朝的刑讯制度比唐朝时规定得更全面，监督防范更加严密，因此宋朝的酷吏数目远远少于唐朝时。宋朝司法官吏刑讯罪囚，须向本处长官申请，并由长官指挥监督。涉及官吏犯罪的案件时，监察官甚至可以直接参与刑讯。宋朝重视监督刑讯工具的施用，如果使用非法刑具进行逼供，司法官员将受到严惩。在宋太宗雍熙年间（984—987年），王元吉被诬毒母案中，开封左军巡卒以极其残忍的"鼠弹筝"刑讯王元吉，后来太宗令用此刑惩罚狱卒，"宛转号叫求速死"④。宋真宗下令毁弃所有非法刑具，并由监司督察——"应有非法讯囚之具，一切毁弃，提点刑狱司察之。"南宋高宗绍兴十一年（1141

① 池田温.论韩琬《御史台记》//池田温.唐史研究论文集.北京：中国社会科学出版社，1999：336.
② 王晓天.求索刍草.北京：团结出版社，2006：3-4.
③ 董诰，等.全唐文.卷172.北京：中华书局，2001：1751.
④ 历代刑法志.北京：群众出版社，1988：350.

年）四月诏："讯囚非法之具并行毁弃，尚或违戾，委御史台弹劾以闻。"不毁弃非法刑具或仍使用非法刑具讯囚的官吏，将受到监察官的弹劾。高宗绍兴十二年（1142 年），"御史台点检钱塘、仁和县狱具，钱塘大杖，一多五钱半，仁和枷，一多一斤，一轻半斤。诏县官各降一官"①。大意即御史监察时发现地方官府的刑具不符合法律规定，县官受降职处分。

元朝时监察制度得到加强。作为专门监察机关的御史台与总政务的中书省、掌军权的枢密院并驾齐驱，一起构成元朝的主体中央机构。元世祖忽必烈曾说："中书朕左手，枢密朕右手，御史台是朕医两手的。"② 可见当时统治者对监察职能的重视，以及御史台与御史地位的提高。元朝地域辽阔，地方监察机关的设置有所创新：第一，建立行御史台，实行大区监察体制。行御史台受制于中央御史台，是它的分支机构。在监察职能分工上，中央御史台监察中书省和邻近的几个行中书省，行御史台监察地方其他行省。第二，在行御史台之下设置二十二道肃政廉访司，监察行省之下各路、府、州、县。这样就形成了以中央御史台为监察中枢、以行御史台及各道肃政廉访司为地方监察主体的严密的监察体系，从中央到地方无所不察。元朝明确规定监察官有纠弹官吏违法权、考核官吏权、监督铨选权、监督军事权、监督司法权等权责。元朝的司法监察较前代时更为完善，主要表现在制定了较为成熟的监察法规，使司法监察有明确的监察法规可依，并且区分司法监察与司法审判的权限。据《元典章》记载，元世祖至元五年（1268 年），制定御史台纲 36 条，称为《设立宪台格例》；至元十四年（1277 年），制定行御史台的职能条例 30 条，称为《行台体察等例》；后陆续制定了一批监察法规。从以上的监察法规可以看出，监察机关司法监察的职能更加突出：一是纠正理断不当的错案假案，二是纠察违法拘禁、拷讯之事，三是复审重大案件或死刑案件，四是监督审案回避制度的执行，五是监督司法保密制度的执行。可见，监察机关主要负责监督纠察司法人员的执法情况，对案件本身只是享有一定限度的复审权和检查权。这与唐宋时司法权和监察权严重混淆的状况相比是一大进步。③

明朝时通过废中书省、提升六部地位、改御史台为都察院，将君主专制推向极端，监察制度较前代时更完备、更严密。都御史享有相当广泛的司法监察权，其职能主要体现在复核直隶及各省职官犯罪案件，复核京师、直隶及各省斩、绞监候案件。都察院监察司法判决的处理方式有三种：一是如判决依律允当，则批复并上奏得旨执行判决；二是如案情审查不明，故意或过失出入人罪，则驳回改正再问；三是如初审法官明显故意出入人罪且情节特别严重，上奏并追究原问官吏的责任。④ 监察御史是都察院直接行使监察权的专职监察官，监察御史在组织上隶属于都察院，但在行使监察职能的过程中，具有较强的独立性，可以不受长官干涉，有事可以直接单独上奏。监察御史与都御史同为皇帝耳目，可以互相监察。明朝时对地方的司法监察是多层次的：全国分为十三道，监察御史代天子巡察地方事务，无所不察，"而巡按则代天子巡狩，所按藩服大臣、府州县官诸考察，举劾尤专，大事奏裁，小事立断。按临所至，必先审录罪囚，吊刷案卷，有故出入者理辩之"⑤。在洪武九年（1376 年）的官制改革中又设置按察司，作为明朝省级监察机关和司法机关。对地方司法的监察，是按察司的重要职责之一。按察司与巡按御史的职责相似，都注重对地方官吏司法活动的监察，但两者各属于不同的系统，各自相对独立地行使对地方的监察权，且可相互纠举。巡按御史代表中央监察地方，故其在地

---

① 历代刑法志. 北京：群众出版社，1988：356.
② 叶子奇. 草木子：卷 3：下·杂制篇.
③ 邱永明. 中国监察制度史. 上海：上海人民出版社，2006：369-370.
④ 那思陆. 明代中央司法审判制度. 北京：北京大学出版社，2004：128.
⑤ 张廷玉. 明史·职官志二. 北京：中华书局，1974：1768.

位、权力方面稍高于按察司。明朝时监察的矛头直指犯罪官吏，充分实践了"明主治吏不治民"的治国理念。

　　清朝时都察院大体依照明制，虽然其机构与职官设置和明制有异，但在监察职能方面大同小异，主要有建议国政、监察行政、弹劾官吏、财政审计、鞫审重案、考核官吏、纠察禁令等职权。都察院下属机构有十五道监察御史、六科给事中及五城察院。都察院最高长官称左都御史，"掌察核官常，参维纲纪。率科道官矢言职，率京畿道纠失检奸，并豫参朝廷大议。凡重辟，会刑部、大理寺定谳。祭祀、朝会、经筵、临雍，执法纠不如仪者"①。右都御史为地方总督兼衔，右副都御史为地方巡抚兼衔，并不在京城任职。至于对地方的监察，清承明制，按行省划分，设置十五道监察御史，对地方实行分道监察，各道设掌印监察御史满、汉各一人。据《清史稿·职官二》载，十五道监察御史"掌弹举官邪，敷陈治道，各核本省刑名……其祭祀、监礼、侍班纠仪，科道同之"②。《皇朝文献通考》对监察御史的职掌有更详细的记载："监察御史掌纠察内外百司之官邪。在内：刷卷、巡视京营，监文武乡会试，稽察部院诸司；在外：巡盐、巡漕、巡仓等，及提督学政。各以其事专纠察。朝会纠仪，祭祀监礼，有大事集阙廷预议焉。"清朝时京城被分为中、东、西、南、北五城，都察院分派御史巡城，每城设巡城御史衙门，统称"五城察院"。其长官为巡城御史，负责巡视、维护京城治安，负责审理辖区内人命和盗窃等案件、缉捕盗贼等事。总之，清朝继承和发展了秦汉以来御史的职权，同时比前朝更重视监察法规的制定，先后制定《钦定台规》与《都察院则例》两部完整的监察法典，它们系统地展示了清代监察制度的全貌。

第二节　各国监察模式与发展

　　监察模式是对各类监察机关的机构设置、领导方式、职能职权、方式手段、运行机制等运作规律的总结。监察模式突出强调监察机关履行监察职责时的形式规律。深入了解与研究各类监察模式，掌握其一般规律，有利于我们对照并吸取其中有益的经验。如今，国际上通行的监察模式主要有以下四种：代议机关监察专员模式、政府内部行政监察模式、监审合一监察模式、司法监察模式。虽然此四类模式不能涵盖国际上所有的监察类型，但它们被当今国际上大多数国家采用，且代表了未来监察模式发展的大体方向。当然，许多法制相对健全的国家存在不止一种监察模式，而是几种监察模式共同发展，共同促进政府的勤政廉政建设。

一、代议机关监察专员模式

　　代议机关监察专员模式是全球各类监察模式中影响最大、适用范围最广的一种。代议机关监察专员源于瑞典的 Ombudsman 一词，原指征收负罪人的罚款施于受害人的代理，后来用于形容一个代表他人或保护他人利益的人。在英语国家，人们倾向于将该词称作"监察专员"或"督察专员"。1809 年，瑞典通过第一部宪法性文件《政府组织法》后，瑞典议会任命了一位公共官员，代表议会来监督政府官员，调查公民对法院和公共行政的投诉。这是代议机关监察专员模式的开始。从设有监察专员的国家的情况来看，在监督政府机关依法办事方面，它既不同于由行政机关内部实行的行政复议，也不同于由审判机关实行的行政诉讼或违宪/合宪性审

---

　　①　赵尔巽．清史稿·职官二．北京：中华书局，1977：2248.
　　②　赵尔巽．清史稿·职官二．北京：中华书局，1977：3302.

查，更不是议会本身对行政机关所进行的直接监督，而是一种由议会授权、独立开展活动并依法依程序开展调查的方式及配套的职位、机构和救济方式。监察专员协助议会监督行政、司法，审查二者的合法性、合理性问题，同时受理弊政投诉。简言之，监察专员的功能在于监察政府行为，保护公民权益，改善公共行政。到目前为止，已有超过120个国家设立了国家级或州、省级监察专员。

以时间为划分标准，代议机关监察专员制度在世界范围内的传播可以分为三大阶段。第一阶段为20世纪60年代之前，该制度在斯堪的那维亚地区，如丹麦、芬兰、挪威等国家，得到推广；第二阶段为20世纪六七十年代，该制度在英语国家和西欧其他国家，如新西兰、英国、加拿大、美国、澳大利亚、法国、荷兰、爱尔兰、奥地利、瑞士、西班牙、葡萄牙、意大利等流行；第三阶段为近30多年来，该制度在亚洲、非洲乃至南美洲的广大发展中国家被普遍采用。至今，监察专员制度已经成为法治和民主的助推器、防止专制的工具。不过，大部分国家在效仿瑞典时并没有生搬硬套，各国设立监察专员的出发点、监察专员的职责范围各有差异。下面，我们以列举的方式，分别对代议机关监察专员制度的典型代表瑞典议会监察专员、颇具特色的英国行政监察专员以及唯一的跨国监察机构欧盟行政监察专员署的情况进行了解。

（一）瑞典议会监察专员

瑞典1974年宪法规定："议会选举议会监察专员一人或数人，根据议会的训令，监督法律、法令在公共事务中的执行情况。"目前，瑞典的议会监察专员公署由4名议会监察专员组成，每届任期4年，可连任两届。在4名监察专员中，1人为首席监察专员，是议会监察专员公署的负责人，决定公署的主要活动，负责整体协调工作。4名监察专员由秘书处辅助，各自独立开展工作。尽管普通监察专员在开展调查、审理前须征求首席监察专员的意见，但他们在履行具体公务时依然独立行使职权。

瑞典1975年政府组织法规定："行政监察专员必须由精通法律且为人正直、堪为楷模的公民担任。"实践中，往往从最高法院和最高行政法院的优秀法官中挑选行政监察专员。

在瑞典，行政监察专员的监督对象主要是国家和地方的权力机关及其中的官员、公共企业的官员、中尉以上的军官，不包括议员、议会成员、银行官员、中央政府及其各部大臣、司法总长、地方决策机构人员。

行政监察专员分别接受和处理一切控告国家机关（包括行政机关、司法机关、军事机关）和企事业单位及其工作人员（包括文官、军官、经理人员）的申诉案件，也可以主动发现问题并处理。[①] 总的来说，行政监察专员的主要职权是：接受公民的申诉和控告、立案调查和案件处理（包括调查、建议、批评、起诉）。在瑞典，为了保证行政监察专员的独立性与权威性，议会赋予行政监察专员调查权。有关当局的全部文件和记录都应当提供给行政监察专员，即使这些文件和记录是保密的，并且不能以任何其他方式获得。[②] 行政监察专员的建议权不具有强制性，行政监察专员在结束案件调查后，可以向有关机关提出书面的纠正错误的建议和批评。批评权是行政监察专员常行使的权力，如果监察对象不接受批评，行政监察专员可在报纸杂志上点名批评。起诉权是行政监察专员对审查结果能采取的最严厉的处理措施。行政监察专员在受理申诉和审查过程中，若发现官员或公共机构的雇员涉嫌违法犯罪，可通报有关部门予以处分，敦促官员解职或暂时离职。对于重大违法行为，行政监察专员可以行使起诉权。

---

① 李秀峰. 廉政体系的国际比较. 北京：社会科学文献出版社，2007：138.
② 本特维斯兰德尔. 瑞典的议会监察专员. 程洁，译. 北京：清华大学出版社，2001：24.

（二）英国行政监察专员

英国的行政监察专员由首相提名，由女王任命，对议会负责。这既保障了行政监察专员的独立性，又便于其开展调查工作，但也有可能危及其独立性。根据英国《议会行政监察专员法》（1967 年颁布，1988 年修订），行政监察专员不得出任上、下议院议员和北爱尔兰下议院议员，其专门调查弊政行为。在英国，行政监察专员一经任命，就成为行政裁判委员会的当然成员。除非其主动请求免职或遭议会两院弹劾，行政监察专员将持续任职，直到年满 65 岁退休。

英国行政监察专员的办公机构为议会行政监察专员公署，主要职能是代表或辅助议会监察中央各部的不良行政行为，但下列对象不在行政监察专员的调查范围之内：（1）不代表英王活动的行政机关。（2）由法院和行政裁判所管辖的案件。若情况特殊，行政监察专员可以受理向其申诉的原属法院和行政裁判所管辖范围的案件。（3）英国《议会行政监察专员法》附表（三）中所列不能由行政监察专员调查的事项等。①

具体说来，英国行政监察专员可以受理由议员转来的公民认为中央政府各部门及公务员的不良行政行为使其权益受侵害的申诉，拥有对某些具体行政行为的控诉权，拥有案件调查权以及向议会、政府有关部门提出处理不良行政行为的参考意见的权力，但没有直接的裁决权。就具体的监察活动而言，行政监察专员在确定对某一申诉进行调查后，首先向有关部门的最高官员或向指控书所指控的侵权行为的实施者或者授权实施者，表明有对指控书列举的事项进行说明和辩护的权利及时间；其次要求有关部门的大臣或常务次官及其他相关人员提供必要的情况、文件、资料等，要求有关证人出庭并加以询问。

（三）欧盟行政监察专员

监察专员制度在全球范围内的推广，促进了行政监察领域的国际交流。1978 年，国际监察专员协会成立。各大洲也相继成立地区监察专员协会。1993 年，欧盟设立行政监察专员署，受理欧盟公民对官员的投诉。这是第一个跨国监察机构。欧盟行政监察专员也是世界上唯一的超国家监察专员。

按照规定，欧盟行政监察专员必须为欧洲公民，应具备在本国最高司法机关任职的条件，能胜任职位要求，保持独立性。其地位相当于欧洲法院大法官。欧盟行政监察专员由欧洲议会选举产生，向议会报告工作；任期也由议会决定，可连选连任，一般不会被解职，除非个人提出辞职或不能再胜任工作或犯有严重错误。欧盟行政监察专员必须以欧洲整体利益和公民利益为重，完全独立履行职责，不得寻求或听从任何政府、机构的指示，不得担任其他政治或行政上的职务。欧盟行政监察专员犯有严重错误时，经议会要求，由欧洲法院予以罢免。

据《欧盟监察专员法》（1995 年）及其实施细则（1996 年）的有关规定，欧盟行政监察专员的主要职权是在欧洲联盟条约框架内、欧洲法院和初审法院的司法职能之外，发现欧盟机构的不正当行政行为并提出建议使其终止，且对不能直接终止的投诉案件进行调查。

欧盟行政监察专员的管辖范围包括欧洲理事会、欧洲部长理事会、欧盟委员会、欧洲议会、欧洲法院和初审法院（仅限于行政事务）、欧洲审计院、欧洲经济社会委员会和各地区委员会、欧洲中央银行和欧洲投资银行，以及其他欧盟附属机构。欧盟行政监察专员也受理公民关于欧洲机构不良行政行为的投诉。任何欧洲公民、在各成员国居住的自然人和注册法人均可向欧盟行政监察专员投诉。这种投诉可直接提出，也可以通过议员转交。对于法院的审判、法院已受理的案件、涉及劳资关系且可通过内部渠道解决的案件，欧盟行政监察专员不予受理。

---

① 尤光付．中外监督制度比较．北京：商务印书馆，2013：106.

欧盟行政监察专员还可以实施主动监察，对新闻媒体曝光的不良行政事件进行追踪调查。

除以上三种监察专员以外，有些国家的地方政府的监察专员享有的自主权更大些，其职责范围也更广。如澳大利亚新南威尔士监察专员依其专员法的授权，不仅可以构架起一个由副监察专员、助理监察专员、监察专员特派员等组成的监察网络，而且可直接将问题提交有关行政首长或部长，建议对犯有错误的官员予以撤职、罢免或作出其他处罚；也有权将任何由自己的决定所引发的法律问题移送给行政审判庭评判。

总的来看，监察专员的职责范围虽然较为广泛，但主要还是涉及行政的疏忽、过失、不公平、不合理等职业操守的问题。监察专员这一模式在全球各地的运作中打破了文化传统、政治体制和经济文化水平的限制，呈现良好的发展态势。

二、政府内部行政监察模式

世界上许多国家采取在行政机关内部设置行政监察机构的模式，以达到行政监察的目的。此模式属于政府内部监察机制。此种监察机构既可对行政机关及其工作人员执行法律法规的行为与作出的决定进行监督，也可对公务员的违法乱纪行为进行查处，以促进政府行政效率的提高。由于所处国家国情的不同，这些监察机构中有的是司（局）级，有的为内设机构。采用此模式的国家主要有美国、日本、埃及、朝鲜、越南、俄罗斯、苏丹、突尼斯、委内瑞拉等。此种模式的代表是美国、埃及以及日本这三个国家的行政监察制度。

（一）美国监察长制度

监察长的概念对于美国来说并不新奇。早在独立战争期间，美国便设立了监察长一职，其职责主要是管理盗窃和侵占公款的罪行。独立战争结束后，该职位及职能便被废除。监察长的设立有其历史背景，在一定意义上它是权力控制与制约的体现：20 世纪 70 年代美国农业部官员彼拉素·戴斯诈骗案发生，美国政府损失惨重，折射出当时政府财政权力不断扩张但制约权力的机构没有改变的现实。政府的受贿、欺诈、浪费、权力滥用事件层出不穷，破坏了经济的正常运转秩序，于是公民对政府日益不满，政府的信誉逐渐降低。有鉴于此，卡特总统于1978 年签署了《监察长法案》，在政府十二个重要部门设立监察长办公室。监察长办公室设在政府内部各部门、署、局内，为政府内设监察机关，负责对政府各部门的财政进行审核及调查。

从 1978 年《监察长法案》颁布至 1988 年的十年间，监察长办公室逐渐成为美国政府各部的常设机构。[①]《监察长法案》第 3 条规定："监察长应由总统根据参议院的建议和同意任命。"监察长对总统和国会负责并向总统和国会报告工作，同时还须接受议员的质询。美国州以下地方政府的监察长由行政首长提名、议会审议通过，每届任期 4 年。

监察长办公室履行两方面职能：一是对财政的公共计划支出进行审核，防止出现侵吞、讹诈及浪费现象；二是对发现的各种不合理、不合法的财政支出进行调查取证，并提出相应改进建议。[②] 监察长有权对政府公务员、幕僚以及与政府有交往的企业进行调查。由此可见，其监察范围很广泛。监察长的工作内容主要为以下六个方面：一是制订监察计划，二是跟踪监察，三是接受举报和控告，四是案件调查，五是提交报告，六是根据调查结果进行处理。

此外，美国还有一个重要的内部行政监察机构叫政府道德署。政府道德署于 1978 年根据卡特政府颁布的《政府道德法》设立，是美国联邦政府部门廉政建设的领导和指导机关，主要

---

① 杜兴洋. 行政监察学. 武汉：武汉大学出版社，2008：152.

② 李秀峰. 廉政体系的国际比较. 北京：社会科学文献出版社，2007：38.

负责制定联邦政府的廉政政策、法规和培训计划，对联邦政府各部门的廉政工作提供指导方针，帮助落实联邦政府法规的要求和总统的廉政命令。其具体职责有六项：一是制定行政部门关于利益冲突、离职后行为限制、道德行为准则、财产申报等方面的法规、制度；二是对总统提名任用的行政官员进行资格审查，管理高级官员的财产申报；三是宣传道德行为准则，制订并协助各行政部门实施廉政教育培训计划；四是指导廉政法规的实施，解释法规条文；五是监督检查廉政法规的落实情况，发现违反廉洁法规的案件时交由司法部查处；六是评估廉政法规，建议制定新的法规或对现有法规提出修改意见。

（二）埃及行政监察制度

1971 年 9 月 11 日，埃及通过宪法并确立总统共和制政治体制。埃及的监督体系大致由三部分组成：一是立法监督机构，指埃及人民议会及其下设的各专门委员会、中央审计院、投诉局，它们负责对政府各部门及其人员进行监督；二是司法监督机构，主要指法院、检察院、行政法院、行政检察院的反贪污局，它们负责对国家各部门、社会组织和团体、企业及其人员、公民个人的监督；三是行政机关内部监督机构，主要包括行政监察署、内政部和中央组织管理局等。这三类监督机构分工明确，相互合作，在埃及的监督体系中发挥着重要作用。

埃及行政监察署始建于 1958 年，在成立之初只是行政检察院的一个下属部门。随着 1964 年《关于组建行政监察署的第 54 号法令》的颁布，埃及设立了独立的监察机构。1980 年该机构被撤销，1982 年恢复组建。如今，行政监察署由总理直接领导，向总理负责并报告工作，受总统、总理委托行使职权。监察官员全部由行政监察署直接派出，受行政监察署的完全垂直领导。埃及根据人口和地域大小将地方 26 个省划分为十多个监察区，每个监察区管辖若干个省；每个省设立监察官办公室。

（三）日本行政监察制度

日本监察机构的设立始于二战后期。1947 年中央行政监察委员会的设立，标志着日本行政监察工作的开始。彼时，在日本负责政府综合行政管理和监督的部门叫总务厅。在行政机关内部，日本设立行政监察局、地方行政监察机构以及人事院和各类行政审议会等，实施行政监察与监督。行政监察局是当时日本最高行政监察机关，为总务厅下属机构之一。行政监察局的职能和任务是经过前期调查，指出政府各职能部门需要改善的问题，对政府制定的政策及实施的效果进行评估，提出改革和改善行政管理的措施。其特点是监察事而不监察人。监察官由内阁总理大臣从有学识和富有经验的人士中选择任命，分管本内阁各省、各厅的监察事务。进入 21 世纪以来，日本的监察机构也在不断发展变革。2001 年，日本进行行政机构改革，把总务厅、邮政省、自治省合并起来，统称为总务省，将原来设立在总务厅之下的行政监察局改名为总务省行政评价局。

当前，日本的行政监察体系层次较清晰，除了总务省行政评价局外，日本的一些地方政府也设有监察机构即监察委员会。这些监察委员会既对行政机关落实工作任务和目标进行监督，也进行审计监督，例如，东京的监察委员会是专门对行政机关及其公务员进行监督的机关。专职监察机关的建立可以更好地保证行政监察的客观和公正。总之，日本的行政监察机构"从中央到地方设立行政评价局、人事院、公平交易委员会等机构，从不同方面对行政机关和工作人员进行监督"①。日本的行政监察制度是为了加强国家行政管理、提高行政效率而建立发展起来的，它是政府内部自省、自律机制的体现，是科学行政管理的一个重要组成部分。

综上，我们可以看出，政府内设专门监察机构模式的优势在于：监察机构设置于政府内

---

① 田雅琴 . 日本行政监察制度管窥 . 中国监察，2005（8）.

部，相对熟悉政府的运作，便于监察工作的开展。不利之处在于：监察机构如果缺少相应的独立性与权威性，容易受制于政府，产生"官官相护"的弊端，使监察流于形式。

三、监审合一监察模式

行政监察与财务监督是一个有机的整体。对一个单位实施监察，必然涉及其执行法律、行政运作、人事管理、资财使用、工作绩效等情况。国家公职人员的各种违纪违法行为多涉及钱财，查办案件时离不开财务审计，因此，一些国家将行政监察机关与财务审计机关合一。这是一种类似于集我国监察委员会、审计署和财政部的部分职能为一体而设立的监审合一的监察机构，在国际上较为流行，并成为一种发展趋势。此类监察机构除个别的隶属于政府外，绝大多数为向议会报告工作的独立机构。它们享有很高的法律地位，在一些国家被列为立法、行政、司法之后的"第四权力机关"。

实行监审合一监察模式的国家有韩国、蒙古、波兰、捷克、智利、秘鲁、巴西、斯洛伐克、阿尔巴尼亚、墨西哥、芬兰等。现以具有代表性的韩国、墨西哥、波兰的监察机构为例，窥其一二。

（一）韩国监察院

韩国历史上沿袭了中国封建社会的监察御史制度。在摆脱日本的统治后，韩国曾设立审计院和监察委员会。由于审计和监察工作关系十分密切，为了提高工作效率，1963年，韩国根据《监察委员会法》的规定，将监察委员会和审计院合并，设立了监察院。监察院作为韩国最高监察机关，独立于议会和政府，只受总统领导。韩国《监察院法》第3条规定："监察院由包括监察院院长在内的七名监察委员参加的监察委员会和事务处组成。"第4条规定："院长经国会同意，由总统任命。"普通监察委员由院长提名、总统任命，任期为4年。监察院在政府部门、地方自治区等设有内部监审机构，它们要向监察院报告监察结果，接受监察院的工作指导。

根据韩国宪法的规定，监察院的主要任务是审计国家决算及受国家与法律约束的团体的财务，监察国家行政机关及公务员履行职务的情况，以及揭露公职人员违法违纪问题。[①] 此外，监察院还监察议会和司法机关、国家安全部门、国家部分投资的企业以及军队中的高级军官。在韩国监察院是一个特殊的单位，其工作人员均经过精心挑选后录用，管理严格，待遇优厚，工资比其他部门人员的高一级，且部门资金充足，办公条件优越，以保证监察院所承担的重任能顺利完成。

韩国《监察院法》第24条规定了监察院的监察范围，主要包括下列具体事项：（1）依照政府组织法和其他法律而设置的行政机关的事务和其下属公务员的职责；（2）地方自治团体的事务和其下属地方公务员的职责；（3）符合《监察院法》第22条第1款第3项和第23条第7款规定的事务及人员，可成为监察对象的会计事务，与监察事务有直接联系的公务员的职责；（4）其他法令规定具有公务员身份的准公务员的职责。

韩国监察院进行监察的方式主要是要求监察对象提交账簿及其他的有关文件，必要时可以开展巡回监察。监察院有权冻结监察对象的仓库、物品等；根据监察结果，发现监察对象有违法行为时，有权移交司法部门处理；发现法律或行政工作有问题时，可以向有关机关提出修改建议或者改进行政工作的具体措施。

---

① 李景平，赵亮，于一丁. 中外行政监察制度比较及其启示. 西安交通大学学报（社会科学版），2008（4）.

（二）墨西哥监察部

墨西哥监察部也是监审合一监察模式的典型代表，它集公务员监督、行政监察、财务审计、企业监督于一身。监察部属于墨西哥联邦政府序列，向总统负责。监察部由 A 部和 B 部组成，各由一位副部长负责。A 部主管行政监察，B 部主管财务审计。两部通力合作，B 部将审计结果报 A 部后，A 部酌情进行处理。监察部在其他部委派驻代表，代表监察部实施监督检查。同时监察部还任命巡视员，专门监督国营企业的收支情况和生产经营活动。墨西哥政府在地方各州也设立了类似的监察机构。

墨西哥监察部拥有较大的监察职权和较广的管辖范围，可以说包罗万象、覆盖全国，归纳起来其职权涉及五大事项：（1）监督公务员公正廉洁地行使职责。墨西哥于 1983 年颁布《墨西哥联邦政府工作人员职责法》，明确规定了政府各部的职能，并对政府工作人员的行政行为、法律行为、道德行为提出具体要求。监察部依据该法实施监督，有权对违反职责的官员直接进行查处，可给予警告、罚款、停职、撤职等处分。（2）主管政府精简机构工作。墨西哥自 20 世纪 80 年代末开始精简机构，试图解决人浮于事、效率低下等问题。监察部负责政府各部精简机构的规划、协调与监督，各部根据监察部制定的准则提出具体实施方案，将实施结果报监察部，由监察部汇总上呈总统。（3）审查政府各部门预算执行和财务收支情况。政府各部门和国营企业每年要向监察部上报采购计划，监察部进行跟踪监察。各单位（包括中小企业）出售资产要采公开拍卖方式，监察部派人参与并监督资金收付和拍卖活动的全过程。（4）负责公务员财产申报。联邦政府科长以上官员（含总统）都要向监察部进行财产申报登记。任职 60 天内申报一次，1 年后申报财产变动情况，任职期满后全面申报一次。监察部对申报不实的举报进行立案调查。（5）对国营企业、国家发展计划及公共工程进行监督。根据企业法，国营企业设企业委员会，监察部巡视员为企业委员会当然成员。企业委员会每年两次对生产经营活动进行评估，提出建议。对国家发展计划实施的全过程和公共工程可行性研究、设计、招标、施工、款项支付、验收等环节，监察部都派人参与，而且要在有关文件上签署意见，否则有关部门不批准施工、拨款和验收。

（三）波兰最高监察院

波兰于 1921 年成立最高监察院。1994 年波兰修改宪法，对监察院的职能、地位重新作了法律规定。作为集监察与审计于一体的监察机构，波兰最高监察院有着自己的特点。与墨西哥监察部不同，波兰最高监察院是一个独立于总统和政府的国家监督机构，向议会报告工作，不受任何党派或部门的领导或指派。波兰最高监察院内设 15 个司局，同时在地方设 17 个代表处，分别对全国 49 个（1998 年改为 16 个）省进行监督。代表处为派驻机构，在行政、财政上均直接受监察院领导，监察计划由监察院统一部署。波兰最高监察院工作量的 10%～15% 为议会委托事项，85%～90% 为自订工作计划的事项。

波兰总统或总理可委托最高监察院就某事进行调查，但不能命令最高监察院做或不做什么。最高监察院的财政预算单列，一般比其他部门的高，由议会审定通过，财政部无权削减。最高监察院院长由众议院任免，不得带有任何政治倾向性，不得兼任其他任何公职，但可以参加议会召开的会议和政府内阁会议。

波兰最高监察院的监察对象包括政府各部门、国家金融机构、国家法人和单位、地方政府各部门，以及执行国家委派任务和使用国家资产的所有单位。其主要任务是：对国家的财政、经济、行政活动，特别是国家法律和财政预算执行情况、政府部门和企事业单位运作情况，实施全面监察。它有权监督总统府、议会、军队的预算执行情况和财产管理情况，还可根据议会的要求和总统的委托，对议会与总统府的行政活动进行监察。

综览这些国家的监审合一监察机构，可以发现此类监察模式有明显的特征：（1）通过监察、审计的结合扩大了监察机构的权力范围，同时使监察机构能够掌握更多的信息，从而增强监察机构的权威性及执行的合理性。（2）监察和审计同处于监察机构内部，二者的协调、合作程度比处在不同的部门时要高，有利于提高监察机构的工作效率。（3）出于"专业化限制"效应，监察与审计部门同处于监察机构下，权力过分集中，不利于其他专职部门业务的开展。

四、司法监察模式

设置独立的司法监察机构，是现代法治走向。不同法治文化、不同政治体制背景下的司法监察机构的设置和功能配置有较大差异，进而导致司法机关对行政权力的制约监督也颇有差别。目前各国推行的司法监察制度主要包括司法审查制度、违宪审查制度和行政诉讼制度这三大类。

（一）司法审查

司法审查是指普通法院对公民申请审查行政行为的案件，依照有关法律或行政规章，依普通司法程序判定涉案行政行为是否合法、正当，并裁判维持或撤销乃至赔偿的活动。其功能在于保障个人权益、纠正违法行为和保障法律适用的统一。英美法系国家普遍提倡司法审查，其中以英、美两国为典型。

从传统来看，司法审查是英国国王特权的反映，因此，法院开展的司法审查，作为一种公法上的救济，主要通过英国高等法院颁发的四个特权令（提审令、禁止令、执行令、人身保护状）来实现。[①] 几经变革后，根据1982年最高法院法和2000年民事诉讼规则，英国的司法审查有了一些变动。当下，英国司法审查的主体包含上议院上诉委员会、枢密院司法委员会、上诉法院、高等法院、皇家法院、郡法院和治安法院。此外，由于英国没有严格区别公法和私法，在某些情况下私法上的救济手段可适用于公法领域，司法审查中有时就用到私法中的撤销令、禁止令、确认令、阻止令等救济手段。

源自上述英国普通法院监督传统的美国司法审查，经美国宪法起草人之一汉密尔顿倡导后，自19世纪以来几经改进和简化，已经变成根据成文法的规定进行审查，因此，如今美国的司法审查通常是指联邦普通法院（含联邦地区法院、联邦巡回上诉法院、专门法院和联邦最高法院）以及附属于行政与准行政机关的行政法庭，通过对案件的审理来审查实施中的法律是否合宪以及行政机关的行政行为是否合宪、合法。其监督的目的在于限制公共权力（特别是其中的行政权力），纠正违法行为，确保依法行政和法律适用的统一，维护公民的尊严和权利。与英国的比较而言，美国的司法审查简化了形式，扩大了范围。美国的司法审查不仅涉及行政权力、立法权力和司法权力三者之间的冲突，也涉及地区性的冲突和保障公民自由，甚至涉及对选举制度的监督和对政党内部治理的协调。

（二）违宪审查

违宪审查理论可追溯到汉密尔顿的权力制衡主张。汉密尔顿认为，司法机关无军权和财权，不能支配社会的力量和财富，因此在"三权分立"境地中，由其纠举违宪行为最为适宜。[②] 美国违宪审查的实践始于1803年美国联邦最高法院对"马伯里诉麦迪逊案"的判决，在该案中联邦最高法院大法官马歇尔从司法操作的角度提出一个极有监督价值的问题：立法机关制定的法律若与宪法相违背就是无效的，但由谁认定某一部法律是无效的呢？这一权力属于司

---

① 曾繁正．西方主要国家行政法、行政诉讼法．北京：红旗出版社，1998：441-445.
② 汉密尔顿，等．联邦党人文集．程逢如，等译．北京：商务印书馆，1980：392.

法机关。如果两部法律相互抵触，法院必须决定适用其中的哪一部法律；如果一部法律是违反宪法的，而且该部法律与宪法都适用于同一案件，那么法院只能无视该法，适用宪法。当今存在违宪审查的代表国家有美国、法国与德国等。

美国普通法院附带进行违宪审查，其传统的审查对象只限于联邦法律、行政法规和地方性法规，以及具体的行政行为等。法国将违宪审查与行政审查混合起来，即由宪法委员会与行政法院并行开展违宪审查，具体来讲就是，宪法委员会作为宪法监督的专门机构，负责对法律的合宪性进行事前审查；行为违宪或大量行政法规、地方性法规的合法性和合宪性问题所引起的纠纷，则由普通法院或行政法院审查裁决。欧洲大陆法系国家进行违宪审查的基本形式是宪法法院审查。宪法法院源于1789年法国宪法规定的护法元老院，但其产生于奥地利，体现了规范法学派代表人物凯尔森的主张。第二次世界大战后，一些国家鉴于法西斯主义对宪法和人权肆意践踏的惨痛教训，相继效仿奥地利建立起宪法法院。不过，因机构的组成、运作的程序、审判的权限等不尽一致，各国宪法法院又可分为两种：一种是纯司法性质的宪法法院。这种宪法法院属于独立的司法机关，如德国、奥地利、意大利、葡萄牙、西班牙、俄罗斯等国家的宪法法院。在这方面，德国的宪法法院，几乎成为政治体制中与立法机关、行政机关和司法机关平行的"第四权力机关"。另一种是最高法院下辖的宪法法庭，如爱沙尼亚在最高法院中设立的宪法审查法庭或宪法审判庭。这种设置主要是考虑了在一国的司法体制中避免双轨制和重复设立机构的麻烦。

综上，违宪审查主要有如下特点：（1）违宪审查的主体有二：普通法院和宪法法院。（2）审查的内容主要在于：法律的合宪性；国家最高权力机关活动的合宪性；宪法诉愿；政党违宪，选举违宪；国家机关之权限争议。（3）违宪审查的方式主要有事先审查、事后审查、控诉性违宪审查等。

（三）行政诉讼

相对人认为行政机关的具体行政行为侵犯其合法权益，又不愿或不服调解和仲裁的，可以向复议机关提出重新处理的申请。受理申请的复议机关应当依法审查和裁决，维护和督促行政机关依法行使职权，保护自然人、法人和其他组织的合法权益。复议的程序简便经济，有利于补充行政系统内部层级监督的不足，减轻司法机关的负担。但对于"官告官"和"民告官"的案件，由政府自身的机构来仲裁，难显公平且常有"官官相护"之嫌，甚至可能出现被告参与处理纠纷的情况。因此，对行政争议专门性的司法处置自然就成了仲裁与复议的延续、监督和救济。在全球范围内，负责行政诉讼的机构各式各样：在有的国家由普通法院承担行政诉讼的重任，如我国。在有的国家考虑到普通法院不便干预行政，又专门设立了行政法院，如法国、德国。在有的国家在普通法院内设专管行政诉讼案件的行政法庭。设立行政裁判所是英美法系国家对行政法院做法的借鉴。

现代行政诉讼的特征是：（1）由独立的行政法院适用独立的行政法律体系来解决行政复议中的问题。（2）审查对象是行政机关的所有行政行为。（3）审查方式具有书面性。（4）审查程序为法官主导的纠问制。

公权力监督的本质是制约权力。对权力必须予以分工、约束，经过分工和制约后的每一项权力都需要受到监督。不同治理环境下，基于选举制度、法治状况、政治文化（特别是其中的从政道德和廉洁文化）等的差异或变化，对权力的制约与监督在监督权能、对象、方式、目标、原则、基础等方面往往大相径庭。西方资本主义国家采用权力分立与制衡机制，通过政党竞争、定期选举、议会主权等方式，来防止和克服权力的失衡、失序等现象，但是采用这些方式仍然没有从根本上解决问题，资本主义国家的权力腐败、权力滥用等现象仍然不时出现。当前，随着社会的发展，行政权力不断扩张，有关公民行政权利的利益诉求也不断增加。无论是采用哪种监察模式的国家，其政府都在不断寻求一种更合理的模式，以达到权力制约的目的。监察是监督行政权力运行的一种方式，监察制度是防止公共权力滥用的重要制度，监察模式的变革、发展及创新都离不开权力制约这一宗旨。

无论是代议机关监察专员模式、政府内设行政监察模式、监审合一监察模式还是司法监察模式，它们之间的共同特征之一是，通过监察提高政府的行政效率和加强廉政建设。一个合格政府的形象首先是廉洁，廉洁行政是政府获得民众支持、取得公信力的首要条件。随着经济社会的不断发展，推动政府的廉政建设和提高政府的行政效率意义重大。政府体制的改革、廉政及绩效建设的变革皆对监察的职能、权限产生影响，使其随之变革。概览当今的各类监察模式，都存在监察的主体不断增多、监察的范围不断扩大的趋势，而且，政府政策的合理性逐渐被纳入行政监察的范围。除此以外，监察还不断深入某些专业和行业领域。总之，各种监察模式并非一成不变，而是与时俱进，随着政府职能等的变化而变革，进而更好地发挥监察的作用与功能。

第三节　我国监察制度的文化基础与特征

一、监察制度产生的思想文化基础

在中国的封建社会，形成了不同于西方各国的以御史监察为主体的监察制度，这有其深厚独特的思想文化渊源。综览历史可以发现，法家思想是监察制度产生的直接诱因。作为新兴地主阶级政治思想代表的法家，曾经多次论述了建立监察制度的必要性。战国后期法家思想的集大成者韩非指出："善张网者引其纲，不一一摄万目而后得；一一摄万目而后得，则是劳而难。引其纲而鱼已囊矣。故吏者，民之本纲者也，故圣人治吏不治民。"[①] 意思是说，通过治吏来治民，犹如纲举而目张，因此，治理国家的关键在于治吏。如何治吏呢？韩非又提出了君主集权的法、术、势理论。按照这套理论，所谓"术者，因任而授官，循名而责实，操杀生之柄，课群臣之能者也"[②]。这里，治吏的核心问题是监督官吏守法，以使"官不敢枉法，吏不敢为私利"。这种对官吏的监察权只能由君主掌握，"此人主之所执也"。但是，在一个疆域如此辽阔、机构如此庞杂、官吏如此众多的帝国，仅仅依凭君主一人之力实施监督是不可能的，"夫为人主而身察百官，则日不足，力不给"[③]。而且，仅靠行政系统内部建立在管辖关系基础上的自上而下的监督也是不够的，"吏虽众，[事]同体一也。夫[事]同体一者，相[监]不可"[④]。这样，建立与行政机关事不"同体一者"的监察机关来对百官实施监察就成为一种需要和可能。李斯也有类似的强调督责之术重要作用的论述，他说："夫贤主者，必且能全道而行督责之术者也。督责之，则臣不敢不竭能以徇其主矣。"[⑤] 他进而阐述了监察的全面功效："若此则谓督责之诚，则臣无邪，臣无邪则天下安，天下安则主严尊，主严尊则督责必，督责

---

　　① 王先慎. 韩非子集解. 北京：中华书局，1998：342.

　　② 王先慎. 韩非子集解. 北京：中华书局，1998：397.

　　③ 王先慎. 韩非子集解. 北京：中华书局，1998：36.

　　④ 蒋礼鸿. 商君书锥指. 北京：中华书局，1986：134. 孙诒让曰："同体一上疑脱'事'字"，"相下当有'监'字"。

　　⑤ 司马迁. 史记·李斯列传. 北京：中华书局，1982：2554.

必则所求得，所求得则国家富，国家富则君乐丰。故督责之术设，则所欲无不得矣。"① 此处的"督"是监察，"责"是处罚。正是在这种法家理论的指导下，秦国创建了监察制度。"汉承秦制"，其后历代王朝均予以承袭，并不断加强。

儒家思想是促成监察制度产生的又一原因，而且是促使中国古代监察制度在两千多年漫长历史中发展演变的思想主因。先秦儒家的"尊王""大一统""德主刑辅"等思想本身就与法家的思想相通。儒家与法家除了相异的一面外，亦有趋同，即互相吸收、互相影响的一面。从历史发展过程来考察，在战国、秦以及西汉初年，统治者大多奉行"法治"，不用儒术，而以秦为最典型。但是，讲究"法治"的秦王朝，偏偏短命而亡。这不能不使继秦而起的西汉王朝的统治者深思。仅仅靠法家思想不足以维系统治，于是，汉朝转而采用道、法结合的黄老学说为治国的指导思想。黄老思想主张清静无为、约法省刑、与民休息，实际上也就是以道家之长来补法家之短。这种思想对于经济凋敝、百业荒疏、民生艰困的汉初社会经济的恢复无疑是有益处的。但黄老思想过于消极，不利于中央集权制度的巩固，也不利于加强对人民的统治，因此，经过汉初几十年的"休养生息"，随着封建经济的恢复和政治的发展，统治者为了解决上述矛盾便进一步谋求一种既不像法家那样激烈又不像道家那样消极、还更有利于维护专制统治的指导思想。直到汉武帝时，终于接受儒士董仲舒等的建议，"罢黜百家，独尊儒术"，将儒家思想作为维护中央集权统治的正统思想；从儒家的传统出发，将"明德慎罚""德主刑辅"等作为统治人民的主要方法。《唐律疏议》所谓"德礼为政教之本，刑罚为政教之用"实际上仍然是德刑并用。从理论上讲，用刑还是强调"慎刑""适中"。儒家的"明德慎罚"、刑罚适中等思想，反映在司法实践当中，表现为确立严格的复核或复审程序。诸如执行死刑须由皇帝批准、由监察官监决死囚等司法活动中监察特色的强化，都可以在儒家思想中找到其思想根源。

二、监察机构相对独立，实行自上而下的垂直监察

监察机构相对独立的地位是在官僚体制逐步完善的过程中形成的。监察机构是"天子耳目风纪之司"，监察的主要对象是各级官吏，监察的根本目的是维护君主专制的集权统治。监察职能的运作依靠组织独立的监察机构，实行自上而下的垂直监察，为整饬吏治、维护纲纪国法、保障风清气正的社会环境，发挥了积极的作用。

在秦与西汉时期，作为中央监察机构长官的御史大夫可以独立设府，称为御史大夫寺，又称御史府。此时的御史府尚不是专门的监察机关，但监察各级官员无疑是其最重要的职掌。"御史大夫内承本朝之风化，外佐丞相理天下，任重职大，非庸材所能堪。"② 意即御史大夫既监察百官，匡正官场风气，又辅助丞相，治国理政。御史大夫既是监察长官又是副丞相，说明御史大夫具有监察长官与行政长官的双重属性，拥有非常显赫的权威和地位；也说明当时监察机关与行政机关并没有分离。"从西汉末年到东汉初年……御史中丞出任新设御史台的台官，成为国家最高监察长官。这样，就实现了监察机关与行政机关的初步分离，御史台名义上虽然仍受少府节制，但实际上独立工作。至魏晋以后，御史台完全脱离少府，在组织上与行政机关完全分离，成为独立的监察机关。至唐代，又进一步实现了各监察机构的统一，形成了从中央到地方的比较完备的监察系统，而且内部分工缜密。"③ 在唐朝，御史台是独立的专门监察机构，分为三院：台院掌台务，并掌纠弹中央百官，参与大理寺的审判活动；殿院专掌朝廷礼仪

①　司马迁.史记·李斯列传.北京：中华书局，1982：2557.
②　班固.前汉书·薛宣传.台北：中华书局，2016：3391.
③　王晓天.论中国封建监察制度的利弊得失.湘潭师范学院学报，1999（4）.

监督；察院，设六察御史，分掌吏、户、礼、兵、刑、工六部监督。此可谓分工细密、职责明确。唐以后，宋、元、明、清各王朝的监察机构虽在内部分工上有不同，但基本上沿袭唐制。

宋朝时御史台的监察模式与唐朝时的类似，地方监察系统则由监司、通判等组成，均独立行使监察职权，直接向皇帝负责。御史中丞为台长，从三品。台院置侍御史一人，负责台内政务。殿院置殿中侍御史二人，职掌监察朝廷礼仪。察院置监察御史六人，从六品，"掌分察六曹及百司之事，纠其谬误，大事则奏劾，小事则举正。迭监祠祭。岁诣三省、枢密院以下轮治。凡六察之事，稽其多寡当否，岁终条具殿最，以诏黜陟。"①宋朝时御史台官吏设置的基本特点是三院的组织机构趋向合并、官少吏多，其中监察御史权威最高，有监察百官的权力。

明朝时改御史台为都察院，名称虽变，而性质未改。都察院是中央最高监察机关，都御史、副都御史、佥都御史为都察院的主管官员，其中，"都御史，职专纠劾百司，辩明冤枉，提督各道，为天子耳目风纪之司。凡大臣奸邪、小人构党、作威福乱政者，劾。凡百官猥茸贪冒坏官纪者，劾。凡学术不正、上书陈言变乱成宪、希进用者，劾。"②也即官吏如有违法乱纪甚至学术不正等行为，都御史都可行使弹劾权。一旦都御史提出弹劾，被弹劾者必须作出回应：或者上疏辩解，或者等候皇帝处置。

此外，明清时又设六科给事中。考察其渊源，系由唐朝的六察御史发展而来。明朝在都察院之外，又设置六科给事中，分察六部，其权责类似御史，例如，给事中对刑部的监察主要是司法监察，"每岁二月下旬，上前一年南北罪囚之数，岁终类上一岁蔽狱之数，阅十日一上实在罪囚之数，皆凭法司移报而奏御焉"③。处决囚犯，须经刑科给事中三复奏；决囚之时，有上书称冤的，给事中有权停止行刑。清初，六科给事中为独立监察机关，至雍正元年（1723年），六科给事中隶属都察院，最终实现了专门监察机关在组织上的完全划一。并入都察院后，刑科给事中的司法监察职能有所加强，可参与秋审及朝审，掌秋审及朝审情实人犯的复奏、朝审勾到人犯与监视行刑。

除了监察机构相对独立，监察职能的运作，也实行自上而下的垂直监察。御史监察中央各部门官吏，直接向皇帝负责，独立行使监察权，不受长官或同级官吏制约。监察官依靠皇权保护，显然是自上而下的垂直监察模式。中央对地方的监察，亦是如此：皇帝可以直接派遣御史巡视地方。地方的监察机构或监察官，一般也不隶属于地方行政部门。这种制度设计，就是为了防止地方行政权力削弱监察职能。如西汉的刺史，唐朝的十道巡按，宋朝的监司，元朝的行御史台和二十二道肃政廉访，明朝的督抚和十三道巡按御史，清朝的十五道巡按御史，等等，均直属中央管辖，实行自上而下的层层监察，形成了从中央到地方的严密的监察网络。其监察范围广泛，行政、司法、经济、军事等部门均受监督，可谓无所不察。各地驻军、考试、计簿、漕运等事务，均有监察官监察。古代中国幅员辽阔，各级官吏众多，地理环境复杂多样，交通又不便利，民间有"天高皇帝远"之说。凭借如此严密的监察体系，专制皇帝方能对这个庞大的国家及官僚群体进行有效的监控。

三、制定切实可行的监察法规，监察职能的实现有法可依

历朝历代统治者为了确保监察机构正常运作、监察活动有明确的目的和方向，防止监察官员滥用监察权力，同时提高监察的效率，十分重视通过专门的法律法规来约束、规范监察机构

---

① 脱脱. 宋史·职官四. 台北：中华书局，2016：3871.
② 张廷玉. 明史·职官志二. 北京：中华书局，1974：1768.
③ 张廷玉. 明史·职官志三. 北京：中华书局，1974：1806.

的监察活动。随着监察制度的发展，监察的范围不断拓展，监察法也由简单趋向复杂，由最初的监察条例发展到成熟的体例完整的监察法典。

中国历史上最先出现的比较系统的监察法规是西汉的《监御史九条》与《刺史六条》。这两种均是专门的地方监察法规。《监御史九条》又称《御史九条》，其内容见于《西汉年纪》卷一引《汉仪》："惠帝三年，相国奏御史监三辅郡，察以九条：察有讼者，盗贼者，伪铸钱者，恣为奸诈论狱不直者，擅兴徭役不平者，吏不廉者，吏以苛刻故劾无罪者，敢为逾侈及弩十石以上者，非所当服者，凡九条。"九条内容涉及御史监察地方的司法、财政、治安、吏治等方面。汉武帝时制定的《刺史六条》规范了刺史的监察对象与监察的具体内容。《汉书·百官公卿表》颜师古注引《汉官典职仪》云："刺史班宣，周行郡国，省察治状，黜陟能否，断治冤狱，以六条问事，非条所问，即不省。一条，强宗豪右田宅逾制，以强凌弱，以众暴寡。二条，二千石不奉诏书遵承典制，倍公向私，旁诏守利，侵渔百姓，聚敛为奸。三条，二千石不恤疑狱，风厉杀人，怒则任刑，喜则淫赏，烦扰刻暴，剥截黎元，为百姓所疾，山崩石裂，祆祥讹言。四条，二千石选署不平，苟阿所爱，蔽贤宠顽。五条，二千石子弟恃怙荣势，请托所监。六条，二千石违公下比，阿附豪强，通行货赂，割损正令也。"① 六条监察的重点对象是豪强大族、地方高级官员及其子弟。监察很有针对性，注重有效解决当时严重的社会问题：其一是缩小贫富悬殊差距，缓和社会阶级矛盾；其二是维护中央集权，打击地方官员公开对抗中央的行为；其三是维护地方司法公正，保障百姓的生命、财产安全，体恤百姓，稳定社会；其四是选拔有才能的贤士，为国家所用；其五是严加追究倚仗权势的官家子弟横行霸道、胡作非为，从根本上改善社会风气；其六是防止地方官吏与豪强勾结，破坏国家政策、法令的实施。六条表述简洁明朗，刺史监察地方时有法可依，便于操作。《刺史六条》问世后，《监御史九条》就停止执行。顾炎武称赞"汉六条为百世不易之良法"。

唐朝法制空前完备，监察法规也在前朝的基础上有所突破。唐朝时地方监察以《巡察六条》为主，六条是御史巡察地方的法律依据。《新唐书·百官三》记载了其具体内容："其一，察官人善恶；其二，察户口流散，籍帐隐没，赋役不均；其三，察农桑不勤，仓库减耗；其四，察妖猾盗贼，不事生业，为私蠹害；其五，察德行孝悌，茂才异等，藏器晦迹，应时用者；其六，察黠吏豪宗兼并纵暴，贫弱冤苦不能自申者。"② 唐朝的《巡察六条》与汉朝的《刺史六条》相比，有显著区别。唐朝的社会政治、经济环境已发生深刻变化，故除了重视监察吏治，更是将户口、籍帐、赋役、仓库、农业生产、土地兼并等财政经济方面的问题作为地方监察的重要内容。

宋朝的监察法规仍然偏重对地方的监察立法。地方监察法涉及面广泛，各种监察法规自成体系。据《庆元条法事类》与《宋大诏令集》所载，各类监察法多达二十余种，其中最具特色的监察法是《诸路监司互察法》，这是宋朝监察立法的一大贡献。为保证监察法的实施，宋朝颁布《诸路监司互察法》，主要内容有：诸官司无按察官而有违法及不公事者，要互相举报，其经略、按抚、发运、监司属官也可互相察举。同时诸监司巡历所至，凡规定应受酒食之类，却受折送钱者，也得相互察举。《诸路监司互察法》可以弥补地方监察官不受监察的漏洞，防止失监现象的发生。③

元朝统治者十分重视监察法规的制定。尤其元世祖至元年间（1264—1294 年），制定了一

① 班固.前汉书·百官公卿表.台北：中华书局，2016.
② 欧阳修，宋祁.新唐书·百官三.北京：中华书局，2003.
③ 邱永明.中国古代监察制度史.上海：上海人民出版社，2006：324.

系列监察法规，这些监察法规基本汇编于《元典章·台纲》中。至元五年（1268年）制定御史台纲36条，称为《设立宪台格例》，可谓元朝监察法规的总纲，以法律的形式确定了中央监察机构御史台的地位及各项职权，如规定了监察官的弹劾权——"弹劾中书省、枢密院、制国用使司等内外百官奸邪非违，肃清风俗，刷磨诸司案牍，并监察祭祀及出使之事"；规定了监察官的司法监察权——"诸诉讼人等，先从本管官司陈告……若中书省看循或理断不当，许御史台纠弹"，"诸官司刑名违错，赋役不均……委监察纠察"；规定对官吏是否廉洁进行监察——"诸官吏乞受钱物，委监察纠察"①。至元十四年（1277年），又制定地方监察机构行御史台的职能条例30条，称为《行台体察等例》。② 后又陆续制定相关监察法规。从中央到地方的系列监察法规为元朝监察官行使监察职权提供了法律依据和基本准则。

明朝参照元朝御史台纲等监察法规并充实、完善，制定了较为完备的监察法规。特别是在明英宗正统四年（1439年），正式颁布《宪纲条例》，详细规定了监察官的地位、职权、选用、考核，以及监察对象、监察权限及监察纪律等内容。此后陆续有所增补，形成了完整的部门监察法规及其实施细则。

监察立法发展到清朝时，从形式到内容已经由一般的法规或条例发展成监察法典。清朝先后制定了两部体系完整的监察法典：《钦定台规》与《都察院则例》。《钦定台规》是中国法律史上最完整的一部监察法典。这部台规以皇帝的名义颁布，故被称为《钦定台规》。台规的内容主要分为训典、宪纲、六科、各道、五城、稽察、巡察、通例等八大类，每类之下又分若干子目。《钦定台规》纲目清晰、体系严谨、内容广泛，整合了清朝历代颁布的重要的监察法规，涉及监察制度的各个方面，确立了监察机构的性质和职责，明确了监察对象与基本任务，严格规范了监察官的纪律。在《钦定台规》颁布之后，都察院又制定若干则例，汇编为《都察院则例》。则例是都察院实施监察的细则规定，成为清朝监察法规的重要组成部分。《钦定台规》与《都察院则例》这两部规模宏大的监察法典，系统地反映了有清一代监察制度的全貌。

四、建立失察责任追究机制

无论古今，在赋予官吏权力之时，必然要求其承担相应的责任。监察的目的就在于保证国家的政策、法律能够被官吏忠实而谨慎地执行，而要实现这个目的，一方面有赖于监察官自身刚正不阿的品德，另一方面更需要监察体制中责任追究的落实，因此，失察追究是防止行使监察权的官吏失职渎职的一道防护墙。

失察追究机制并非一蹴而就，而是随着监察制度的发展而逐步完善的。当监察、司法、行政等职能混为一体，分工不明确的时候，要追究官员失察的责任，往往因官员个人的品德修养而异。春秋时司法官李离因失察而错杀人，晋文公认为是下吏的过错，特意为他开脱罪责，但李离固执不从，并说"理有法，失刑则刑，失死则死。公以臣能听微决疑，故使为理。今过听杀人，罪当死"③，遂自杀。李离伏剑的故事可谓司法官主动承担失察责任的典范，可惜少见。重要的是失察追究的制度化与法律化，而不能仅仅停留在道德说教的层面。

自秦汉以降，监察组织不断扩大，监察职能的分工日趋细密。为防范监察官玩忽职守、姑息养奸的失职行为，失察追究已成为监察制度中不可缺少的一部分。据《汉书·刑法志》记载，汉武帝"……招进张汤、赵禹之属，条定法令，作见知故纵、监临部主之法"。颜师古注

---

① 陈高华，等. 元典章·台纲. 北京：中华书局，2012.
② 陈高华，等. 元典章·台纲. 北京：中华书局，2012.
③ 司马迁. 史记·循吏列传. 北京：中华书局，1982.

曰："见知人犯法不举告为故纵，而所监临部主有罪并连坐也。"① 意即负有监察纠劾之责的监察官或上级主管官员，因失察要受连坐处罚。在东汉，对于监察官因不知情而没有举劾被监察对象的贪赃行为的，比附"见知故纵法"追究失察的罪责。汉桓帝颁布诏令，规定：负有监察责任的刺史，如不发觉或不举劾贪赃的地方官，则以纵避为罪。《晋书·刑法志》也说，"其见知而故不举劾，各与同罪……"。但对于过失不举劾或根本不知情而不举劾的，予以减轻或免除处罚——"……失不举劾，各以赎论，其不见不知，不坐也……"②。

在唐朝，监临主司失察应承担的责任较前朝时有所减轻。唐文宗太和三年（829年），华州刺史宇文鼎、户部员外郎卢允中坐赃，文宗欲杀之，侍御史卢宏贞上奏曰："鼎为近辅刺史，以赃污闻，死固恒典。但取受之首，罪在允中。监司之责，鼎当连坐。"卢侍御史认为卢允中是贪污犯罪的首犯，作为监司的刺史宇文鼎不揭发卢的罪行，是失察，但罪不至死。文宗同意卢侍御史的意见，依律减罪三等惩处了宇文鼎。"诸监临主司知所部有犯法，不举劾者，减罪人罪三等。纠弹之官，减二等。"③ 纠弹之官主要指御史。专司监察的御史因失察承担的责任较其他官吏为重。唐朝后期，为打击官吏在经济方面的犯罪，对监察官失察的惩罚有加重的趋势。唐文宗太和七年（833年）的一道诏令规定："御史台所置六察，分纠百司，比来因循，鲜能举职。起今以后，诸司如有身名伪滥，盗官钱及违法等事，他时发觉时，本察御史并当贬斥。"宋朝恢复与罪人连坐的方式，用以惩治失察行为。宋真宗诏令："诸路官吏蠹政害民，转运使、提点刑狱官不觉察者坐之。"明朝重要的监察法规《宪纲事类》对监察官失察的责任追究规定得更具体明确："凡风宪任纪纲之重，为耳目之司。内外大小衙门官员但有不公不法等事，在内从监察御史，在外从按察司纠举。其纠举之事，须要明著年月，指陈实迹，明白具奏。若系机密重事，实封御前开拆，并不许虚文泛言。若挟私搜求细事及纠言不实者，抵罪。"④ "凡监察御史、按察司官巡历去处，但知有司等官守法奉公、廉能昭著者，随即举闻。若奸贪废事、蠹政害民者，即便拿问。其应请旨者，具实奏闻。若知善不举，见恶不拿，杖一百，发烟瘴地面安置。有赃者，从重论。"⑤

清朝的《钦定台规》是监察立法史上的巅峰之作：对监察官在监察活动中的失察追究，视其特定情况而定，或罚俸或降职或抵罪，承担相应的责任；并要求监察官忠实履行职责，对贪酷不法的官吏，应直言弹奏、不畏权贵；监察官依附朋党，或为党争工具，利用其职权之便诬告打击他人，要以其所诬之罪罪之："言官纠参，实指奸贪，是其职掌，若结党挟私，肆行陷害者，反坐。"⑥ 监察官弹劾陈奏与事实不符，或无真凭实据，借口风闻言事者，应受降职调用的处分。"康熙九年题准：言官列款纠参贪婪官吏，有一二事审实者，免议。若审问全虚，及条陈事件，隐含讥刺，或不据实回奏，或参官员老病衰庸涉虚者，皆降二级调用。"⑦ 康熙十五年（1676年）又议论准可："言官条陈讥刺及回奏不实，或凡事不据实陈奏，或并无可据，称风闻具题者，降一级调用。"⑧ 监察官接受请托、受贿而为违法官吏隐瞒罪行，也应受严厉惩罚。雍正二年（1724年）上谕："外省督抚有怀私背法、逞威等事，给事中、御史等受

① 班固. 前汉书·刑法志. 台北：中华书局，2016.
② 房玄龄. 晋书·刑法志. 北京：中华书局，1974.
③ 唐律疏议·斗讼：第三百六十一条。
④ 宪纲事类·宪纲·纠劾百司//中国珍稀法律典籍集成：乙编：第二册.
⑤ 宪纲事类·宪纲·巡按失职//中国珍稀法律典籍集成：乙编：第二册.
⑥ 钦定台规：卷十·宪纲二.
⑦ 昆冈，等. 钦定大清会典事例：卷八三.
⑧ 大清会典：卷二二三·都察院//近代中国史料丛刊：第三编.

其请托贿赂、瞻徇隐瞒，经朕于别处闻知，将都察院堂官一并议处。"①

　　针对监察官的失察责任追究机制，在官僚政治正常运作的状态下，能够及时有效地追究监察官失察的责任，制约或防止监察官怠于行使或滥用监察权力，同时也便于皇帝掌控监察机构，维护皇权及中央集权的国家制度。

---

① 钦定台规：卷十·宪纲二.

第五章
监察法的基本原则

第一节 监察法基本原则概述

监察法的基本原则是指监察法规定的、贯穿监察行为和活动始终的、规范监察参与者行为的基本标准、基本准则或者基本界限。[①] 我国《监察法》第1条到第6条明确规定了监察法的八项基本原则：党的领导原则、依宪依法原则、全面覆盖原则、监察独立原则、配合制约原则、权利保障原则、惩教结合、宽严相济原则、标本兼治原则。这八项原则反映了监察法的基础性真理、原理，指导监察工作的进一步开展，具有重大的理论价值和实践意义。

监察法基本原则蕴含鲜明的政理。党的领导原则要求从政治上看问题、把方向，不断增强政治判断力、政治领悟力、政治执行力，正如习近平总书记在中国共产党第二十次全国代表大会上所指出的，党的领导是全面的、系统的、整体的，必须全面、系统、整体加以落实。监察法基本原则蕴含丰富的法理，权利保障原则、惩教结合、宽严相济原则表达了民主、自由、公平等人类共同的价值。监察法基本原则蕴含深厚的学理，监察独立、配合制约等监察的实践经验和观点被升华为法治原理，并与现代法学通说相交融，构建出宏大的法治理论体系。

监察法作为以宪法为核心的多层次监察体系的重要组成部分，同其他部门法一样遵循着法律的基本原则。同时，监察法作为中国共产党领导下制定的第一部国家反腐败专门法律，也遵循其独有的原则，如全面覆盖原则、监察独立原则、配合制约原则等。这些独有的原则是监察法独有的指导监察行为、处理监察事务的准则和规范。

第二节 党的领导原则

《监察法》第2条规定："坚持中国共产党对国家监察工作的领导，以马克思列宁主义、毛泽东思想、邓小平理论、'三个代表'重要思想、科学发展观、习近平新时代中国特色社会主义思想为指导，构建集中统一、权威高效的中国特色国家监察体制。"中华文化是责任文化，"政府"历来是广义的，承担着无限责任。在广大人民群众眼里，不管大门口挂的牌子是白底黑字还是白底红字，都是党的机关，都是政府。在中国共产党的领导下，只有党政分工，没有党政分开。对重大原则问题，必须旗帜鲜明、理直气壮，决不能遮遮掩掩。无论是人大、政

---

① 张云霄. 监察法学新论. 北京：中国政法大学出版社，2020：84.

协，还是"一府一委两院"，都要执行党中央的决策部署，对人民负责，受人民监督。在中国共产党统一领导下的所有行使国家公权力的机关，都属于广义政府范畴。创设从国家到县一级的监察委员会，代表党和政府行使监察权，就是要实现由监督"狭义政府"到监督"广义政府"的转变，管住所有行使公权力的公职人员，确保人民赋予的权力始终用来为人民谋利益。反腐败斗争关乎人心向背，关乎中国共产党的生死存亡，是严肃的政治任务，必须始终讲政治顾大局。面对依然严峻复杂的形势，只有中国共产党才能站在政治和战略的高度，作出推进反腐败斗争的重大决策。坚持中国共产党的领导是当代中国最重要的政治原则。加强中国共产党对反腐败工作的领导，决不能有丝毫放松和懈怠。党的十八大以来，习近平总书记探索了在党的全面领导视域下坚持和加强党对反腐败斗争的集中统一领导，提出了一系列新理念新思想新战略。党在领导反腐败斗争实践中，逐渐形成了"各级党委统筹指挥、纪委监委组织协调、职能部门高效协同、人民群众参与支持"的反腐败领导体制，确立了一体推进"三不腐"的方针。习近平总书记在二十届中央纪委第三次全会上强调：要加强党对反腐败斗争的集中统一领导。各级党委要切实强化对反腐败斗争全过程领导，坚决支持查办腐败案件，动真碰硬抓好问题整改。纪委监委作为专责机关，要更加主动担起责任，有力有效协助党委组织协调反腐败工作，整合反腐败全链条力量。各职能部门要坚持高效协同，自觉把党中央反腐败的决策部署转化为具体行动。①

第三节　依宪依法原则

法治反腐征程是在我国反腐倡廉建设的持续探索中前行的。新中国成立70多年来，中国共产党的几代领导人对腐败危害的认识一直十分清醒，把反腐败斗争摆在从严治党和依法治国的重要位置。中国共产党十八大以来，在反腐败斗争的新形势下，习近平总书记提出"善于运用法治思维和法治方式反对腐败，加强反腐败国家立法，加强反腐倡廉党内法规制度建设，让法律制度刚性运行"② 的重要论述，为新形势下推进反腐败斗争的法治化指明了方向。反腐败斗争的规范性和法律制度的严谨性不断得到增强，一些地方客观存在的选择性执法、象征性执法、宽容性执法等问题得到纠正，有案必查、有腐必惩，"老虎""苍蝇"一起打成为常态；党纪与国法一体建设，法律、纪律面前人人平等，不开天窗、不留暗门。反腐败斗争实现了由既往的运动反腐、权力反腐向法治反腐的转变。在宪法中明确中国共产党的领导是中国特色社会主义最本质的特征，确立监察委员会国家监察机关的性质和地位，以宪法为依据制定监察法，使反腐败斗争的性质任务、专门力量、职责权限等具有鲜明的宪法意义。宪法是国家的根本法，是治国安邦的总章程，是党和人民意志的体现。反腐败职能机构"入宪"和反腐败组织体系、职权配置和程序规范立法，使依宪依法成为新时代反腐败斗争的显著标志。

《监察法》第5条规定，"国家监察工作严格遵照宪法和法律"。依宪依法反腐就是要依照宪法、法律明确的中国特色社会主义最本质的特征要求，把坚持中共中央集中统一领导落实到反腐败职权活动中，坚决清除政治上蜕变的"两面人"、两面派，督促全体党员干部牢固树立"四个意识"，切实践行党章和宪法规定的地方各级纪委在同级党委和上级纪委双重领导下进行工作，上级监察委员会领导下级监察委员会的工作；就是要恪守一切权力来自人民、属于人民

---

① 人民日报，2024-01-09.
② 习近平关于全面深化改革论述摘编.北京：中央文献出版社，2014：71.

且为了人民的宪法原则，树立人民至上和以人民为中心的价值取向，自觉做到人民群众反对什么、痛恨什么，就要坚决防范和纠正什么，坚持把人民拥护不拥护、赞成不赞成、高兴不高兴、答应不答应作为衡量反腐败职能工作的根本标准，始终把纠正群众反映强烈的问题、纠正损害群众利益的行为作为重要任务持续推动，切实增强正风肃纪、反腐惩恶的精准性、实效性，让群众在全面从严治党和依法治国中有更多获得感。①

依宪依法反腐就是要依据监察法关于"对所有行使公权力的公职人员……进行监察，调查职务违法和职务犯罪，开展廉政建设和反腐败工作，维护宪法和法律的尊严"的规定，"坚持标本兼治、综合治理，强化监督问责，严厉惩治腐败；深化改革、健全法治，有效制约和监督权力"；就是要坚持执纪与执法贯通，有效衔接司法，依法依规检查国家机关和公职人员在遵守和执行法律、法规中的问题，依法依规受理和查处涉腐违纪违法行为的控告、举报信息；依法依规受理查办涉嫌贪污贿赂、渎职等职务犯罪的案件，通过监督、执法、问责，实现对国家机关及所有公职人员是否勤政廉政监督的全覆盖；就是要积极探索监察职能向基层延伸的有效途径，强化对基层组织中公职人员的监督，消除监督空白和死角，确保所有公权力的行使都在严密监督之下，从而形成党纪与国法紧密衔接、强制性手段与非强制性手段双管齐下、依规治党和依法治权有机结合的法治链条，把权力关进制度的笼子里。

第四节　全面覆盖原则

《监察法》第1条开宗明义，强调立法目的在于"实现国家监察全面覆盖"。2017年习近平总书记在党的十九大报告中首次明确提出该概念：深化国家监察体制改革……实现对所有行使公权力的公职人员监察全覆盖。② 自此，国家监察全覆盖作为方向性指引被纳入国家监察体制改革的核心内容，而全面覆盖原则也被确立为监察法的基本原则之一。全面覆盖在监察法中被设计为三层规范结构：监察权主体全面覆盖、监察对象全面覆盖和监察范围全面覆盖。③ 三层规范结构以实质化全覆盖为导向，共同框定了监察全覆盖的实际范围。

一是监察权主体全面覆盖。全覆盖的监察权主体是实现国家监察全覆盖的组织保障。《监察法》明确了各级监察委员会是行使国家监察职能的专责机关，《监察法实施条例》明确了监察委员会可以派驻/派出监察机构、监察专员开展监察工作。国家监察委员会和地方各级监察委员会的领导向同级中国共产党机关、国家机关、法律法规授权或者受委托管理公共事务的组织和单位以及所管辖的国有企业事业单位等派驻或者派出的监察机构、监察专员，共同形成了立体的监察网络。

二是监察对象全面覆盖。监察机关对所有行使公权力的公职人员进行监察，调查职务违法和职务犯罪，开展廉政建设和反腐败工作。监察对象全面覆盖是全面覆盖原则的核心，旨在解决原有反腐对象范围有限的问题，实现监察的"无禁区、零容忍、全方位、无死角"，为监督"狭义政府"转变为监督"广义政府"奠定坚实的基础。《监察法实施条例》第37条明确监察对象为"所有行使公权力的公职人员"，监察对象须同时满足身份要件"公职人员"和实质要

---

① 邱学强. 迈向法治反腐新征程. 学习时报，2018-06-13（1）.

② 习近平. 决胜全面建成小康社会 夺取新时代中国特色社会主义伟大胜利：在中国共产党第十九次全国代表大会上的报告. 北京：人民出版社，2017：67-68.

③ 魏昌东. 监察全覆盖的理论逻辑与应然边界. 南京大学学报（社会科学版），2022（5）.

件"行使公权力"。随着监察法确定和细化六类监察对象，国家监察对象较以往行政监察对象的范围有所扩宽。值得注意的是，监察对象全面覆盖并非盲目扩大监察对象范围，必须同时具备身份要件和实质要件，结合"人"和"权"两个条件方可认定。

三是监察范围全面覆盖。根据监察法的规定，监察委员会拥有三项基本职责，分别是监督、调查与处置。监察监督主要指对公权力正当行使、廉洁行使和公职人员道德操守的监督。调查主要指对《监察法实施条例》规定的上百种职务犯罪中的腐败行为进行调查。处置主要指对职务违法和职务犯罪者予以相应惩戒。值得注意的是，在处置职务犯罪案件的过程中，监察机关并非代替司法机关履行职责，而是积极完成前期工作，通过将案件移送司法机关来实现处置。

第五节　监察独立原则

监察委员会依照法律规定独立行使监察权，既表明了监察权必须依法行使，又强调了监察权行使的独立性。《监察法》第 4 条第 1 款规定："监察委员会依照法律规定独立行使监察权，不受行政机关、社会团体和个人的干涉。"监察独立是监察权行使的公正性和有效性所决定的。监察委员会行使的监察权，是传统立法权、行政权、司法权之外的一种新型权力——监督执法权。这一权力包括监督、调查、处置三项基本职权，这些职权的行使具有独立性，不受其他机关、团体和个人的非法干涉。

首先，监察机关依法独立行使监督权。监察委员会的监督职权，主要是指在对公职人员依法履职、秉公用权、廉洁从政从业以及道德操守等情况进行监督检查过程中，对可能发生职务违法或者有职务违法行为但情节较轻的公职人员，可按照管理权限，直接或者委托有关机关、人员，采取谈话提醒、批评教育令其检查或者予以诫勉等方式，实现监督的目的；同时，可针对发现的问题向发案单位提出监察建议，以完善制度或加强管理，预防腐败问题发生。这些监督行为必须以法律为依据，只服从法律。监察机关及其监督活动必须保持独立性，否则，就会为受监督单位或其他干扰因素所左右，以致丧失监督的有效性与公正性。

其次，监察机关依法独立行使调查权。调查是依法揭露和查证违规违法、犯罪的活动，是监督国家机关和公职人员依法公正履职的法律手段。调查分为一般性调查和留置性调查。一般性调查就是对监督过程中发现的违规违法问题，进行信息收集，查证核实监督过程中发现的问题是否存在。这是监察机关履行监督职责的常规性手段。留置性调查是指对监督过程中发现的涉嫌犯罪问题进行的强制性调查，具有限制或者剥夺被调查人的人身自由、财产自由、通信自由等特征。调查权的行使，可能影响特定地区甚至特定单位不同政治力量的对比关系。也就是说，这种行为既关系公益，又涉及私利，因此，可能引起一系列社会反应，某些社会力量甚至有权势者可能企图干预这种调查追究活动。在这种情况下，保障调查权依法行使的主要措施以及防止不当干预的主要屏障，就是保障调查执法行为的独立性。

最后，监察机关依法独立行使处置权。处置权是依据相应的法律法规对调查的违规违法问题予以审查定性并决定给予何种处分和处理的职权。从监察委员会的处分手段看，根据违法问题严重性的不同，处理手段依次包括给予监察处分（如警告、记过、记大过、降级、免职、开除公职等）、移送司法机关追究刑事责任两大层次。一方面，要严格依据法律法规，对违规违法问题进行定性并给予处分；另一方面，对侦查终结移送检察机关审查起诉的案件进行审查，决定移送审查起诉和不移送审查起诉。处置权的公正与适当行使，意味着监察机关必须排除非法干预，坚持以事实为根据、以法律为准绳，切实地贯彻法治原则，使人民群众从每一起监察处置案件中感受到公平正义。

第六节　配合制约原则

监察机关办理职务违法和职务犯罪案件，应当与审判机关、检察机关、行政执法机关互相配合、互相制约。这既是准确有力地惩治腐败违法犯罪的必然要求，又是社会主义法治原则的重要体现。《监察法》第4条第2、3款明确指出："监察机关办理职务违法和职务犯罪案件，应当与审判机关、检察机关、执法部门互相配合，互相制约。""监察机关在工作中需要协助的，有关机关和单位应当根据监察机关的要求依法予以协助。"

互相配合、互相制约主要表现在：监察委员会查办涉嫌职务犯罪的行为，调查终结后要移送检察机关依法审查、提起公诉，由人民法院负责审判，接受人民检察院的法律监督和人民法院的审判监督。监察委员会提出采取技术调查、限制出境等措施的请求后，公安机关与相关部门要对适用对象、种类期限、程序等进行严格审核并批准；审计部门发现领导干部涉嫌违纪违法问题线索后，要按规定移送相关监察委员会调查处置；在对生产安全责任事故的调查中，监察委员会要与安监、质检、食监、药监等部门共同调查，确定责任追究的范围和形式。

互相配合、互相制约是一个问题的两个方面，不可偏废。互相配合是指对职务违法、犯罪案件的依法查办和追诉、审判，应当在分工负责的基础上，互相支持，互相补充，协调一致，通力合作，使案件的处理能够上下衔接，协同促进案件事实的查明，实现追究犯罪、惩罚犯罪的任务。互相制约是指从监察委员会的执法调查，到进入刑事诉讼程序，要按照职责分工并进行相互的制约，及时发现工作中存在的问题或错误，并加以纠正，以保证准确适用法律、准确惩罚犯罪，保障无辜公民不受刑事追究，做到不枉不纵、不错不漏。监察委员会要主动对接以审判为中心的司法体制改革方向，按照《关于办理刑事案件严格排除非法证据若干问题的规定》的要求，以更高的标准、更严的要求，进一步规范监察人员调查职务违法、犯罪的取证行为，对于以非法方法收集的证据应当予以排除，确保调查所取得的证据符合刑事诉讼的证据标准。

监察委员会在工作中需要协助的，有关机关和单位应当根据监察委员会的要求依法予以协助。

监察委员会在调查职务违法、犯罪过程中，需要采取技术调查措施、作出通缉决定、作出限制出境决定，需要到公安机关管理的羁押场所向被羁押人员调查取证，要求协助查找被调查人，要求配合做好被留置人员看护等工作的，应当经监察委员会负责人批准后书面通知公安机关，公安机关接到通知后，应当予以配合。

监察机关经调查，认为被调查人涉嫌职务犯罪，应当移送检察机关审查起诉的，应作出移送决定。检察机关应当对移送的案件进行审查，认为犯罪事实清楚、证据确实充分的，应当作出起诉决定；认为需要补充核实的，应当退回监察委员会补充调查或自行补充侦查；对于有刑事诉讼法规定的不予起诉情形的，经上一级检察机关批准，可以作出不起诉决定。监察委员会认为不起诉决定有错误的，可以要求复议。对于涉嫌犯罪者取得的财物，应当在移送检察机关审查起诉时随案移送。被调查人被通缉一年后仍未到案或者死亡的，监察委员会应提请检察机关依照法定程序，向审判机关提出没收违法所得的申请。对于案件中的专门性问题，监察委员会可以指派、聘请有专门知识的人进行鉴定，需要司法行政机关推荐司法鉴定机构的，司法行政机关应积极支持配合。

第七节　权利保障原则

权利保障原则是立法、行政、监察、审判都必须遵循的共同原则，我国《宪法》第33条第3款明确规定"国家尊重和保障人权"，《监察法》第5条规定"保障当事人的合法权益"。权利保障原则是指监察机关履行监察职责时应当保障监察对象和相关人员的人身权、知情权、财产权和相关合法权益。它是监察公信力建立的关键一环，也是法治文明的重要体现。

适用法律一律平等是权利保障的前提。监察机关在适用法律上一律平等，意味着只要实施了职务违法和职务犯罪行为，不论其职务高低、权力大小，不管其家族、种族、性别、职业、社会出身、宗教信仰、教育程度、财产状况有何不同，都要平等地受到法律追究，不允许有任何特权，也不允许有任何法外私刑。

以事实为依据，以法律为准绳是权利保障的手段。坚持以事实为根据，就是坚持实事求是，一切从具体的案件情况出发，使认定的事实完全符合案件的客观真相。这就要求重证据、重调查研究。以法律为准绳，就是要求监察人员在办案中既要按实体法律办事，又要按程序规范办事。坚持这个方针，才能保证公正合理地处理案件，合法地保障当事人的权利。

权利的充分保障需要权力监督与司法救济的同时驱动。根据《监察法实施条例》第7条的规定，监察法中的权利保障原则主要表现在两个方面：一是监察机关在监察过程中不应侵害监察对象以及相关人员的合法权利和权益。二是赋予监察对象和相关人员申辩权、申诉权以及申请复审复核权等救济手段。前者在监察法中主要细化为：立案后，与未被限制人身自由的被调查人谈话时，应保障其安全；留置过程中，应当保障被留置人员的合法权益，尊重其人格和民族习俗，保障饮食、休息和安全，提供医疗服务；公安机关在移交前，将被抓获人员送往当地监察机关留置场所临时看管的，当地监察机关应当接收，并保障临时看管期间被抓获人员的安全，对工作信息严格保密；监察机关在履行职责过程中应当依法保护企业产权和自主经营权，严禁利用职权非法干扰企业生产经营。需要企业经营者协助调查的，应当依法保障其合法的人身、财产等权益，避免或者减少对涉案企业正常生产、经营活动的影响等；在监察对象和相关人员的司法救济方面，主要细化为：当监察机关及其工作人员有留置法定期限届满不予以解除等行为时，赋予被调查人及其近亲属申诉权；监察对象对监察机关作出的处理决定不服的，可以在一个月内申请复审，对复审结果仍然不服的，还可以向上一级监察机关申请复核；在监察机关及其工作人员违法行使职权非法剥夺他人人身自由时，受害人可以申请国家赔偿。

第八节　惩教结合、宽严相济原则

惩戒与教育相结合、宽严相济的原则，是中国共产党从丰富的实践经验和深刻的历史教训中总结出来的。《监察法》第5条规定，（国家监察工作）惩戒与教育相结合，宽严相济。第31条规定："涉嫌职务犯罪的被调查人主动认罪认罚，有下列情形之一的，监察机关经领导人员集体研究，并报上一级监察机关批准，可以在移送人民检察院时提出从宽处罚的建议：（一）自动投案，真诚悔罪悔过的；（二）积极配合调查工作，如实供述监察机关还未掌握的违法犯罪行为的；（三）积极退赃，减少损失的；（四）具有重大立功表现或者案件涉及国家重大利益等情形的。"《监察法实施条例》第214条至第218条进一步解释了构成认罪认罚的条件。历史证明，只有坚持惩教结合、宽严相济原则，才能达到既严明法纪又团结同志的目的，它是中国共产党惩前毖后、治病救人方针在监察工作中的具体体现，体现了中国共产党十八大以来监督执纪"四种形态"的思想和理念，同时也是从当前反腐败斗争形势依然严峻复杂的实际出发而作出的规定。

惩戒与教育相结合、宽严相济是监察委员会开展工作的重要遵循。改革后，监察委员会的主要职能不只是调查，不光是针对"第四种形态"。监察的首要职责是监督，监察委员会不是单纯的办案机构，监察委员会有很重要的监督职能，体现在代表党和国家，依照宪法、监察法和有关法律法规，监督所有公职人员行使公权力的行为是否正确，确保党和国家的路线方针政策得到贯彻落实，确保权力不被滥用、权力在阳光下运行，把权力关进制度的笼子。监察委员会的监督和党的纪检机关的监督在指导思想、基本原则上是高度一致的，咬耳扯袖、红脸出汗地做思想政治工作的目的都是惩前毖后、治病救人，抓早抓小，防止党员干部和公职人员要么是"好同志"要么是"阶下囚"。

惩戒与教育相结合、宽严相济，是监察委员会履职的政策性要求。惩戒与教育相结合包括两个方面的含义：一是教育与惩戒被惩戒人相结合。教育与惩戒均以违法行为的存在为前提，教育的方式主要是说服，向被惩戒人说明其违法行为的社会危害性以及应承担的法律责任，使被惩戒人认识到自己的违法行为的社会危害，使其真心悔悟。二是教育社会公众与惩戒被惩戒人相结合。惩戒要讲究社会效益，将被惩戒的行为和惩戒的理由与结果，以一定的方式加以宣传，从而使人们了解哪些是职务违法、犯罪行为及应承担的法律后果。教育与惩戒相结合原则有着深刻的理论基础：法律的作用分为规范作用和社会作用两大类。教育原则体现出法律的规范作用，处罚原则体现了法律的社会作用，教育与惩戒相结合原则意味着把法律的两大作用都发挥了，因此，它具有高度的涵盖性和很强的现实性。

宽严相济是我国的基本刑事政策，它对于最大限度地预防和减少犯罪、化解社会矛盾、维护社会和谐稳定，具有特别重要的意义。宽严相济刑事政策中的从"严"，主要是指对于职务违法、犯罪情节严重，社会危害性大的，或者具有法定、酌定从重处罚情节，或者主观恶性、人身危险性大的，或者发生在社会保障、征地拆迁、灾后重建、企业改制、医疗、教育、就业等领域，严重损害群众利益，社会影响恶劣，群众反映强烈的，都要坚决依法追究法律责任。宽严相济刑事政策中的从"宽"，主要是指对于情节较轻、社会危害性较小的职务违法犯罪，或者罪行虽然严重，但具有法定、酌定从宽处罚情节，或者被调查人主观恶性相对较小的，可以依法从轻、减轻处罚；对于具有一定社会危害性，但情节显著轻微危害不大的行为，不作为职务违法或犯罪处理。宽严相济刑事政策中的"相济"，主要是指在对职务违法、犯罪调查处置时，要善于综合运用宽和严两种手段，对情节不同、态度不同的职务违法、犯罪分子区别对待，做到严中有宽、宽以济严，宽中有严、严以济宽。在对严重职务犯罪依法从严惩处的同时，对于被调查人具有自首、立功等法定或酌定从宽处罚情节的，还要注意宽以济严，根据犯罪的具体情况，依法应当或可以从宽处罚的，都应当在处置上予以充分考虑。

第九节　综合治理、标本兼治原则

2018 年，习近平总书记在第十九届中共中央政治局第十一次集体学习会上强调坚持标本兼治是巩固和发展党十八大以来反腐斗争成果关键的一招。2023 年，习近平在第二十届中央纪委第二次全会上强调，必须深化标本兼治、系统治理，一体推进"不敢腐""不能腐""不想腐"。

综合治理、标本兼治作为国家监察工作的基本方略，被规定在《监察法》第6条中，即"国家监察工作坚持标本兼治、综合治理，强化监督问责，严厉惩治腐败；深化改革、健全法治，有效制约和监督权力；加强法治教育和道德教育，弘扬中华优秀传统文化，构建不敢腐、不能腐、不想腐的长效机制"。

依据监察法的规定，综合治理、标本兼治原则可以分为以下三步完成：

一是强化监督问责，严厉惩治腐败，力保"不敢腐"。党的二十大报告指出，坚持以严的基调强化正风肃纪，严明纪律规矩，"以零容忍态度反腐惩恶，更加有力遏制增量，更加有效清除存量"。各级纪委监委不仅要对公职人员贪腐问题监督问责，也要严肃查处公职人员的配偶、子女以及相关人员利用公职人员的影响力谋私，对腐败问题发现一起查处一起，坚持"无禁区、全覆盖、零容忍"的原则，深挖细查、严惩不贷，保持严厉震慑，让持续高压的监督问责成为公职人员头顶"不敢腐"的达摩克利斯之剑。①

二是深化改革、健全法治，有效制约和监督权力，力保"不能腐"。反腐败斗争是一场持久战，高效的反腐败法治体系是这场持久战的制度保障，是实现由治标向治本转变的关键。在立法上，监察法、监察官法、刑事诉讼法、公职人员政务处分法、监察法实施条例搭建起了反腐败法治体系的框架，划定好了权力行使的边界。在制度设计上，监督制度、调查制度、留置制度、证据制度、被调查对象权利保障制度等保障对公职人员权力的制约和监督。监察法规定监察机关与党的纪律检查机关合署办公，"两委"联合开展工作有助于形成制度合力，确保公职人员受到党纪和国法的双重监督，把权力关进制度的笼子里，力保"不能腐"。

三是加强法治教育和道德教育，弘扬中华民族优秀传统文化，力保"不想腐"。在反腐败斗争中，拔除腐败动机是"本"，在惩治和监督的同时应注重正本清源、固本培元。"治本"主要通过开展思想道德教育、法治教育和廉洁教育来完成。习近平总书记早在2017年中国共产党第十九次全国代表大会上就强调思想道德教育的基础性作用，指出应加强爱国主义、集体主义、社会主义教育，引导人们树立正确的历史观、民族观、国家观、文化观，深入实施公民道德建设工程。在思想教育基础上，开展法治教育为反腐败斗争提供精神指引，唯有在"尊法"的前提下，才能做到不以言代法、以权压法、徇私枉法。在夯实道德教育和法治教育的基础上进一步强调廉洁教育，正如党的二十大所指出的，需要加强新时代廉洁文化建设，教育引导广大党员、干部增强不想腐的自觉，清清白白做人、干干净净做事。党性教育、法治教育和中华民族优秀传统道德教育三位一体，培养公职人员的廉洁精神。

反腐败斗争中应坚持综合治理、标本兼治：一方面，要将"老虎""苍蝇"一起打，坚持以"零容忍"态度惩治腐败。另一方面，要加强制度建设和思想建设，从根本上铲除腐败滋生的土壤。严厉惩治、规范权力、教育引导紧密结合、协调联动，不断取得更多制度性成果和更大治理效能。

---

① 江国华. 中国监察法学. 北京：中国政法大学出版社，2022：5.

第六章

监察机关与监察人员

第一节 监察机关的性质与地位

正确认识监察机关的性质和地位，找准其在监察体制与国家机关组织结构中的坐标，有利于促进各级监察机关依法切实地履行职责，保障我国监察工作的顺利开展，同时可为我国监察体制改革的深化提供方向指引。

一、监察机关的性质

监察机关是我国国家机构体系中独立于"一府两院"的新型机关，是履行国家监察职能的专责机关，是国家反腐败工作机构，是实现党和国家自我监督的政治机关。

（一）监察机关是我国国家机构体系中独立于"一府两院"的新型机关

监察委员会是我国监察体制改革的产物。在国家监察体制改革前，行政监察机关作为政府职能部门，依照《行政监察法》对国家行政机关及其相关人员实施监察。国家监察体制改革后，随着国家监察机关去行政化以及其监察职能的全覆盖，其性质、职能、职权、职责等与之前的行政监察机关相比，已经发生了深刻的变化。随国家监察体制改革的推进，原属于检察机关的贪污、渎职犯罪侦查和预防职务犯罪等部分职能被"剥离"出来，转移至监察机关，从而使国家监察职能配置状况在整体上发生了"结构性改变"。《宪法》第 123 条明确规定：中华人民共和国各级监察委员会是国家的监察机关。

2018 年 3 月，国家监察委员会依照宪法成立。各级监察委员会是我国宪法权力结构重构下独立于"一府两院"的新型国家机关，而非此前监察部的延续。监察机关在法律地位上虽与"一府两院"平行，但由于"监察委员会与纪检委的组合，（其）在政治法律生活中的实际地位明显会高于本级法院和检察院"。"监察机关整合行政监察、预防腐败和检察机关查处贪污贿赂、失职渎职以及预防职务犯罪等工作力量，实现公职人员的全覆盖监察，监察手段丰富，这使得监察机关的权力空前厚重且集中"[①]。

（二）监察机关是履行国家监察职能的专责机关

监察机关是独立的国家机关，承担着独特的国家治理功能。其所行使的监察权是一种新型的国家权力。监察机关是区别于行政机关和司法机关的国家机关，具有独立的宪法地位。《监察法》第 3 条规定，各级监察委员会是行使国家监察职能的专责机关。

---

① 童之伟.对监察委员会自身的监督制约何以强化.法学评论，2017（1）.

监察机关的性质与监察权的属性有关。目前学界关于监察权的属性，存在行政权说、司法权说、混合权力说等诸多不同的学说。在学理上看，单一的行政权和司法权属性定位显然难以契合现行监察权的属性，而广为推崇的混合权力说显然也难以解释监察权的基本属性，笼统地将监察权认定为混合权力，亦不能准确界定监察委员会的宪法地位。确切地说，监察委员会虽然整合了此前的行政监察职能，以及原属于检察机关的反贪污、反渎职和预防职务犯罪等职能，但其职能并不等于此前相关职能的简单叠加。国家监察体制改革将此前几种不同属性的反腐败职能进行有机整合，然后重新统一分配给监察机关，其实质是对国家机构权力的再整合再分配。严格地说，国家监察权是区别于原先任何一种权力的新型权力形态。

（三）监察机关是国家反腐败工作机构

监察机关主要整合了行政监察、预防腐败和查处贪污贿赂、失职渎职以及预防职务犯罪等反腐败工作力量，是履行监察职责的国家反腐败工作机构。监察机关依照《监察法》对所有行使公权力的公职人员进行监察，调查职务违法和职务犯罪，开展廉政建设和反腐败工作，维护宪法和法律的尊严。《监察法》第 11 条明确规定，"监察委员会依照本法和有关法律规定履行监督、调查、处置职责"。监察法赋予监察机关调查、处置和监督职责，旨在实现对所有行使公权力的公职人员全覆盖，以集中力量打击腐败违纪违法和犯罪行为。

（四）监察机关是实现党和国家自我监督的政治机关

监察委员会是与"一府两院"并列的新型国家机关，具有法律属性和政治属性双重属性。[1] 它既是行使国家监察职能的专责机关，又是实现党和国家自我监督的政治机关；既要严格地按照宪法、法律履行职责，又要旗帜鲜明地讲政治。[2] 如果说国家机关是监察委员会的法定属性，那么，政治机关是监察委员会的根本属性。二者层次分明，又彼此衔接、有机统一，具有显著的制度优势，有利于加强党对反腐败工作的集中统一领导，有利于实现党内监督与国家监察的有机统一，有利于推进国家治理现代化。[3]

坚持党对监察工作的组织领导，是确保监察机关依法行使监察权的政治保证。国家监察体制改革的根本目的在于强化党对反腐败工作的统一领导，使各级监察机关在执法活动中不偏离党的要求与目标，并将党的领导落到实处；同时也尽可能地排除其他国家机关对反腐败机构权力运行的牵绊，以防止种种外部因素对反腐败力量的阻挠。

我国纪检监察体制自恢复重建以来，经历了从"党政分开"到"党政合署"，再到新时代"全面融合"的发展历程。[4] 党和国家通过对组织进行全方位的战略性重构，使新时代纪检、监察合署体制下机构与人员实现了全面融合。[5] 从纪委监委的反腐败权限和职能来看，监委依法行使相应的监督、调查和处置权，纪委则依据党规党法进行执纪、监督和问责。当前纪委监委"合署办公"的工作模式，避免了过去纪委和监委内部权责模糊的问题，实现了纪检监督和监察监督对象范围的全覆盖；有利于党委对监委的机构运行进行监督，确保党对反腐败工作的领导；有利于解决同级党委权力过重而上级纪委权力不足，纪委监督工作严重受制于同级党委的情况；监察机关对党中央和地方各级党委负责，有利于实现党的内部监督与国家监察的有效统一。

① 陈瑞华.论国家监察权的性质.比较法研究，2019（1）.
② 莫纪宏.监察法学原理.北京：中国社会科学出版社，2022：88.
③ 郭文涛.论监察委员会的双重属性及其制度优势.深圳社会科学，2020（6）.
④⑤ 王冠，任建明.纪检监察体制变迁中的多元主体关系及演进逻辑.广州大学学报（社会科学版），2021（4）.

二、监察机关与其他国家机关的关系

监察机关的宪法定位，离不开对监察机关与其他国家机关间之关系的界定。从《宪法》的文本结构来看，"监察委员会"被规定在第三章"国家机构"的第七节，位列"一府"与"两院"之间。"一府一委两院"均由本级人大产生，须对其负责、受其监督；监察机关依法独立行使监察权，不受行政机关、社会团体和个人的干涉。同时，各级监察机关与人民法院、人民检察院及承担司法职能的其他国家机关之间存在着工作上的衔接和制约关系。其中，按照《监察法》第15条第1项，监察机关有权对一切履行公职的人员进行监察。各级人大及其常委会和参照《公务员法》管理的其他国家机关工作人员，亦作为行使公权力的公职人员，属于监察机关监察的范围。[①]

（一）监察机关与人大及其常委会的关系

《宪法》第3条第3款规定，国家行政机关、监察机关、审判机关、检察机关都由人民代表大会产生。这意味着，国家监察机关与其他相关的国家机关（行政机关、审判机关和检察机关）既存于一个平面型的权力关系结构中，它们均由其同级人大产生，"监察机关与权力机关是'产生、负责和监督'的关系"[②]。《宪法》第65条第4款和第103条第3款分别就全国和地方各级人大常委会组成人员"不得担任国家行政机关、监察机关、审判机关和检察机关的职务"作了明确的规定。《宪法》第67条第6项和第104条规定了全国人大常委会和地方各级人大常委会有依法监督其同级监察委员会的职权，其中，人事任免权为重要内容。《宪法》专门就各级人大选举产生其同级监察委员会主任、副主任的任免权作了明确规定，如《宪法》第62条第7项、第63条第4项和第101条第2款即分别涉及全国和地方各级人大对其同级监察委员会主任的人事任免权。该法第67条第11项还规定全国人大常委会有权"根据国家监察委员会主任的提请，任免国家监察委员会副主任、委员"。这些规定充分体现了"谁任命，谁罢免"的国家机关人事监督原理。

《监察法》亦就各级国家监察委员会应当接受本级人大及其常委会的监督作了相应的规定，并专门规定了几种特殊的监督方式和监察法律责任。该法第8条第4款规定："国家监察委员会对全国人民代表大会及其常务委员会负责，并接受其监督。"第9条第4款规定："地方各级监察委员会对本级人民代表大会及其常务委员会和上一级监察委员会负责，并接受其监督。"第53条第1款规定："各级监察委员会应当接受本级人民代表大会及其常务委员会的监督。"第53条第2款规定："各级人民代表大会常务委员会听取和审议本级监察委员会的专项工作报告，组织执法检查。"第53条第3款规定："县级以上各级人民代表大会及其常务委员会举行会议时，人民代表大会代表或者常务委员会组成人员可以依照法律规定的程序，就监察工作中的有关问题提出询问或者质询。"

（二）监察机关与其他国家机关的关系

从我国宪法规范来看，一方面，监察机关依照法律规定独立行使监察权，不受行政机关、社会团体和个人的干涉；另一方面，监察机关与其同级人民法院、人民检察院及承担司法职能的其他国家机关在履行监察职能过程中存在着工作上的衔接和制约关系。

---

① 中共中央纪律检查委员会法规室，中华人民共和国国家监察委员会法规室.《中华人民共和国监察法》释义.北京：中国方正出版社，2018：108-109.

② 秦前红.我国监察机关的宪法定位：以国家机关相互间的关系为中心.中外法学，2018（3）.

1. 监察机关与行政机关的关系

国家监察体制改革以来我国设置了具有独立地位的各级监察委员会，其独特之处就在于弥补了此前隶属于政府部门的行政监察机关难以独立行使职权的固有缺陷。在国家监察体制改革前，《行政监察法》[①] 第 2 条规定："监察机关是人民政府行使监察职能的机关，依照本法对国家行政机关及其公务员和国家行政机关任命的其他人员实施监察。"国家监察体制改革的推进，使各级监察委员会成为行使国家监察职能的专责机关。[②] 按照《宪法》第 127 条第 1 款的规定，"监察委员会依照法律规定独立行使监察权，不受行政机关、社会团体和个人的干涉。"

需要明确的是，监察机关依法独立行使监察权，不受行政机关的干涉，并不排斥监察机关在监察活动中与承担相应法律职能的某些行政机关（如公安机关等）之间存在配合、制约关系。如《监察法》《刑事诉讼法》等相关法律就针对各级监察机关在办理刑事案件过程中如何行使调查、监督和处置等各项职能作了相关规定，其中即涉及监察机关与公安机关、国家安全机关、审计机关等行政机关依法相互协助等事项。可以说，相互制约是任何国家机关之间无法回避的运作机理，这是保障公民合法权利的前提。

2. 监察机关与司法机关的关系

我国司法机关一般是指各级人民法院和人民检察院。《宪法》第三章第八节是将二者并列起来作出规定的，人们正是根据宪法文本中这样的"体例结构"推演出"人民法院"和"人民检察院"同为我国的"司法机关"。而《宪法》关于"监察委员会"的系统规定则是独立成节的（第三章第七节）。这表明，"监察委员会"既不同于此前属于行政机关的监察机关，也不同于审判机关和检察机关。应该说，国家监察体制改革对以上国家机关的职能影响最大的非检察机关莫属。国家监察体制改革中的"转隶"工作，使检察机关原有的反贪、反渎与部分职务犯罪的侦查职能转由监察机关行使，从而建构了一个集行政监察、预防腐败与职务犯罪的侦查于一体的新型的国家监察机关。可以说，这一新型的国家机关与人民法院和人民检察院在性质、权限、工作方式、手段和程序等很多方面均有所不同。

按照《宪法》第 127 条的规定，监察机关办理职务违法和职务犯罪案件，应当与审判机关、检察机关、行政执法部门互相配合、互相制约。《监察法》第 4 条第 2 款亦进一步确认了其"互相配合，互相制约"的关系。[③] 同时，该条第 3 款还规定："监察机关在工作中需要协助的，有关机关和单位应当根据监察机关的要求依法予以协助。"这其中，当然也包含着相关国家机关对监察机关的"工作协助"。此外，《监察法》的相关条文就监察机关在刑事案件中如何履行调查、监督和处置职能作了相应的规定，其中亦涉及监察机关与审判机关、检察机关、行政执法部门之间在办理职务违法和职务犯罪案件时相互配合、相互制约的内容。

在上述机制运行中，值得特别关注的就是监察机关在刑事案件中履职时不能僭越审判权这一问题。中国共产党十八届四中全会首次提出"以审判为中心的诉讼制度改革"，将刑事审判阶段作为整个刑事诉讼的中心。其实质性的要求就是：对于刑事案件只有通过法院审判才能完成对被告人刑事责任的认定。监察机关成为一个位高权重的国家机关，特别是在调查阶段拥有重要的调查权，因此，要防止该机关在案件还没有进入审判阶段即对被调查人作出刑事责任认定问题的发生。就此而言，国家监察体制改革不能背离我国目前正在推进的"审判中心主义"

---

① 1997 年 5 月 9 日第八届全国人大常委会第二十五次会议通过，2010 年 6 月 25 日第十一届全国人大常委会第十五次会议修正。《监察法》第 69 条规定：本法自公布之日起施行。《中华人民共和国行政监察法》同时废止。

② 《监察法》第 3 条规定，各级监察委员会是行使国家监察职能的专责机关。

③ 《监察法》第 4 条第 2 款规定：监察机关办理职务违法和职务犯罪案件，应当与审判机关、检察机关、执法部门互相配合，互相制约。

诉讼制度改革。

第二节 监察机关的基本职责

职责是职权的基础和依据，职权是职责的保证。与《宪法》关于各级监察委员会及其权限的界定相匹配，《监察法》第 11 条明确规定，"监察委员会依照本法和有关法律规定履行监督、调查、处置职责"。因此，监督、调查、处置是监察委员会承担的三项基本职责。

一、监督

根据《监察法》第 11 条第 1 项，监察机关对公职人员开展廉政教育，对其依法履职、秉公用权、廉洁从政从业以及道德操守情况进行监督监察。监督是监察机关的首要职责，它代表党和国家，依照宪法、监察法和有关法律法规，对所有公职人员行使公权力的情况进行监督，确保权力不被滥用，促进国家公务人员依法履职、秉公用权。

监察机关履行监督职责的方式包括教育和检查。廉政教育是防止公职人员发生腐败的基础性工作，廉政教育的根本内容是加强理想信念教育，使公职人员牢固树立马克思主义的世界观、人生观、价值观和正确的权力观、地位观、利益观，使讲规矩、守法律成为公职人员的自觉行动，不断增强不想腐的自觉性。监督检查的方法包括列席或者召集会议、听取工作汇报、实施检查或者调阅、审查文件和资料等，内容是公职人员依法履职、秉公用权、廉洁从政从业以及道德操守情况。

二、调查

根据《监察法》第 11 条第 2 项，监察机关对涉嫌贪污贿赂、滥用职权、玩忽职守、权力寻租、利益输送、徇私舞弊以及浪费国家资财等职务违法和职务犯罪进行调查。调查公职人员涉嫌职务违法和职务犯罪，是监察机关的一项经常性工作。如果说监督是《监察法》第 11 条第 1 项概括式规定的、内容上具有一定原则性的监察职责的话，那么，调查是《监察法》第 11 条第 2 项列举式规定的专项监察职责，该项职责的针对性和实效性被强调。监察机关的调查职责集中体现了其作为国家反腐败专责机构的性质定位和工作特色。

从制度渊源来看，监察机关的调查职责跟之前检察机关的侦查职能[①]具有密切关系和高相似度。众所周知，国家监察体制改革的重要方面就是将原属于检察机关的反贪、反渎和预防职务犯罪等部分职能转移至监察机关。在学者看来，"监察调查措施中的搜查、调取、勘验检查等均具有一定的侦查权性质"[②]。有不少学者坚持认为监察机关对职务犯罪案件的调查权仍然具有侦查权的属性和功能："这一点，与（国家）监察体制改革之前检察机关所享有的侦查权，几乎没有任何区别。"[③]

从制度规范来看，根据《监察法》第 11 条第 2 项，监察机关对职务违法和职务犯罪案件进行收集证据、查明案情的工作叫"调查"，而不叫"侦查"。2018 年 10 月 26 日第十三届全国

[①] 在监察体制改革之前，按照 2012 年《刑事诉讼法》第 106 条第 1 项的规定，"侦查"是指公安机关、人民检察院在办理案件过程中，依照法律规定进行的专门调查工作和有关的强制性措施。

[②] 韩大元. 论国家监察体制改革中的若干宪法问题. 法学评论，2017（3）.

[③] 陈瑞华. 论国家监察权的性质. 比较法研究，2019（1）.

人大常委会第六次会议通过的《全国人民代表大会常务委员会关于修改〈中华人民共和国刑事诉讼法〉的决定》将当时的《刑事诉讼法》第106条改为第108条，于其中第1项明确规定，"'侦查'是指公安机关、人民检察院对于刑事案件，依照法律进行的收集证据、查明案情的工作和有关的强制性措施"。可见，调查与侦查具有不同的法律属性，二者由不同的法律部门调整。

三、处置

根据《监察法》第11条第3项，监察机关对违法的公职人员依法作出政务处分决定；对履行职责不力、失职失责的领导人员进行问责；对涉嫌职务犯罪的，将调查结果移送人民检察院依法审查、提起公诉；向监察对象所在单位提出监察建议。其中，对违法的公职人员依法作出政务处分决定，是指监察机关根据监督、调查结果，对违法的公职人员依照法定程序作出警告、记过、记大过、降级、撤职、开除等政务处分决定；对履行职责不力、失职失责的领导人员进行问责，是指监察机关根据相关规定，对不履行或者不正确履行职责，按照管理权限对负有管理责任的领导人员作出问责决定，或者向有权作出问责决定的机关提出问责建议，问责的对象限于公职人员中的领导人员[①]；对于涉嫌职务犯罪的，将调查结果移送人民检察院依法审查、提起公诉[②]；监察建议则是指监察机关依照法定职权，根据监督、调查结果，就监察对象所在单位在廉政建设和履行职责方面存在的问题等提出来的。[③]

可以说，监督、调查、处置是监察机关承担的三项基本职责，也是监察机关承担的具体的、行动性的职责。从学理上看，监察机关除承担上述三项基本职责外，还应承担制定监察法规、出台监察措施、发布监察决定和命令、制定监察规章等抽象行动性职责[④]，以及某些涉及监察事务的辅助性的管理职责。

第三节　监察机关的组织体系

我国监察机关的组织体系包括国家监察委员会和地方各级监察委员会，它们形成了各自的组织结构体系，并依法产生，行使相应的职权，履行相应的职责。

一、监察机关的中央和地方组织

（一）国家监察委员会

《宪法》第125条第1款和《监察法》第7条第1款均规定"中华人民共和国国家监察委

---

① 这里的"领导人员"主要是指中国共产党机关、人大机关、行政机关、监察机关、审判机关、检察机关、政协机关、民主党派和工商联机关中担任各级领导职务和副调研员以上非领导职务的人员；参照公务员法管理的单位中担任各级领导职务和副调研员以上非领导职务的人员；大型、特大型国有和国有控股企业中层以上领导人员，中型以下国有和国有控股企业领导班子成员，以及上述企业中其他相当于县处级以上层次的人员；事业单位领导班子成员及其他六级以上管理岗位人员。

② 被调查人涉嫌职务犯罪，监察机关经调查认为犯罪事实清楚，证据确实、充分的，制作起诉意见书，连同案卷材料、证据一并移送检察机关依法审查起诉。

③ 监察建议不同于一般的工作建议，它具有法律效力，被提出建议的有关单位无正当理由必须履行监察建议要求其履行的义务，否则，就要承担相应的法律责任。

④ 江国华. 国家监察体制改革的逻辑与取向. 学术论坛，2017（3）.

员会是最高监察机关"。在我国目前设置的四级监察机构中，国家监察委员会是中央一级的监察机关，是在我国居于最高地位的监察机关。它负责全国的监察工作，领导地方各级监察委员会工作。国家监察委员会有权办理全国地方各级监察委员会管辖范围内的监察事项。

国家监察委员会由主任1人、副主任若干人、委员若干人组成。其组成人员由全国人大及其常委会选举或者任命产生，其中，国家监察委员会主任由全国人大选举产生，其他组成人员由主任提名、全国人大常委会任免。根据《宪法》第62条和《监察法》第8条第1款，国家监察委员会由全国人大产生；根据《宪法》第67条、第126条和《监察法》第8条第4款，国家监察委员会对全国人大及其常委会负责，并接受其监督。根据《监察法》第53条，国家监察委员会向全国人大常委会作专项工作报告，接受执法检查，接受全国人大代表和全国人大常委会组成人员就监察工作中的有关问题提出的询问和质询。

（二）地方各级监察委员会

按照《监察法》第7条第2款，"省、自治区、直辖市、自治州、县、自治县、市、市辖区设立监察委员会"。目前，我国县（区）以上层级的行政区域单位均设置了监察委员会。这不仅有利于国家治理，而且便于监察委员会与其同级人大及其常委会、人民政府、人民法院、人民检察院、人民政治协商会议及其他党政机关和社会团体加强衔接和履职。

从我国目前监察机关设置的地域层级来看，虽然最基层的监察机关为县（区）一级监察委员会，乡镇一级政权单位不设立监察委员会，但这并不意味着监察职能不能深入乡镇。根据《监察法》第12条，各级监察委员会可以派出监察机构。也即县（区）一级监察委员会可以通过在其下辖的乡镇设立监察派出机构的方式，使监察职能延伸到乡镇。这一机构设置模式跟我国在乡镇一级不设置人民法院而通常设置派出法庭的做法尤为相似。

地方各级监察委员会由本级人大及其常委会产生，对其负责、受其监督。《宪法》第101条第2款规定，县级以上的地方各级人民代表大会选举并且有权罢免本级监察委员会主任；第104条规定，县级以上的地方各级人民代表大会常务委员会监督本级监察委员会的工作；第126条规定，"地方各级监察委员会对产生它的国家权力机关和上一级监察委员会负责"。在此基础上，《监察法》第9条第1款规定，地方各级监察委员会由本级人民代表大会产生；第9条第4款规定，地方各级监察委员会对本级人大及其常委会负责并接受其监督，同时规定其还需要向上一级监察委员会负责并接受其监督。正因为监察机关和党的纪检机关合署办公，《监察法》规定地方各级监察委员会对上一级监察委员会负责。这与上下级纪委之间的领导与被领导关系是相匹配的。

二、同级党委领导下的"两委"合署办公

《宪法》第1条第2款规定，"中国共产党领导是中国特色社会主义最本质的特征"。坚持中国共产党对监察工作的组织领导，是确保监察机关依法行使监察权的政治保证。

（一）在同级党委领导下开展工作

保障监察机关在同级党委领导下开展工作，是中国特色社会主义监察体制的应有之义。国家监察体制改革的根本目的在于强化中国共产党对反腐败工作的统一领导，所以党委应当承担反腐败工作的大部头责任。也就是说，各级党委在领导监察机关进行监察工作时，应牢牢把握住从严治党的政治责任，使国家反腐败专责机构的领导权始终掌握在党委的手中。党委书记要经常研判问题线索，分析反腐败形势，审核把握对本级管理干部的初步核实、立案、采取留置措施、作出处置决定，研究净化政治生态的有效措施，切实加强对监察工作的

统一领导。

各级监察机关内部组织架构中的党委、党总支、党支部、党小组和党员在深入群众时也可以利用其特殊定位，更细致地深入组织监察工作，同时在工作中宣传党的政策和主张，使各级监察机关在执法活动中不偏离党的要求与目标，将党的领导落到实处。监察机关作为党的领导下的国家机构之一，在同级党委领导下开展工作，这就决定了党委对监察委员会的工作可以进行监督。不论是党的机关、权力机关、行政机关还是司法机关，都无一例外地在中共中央的领导下行使公权力，为人民服务。

（二）与中国共产党的纪律检查委员会合署办公

监察机关与中国共产党的纪律检查委员会合署办公，是指在中国共产党的统一领导下，纪委与监委实行"一套工作机构，两个机关名称"的工作模式。这种工作模式始自此前我国行政监察机关与其同级党委纪检部门的合署办公体制。早在1993年1月，根据中共中央、国务院的决定，中共中央纪委、监察部即开启合署办公体制。同年2月22日，中共中央、国务院批转了中央纪委、监察部《关于中央纪委、监察部机关合署办公和机构设置有关问题的请示》，明确指出："中央纪委、监察部合署办公，实行一套工作机构、两个机关名称的体制。合署后的中央纪委履行党的纪律检查和政府行政监察两项职能，对党中央全面负责。"其后，这种"一套工作机构、履行党的纪律检查和行政监督两项职能"的工作模式逐渐向地方各级党的纪检机关和行政监察机关延伸。

2016年11月中共中央办公厅印发《关于在北京市、山西省、浙江省开展国家监察体制改革试点方案》，提出在北京市、山西省、浙江省开展国家监察体制改革试点工作：由省（市）人大产生省（市）监察委员会，作为行使国家监察职能的专责机关。党的纪律检查委员会、监察委员会合署办公，建立健全监察委员会组织架构。中国共产党十九大报告在"健全党和国家监督体系"部分中明确提出："深化国家监察体制改革，将试点工作在全国推开，组建国家、省、市、县监察委员会，同党的纪律检查机关合署办公，实现对所有行使公权力的公职人员监察全覆盖。"

具体就"两委"来说，监察委员会对所有行使公权力的公职人员监督执法，党的纪律检查委员会负责对党员干部执纪，形成党纪与国法双管齐下的腐败治理格局。监委与纪委合署办公的模式，有利于党委对监察委员会在机构运行中的不法行为及时加以监督，确保党对反腐败工作的领导。

在现阶段，合署办公有利于加强中国共产党对反腐败工作的统一领导，实现依法治国和依规治党的有机统一。监察机关对中国共产党中央和地方各级党委负责，有利于实现党的内部监督与国家监察的有效统一。同时，纪委与监委合署办公的体制能够有效避免过去纪委和行政监察机关内部权责模糊的问题，可以实现纪检问责和监察追责对象范围的最大化覆盖。当然，合署不等于合并，有"合"亦应有"分"。2016年1月14日中国共产党十八届中央纪律检查委员会第六次全会通过的公报曾指出："纪委决不能成为党内的'公检法'，执纪审查决不能成为'司法调查'。"[1] 这要求合署办公的纪委与监委划清权责边界，做到既分工合作又相互制约，避免系统内部职能不清而导致党政不分的局面。习近平总书记在党的十九届三中全会上作关于《深化党和国家机构改革方案》的说明时指出：国家监察委员会同中央纪委合署办公，履行纪检、监察两项职责，实行一套工作机构、两个机关名称。不再保留监察部、国家预防腐败局。

---

① 十八届中央纪委六次全会公报（2016年1月14日中国共产党第十八届中央纪律检查委员会第六次全体会议通过）。

这项改革是事关全局的重大政治体制改革，具有鲜明的中国特色，展现了我们党自我革命的勇气和担当，意义重大而深远。并强调"纪检监察机构要发挥合署办公优势"[①]，在党中央领导下，中央纪委组织协调，从北京、浙江、山西试点探索到全国推开，再到组建国家和省、市、县（区）监察委员会，同党的纪律检查委员会合署办公，国家监察体制改革取得重要阶段性成果。

第四节　监察机关的领导体制

在现代国家任何国家机关组织系统内的领导活动都必须遵循一定的管理层次、等级序列、指挥链条、沟通渠道，由此铸就一整套特定的规范化、制度化和非人格化的运行模式与领导体制。科学的领导制度能够提高国家机关的效能，促进国家机关的良性运行与积极发展。监察机关的领导体制，是对监察机关内部上下级，以及各级部门间的领导权限、领导机构、领导关系及领导活动方式的制度总称。目前，我国监察机关实行双重领导体制。

一、我国监察机关双重领导体制的内容

国家机关的双重领导，是指一个国家机关通常既要接受其上级国家机关的领导，也要接受其同级国家权力机关的领导。例如，我国各级人民政府实行的就是双重领导体制：既要接受其同级人大及其常委会的领导，又要接受其上级人民政府的领导。我国监察机关也实行这样的双重领导体制：各级监察委员会既要对其同级人大及其常委会负责，接受其监督，又要接受其上级监察委员会的领导。需要指出的是，与各级监察机关"合署办公"的党的纪检机关也实行双重领导体制，即各级纪检机关既要接受其同级党委的领导，又要接受其上级纪检机关的领导。

前文已述及各级监察委员会须对其同级人大及其常委会负责，同时也论及党的纪检机关须对其同级党委负责等问题，此不赘述。《监察法》第10条规定，"国家监察委员会领导地方各级监察委员会的工作，上级监察委员会领导下级监察委员会的工作"。这意味着，在中央层面，国家监察委员会在全国监察体系中处于最高地位，主管全国的监察工作，率领并引导下属各内设机构及地方各级监察委员会的工作，地方各级监察委员会都必须服从它的领导。领导意味着率领并引导，而在我国中央—地方的结构中，领导还包含了教育、监督和管理。至于地方层面，应秉持上级监察委员会领导下级监察委员会。中国共产党十八届三中全会通过的《中共中央关于全面深化改革若干重大问题的决定》曾指出，地方监察委员会查办腐败案件以上级纪委领导为主，就线索处置和案件查办在向同级党委报告的同时必须向上级纪委报告。也就是说地方各级监察委员会除了要承担本行政区域内的监察工作，即依法进行自身的监督、调查以及处置等职责，还要监督和领导本行政区域内下级监察委员会的工作。中国共产党十九届三中全会通过的《中共中央关于深化党和国家机构改革的决定》再次强调，要深化党的纪律检查体制改革，推进纪检工作双重领导体制具体化、程序化、制度化，强化上级纪委对下级纪委的领导。

上级监察机关处于主导地位具有以下优势：首先，有利于破除地方保护主义。当下级监察委员会遇到阻力时，上级监察委员会可以支持其依法行使职权，帮助其排除各种干扰。其次，上级监察委员会可以通过领导下级监察委员会的工作，及时发现下级监察委员会在工作中的缺漏与错误，以检查工作和受理复核申请等方式，使各级监察委员会的工作在法律的轨道上有序

---

① 习近平 . 在新的起点上深化国家监察体制改革 . 求是，2019（5）.

运行。

首先，在机构设置方面，跟此前不同的是，由于监察委员会已与纪委合署办公，在监察委员会内就不用再单独设立党委了。从各地的实际情况来看，各级监察委员会主任、副主任分别由同级纪委书记、副书记兼任，所以监察委员会的成员任命以上级纪委以及组织部门提名为重。县级以上地方各级监察委员会主任由本级人大选举和罢免，副主任、委员由监察委员会主任提请本级人大常委会任免。

其次，在调查审查方面，应注意纪委的主导与领导作用，各级监察委员会对本地区、本部门反映公职人员问题的重要线索处置和调查审查在向同级党委报告的同时必须向上级纪委、监察委员会报告；对于作出立案调查决定、给予政务处分等重要事项，在向同级党委报告的同时必须向上级纪委、监察委员会报告；对发生的涉及监察工作的重大突发事件、影响社会稳定的重要社会动态、重特大案件、重大办案安全事故等事件，在规定的时限内，必须如实向上级纪委、监察委员会报告，遇有紧急事项时要立即报告。最后，在案件管辖方面，监察委员会应当按权限管理并且实行分级负责，同时借鉴直接管辖和指定管辖制度。直接管辖即上级监察委员会针对下一级监察委员会管辖范围内的监察事项可以进行领导管辖，同时上级监察委员会可以对下级监察委员会进行指定管辖，即上级监察委员会将其管辖范围内的监察事项指定给更适宜管辖该事项的下级监察委员会。除此之外，由于调查措施关乎对人身自由的限制，因而调查措施的审批应受到更加慎重的对待，以体现严肃、合法地实施留置措施的执法态度。根据《监察法》，设区的市及以下监察委员会采取留置措施，应当报上一级监察委员会批准。

二、监察机关与司法机关内部层级关系的比较

在我国，司法机关一般是指各级人民法院和人民检察院。我国人民法院系统内上下级之间是工作上的监督关系，即最高人民法院监督地方各级人民法院和专门人民法院的审判工作，上级人民法院监督下级人民法院的审判工作。这种监督关系这意味着，上级人民法院只能通过审判程序对下级人民法院的审判活动是否合法和正确进行审查、监督，进而作出相应的决定、裁定或判决。我国检察系统内上下级之间则是一种领导与被领导的关系，即上级人民检察院领导下级人民检察院的工作，最高人民检察院领导地方各级人民检察院和专门人民检察院的工作。在具体工作层面，上级人民检察院对下级人民检察院正确执行法律和政策提供指引，在发现违法行为或其他错误时有权采取相应的措施予以纠正，当下级人民检察院在工作中遭到干扰、阻力或其他困难时给予必要的帮助和支持；在诉讼履职方面，地方各级人民检察院对同级人民法院一审判决、裁定的抗诉，应当通过原审人民法院提交抗诉书，并且将抗诉书抄送上一级人民检察院，上级人民检察院如果认为抗诉不当，可以向同级人民法院撤回抗诉，并且通知下级人民检察院；在人事任免方面，上级人民检察院对下级人民检察院的组成人员和其他工作人员有权进行管理和考核，最高人民检察院和省、自治区、直辖市人民检察院检察长有权向本级人大常委会提请批准任免和建议撤换下一级人民检察院检察长、副检察长和检察委员会委员。这种领导关系的层级体制是符合我国检察机关履职的特点的，有利于保障各级检察机关顺利地开展工作和提高检察工作效率。

在我国监察机关内部上下层级关系既不同于人民法院上下级之间的监督关系，也不同于人民检察院上下级之间的领导关系。虽然说在我国，表面上检察机关与监察机关都实行的是条块管辖的双重领导关系，但在实质内涵上两者仍然存在着较为显著的区异，而这种差异主要集中在中国共产党对机构的领导程度上：监察机关的设立就是为了加强中国共产党对反腐败工作的统一领导，实行的是在党委统一领导下的纪律检查委员会与监察委员会合署办公，从组织形式

和职能定位上实现了中国共产党对监察机关的集中统一领导。关于案件,从初步审核到立案,再到采取留置措施、提出处置意见和审查意见等事项,都必须报经党委同意,党委在监察工作中掌握领导权。与之相对应,中国共产党对司法工作的领导,主要是通过各级党委政法委加以协调,并通过在司法机关内设立党组的形式予以实现。在司法工作中,党委一般不参与、不讨论、不干涉司法个案处理,不影响司法权的依法独立行使。质言之,在监察机关的工作中党委起主导作用,能够直接参与案件的调查和处置,而在司法机关的工作中党委起的主要是协调作用, 般不能直接参与对案件的处理。

第五节 监察机关内部组织机构

监察机关内部组织机构是保障监察机关依法履职的内部组织载体,其设置情况直接关系到监察机关履职的状况和效果。本节拟根据宪法和法律的规定,并结合中国共产党和国家的政策的原则要求、各级监察机关内部组织机构设置的实际状况及改革导向作一专门分析。

一、监察机关内部组织机构设置的政策原则

确切地说,监察机关内部组织机构的设置属于公共政策学和管理学的研究范畴。《宪法》《监察法》等相关法律虽明确规定了监察机关的职责权限,但没有也不可能从规范层面对这一国家机关的内部组织机构作更为具体和明确的规定。结构决定功能,从实质来看,监察机关内部组织机构设置得科学与否,事关监察机关的功能展现以及其履职的实际效果,且必然影响到《宪法》《监察法》等相关法律为监察职能设定的制度目标的实现。

随着我国监察体制改革的逐步深化,中国共产党和国家高度重视监察机关内部组织机构的设置与改革。中国共产党十九大报告提出:"……组建国家、省、市、县监察委员会,同党的纪律检查机关合署办公,实现对所有行使公权力的公职人员监察全覆盖。"该报告在此基础上还进一步指出:"深化机构和行政体制改革。统筹考虑各类机构设置,科学配置党政部门及内设机构权力、明确职责。统筹使用各类编制资源,形成科学合理的管理体制,完善国家机构组织法。"

2018 年修正的《宪法》和出台的《监察法》明确界定了各级监察机关的职责、权限。2018 年 3 月 22 日,中共中央印发了《深化党和国家机构改革方案》。该方案明确提出了在新的历史起点上深化党和国家机构改革的系列原则要求,包括必须以推进党和国家机构职能优化协同高效为着力点,改革机构设置,优化职能配置,深化转职能、转方式、转作风,提高效率效能,积极构建系统完备、科学规范、运行高效的党和国家机构职能体系等内容。其中特别强调:"深化党中央机构改革,要着眼于健全加强党的全面领导的制度,优化党的组织机构,建立健全党对重大工作的领导体制机制,更好发挥党的职能部门作用,推进职责相近的党政机关合并设立或合署办公,优化部门职责,提高党把方向、谋大局、定政策、促改革的能力和定力,确保党的领导全覆盖,确保党的领导更加坚强有力。"其中明确指出,各地区各部门各单位要"……坚持正确改革方向,把思想和行动统一到党中央关于深化党和国家机构改革的重大决策部署上来,不折不扣落实党中央决策部署……要加强组织领导,各级党委和政府要把抓改革举措落地作为政治责任……对党中央明确的改革任务要坚决落实到位,涉及机构变动、职责调整的部门,要服从大局,确保机构、职责、队伍等按要求及时调整到位,不允许搞变通、拖延改革。要加强对各地区各部门机构改革落实情况的督导检查。各地区各部门推进机构改革情

况和遇到的重大问题及时向党中央报告请示"①。

二、监察机关内部组织机构的设置状况

目前，中国共产党中央纪委和国家监察委员会的内部组织体系基本成型且具有一定的示范效应。其内部组织机构主要包括内设职能部门、直属单位和派驻纪检监察组三类机构和人员组成。其内设职能部门具体为办公厅、组织部、宣传部、研究室、法规室、党风政风监督室、信访室、中央巡视工作领导小组办公室、案件监督管理室、第一监督检查室至第十一监督检查室、第十二审查调查室至第十六审查调查室、案件审理室、纪检监察干部监督室、国际合作局、机关事务管理局、机关党委、离退休干部局。相关职能部门分工合作，各自承担相应的监察职能和各项管理辅助职能；同时，设有新闻传播中心、中国纪检监察杂志社、中国方正出版社、机关综合服务中心、信息中心、中国纪检监察学院、中国纪检监察学院北戴河校区等直属单位，各直属单位既有一定的独立性，又坚持纪委监委的领导、配合内设机构的工作；此外，还设有中央纪委、国家监委派驻纪检监察组。

应该说，中国共产党中央纪委和国家监委内部组织机构主要是根据国家这一级监察机关承担的各项具体职能而合理设置并逐步进行调整、改革和优化的，例如：此前中国共产党中央纪委、监察部共内设12个纪检监察室，2018年国家机构改革之后设置了16个纪检监察室，第一至十一为监督监察室，主要履行依纪依法监督的职责；第十二至十六则为审查调查室，主要履行执纪审查和依法调查、处置的职责。而且这两类不同组织机构的职责权限不同。这与2018年国家机构改革之前相比有较大的变化：此前12个纪检监察室分别联系不同部门或省份，其中，第一至五纪检监察室负责监督检查联系单位领导班子及干部队伍相关情况，综合、协调、指导联系单位及其系统的纪检监察工作；第六至十二纪检监察室负责监督检查联系地区省级领导班子，综合、协调、指导联系地区的纪检监察工作。

国家监察体制改革以来，我国各地根据《宪法》《监察法》和相关法律规定的监察机关职责权限，遵照党和国家关于监察机关内部组织机构设置的政策原则，同时参照中国共产党中央纪委和国家监委内部组织机构设置的基本架构逐层予以落实。尽管如此，我国各地各级纪检、监察机关设置的实际需求不尽相同，各级各地纪检监察机关内部组织机构设置的数量和具体情况呈现出一定的地方特色和层级差异。例如，浙江省纪委、省监委共设23个职能部门，山西省纪检、省监委内部分设21个组织机构。可见，相关省份纪委、监委的机构设置较中央纪委、国家监委而言并非一一对应的，而且在实践中还可能根据实际需要对其内部组织机构和人员配置进行一定的调整。从层级特征来看，省、市和区县纪检、监察机关履职的实际需求及能力建设状况不尽相同，各级纪检、监察机关内部组织机构的设置状况也存在较大的差异且呈动态变化的趋向。

三、监察机关内部组织机构设置的优化

从组织理论来看，监察委员会内部组织机构的设置与运行机制的实践探索过程，是一种流程导向的组织变革过程——按照组织的核心流程来划分组织内部的职能部门，将业务流程的各个环节上的职权赋予不同的职能部门，并按照核心业务流程完善相应的组织制度。有学者就将

---

① 中共中央印发《深化党和国家机构改革方案》. (2018-03-21)[2023-10-27]. https://www.rmzxb.com.cn/c/2018-03-21/2002007.shtml.

监察委员会的内部组织机构分为支持类机构和业务类机构①，其中，支持类业务机构主要包括监察委员会内设的研究室、法规室、组织部、办公厅、宣传部、机关党委等，业务类机构主要包括监察委员会内设的信访室、巡视组办公室、党风政风监督室、执纪监督室、案件监督管理室、执纪审查调查室、纪检监察干部监督室、案件审理室以及派出机构等。

　　监察机关内部组织机构的设置与其承担的职能有关。在法律规定上，监察机关的监察程序法律规定，主要是《监察法》第五章，其中涉及问题线索的处置、初步核实、立案调查、采取调查等。该法第35条规定，监察机关对于报案或者举报，应当接受并按照有关规定处理。对于不属于本机关管辖的，应当移送主管机关处理。该法第36条还进一步规定：监察机关应当严格按照程序开展工作，建立问题线索处置、调查、审理各部门相互协调、相互制约的工作机制。监察机关应当加强对调查、处置工作全过程的监督管理，设立相应的工作部门履行线索处置、监督检查、督促办理、统计分析等管理协调职能。可见，监察机关内部组织机构的运行大致上包括线索发现与受理、谈话函询、初步核实、立案审查、案件审理、申诉复查等一些必要环节。② 这是监察机关内部组织机构设置和进一步优化必须考量的重要方面。

　　监察机关内部组织机构设置的优化，亟须重点关注和认真考量纪检、监察机关合署办公体制下监察机关履职涉及的法法衔接、法纪衔接等一系列制度性问题。应该说，《宪法》和《监察法》均没有将党纪监察明确纳入国家监察体系之中。然而，合署办公这种工作模式决定了，各级监察机关的职责既涵盖了对身为中国共产党党员的公职人员的党纪监察，也包括了对所有公职人员的政务监察，还包括对那些涉嫌构成职务犯罪的公职人员的刑事监察。这意味着，各级监察机关履行的日常监督、专门调查和最终处置这三项职责，其内容可能涵盖了党纪监察、政务监察和刑事监察等方面。③ 当然，合署办公并不意味着事事都必须联合履职，例如，对涉及党内处分的事项，通常还是经由党的纪检机关按党纪处分程序完成，而且要依照党纪严于国法的规则适用标准。

　　总之，结构决定功能，功能倒逼结构的完善，正如《深化党和国家机构改革方案》指出的那样："深化党和国家机构改革是推进国家治理体系和治理能力现代化的一场深刻变革，是关系党和国家事业全局的重大政治任务。"国家监察体制改革不仅要求通过机构整合的"物理反应"来实现反腐败职能的有机统一，而且要求通过监察机关内部组织机构的设置与运行机制的"化学反应"来实现机构整合"1＋1＞2"的效果。为此，应着力调整监察机关内部组织机构设置，探索执纪监督与执纪审查调查分设部门，从而实现案管、监督、调查、审理各环节相互配合、相互制约的运行机制。④

第六节　监察委员会领导集体

　　《监察法》中多处提及"领导人员"⑤。《宪法》《监察法》亦规定了，国家监察委员会和地

---

　　①② 杜倩博. 监察委员会内部机构设置与运行机制：流程导向的组织变革. 中共中央党校学报，2018 (4).
　　③ 陈瑞华. 论国家监察权的性质. 比较法研究，2019 (1).
　　④ 国家监察体制改革试点取得实效. 人民日报，2017－11－06 (1).
　　⑤《监察法》中有五个地方涉及"领导人员"这一提法。例如，《监察法》第31条规定："涉嫌职务犯罪的被调查人主动认罪认罚，有下列情形之一的，监察机关经领导人员集体研究，并报上一级监察机关批准，可以在移送人民检察院时提出从宽处罚的建议：……"此外，《监察法》第32条、第43条、第61条和65条中也有"领导人员"这一提法。

方各级监察委员会由主任、副主任以及委员组成。本节拟结合《宪法》和相关法律针对监察委员会领导集体的范畴及相关内容作一专门分析。

一、监察委员会领导集体概述

（一）国家机关领导集体的界定标准

领导集体不同于集体领导。集体领导属于领导责任制的范畴，其对应的概念是首长负责制，二者同属于国家机关的领导体制。例如，我国行政机关统一实行首长负责制，人大及其常委会则实行集体领导制。然而，"行政首长负责制并不是一切个人说了算，并不意味着什么问题都可以由行政首长决定，对政府工作中的重大问题必须经领导集体讨论决定"[①]。也即行政首长当然属于领导集体的成员，但并不等于领导集体的全部。领导集体成员，除了包括首长，还包括参与集体决策的其他领导。事实上，由于我国国家机关统一实行民主集中制原则，所有国家机关都设有相应的领导集体，实行首长负责制的国家机关也不例外。

领导集体亦非国家机关的全体成员，而仅限于其中的"关键少数"。例如，国务院由总理、副总理若干人、国务委员若干人、各部部长、各委员会主任、中国人民银行行长、审计长、秘书长组成[②]，那么，这些人员是否就是国务院的领导集体呢？答案是否定的。应该说，对于很多重要事项国务院需要通过常务会议或全体会议作出决定，参与常务会议或全体会议的领导成员才属于领导集体。同时，在实行集体领导的国家机关并非其所有成员都属于该机关的领导集体，如地方各级人民法院院长、副院长、庭长、副庭长和审判员由地方各级人大及其常委会选举或任免，而这些由地方各级人大及其常委会任免的人员不一定都是法院的领导集体成员。

（二）监察委员会领导集体的组成

从中央纪委、国家监察委员会以及各地纪委、监察委员会的实际情况来看，其领导集体通常包括主任、副主任和委员。根据《监察法》第8条第2款的规定，国家监察委员会由主任、副主任若干人、委员若干人组成。与国家监察委员会的领导集体相适应，《监察法》第9条相应规定了地方各级监察委员会也由主任、副主任若干人、委员若干人组成。在《监察法》中，除明确主任为一人之外，对副主任和委员的职数，未作具体规定。这种做法可以为任职人数留下一定变通的空间，有利于人员及时调整，避免人手不够或人手过多的情形。从中央和各地的实践来看，副主任一般为三至六人，委员一般为四至十人，各地的实际情况不尽相同。

同时，由于纪委和监察委员会合署办公，两个牌子下通常是一套人马。纪委书记一般兼任监察委员会主任，纪委副书记则对应监察委员会的副主任，监察委员会的委员中绝大部分也是纪委常委或委员。以国家监察委员会为例：同中央纪委合署办公的国家监察委员会首任领导集体中，主任、副主任均是中国共产党十九届中央纪委副书记。十九届中央纪委共有19位常委，其中除中央纪委书记、副书记以及身兼中央军委纪委专职副书记的骆源少将之外，其他中央纪委常委都担任了国家监察委员会委员职务，即国家监察委员会中，除卢希之外的委员都是中央纪委常委。而国家监察委员会委员卢希在国家监察委员会组建之前担任最高人民检察院检察委员会副部级专职委员兼反贪污贿赂总局局长，根据第十三届全国人大第一次会议通过的国务院机构改革方案，最高人民检察院查处贪污贿赂、失职渎职以及预防职务犯罪等反腐败相关职责已整合进新组建的国家监察委员会，因而他才成为国家监察委员会委员。

① 田兆阳.行政首长负责制与集体领导.新视野，2001（6）.
② 《国务院组织法》（2024年修订）第5条。

这样的领导集体有利于避免纪委和监察委员会因多头管理而产生混乱，也更有利于集中力量预防腐败。同时，监察委员会主任（纪委书记）、监察委员会副主任（纪委副书记）以及监察委员会委员（大部分是纪委常委、委员）身兼数职、权力配置较重，所以各级监察委员会实行集体决策、集体行动和集体负责，以保障监察行为在民主集中制原则下依法按程序进行。

二、监察委员会主任及其他领导成员的产生

我国实行人民代表大会制度，监察委员会主任及其他领导集体成员均由其同级人民代表大会及其常务委员会选举或任免。

1. 监察委员会主任由同级人民代表大会选举和罢免

《宪法》第 62 条第 7 项规定，全国人民代表大会选举国家监察委员会主任；第 63 条第 4 项规定，全国人民代表大会有权罢免国家监察委员会主任。《监察法》第 8 条第 2 款亦明确规定，国家监察委员会主任由全国人民代表大会选举。这一人事任免方式跟全国人民代表大会对最高人民法院院长、最高人民检察院检察长的任免方式相同，表明它们之间具有平行的法律地位。

《监察法》第 9 条第 2 款明确规定了地方各级监察委员会主任由本级人民代表大会选举，而没有明确规定罢免地方各级监察委员会主任的主体。按照由谁产生、对谁负责、接受谁的监督的人事任免原理，各级人民代表大会既然是其同级监察委员会的产生机关，自然有权罢免由其选举产生的监察委员会主任。

2. 其他领导成员由监察委员会主任提请同级人大常委会任免

《宪法》第 67 条第 11 项规定，全国人大常委会有权根据国家监察委员会主任的提请，任免国家监察委员会副主任、委员。《监察法》第 8 条第 2 款规定，国家监察委员会副主任、委员由国家监察委员会主任提请全国人大常委会任免。《监察法》第 9 条第 2 款规定，地方各级监察委员会副主任、委员由监察委员会主任提请本级人大常委会任免。

三、监察委员会领导集体成员的任期及其限制

（一）任期

《宪法》第 124 条第 3 款和《监察法》第 8 条第 3 款均明确规定，国家监察委员会主任每届任期同全国人民代表大会每届任期相同。《监察法》第 9 条第 3 款规定，地方各级监察委员会主任每届任期同本级人民代表大会每届任期相同。《宪法》第 60 条和第 98 条规定，全国人民代表大会和地方各级人民代表大会每届任期均为 5 年。这也意味着各级监察委员会主任的每届任期均为 5 年；地方各级监察委员会主任随本级人大换届而换届。每届地方各级监察委员会主任行使职权至新的监察委员会主任产生为止。一般而言，在国家监察委员会每届任期内当选的监察委员会主任，其任期以本届人大剩余的任期为限。但是，相关法律并没有对监察委员会副主任和委员的任期作出明确规定。

上述规定与《宪法》关于最高人民法院院长、最高人民检察院检察长任期的规定相一致。但是，相关法律亦未对最高人民法院副院长、最高人民检察院副检察长和地方各级人民法院院长、副院长，地方各级人民检察院检察长、副检察长连续任职的期限作出规定。

值得关注的是，在监察委员会与党的纪律检查委员会合署办公的体制背景下，按照《党政领导干部职务任期暂行规定》第 3 条的规定"党政领导职务每个任期为 5 年"，我国各级监察委员会主任的任期和同级党的纪律检查委员会书记的任期相同，如此方能保障合署办公的同级

监察委员会主任与党的纪律检查委员会书记可在一套领导班子的领导成员中统筹考虑。

（二）限任制

《宪法》第 124 条第 3 款和《监察法》第 8 条第 3 款在规定国家监察委员会主任任期的同时还明确规定了其连续任职不得超过两届。值得关注的是，相关法律并没有对监察委员会副主任和委员的任期作出任何限制性规定。因此，各级监察委员会副主任和委员的任免相对灵活，既没有任期 5 年的规定，也没有届数上的限制。

值得关注的是，《党政领导干部职务任期暂行规定》在规定党政领导职务每个任期为 5 年的同时，于第 6 条明确规定："党政领导干部在同一职位上连续任职达到两个任期，不再推荐、提名或者任命担任同一职务。"可见，党的纪律检查委员会书记作为党政领导受限任制的约束。

四、监察委员会领导集体的领导方式

现代国家机关组织的领导体制按其决策方式可分为首长负责制和集体负责制。首长负责制，即把组织机构的决策权赋予个体的领导成员集中行使。集体负责制，则是把组织的决策权赋予一个包括复数成员的领导集体通过合议的方式行使。我国是人民民主专政的国家，民主集中制是国家机关的组织活动原则。例如，现代行政机关一般情况下实行首长负责制，行政首长通常对日常事务具有一定的决定权，但对于重要事务须通过常务会议或全体会议作出决定。这种制度既能保障行政机关的高效率，也能防止权力滥用。我国检察机关实行的也是检察长负责制和检察委员会集体领导相结合的内部领导体制。[①]

我国现行《宪法》《监察法》《监察法实施条例》等法律法规虽然并没有就监察机关的内部领导体制作出全面、系统和明确的规定，但在一些具体问题上不乏一些具体规定，如《监察法》第 43 条明确规定："监察机关采取留置措施，应当由监察机关领导人员集体研究决定。"再如，依《监察法》第 31 条、第 32 条，对符合条件的涉案人员是否提出从宽处罚的建议，经领导人员集体研究后，须报上一级监察委员会批准。其中多处出现了"领导人员集体"等表述。此外，《监察法实施条例》第 6 条则明确规定："监察机关坚持民主集中制，对于线索处置、立案调查、案件审理、处置执行、复审复核中的重要事项应当集体研究，严格按照权限履行请示报告程序。"从这些具体规定来看，我国监察机关在重大事项上实行的是集体负责制。在实践中，纪检、监察机关的所有重大事项都需要经由纪委常委会、监察委员会全体会议讨论并作出决策。同时，监察机关承担着依法办理职务违法和职务犯罪案件的重要职能，业务上具有很强的专业性，一般情况下也有必要给予具体承办案件的监察人员在法律限度内相应的自主权。因此，有学者认为："监察机关内部领导体制实行的是混合制，即重大事项上实行集体负责制，一般事项上实行个人负责制，且'个人'不单指监察机关的主要负责人，也包括其他领导班子成员等。"[②]

第七节　监察委员会派驻/出机构

《监察法》第 12 条第 1 款规定："各级监察委员会可以向本级中国共产党机关、国家机关、

[①] 《人民检察院组织法》第 32 条第 2 款规定："……检察委员会实行民主集中制。"

[②] 马怀德. 监察法学. 北京：人民出版社，2019：132.

法律法规授权或者委托管理公共事务的组织和单位以及所管辖的行政区域、国有企业等派驻或者派出监察机构、监察专员。"该条第 2 款规定："监察机构、监察专员对派驻或者派出它的监察委员会负责。"该法第 13 条规定："派驻或者派出的监察机构、监察专员根据授权,按照管理权限依法对公职人员进行监督,提出监察建议,依法对公职人员进行调查、处置。"监察委员会设置派驻或者派出监察机构、监察专员,是为了满足监察工作的需要,保证监察委员会能够经常、及时、准确地了解分散在不同机关、组织和单位等的监察对象的情况,使监察委员会对于所监察的公职人员真正实现"看得见、管得着",并卓有成效地实施监察。《监察法》第 12 条、第 13 条仅对监察委员会派驻/出机构及专员的机构设置、领导关系及职责权限等作了原则性的规定,这给各地机构设置的具体实践留下了较大的制度探索空间。

一、监察派驻/出机构的历史沿革与改革趋向

(一)我国监察派驻/出机构的历史沿革

纪检、监察派驻/出机构是党和国家监督体系的重要组成部分。纪检、监察机关设置派驻/出机构这一做法发端于此前行政监察机关向其他党政机关设置派驻/出机构的实践。1962 年 9 月中国共产党八届十中全会通过的《关于加强党的监察机关的决定》就规定:中央监察委员会可以派出监察组常驻国务院各部门,由中央监察委员会直接领导。当时,党的中央监察委员会在国务院各部门先后建立四十多个常驻监察组。这一制度在"文化大革命"期间一度被废弃。改革开放以来,行政监察派驻/出机构得到了恢复和发展。2004 年 4 月,中共中央纪委、中共中央组织部、中共中央编办、监察部出台《关于对中央纪委监察部派驻机构实施统一管理的实施意见》,规定中央纪委、监察部全面实行对派驻/出机构的统一管理,并将派驻/出机构由中央纪委、监察部与驻在部门双重领导改为由中央纪委、监察部直接领导。

中国共产党十八大以来,党中央对加强派驻/出机构建设作出统一部署,进行了重大改革。派驻/出机构按照中央纪委的要求,不断寻求自身的定位,不断探索行使职权的最优方式。中国共产党十八届三中全会决定要求全面落实中央纪委向中央一级党和国家机关派驻/出纪检机构,实行统一名称、统一管理。2016 年 1 月,中共中央办公厅印发了《关于全面落实中央纪委向中央一级党和国家机关派驻纪检机构的方案》,决定中央纪委共设置 47 家派驻/出机构,实现对 139 家中央一级党和国家机关派驻纪检机构全覆盖。经中国共产党十九大修改的党章规定,党的中央和地方纪律检查委员会向同级党和国家机关全面派驻党的纪律检查组。《党内监督条例》总结中国共产党十八大以来派驻/出纪检机构的改革实践经验,把派驻监督纳入党内监督的制度框架。

深化国家监察体制改革,成立监察委员会,并与本级党的纪律检查委员会合署办公,则监察委员会派驻或者派出的监察机构、监察专员,与本级纪委派驻或者派出到该单位以及行政区域、国有企业的纪检组,合署办公。二者代表中国共产党和国家行使监督权和监察权,履行纪检、监察两项职责,加强对所有行使公权力的公职人员的监督,从而在中国共产党和国家形成巡视、派驻、监察三个全覆盖的统一的权力监督格局,形成发现问题、纠正偏差、惩治腐败的有效机制。在《监察法》中规定监察委员会派驻或者派出监察机构、监察专员,正是在法律层面上将这一机制法治化、规范化。

目前,中共中央纪委、监察部派驻纪检、监察机构达数十个,并有《关于对中央纪委监察部派驻机构实行统一管理的实施意见》《中共中央纪委监察部派驻机构干部工作管理暂行办法》《中共中央纪委监察部派驻机构业务工作管理暂行办法》等一系列文件进行规范。在地方,派驻纪检、监察组面对海量工作和层出不穷的新情况,经常需要派出机关,特别是对口联系的执

纪监督室的支持和帮助，因此，各地各级纪检、监察机关纷纷积极探索监督新路径，强化执纪监督部门和派驻机构的协作配合，通过制度创新增强监督合力，提升监督质效。

（二）我国监察派驻机构的改革趋向

中国共产党十九大就健全党和国家监督体系作出战略部署，提出构建党统一指挥、全面覆盖、权威高效的监督体系的目标任务。2018 年 10 月 30 日，中共中央办公厅印发《关于深化中央纪委国家监委派驻机构改革的意见》，对中央纪委、国家监委派驻/出机构的领导体制、职责权限、工作机制、制度建设、干部队伍建设等进行改革，健全党和国家监督体系，推动全面从严治党向纵深发展。中共中央就全面加强对派驻/出机构的领导作出新的部署，主要体现在：一是明确领导体制。首次提出"中央纪委副书记（常委）、国家监委副主任（委员）分管"。这将加强中央纪委、国家监委对派驻/出机构的指导、管理、服务和保障。二是健全相关制度。要求中央纪委、国家监委分管领导定期主持召开派驻/出机构负责人会议、约谈派驻/出机构主要负责人；并提出完善派驻/出机构向中央纪委、国家监委报告工作制度，派驻/出机构主要负责人向中央纪委、国家监委述职制度，以进一步密切中央纪委、国家监委和派驻/出机构的联系。三是强化组织保障。中央纪委、国家监委会同有关方面负责提名、考察派驻/出机构领导班子有关成员，组织和指导派驻/出机构干部教育培训等。四是理顺协调机制。建立中央纪委、国家监委监督检查室与派驻/出机构信息共享、共同研究驻在部门政治生态、办案协作等机制。

二、派驻/出机构的组织形式与法律地位

（一）派驻/出机构的组织形式

《监察法》第 12 条第 1 款规定了各级监察委员会派驻或者派出监察机构、监察专员的范围及其组织形式。那就是，各级监察委员会可以向本级中国共产党机关、国家机关、法律法规授权或受托管理公共事务的组织和单位以及所管辖的行政区域、国有企业等派驻或者派出监察机构、监察专员。其中的国家机关，主要是指行使国家权力、管理国家事务的机关，包括国家权力机关、国家行政机关、审判机关、检察机关等；其中的行政区域，主要是指街道、乡镇以及不设置人民代表大会的地区、盟等区域。具体而言，县级监察委员会向所管辖的街道、乡镇派出监察机构、监察专员，可以每个街道、乡镇单独派出，也可以几个街道、乡镇归口派出，推动国家监察向基层延伸，就近解决群众身边的腐败问题。

派驻或者派出的组织形式，具体包括监察机构或者监察专员。监察委员会是设置派驻、派出监察机构还是派出监察专员，应遵循实际需要，根据监察对象的多少、任务轻重而定。一般来说，对于地区、盟等地方，可以采取派出监察机构的形式；对于街道、乡镇，可以采取派出监察专员的形式；而对于中国共产党机关、国家机关等，可以采取派驻监察机构的形式。

（二）派驻/出机构的法律地位

按照《监察法》第 12 条第 2 款的规定，监察机构、监察专员对派驻或者派出它的监察委员会负责，不受"驻地"部门的领导，具有开展工作的独立地位。这样，可以在很大程度上保证监察委员会能够通过派驻或者派出的监察机构、监察专员，经常、及时、准确地了解分散在不同机关、组织和单位等的监察对象的情况。

基于监察委员会与其同级纪委合署办公，派驻/出机构也包含其同级纪委的派驻/出组织。国家监委派驻/出机构是中央纪委、国家监委的重要组成部分，由中央纪委、国家监委直接领导、统一管理，首要任务是监督"驻地"部门领导班子及其成员和司局干部；建立中央纪委常委会统一领导，中央纪委、国家监委统一管理，中央纪委副书记（常委）、国家监委副主任

（委员）分管，相关职能部门分工负责、协调配合的派驻/出工作领导体制等。

监察机构、监察专员对派驻或者派出它的监察委员会负责，意味着派驻、派出的监察机构、监察专员相对于"驻地"部门而言，在人事、编制、经费、物资等方面具有独立性，即监察机关从行政机关中剥离，实现由"同体监督"转向"异体监督"。因此，派驻、派出的监察机构、监察专员不受"驻地"部门的领导及制约，仅对其派驻/出机关负责，以保障其最大限度地独立行使监察权，经常、及时、准确地了解分散在不同机关、组织和单位等的监察对象的情况，如派驻、派出的监察机构及监察专员应当及时了解"驻地"部门的实际情况和具体问题，定期向派驻/出机关汇报工作，以确保监察委员会时刻、准确地掌握派驻、派出监察机构及监察专员"驻地"的情况，整体提升监察的效率与质量。

三、派驻/出监察机构的职责权限

《监察法》第13条既明确规定了监察委员会派驻或者派出的监察机构、监察专员的职责，使其开展工作具有明确的法律依据，同时又规定了其应"根据授权""按照管理权限"行使职权，从而对其权限作出明确界定。另外，对派驻/出的监察机构和监察专员来说，有权即有责，因此，该条实际上还明确了其义务和责任，以有效对不履行或者没有履行好法定职责的派驻或者派出的监察机构、监察专员，依法追究失职责任。《监察法》第13条的立法目的在于明确界定派驻或者派出的监察机构、监察专员的义务和责任，对失职的人员追究相应的违法违纪犯罪的责任，使"驻地"部门和区域的党风廉政建设与反腐败工作落到实处。这正是所谓的"定位准才能责任清，责任清才能敢担当"。具体而言，派驻或者派出的监察机构、监察专员有两个方面的责任：一是根据授权进行监督，提出监察建议；二是根据授权依法进行调查、处置。

（一）根据授权进行监督，提出监察建议

监督是监察机关的重要职责。就派驻或者派出的监察机构、监察专员在行使监督方面的职责、权限来看，《监察法》第13条明确规定了两点：一是要根据授权进行监督；二是可以根据监督结果，针对"驻地"部门在廉政建设和履行职责方面存在的实际问题提出监察建议。

在实践中，由于监察对象数量庞大，监察机关大量的实际工作都需要通过派驻/出的监察机构、监察专员完成，所以派驻/出的监察机构、监察专员的数量也相应较大。正是在这个意义上看，监察机关的工作成效在很大程度上取决于派驻/出的监察机构、监察专员的工作成效。从监察对象而言，派驻、派出的监察机构、监察专员行使监察权力的对象为《监察法》第15条规定的人员，具体而言包括：中国共产党机关、国家机关、法律法规授权或者受托管理公共事务的组织和单位以及行政区域、国有企业内的所有公职人员，其中重点监察对象为领导人员。中国共产党十八大以来，派驻或者派出的监察机构、监察专员的重点监督对象是其驻在的中国共产党机关、国家机关、法律法规授权或者受托管理公共事务的组织和单位以及行政区域、国有企业内的领导人员。比如，国家监察委员会派驻的监察机构监督的重点对象是驻在机关和部门领导班子、中管干部和司局级干部，监督的内容主要是公职人员依法履职、秉公执法、廉洁从政从业以及道德操守情况等。

当然，在派驻或者派出的监察机构、监察专员监督的具体权责、对象范围和权责关系，尤其是其与监察机关的"授权"关系、监察建议的法律效力等方面，还有很多值得进一步探讨的理论和实践问题。随着国家监察体制改革的不断深化，派驻或者派出的监察机构、监察专员以后的监督重点到底是什么，还需要根据实践的发展不断总结提炼、规范完善。

（二）根据授权依法进行调查、处置

调查和处置同样是监察机关的重要职责。中国共产党十八大以来，各级纪检、监察派驻/

出的机构根据授权，对有关公职人员涉嫌贪污贿赂、滥用职权、玩忽职守、权力寻租、利益输送、徇私舞弊以及浪费国家资财等职务违法、犯罪行为进行调查，并根据调查结果，对违法、犯罪的公职人员依照法定程序作出相应的处置措施。而就派驻或者派出的监察机构、监察专员在行使调查和处置方面的法定职责权限来看，《监察法》第13条特别规定了要根据"授权"进行调查和处置。考虑到对派驻或者派出它的监察机关负责这一关系，派驻/出的监察机构、监察专员之职权的行使要受到一定的限制，那就是它的调查、处置对象不包括派驻或者派出它的监察机关直接负责调查、处置的公职人员。比如，国家监察委员会派驻的监察机构可以依法调查、处置驻在机关、部门的司局级及以下干部，但是驻在机关、部门的中管干部则要由国家监察委员会来进行调查、处置。

随着国家监察体制改革的不断深化，派驻或者派出的监察机构、监察专员到底还享有哪些调查、处置权，也需要根据实践的发展持续不断地进行总结提炼、规范完善。鉴于纪委与监委合署办公，应当在监察委员会相应制度的构建过程中参考中国共产党党内关于派驻、派出机构的相关规定，如《中国共产党工作机关条例（试行）》（2017年）、《党内监督条例》（2016年）、《中共中央纪律检查委员会关于中央纪委派驻纪检组和各部门党组纪检组（纪委）若干问题的规定（试行）》（2014年）等多部文件中的相关规定。同时，某些地方立法实践对派驻、派出的监察机构、监察专员的职责权限的规定也具有一定的参考借鉴价值，例如，2018年5月，广东省深化监察体制改革试点工作小组办公室根据监察法有关规定，结合本地实际，制定出台《关于明确派驻纪检监察组监察权限和推动监察职能向基层延伸的意见（试行）》，明确省、市、县（区）等地方监察机关要采取派驻或派出监察机构的形式，推动监察职能向基层延伸；同时明确派驻、派出的监察机构和监察专员的设置方式、具体职责和可以行使的权限。

四、派驻机构与派出机构的区分

从文本来看，《监察法》第12条、第13条对监察机关派驻机构、派出机构和监察专员作了笼统的规定。应该说，这些"派生"的监察机构都属于监察机关职能的必要延伸，都需要在"派生"它们的监察机关授权下履行相应的监察职能，因而具有一定的"同质性"，但同时，它们也在机构性质、设置范围、权限职责方面存在一定的区别。

监察机关向同级党组织和国家机关派出的监察机构一般叫派驻监察组（与纪检组合署办公）；监察机关向其所辖的某个行政区域派出的监察机构一般叫作派出监察组或派出监察专员办公室（与纪工委合署办公）；县级监察委员会向其所辖的乡镇/街道派出的监察机构一般叫监察组（与乡镇、街道纪检组织合署办公）。例如，广东省监察委员会向省委办公厅、省政府办公厅等34个省直单位派驻34个监察组；该省县一级监察委员会目前向其所辖的乡镇/街道已派出监察组共计982个，与镇街纪委/纪工委合署办公；此外，其还向深汕特别合作区、深圳大鹏新区、珠海横琴新区等32个功能区派出了监察专员办公室（与功能区纪检组合署办公）。

在监察实践中，派驻机构和派出机构在职责权限上略有不同。一般而言，派出的监察机构原则上既可以对公职人员涉嫌职务违法进行调查、处置，又可以对涉嫌职务犯罪进行调查、处置，需要采取其他措施的，报派出机关审批后，由派出机关相应内设机构组织实施，派出的监察组予以配合；派驻的监察机构的职责权限则需要根据派出它的监察机关的授权来确定，如省监察委员会派驻的监察机构负责调查非省管的处级及以下公职人员的职务违法案件，可采取谈话、询问、查询、调取、勘验检查、鉴定等六项调查措施；调查职务犯罪行为，需要采取讯问、冻结、查封、扣押、搜查、留置等调查措施的，由联合调查的检察机关按程序实施。经省监察委员会审批，按照"一事一授权"原则，派驻的监察机构可以直接调查非本级管辖的、驻在部门管理的行业和系统内处级及以下公职人员职务犯罪案件。经调查对违法的公职人员需要给予处分的，派驻的监察机构经审理后提出处分意见，由任免机关按照干部管理权限作出处分，或报省监察委员会审批后由派驻的监察机构直接作出政务处分决定。其中，涉及处级干部的，须移送省直纪工委审理。

监察专员办公室负责依法调查本级管辖的公职人员的职务违法案件。拟立案调查的，由监察专员办公室直接作出立案决定，报派出机关备案。经监察专员办公室主要负责人批准，可以采取谈话、询问、查询、调取等调查措施；需要采取其他措施的，报派出机关审批后，以派出机关名义实施，或者配合派出机关相应内设机构、派出机关指定管辖的监察机关组织实施。对违法的公职人员，须给予处分的，经派出机关审理后，提出处分意见，由任免机关按照干部管理权限作出处分，或由派出机关直接作出政务处分决定。于功能区所辖镇街，由功能区监察机关向其派出监察专员，履行前述监督、调查、处置职责。

第八节　监察官

党的十八大以来，以习近平同志为核心的党中央高度重视纪检监察干部队伍建设。努力建设一支政治素质高、忠诚干净担当、专业能力强、敢于善于斗争的纪检监察铁军，是纪检监察机关的内在要求。《监察法》第14条规定："国家实行监察官制度，依法确定监察官的等级设置、任免、考评和晋升等制度。"该条明确规定国家实行监察官制度。《监察官法》自2022年1月1日起施行，对监察官制度作出更为详尽的规定。我国监察官制度包括监察官的职责、义务和权利，监察官的条件和选用，监察官的任免，监察官的管理，监察官的考核和奖励，监察官的监督和惩戒，监察官的职业保障等具体制度。

一、我国监察官制度溯源

官制在中国由来已久，以治吏为归依的"监察"思想及相应的制度雏形在我国古代已存在。战国时期管仲即认为："名主者，有术数而不可欺也，审于法禁而不可犯也，察于分职不可乱也。故群臣不敢行其私，贵臣不得蔽贱……此之谓治国。"可见，先秦时期的诸子百家就有用法来纠察官吏、保障官僚机构有效运行的"监察"思想。王符提出："是故民之所以不乱者，上有吏；吏之所以无奸者，官有法……故政令必行，宪禁必从，而国不治者，未尝有也。"据唐朝《通典·职官六》记载，"大唐自贞观初以法理天下，尤重宪官，故御史复位雄要"。唐朝建立了比较成熟和定型的"一台三院"的监察体制，即：中央最高监察机关御史台，御史大夫为长官。台下设台院、殿院、察院，分掌"纠举百僚，推鞫狱讼""殿庭供奉之仪式""分察百僚，巡按郡县，纠视刑狱，肃整朝仪"；又设十道监察区，监察全国。宋朝的监察体制在中央仍为一台三院制，但提高侍御史的地位，侍御史不再是御史台的属官，从而使御史台名存职废。宋朝的地方监察体制变化相当大，由十道改为十五路，后分别改为十八路、二十三路、二十六路。路为地方最高行政区划，路设转运司、提点刑狱司、提举常平司等中央派出机构，负责某一方面政务，并具有监察地方官的职责，统称为"监司"。各监司互不统领，各自为政，环环相扣。明朝的地方监察是"御史巡按"，其性质是"代天巡狩"，直接对最高的权力皇帝负责，督察院长官不得过问。明朝时还颁布《出巡事宜》，规定相关的法律责任。

在中国古代，监察官虽为五、六品的官员，却能对大吏形成震慑，重要的原因是权力的独立性：监察官直接对最高的权力皇帝负责，其任选、晋升、外调等都由中央负责，以此来避免其在行使监察权力时受到权贵官员的影响。

历史经验表明，监察官只对最高权力负责，不依附任何其他权力，是其有效行使监察职能的重要保证。可以说，中国古代监察权来源于至高无上的皇权，故五、六品的官员能对地方大员形成震慑，正所谓"代天巡狩，如朕亲躬"。

在现代国家，人民是国家权力的掌控者，监察官的权力来自人民。在我国，由各级人民代表大会产生监察委员会，赋予监察权以宪法地位，同时亦赋予监察官以人民的名义。

二、新时代中国监察官职业队伍建设的重要意义

人的因素是制度建设中最为关键的因素。当前，我国监察体制改革亟待进一步深化。在新的历史阶段，反腐败工作面临新情况、新问题和新任务，建设一支专业化、高水平的监察官职业队伍，既是保障国家监察体制改革进一步深入推进的现实需要，也是落实《宪法》《监察法》《监察官法》《监察法实施条例》等关于建设监察官职业队伍的制度要求。

（一）深化监察体制改革的迫切需要

建立中国特色社会主义监察官制度，是构建新时代中国特色社会主义监督体系的重要举措。从目前的情况来看，国家监察体制改革试点取得了丰富的成果，宪法修正案和《监察法》都顺利通过，国家、省、市、县四级监察机关业已组建完成并与纪委进行合署办公，国家反腐败工作面貌焕然一新。但新的问题总是随着新的情况出现而出现，虽然各级监察委员会完成了相关人员的转隶工作，但应当看到，这不仅仅是人员机构的平移，更有着深度融合发展的需求，在此方面监察官队伍职权划分、层级管理、晋升待遇等问题的规范保障亟待完善。当前监察机关与党的纪检机关合署办公，且这支队伍要开展政务处分、法律处置等多项业务，这对工作人员的履职能力提出了更高的要求。监察官的工作不同于一般的工作，并不是只要具有单项专业知识/技能就能胜任的，而是需要具备多个专业领域的知识和技能。正是由于监察官队伍的专业化程度高，随着国家监察体制改革进一步深化，积极探索构建符合中国国情的监察官制度显得尤为迫切。

（二）监察官职业队伍建设的制度要求

《监察法》第14条明确规定，国家实行监察官制度，依法确定监察官的等级设置、任免、考评和晋升等制度。也即《监察法》以法律的形式确认了监察官制度。《监察官法》第1条规定："为了加强对监察官的管理和监督，保障监察官依法履行职责，维护监察官合法权益，推进高素质专业化监察官队伍建设，推进监察工作规范化、法治化，根据宪法和《中华人民共和国监察法》，制定本法。"《监察官法》是施行监察官制度的基本依据，构成了监察法体系中监察人员管理规范的重要组成部分。

实现新时代纪检监察工作高质量发展，关键是建设高素质、专业化的纪检监察干部队伍。党的十八大以来，习近平总书记和党中央高度重视纪检监察干部队伍建设，要求纪检监察干部加强思想淬炼、政治历练、实践锻炼、专业训练，增强法治意识、程序意识、证据意识，做到政治过硬、本领高强。《监察官法》全面贯彻落实党中央的要求，以法律的形式明确监察官的职责、义务，强调严格准入、择优选用，要求强化对监察官的培训、提高专业化能力，从而为建设高素质、专业化监察官职业队伍提供更充分的法律保障。[1]

我国监察官职业队伍建设在制度建设层面有着自身的特色和面向。《监察官法》在监察官

① 邹开红.《中华人民共和国监察官法》解读. 中国纪检监察，2021（17）.

的选任条件上并未如《法官法》《检察官法》一样设置初任法官、检察官通过国家统一法律职业资格考试取得法律职业资格的要求，并且《监察官法》明确对监察官不适用"员额制"。这是因为国家监察体制改革实行监察全覆盖后，纪检监察业务量增大，纪检监察对象数量增加，纪检监察专业队伍建设与法官、检察官队伍的专业化建设有所区别。而工作性质的综合性、复杂性使监察官制度未采用"员额制"。

三、新时代中国特色社会主义监察官制度

新时代中国特色社会主义监察官制度的构建，要以宪法和法律为依据，对监察官的准入资格、任免、考评和晋升等的制度设计要做到科学合理，坚持权责对等原则，突出责任和担当，重点在于明确监察官的准入资格、培植监察官的法治素养，此外还必须加强监察官的职级管理，完善监察官履职的社会保障机制和监察官履职的监督机制。

（一）监察官的范围

监察官是现代国家中专门从事监察工作的职业人员，属于公务员的范畴。《监察官法》以列举的方式对监察官的范围作出规定，监察官包含以下几种类型的人员：

第一种类型，各级监察委员会的主任、副主任、委员。根据《监察法》第8条第2款、第9条第2款的规定，国家监察委员会、地方各级监察委员会由主任、副主任若干人、委员若干人组成。该类人员组成各级监察委员会，是监察官队伍中的领导人员。

第二种类型，各级监察委员会机关中的监察人员。该类人员承担监察机关具体的监督、调查、处置工作。

第三种类型，各级监察委员会派驻或者派出到中国共产党机关、国家机关、法律法规授权或者受托管理公共事务的组织和单位以及所管辖的行政区域等的监察机构中的监察人员、监察专员。根据《监察法》第13条的规定，派驻或者派出的监察机构、监察专员根据授权，按照管理权限依法对公职人员进行监督，提出监察建议，依法对公职人员进行调查、处置。该类人员代表派驻或派出监察机关依法行使相应的监察权。

第四种类型，其他依法行使监察权的监察机构中的监察人员。这是监察官范围的兜底性规定，为国家监察体制改革的深化和监察机构的完善预留了空间，体现了《监察官法》立法的周延性。

《监察官法》还规定了参照《监察官法》管理的人员，即各级监察委员会派驻到国有企业的监察机构工作人员、监察专员，以及国有企业中其他依法行使监察权的监察机构工作人员。该类人员身份为企业人员，不具备公职人员身份，依法行使监察权，虽未被纳入监察官范围，但对他们的监督管理应当参照《监察官法》执行。

（二）监察官的职责、义务和权利

监察机关是国家专责监督机关，监察官作为代表监察机关依法行使监察权的人员，监督公职人员的公权力行使。《监察官法》第9条明确规定了监察官的职责范围，具体包括：（1）对公职人员开展廉政教育；（2）对公职人员依法履职、秉公用权、廉洁从政从业以及道德操守情况进行监督检查；（3）对法律规定由监察机关管辖的职务违法和职务犯罪进行调查；（4）根据监督、调查的结果，对办理的监察事项提出处置意见；（5）开展反腐败国际合作方面的工作；（6）法律规定的其他职责。监察官在职权范围内对所办理的监察事项负责。

监察官的义务，是对监察官的约束。《监察法》第56条概括规定了监察官的义务：监察官必须模范遵守宪法和法律，忠于职守、秉公执法，清正廉洁，保守秘密。《监察官法》第10条

对监察官的义务作出了更为详尽的规定，具体包括：（1）自觉坚持中国共产党领导，严格执行中国共产党和国家的路线方针政策、重大决策部署；（2）模范遵守宪法和法律；（3）维护国家和人民利益，秉公执法，勇于担当、敢于监督，坚决同腐败现象作斗争；（4）依法保障监察对象及有关人员的合法权益；（5）忠于职守，勤勉尽责，努力提高工作质量和效率；（6）保守国家秘密和监察工作秘密，对履行职责中知悉的商业秘密和个人隐私、个人信息予以保密；（7）严守纪律，恪守职业道德，模范遵守社会公德、家庭美德；（8）自觉接受监督；（9）法律规定的其他义务。监察机关是政治机关，监察官的政治义务排在首位；监察官应当依法履职尽责，监察官必须承担相应的法律义务；监察工作具有高度的职业要求，在政治义务和法律义务外监察官还须履行一定的道德义务。

监察官的权利，是监察官基于身份和职责所享有的特定权益。《监察法》规定了监察官的职责和监察范围，但并未规定监察官的权利，《监察官法》第 11 条对监察官的权利作出了系统规定，监察官享有的权利有：（1）履行监察官职责应当具有的职权和工作条件；（2）履行监察官职责应当享有的职业保障和福利待遇；（3）人身、财产和住所安全受法律保护；（4）提出申诉或者控告；（5）《公务员法》等法律规定的其他权利。

（三）监察官的任职条件和选用

监察官要把党的政治建设摆在首位，增强政治担当，提高政治觉悟，带头树立政治意识、大局意识、核心意识、看齐意识，还须具备法治的素养和专业精神。《监察官法》第 12 条明确规定了担任监察官应当具备的条件，具体包括：（1）具有中华人民共和国国籍；（2）忠于宪法，坚持中国共产党领导和社会主义制度；（3）具有良好的政治素质、道德品行和廉洁作风；（4）熟悉法律、法规、政策，具有履行监督、调查、处置等职责的专业知识和能力；（5）具有正常履行职责的身体条件和心理素质；（6）具备高等学校本科及以上学历；（7）法律规定的其他条件。对于《监察官法》施行前不符合学历条件的监察人员，《监察官法》设定了例外情形，该类人员应当接受培训和考核，具体办法由国家监察委员会制定。上述任职条件从政治素养、能力素质、道德标准和学历等方面提出了要求。

同时，监察官还存在一定的任职限制。根据《监察官法》第 13 条的规定，有下列情形之一的，不得担任监察官：（1）因犯罪受过刑事处罚，以及因犯罪情节轻微被人民检察院依法作出不起诉决定或者被人民法院依法免予刑事处罚的；（2）被撤销中国共产党党内职务、留党察看、开除党籍的；（3）被撤职或者开除公职的；（4）被依法列为失信联合惩戒对象的；（5）配偶已移居国（境）外，或者没有配偶但是子女均已移居国（境）外的；（6）法律规定的其他情形。监察官的任职限制比《公务员法》第 26 条规定的一般公务员任职限制以及《法官法》《检察官法》规定的任职限制更加严格，比如监察官的任职限制包含了因犯罪情节轻微被人民检察院依法作出不起诉决定或者被人民法院依法免予刑事处罚，被撤销中国共产党党内职务、留党察看，被依法列为失信联合惩戒对象和"裸官"等情形。这更加体现了监察官准入门槛之高，旨在确保队伍忠诚、干净、担当。

监察官的选用，坚持德才兼备、以德为先，坚持五湖四海、任人唯贤，坚持事业为上、公道正派，突出政治标准，注重工作实绩。《监察官法》规定监察官的选用有以下几种方式：

（1）选用。采用考试、考核的办法，从符合监察官条件的人员中择优选用。录用监察官，应当依照法律和国家有关规定采取公开考试、严格考察、平等竞争、择优录取的办法。

（2）选调。监察委员会可以根据监察工作需要，依照法律和国家有关规定从中国共产党机关、国家机关、事业单位、国有企业等机关、单位从事公务的人员中选择符合任职条件的人员担任监察官。

（3）选拔或聘任。监察委员会可以根据监察工作需要，依照法律和国家有关规定在从事与监察机关职能职责相关的职业或者教学、研究的人员中选拔或者聘任符合任职条件的人员担任监察官。

（四）监察官的任免

根据《监察法》第8条、第9条以及《监察官法》第19条的规定，国家监察委员会主任由全国人民代表大会选举和罢免，副主任、委员由国家监察委员会主任提请全国人民代表大会常务委员会任免；地方各级监察委员会主任由本级人民代表大会选举和罢免，副主任、委员由监察委员会主任提请本级人民代表大会常务委员会任免；新疆生产建设兵团各级监察委员会主任、副主任、委员，由新疆维吾尔自治区监察委员会主任提请自治区人民代表大会常务委员会任免；其他监察官的任免，按照管理权限和规定的程序办理。

在监察官的任免程序上，监察官就职时应当依照法律规定进行宪法宣誓。这贯彻了《宪法》关于国家工作人员就职时依法公开进行宪法宣誓的规定。宪法宣誓能够增强监察官履职尽责的使命感和责任感，促进监察官依法依规执法。

监察官的免职，是依法享有任免权的单位根据法律规定的免职条件，通过法定程序免去监察官职务的制度。《监察官法》第21条规定了具体的免职情形，包括：（1）丧失中华人民共和国国籍的；（2）职务变动不需要保留监察官职务的；（3）退休的；（4）辞职或者依法应当予以辞退的；（5）因违纪违法被调离或者开除的；（6）法律规定的其他情形。监察官的免职是对其职务的调整，是干部任用的组织措施，不同于带有惩罚性质的撤职。

监察官的任职存在一定的限制。各级监察委员会是行使国家监察职能的专责机关，监察官不得兼任人民代表大会常务委员会的组成人员，不得兼任行政机关、审判机关、检察机关的职务，不得兼任企业或者其他营利性组织、事业单位的职务，不得兼任人民陪审员、人民监督员、执业律师、仲裁员和公证员。监察官因工作需要兼职的，应当按照管理权限获得批准，但是不得领取兼职报酬。

为保证监察工作的公正开展，监察官实行回避制度，具体包含地域回避和任职回避两种。地域回避是指，监察官担任县级、设区的市级监察委员会主任的，应当按照有关规定实行地域回避。任职回避是指，监察官之间有夫妻关系、直系血亲关系、三代以内旁系血亲以及近姻亲关系的，不得同时担任下列职务：（1）同一监察委员会的主任、副主任、委员，上述人员和其他监察官；（2）监察委员会机关同一部门的监察官；（3）同一派驻机构、派出机构或者其他监察机构的监察官；（4）上下相邻两级监察委员会的主任、副主任、委员。

（五）监察官的管理

监察官的管理，包含监察官的等级设置、培训、交流和退出。

我国实行监察官等级制度。监察官等级分为十三级，依次为总监察官，一级副总监察官、二级副总监察官，一级高级监察官、二级高级监察官、三级高级监察官、四级高级监察官，一级监察官、二级监察官、三级监察官、四级监察官、五级监察官、六级监察官。国家监察委员会主任为总监察官。监察官等级的确定，以监察官担任的职务职级、德才表现、业务水平、工作实绩和工作年限等为依据。监察官等级晋升采取按期晋升和择优选升相结合的方式，特别优秀或者作出特别贡献的，可以提前选升。

我国实行监察官培训制度，分为职前培训和日常培训。对初任监察官实行职前培训制度：作为监察队伍的新进人员，初任监察官应当接受监察法理论与实务教育，尽早胜任工作。日常培训是指，对监察官应当有计划地进行政治、理论和业务培训。培训应当突出政治机关特色，坚持理论联系实际，按需施教，讲求实效，提高专业能力。监察官培训情况，作为监察官考核的内容和任职、等级晋升的依据之一。监察官的培训任务由监察官培训机构承担。

监察官的交流，是监察官在监察机关内部，监察机关和其他机关、单位之间的任职交流。任职交流是一种公务员管理制度，包括调任、转任的方式。监察官的交流能够丰富监察官的工作经历，拓宽其业务领域，提升其任职素质和能力，降低长期在同一岗位任职带来的廉洁风险。

监察官的退出，是指监察官离开监察队伍，失去监察官身份的制度。监察官的退出包含：（1）辞职。监察官申请辞职，应当由本人书面提出，按照管理权限获得批准后，依照规定的程序免去其职务。（2）辞退。监察官有依法应当予以辞退情形的，依照规定的程序免去其职务。辞退监察官应当按照管理权限决定。辞退决定应当以书面形式通知被辞退的监察官，并列明作出决定的理由和依据。

（六）监察官的考核和奖励

考核是衡量监察官工作开展的一种具体制度，其不仅涉及监察官的考评，也衔接了监察官的管理和奖惩。对监察官的考核应当坚持全面、客观、公正的原则，实行平时考核、专项考核和年度考核相结合；应当按照管理权限，全面考核监察官的德、能、勤、绩、廉，重点考核政治素质、工作实绩和廉洁自律情况。监察官的年度考核结果分为优秀、称职、基本称职和不称职四个等次。考核结果为调整监察官等级、工资以及监察官奖惩、免职、降职、辞退的依据。年度考核结果以书面形式通知监察官本人。监察官结果对考核如果有异议，可以申请复核。

监察官的奖励制度，是指对在监察工作中有显著成绩和贡献，或者有其他突出事迹的监察官、监察官集体，给予奖励。根据《监察官法》第41条的规定，监察官有下列表现之一的，给予奖励：（1）履行监督职责，成效显著的；（2）在调查、处置职务违法和职务犯罪工作中，做出显著成绩和贡献的；（3）提出有价值的监察建议，对防止和消除重大风险隐患效果显著的；（4）研究监察理论、总结监察实践经验成果突出，对监察工作有指导作用的；（5）有其他功绩的。对监察官的奖励按照有关规定办理。

（七）监察官的监督和惩戒

监察机关担负着国家监察的政治使命和法律义务，打铁必须自身硬，为确保对监察权的约束，对监察官的监督和惩戒构成了监察权力正确运行的法治保障。

对监察官的监督分为内部监督和外部监督两种约束。内部监督的角度下，监察机关应当规范工作流程，加强内部监督制约机制建设，强化对监察官执行职务和遵守法律情况的监督。例如，监察官不得打听案情、过问案件、说情干预，对于上述行为，办理监察事项的监察官应当及时向上级报告，将有关情况登记备案；办理监察事项的监察官未经批准不得接触被调查人、涉案人员及其特定关系人，或者与其进行交往，对于上述行为，知悉情况的监察官应当及时向上级报告，将有关情况登记备案；办理监察事项的监察官应当回避；等等。外部监督的角度下，监察官应接受外界各方的监督。例如，对于审判机关、检察机关、行政执法部门等移送的监察官违纪违法履行职责的问题线索，监察机关应当及时调查处理。这构成了对监察官的司法执法监督。监察委员会根据工作需要，按照规定从各方面代表中聘请特约监察员等监督人员，对监察官履行职责情况进行监督，提出加强和改进监察工作的意见、建议。这构成了对监察官的特约监察员监督。同时监察官还受到社会监督、舆论监督等等外部监督。

监察官履职尽责需要做到严于律己，《监察官法》坚持责任法定位，对监察官的法律责任作出规定。监察官有下列行为之一的，依法给予处理；构成犯罪的，依法追究刑事责任：（1）贪污贿赂；（2）不履行或者不正确履行监督职责，应当发现的问题没有发现，或者发现问题不报告、不处置，造成恶劣影响；（3）未经批准、授权处置问题线索，发现重大案情隐瞒不报，或者私自留存、处理涉案材料；（4）利用职权或者职务上的影响干预调查工作、以案谋私；（5）窃取、泄露调查工作信息，或者泄露举报事项、举报受理情况以及举报人信息；（6）隐瞒、伪造、变造、故意损毁证据、案件材料；（7）对被调查人或者涉案人员逼供、诱供，或者侮辱、打骂、虐待、体罚、变相体罚；（8）违反规定采取调查措施或者处置涉案财物；（9）违反规定发生办案安全事故，或者发生安全事故后隐瞒不报、报告失实、处置不当；（10）其他职务违法犯罪行为。监察官有其他违纪违法行为，影响监察官队伍形象，损害国家和人民利益的，依法追究相应责任。监察官涉嫌违纪违法，已经被立案审查、调查、侦查，不宜继续履行职责的，按照管理权限和规定的程序暂时停止其履行职务。我国实行监察官责任追究制度，对于滥用职权、失职失责造成严重后果的，终身追究责任或者进行问责。监察官涉嫌严重职务违法、职务犯罪或者案件处置出现重大失误的，应当追究负有责任的领导人员和直接责任人员的责任。

（八）监察官的职业保障

监察官的职业保障，是指为了保障监察官依法履职尽责，在履职、人身、名誉、物质等方面的保障制度。

在监察官的履职上，除法定情形外，不得将监察官调离。将监察官调离的情形有：（1）按规定需要任职回避的；（2）按规定实行任职交流的；（3）因机构、编制调整需要调整工作的；（4）因违纪违法不适合继续从事监察工作的；（5）法律规定的其他情形。任何单位或者个人不得要求监察官从事超出法定职责范围的事务。对于任何干涉监察官依法履职的行为，监察官有权拒绝并予以全面如实记录和报告；有违纪违法情形的，由有关机关根据情节轻重追究有关人员的责任。

在监察官的职业尊严和人身安全保护上，任何单位和个人不得对监察官及其近亲属打击报复。对监察官及其近亲属实施报复陷害、侮辱诽谤、暴力侵害、威胁恐吓、滋事骚扰等违法犯罪行为的，应当依法从严惩治。监察官因依法履行职责，本人及其近亲属人身安全面临危险的，监察机关、公安机关应当对监察官及其近亲属采取人身保护、禁止特定人员接触等必要保护措施。

在监察官的名誉保障上，监察官因依法履行职责遭受不实举报、诬告陷害、侮辱诽谤，致使名誉受到损害的，监察机关应当会同有关部门及时澄清事实，消除不良影响，并依法追究相关单位或者个人的责任。

在监察官的物质保障上，监察官实行国家规定的工资制度，享受监察官等级津贴和其他津贴、补贴、奖金、保险、福利待遇。监察官因公致残的，享受国家规定的伤残待遇。监察官因公牺牲或者病故的，其亲属享受国家规定的抚恤和优待。监察官退休后，享受国家规定的养老金和其他待遇。

在监察官履职的权利保障上，对于国家机关及其工作人员侵犯监察官权利的行为，监察官有权提出控告。受理控告的机关应当依法调查处理，并将调查处理结果及时告知本人。监察官对涉及本人的政务处分、处分和人事处理不服的，可以依照规定的程序申请复审、复核，提出申诉。对监察官的政务处分、处分或者人事处理错误的，应当及时予以纠正；造成名誉损害的，应当恢复名誉、消除影响、赔礼道歉；造成经济损失的，应当赔偿。对打击报复的直接责任人员，应当依法追究其责任。

第七章
监察职责

第一节　监察职责概述

一、监察职责的含义与特征

在辞源意义上，《近现代辞源》将"职责"解释为职务和责任，亦即"由职务引发的责任"[①]。而在法律意义上理解"职责"时，有必要从履行职责的主体、职责的具体内容等方面对它进行相应的限定。这就是说，作为一个法律概念，从主体角度说，"职责"是国家机关及其公职人员依照法律规定在执行公务中必须履行的义务或责任；从职责的对象说，"职责"是职权的对称，是"公职系统内一定职务所要履行的责任"[②]。一定的职责是以一定的法定职权为前提的，是行使职权的体现。没有无职权的职责，也没有无职责的职权。职责与职权相伴而生，并随职权的变更而发生变化，随职权的消灭而消灭。未尽职责或者尽责不善者，要依法承担相应的责任或后果。[③] 职责作为一种义务不能抛弃，否则要承担相应的法律或纪律责任。

监察职责是指监察机关为实现监察职能，根据法律、法规的规定，对监察对象履行的监督、调查、处置等基本义务和责任。在新的监察体制下，监察职责这一概念具有如下特征。

（1）履行监察职责的主体是监察委员会。《监察法》第11条规定，"监察委员会依照本法和有关法律规定履行监督、调查、处置职责"。据此，履行监察职责的主体是监察委员会，具体来说就是国家监察委员会和地方各级监察委员会。国家监察委员会领导地方各级监察委员会的工作，上级监察委员会领导下级监察委员会的工作。

（2）监察职责针对的是所有行使公权力的公职人员。《监察法》第3条规定："各级监察委员会是行使国家监察职能的专责机关，依照本法对所有行使公权力的公职人员（以下称公职人员）进行监察，调查职务违法和职务犯罪，开展廉政建设和反腐败工作，维护宪法和法律的尊严。"根据该规定，监察机关履行监察职责主要针对的是一个特殊群体——行使公权力的公职人员。这是监察监督与检察监督的重大不同之处。检察监督覆盖了一切实施不法行为的人，包括公职人员和非公职人员，但监察监督只针对行使公权力的公职人员。

（3）监察职责具体体现为监督、调查和处置三项职责。这三项职责囊括了监察机关对公权力不端行为的事前预防、事中调查、事后处置的责任和义务。根据《监察法》第11条的规定，

---

① 黄河清.近现代辞源.上海：上海辞书出版社，2010：959.
② 肖蔚云，姜明安.北京大学法学百科全书：宪法学、行政法学.北京：北京大学出版社，1999：707.
③ 孙国华.中华法学大辞典：法理学卷.北京：中国检察出版社，1997：516.

监察机关应当履行如下义务和责任：

（1）对公职人员行使公权力的行为进行全面监督。2018 年 12 月 13 日习近平总书记在主持中共中央政治局会议时说："要创新纪检监察体制机制，做实做细监督职责，深化政治巡视，完善巡视巡察战略格局，着力在日常监督、长期监督上探索创新、实现突破。"监察机关代表国家对公职人员行使公权力的行为进行监督，以确保权力被依法、正确、有效地行使。新的国家监察体制通过严密的监察组织体系、精细的职责设定实现对公权力最直接、最有效的监督：一是因为这种监督范围广，对公职人员实行监察全覆盖；二是因为这种监督效力强，是党内监督和国家监督同时展开，一体两面，高效集中，从而克服了行政监察体制下监督力量分散、效力不强的问题。

（2）对职务违法和职务犯罪行为进行调查。对履行监督职责过程中发现的公职人员涉嫌职务违法和职务犯罪的行为依法展开调查，是监察机关的重要任务，是监察机关从事反腐败工作、开展廉政建设的重要手段。监察调查工作做得好，一方面，能有效地预防腐败，塑造不敢腐、不能腐的社会环境；另一方面，能为检察机关、法院打击腐败犯罪提供条件，提高刑事诉讼效率。

（3）对违法的公职人员及失职失责的领导人员、单位作出相应的处置。监察机关应当根据调查的结果，依照《监察法》及相关法律法规，对其行为被认定为职务违法和职务犯罪的公职人员及相关单位、失职失责领导进行处置，处置的方式包括政务处分、问责、决定移送人民检察院审查起诉以及提出监察建议。享有处置权是保持监察机关对腐败行为的威慑力的重要方式。没有处置权，监察机关反腐败工作的效率会受到严重影响。由于监察处置手段的多样性，监察机关不仅能对严重的违法、犯罪行为进行相应处置，还能对轻微的违法违规行为及时进行纠正，以实现"惩前毖后，治病救人"的目的。

二、监察监督、调查、处置三项职责的关系

《宪法》的修正和《监察法》的出台，标志着我国已用国家监察全面取代行政监察，中国特色国家监察体制初具雏形。新的监察体制是党和国家为应对反腐败工作的紧迫形势而构建的。党的二十大报告强调，全面建设社会主义现代化国家，必须有一支政治过硬、适应新时代要求、具备领导现代化建设能力的干部队伍。习近平总书记在主持第十九届中共中央政治局第十一次集体学习时强调："深化国家监察体制改革的初心，就是要把增强对公权力和公职人员的监督全覆盖、有效性作为着力点，推进公权力运行法治化，消除权力监督的真空地带，压缩权力行使的任性空间，建立完善的监督管理机制、有效的权力制约机制、严肃的责任追究机制。"监察机关的三项职责是督促公职人员忠于职守、勤勉工作，严肃执法、严格执纪，进而塑造出一个不敢腐、不能腐、不想腐的良好的权力行使环境的重要武器。这三项职责相辅相成，才能有效实现监察全覆盖，实现党的二十大报告提出的"只要存在腐败问题产生的土壤和条件，反腐败斗争就一刻不能停，必须永远吹冲锋号"的目标。

监察机关的监督、调查、处置三项职责的关系如下所述。

（一）三项职责统一于监察职能

一般而言，职能是组织或机构应有的作用和发挥的功能。职能是通过行使权力、履行职责来发挥作用、实现功能的，因此，职责的设定必须统一于职能定位，职能决定职责，职责实现职能。监察机关的监督、调查、处置职责尽管内容和表现形式不同，在反腐败工作中各自发挥着不同的作用，但均服务于监察机关的反腐败职能。

（二）三项职责的功能各有侧重

尽管监察机关的三项职责设定均是为了实现监察职能，但三项职责的侧重点各有不同，在

职责体系中的序位也不相同。

首先，监督是监察职责中的首要职责和基本职责。通过履行监督职责，监察机关能全面地对公职人员的政治品行、行使公权力行为和道德操守进行监督检查，将党的领导贯彻到国家监察工作和反腐败斗争的全过程、各方面。通过监察监督抓早抓小，进而预防"破纪行为"发展为犯罪。因而，监督职责是监察机关贯彻落实标本兼治反腐败策略的首要职责。

其次，调查和处置职责是监督职责的逻辑延伸。监察监督通过检查、教育等方法预防公职人员违法违规用权，而对于可能已经发生的违法违纪行为，则需要通过调查进行确定，并对查证属实的违法违纪行为进行处置。对反腐败工作而言，监督职责侧重于发现苗头性、倾向性问题，防微杜渐，即对腐败行为进行事前预防遏制，而调查和处置职责侧重于对腐败行为进行事中截断、事后惩戒。这三种职责功能存在差异，但又有序衔接，共同发挥作用。

（三）三项职责有序衔接才能充分发挥反腐败功能

对于职务违法、职务犯罪行为而言，监察机关的监督、调查和处置职责覆盖了预防、核查和处置全过程。通过监察监督，在检查和教育过程中把低危害性的不法行为终结在最初状态，做好反腐败的第一关的工作。调查是监督工作的继续，是对涉嫌职务违法和职务犯罪的行为进行调查。调查往往是监督工作的延续，通过调查违法犯罪，既起到了教育和督促的作用，也起到了维护国家法律的作用。同时，调查也是处置的基础，调查和处置的有效衔接，才能精准打击腐败行为，塑造一个良好的为官用权环境。这三项职责有序展开，环环相扣，形成一个完整的反腐败工作链条。

第二节　监督职责

习近平同志在十九届中共中央政治局第十一次集体学习时提出，"要强化对公权力的监督制约，督促掌握公权力的部门、组织合理分解权力、科学配置权力、严格职责权限，完善权责清单制度，加快推进机构、职能、权限、程序、责任法定化"[①]。监察机关是监督公权力依法依规行使的专责机关，监督职责是监察机关的首要、基础职责。《监察法》第11条明确规定了监察机关依法对公职人员进行监察监督的义务和责任。《监察法实施条例》第14条至第21条对监督的内容、形式、范围以及程序等问题作了更为详尽的规定。

一、监察监督职责的含义与特点

（一）监察监督职责的含义

监察监督职责是指监察机关根据《监察法》及相关法律法规的规定，对所有公职人员进行廉政教育，并对其依法履职、秉公用权、廉洁从政从业、道德操守进行监督检查的责任和义务。

监察监督是监察委员会的首要职责。监察委员会代表党和国家，依照宪法、监察法和有关法律法规，监督所有公职人员行使公权力的行为是否正确，确保权力不被滥用，确保权力在阳光下运行。[②] 监督是预防腐败、防止权力滥用、纠正不依法履职、督促公职人员遵守道德操守的有效途径。习近平总书记在十九届中共中央政治局第十一次集体学习时提出："要教育监督各级

---

① 人民日报，2018－12－15.

② 中共中央纪律检查委员会法规室，中华人民共和国国家监察委员会法规室.《中华人民共和国监察法》释义.北京：中国方正出版社，2018：88.

国家机关和公职人员牢记手中的权力是党和人民赋予的，是上下左右有界受控的，切不可随心所欲、为所欲为，做到秉公用权、依法用权、廉洁用权、为民用权。"[①] 建立完善、有效的权力制约和监督机制，有助于将腐败扼杀在萌芽之中，进而从源头上控制腐败的滋生与蔓延。在监察委员会的三项职责中，监督职责是基础性职责，调查职责和处置职责作为主导性职责，为监督职责保驾护航。

监察本质上就是监督。在我国，有人民代表大会的权力监督、检察机关的法律监督、审计机关的财经监督等多种监督形式，将监察机关的职责定位为国家监察，有助于与前述监督形式进行区分。从社会分工和职责的角度来说，监察机关履行的是广义的监督职能。

监督职责是一种概括性的职责，从广义来看，调查、处置的职责也可以包含于广义的监督职责范围内。一般来说，监督可以分为事前监督、事中监督和事后监督[②]，但就《监察法》第11条第1项的规定而言，监督职责主要是要求监察机关对公职人员开展廉政教育，对其依法履职、秉公用权、廉洁从政从业以及道德操守情况进行监督检查，因此，监察机关的监督职责侧重于事前和事中的监督，而调查和处置职责属于事中、事后监督。

（二）监察监督职责的特点

《监察法》规定的监督职责具有如下特点：

（1）教育为履行监督职责的一种方式。监察机关应当通过开展廉政教育，对公职人员的思想进行正确、积极的引导，从而为公职人员指明方向；并提出相应的行为规范和行为准则，最终实现提升公职人员应对腐败的自制力和廉洁从政的自觉性。

（2）监督的范围全面宽泛。监察监督的范围包括公职人员的政治品行、行使公权力和道德操守情况，涉及政治、法律和道德多个层面，旨在全方位、无死角地防止腐败问题的出现，实现对所有公职人员的监察全覆盖。《监察法》对监督的范围采取了概括式规定，而概括式规定有助于从政治、法律和道德层面进行全方位的监督，将腐败行为扼杀在萌芽当中，对不同层面的腐败行为都严格把关，最终让腐败行为无处滋生。

（3）监察监督与纪检监督统一协调。党的十九大报告强调："深化国家监察体制改革，目的是加强党对反腐败工作的统一领导，实现对所有行使公权力的公职人员监察全覆盖。"国家监察委员会同中央纪委合署办公，履行纪检、监察两项职责，实行一套工作机构、两个机关名称。监察委员会的监督与纪律检查委员会的监督在指导思想、基本原则、基本任务上趋同。监督、调查、处置这六个字高度概括了监察委员会的职责，与纪律检查委员会的监督、执纪、问责职责既有区别又有一致之处，特别是两者在指导思想、监督对象、基本原则、工作流程等方面的对应性，构成了监察委员会和纪律检查委员会合署办公的重要依据和基础。相关数据表明，我国80%的公务员、95%以上的领导干部是共产党员[③]，因而纪律检查委员会监督和监察委员会监督具有高度的内在一致性和互补性，其本质上都是党和国家的自我监督，是中国特色治理体系的重要组成部分。纪律检查委员会是党内监督专责机关，监察委员会是国家反腐败专责机关，两者都是党统一领导下的政治机关，其目标都是以习近平新时代中国特色社会主义思想为指导，构建党统一指挥、全面覆盖、权威高效的监督体系。[④] 因此，实践中有必要把纪律检查委员会监督与监察委员会监督融会贯通起来。

① 人民日报，2018-12-15.

② 周佑勇．监察委员会权力配置的模式选择与边界．政治与法律，2017（11）.

③ 朱旭东．中国共产党自我监督的历史性探索．中国纪检监察报，2018-06-07（5）.

④ 钱唐．如何理解纪委与监委职责的对应性．中国纪检监察，2018（6）.

二、监察监督的内容

根据《监察法》《监察法实施条例》及其他相关法律规范的规定，监察监督包括以下主要内容。

（一）廉政教育

开展廉政教育是监察机关十分重要的职责。首先，它是另一种形式的监督，即通过廉政教育，将对公职人员的遵纪守法的监督由外部监督转化为自我监督，让受教育者从思想深处拒绝不廉洁行为。其次，它是事先预防和监督，而不是事后惩治。这也是监察机关与检察机关的工作方式不同之处。检察机关的监督主要是事后监督，而监察机关的廉政教育具有事先性和预防性，是事前监督和预防，因而也更能体现出监察监督的优势，有利于将腐败消灭在萌芽状态。

除了将"对公职人员开展廉政教育"设定为监察机关的职责，《监察法实施条例》第14条还规定了监察机关有"督促有关机关、单位加强对所属公职人员的教育、管理、监督"的义务和责任。这是针对监察机关在监督检查中发现问题的情形而设的，从而使开展廉政教育的义务主体扩大到问题单位，并赋予监察机关对它进行督促的职责。

关于廉政教育的内容，《监察法实施条例》第16条规定，监察机关应当加强对公职人员的理想教育、为人民服务教育、宪法法律法规教育、优秀传统文化教育，弘扬社会主义核心价值观，深入开展警示教育，教育引导公职人员树立正确的权力观、责任观、利益观，保持为民务实清廉本色。通过加强对公职人员廉洁从政的思想和文化教育，让公职人员从根本上认识到"廉政而长久"的用权理念，在履行职责时不能以权谋私，而应当做到公正廉洁、大公无私。廉政教育使公职人员牢固树立马克思主义的世界观、人生观、价值观和正确的权力观、地位观、利益观，通过不断灌输廉洁从政的思想，增强其"不想腐"的自觉性，使公职人员从"不敢腐""不能腐"最终转向"不想腐"。

关于如何进行廉政教育，《监察法实施条例》规定了两种方式：一是日常教育，即监察机关应当结合公职人员的职责加强日常监督，通过收集群众反映、座谈走访、查阅资料、召集或者列席会议、听取工作汇报和述责述廉、开展监督检查等方式，促进公职人员依法用权、秉公用权、廉洁用权。二是教育提醒。这是在发现了苗头性、倾向性问题时可以实施的教育方式，即监察机关与公职人员进行谈心谈话，发现政治品行、行使公权力和道德操守方面有苗头性、倾向性问题的，及时进行教育提醒。

（二）监督检查

1. 政治品行监督

《监察法实施条例》第15条规定，监察机关应当坚决维护宪法确立的国家指导思想，加强对公职人员特别是领导人员坚持党的领导、坚持中国特色社会主义制度、贯彻落实党和国家的路线方针政策、重大决策部署，履行从严管理监督职责，依法行使公权力等情况的监督。公职人员，特别是领导干部的政治品质和道德品行具有很强的引领性和突出的示范性。党的十八大报告指出："抓好道德建设这个基础，教育引导党员、干部模范践行社会主义荣辱观，讲党性、重品行、作表率，做社会主义道德的示范者、诚信风尚的引领者、公平正义的维护者，以实际行动彰显共产党人的人格力量。"政治品行是干部品行的重中之重，习近平总书记指出："衡量干部是否有理想信念，关键看是否对党忠诚。"① 对党忠诚、政治立场坚定，是党员、干部的

---

① 习近平同志在2019年春季学期中央党校（国家行政学院）中青年干部培训班开班式上的讲话。

首要政治品质。加强对公职人员的政治品行监督，是加强党的执政能力建设的客观要求，是实现经济社会发展目标的重要保证。鉴于此，《监察法实施条例》特别增加了关于政治品行监督的规定。监察机关在监督检查工作中，首先应当对公职人员，特别是领导人员坚持党的领导、坚持中国特色社会主义制度，贯彻落实党和国家的路线方针政策、重大决策部署的情况进行监督检查。

2. 行使公权力监督

（1）监督依法履职情况。监督公职人员依法履职情况，一是监督检查公职人员行使公权力的行为是否合法，二是监督检查公职人员是否履行职责。"把权力关进制度的笼子里"，是习近平总书记在十八届中央纪委二次全会上提出的，是对权力与制度之关系的生动概括。要做到"把权力关进制度的笼子里"，首先要实现权力的制度化，即将权力行使的依据、过程均以规则的方式固定下来。监察监督的首要内容即是监督检查公职人员行使公权力的行为是否有依据、是否符合既定法律规范的要求。除了监督检查公职人员积极行使权力的行为是否合法，同时还要监督检查其是否按法律法规的要求积极作为，积极运用权力的影响力、支配力实现服务公益、保护个人合法权益的目标。换言之，监督检查公职人员积极履行职责，防止其懒政怠政、为官不为，也是监察监督的重要内容。

（2）监督秉公用权情况。"权为民所赋"，故而应当"为民所用"。监察机关作为专职的公权力行使监督机关，应当对行使公权力的行为进行公益性、利民性审查，考量公职人员是否公平公正地利用权力的影响力、支配力和强制力为人民谋福增利。

（3）监督廉洁从政从业情况。监察机关应当按照法律法规、纪律条例的要求，加强对领导干部廉洁自律情况进行监督检查，监督领导干部自觉遵守制度规范、按制度办事、正确行使权力情况，检查公职人员坚持办事公开公正、阳光透明的情况以及群众监督渠道是否畅通的情况。

3. 道德操守监督

习近平总书记指出，"领导干部要讲政德。政德是整个社会道德建设的风向标。立政德，就要明大德、严公德、守私德。"① 作为公职人员的专职监督机关，监察机关要对公职人员进行道德修为的监督。从国家着眼，监察机关应当对公职人员是否忠诚于党、忠诚于国家、忠诚于人民和民族，信仰是否坚定，政治定力是否过硬，即是否"明大德"进行监督；从社会着眼，监察机关应当对公职人员用权为民、"严公德"情况进行监督；从个人着眼，监察机关还应当对公职人员道德情操、品行操守，即"守私德"情况进行监督。监察监督的主要目的是惩前毖后、治病救人，因此，监督工作要抓早抓小、防微杜渐，检查公职人员是否做到了"慎独笃行"、内外言行一致、坚守清廉本色；是否在工作和生活的小处做到了"防危于小"，不贪小利，不失小节；是否遏制住私欲，用权为公，明辨公仆职责；是否择友谨慎、交友有度，择善而交、择益而交。

监督检查的方法包括列席或者召集会议、听取工作汇报、实施检查或者调阅、审查文件和资料等。对于发现的系统性、行业性的突出问题，以及群众反映强烈的问题，可以通过专项检查进行深入了解，督促有关机关、单位强化治理，促进公职人员履职尽责。监察机关应当通过办案促进整改，以监督促进治理，在查清问题、依法处置的同时，剖析问题发生的原因，发现制度建设、权力配置、监督机制等方面存在的问题，向有关机关、单位提出改进工作的意见或者监察建议，促进完善制度，提高治理效能。

---

① 习近平总书记于 2018 年"两会"期间在重庆代表团参加审议时的讲话。

经常性的监督检查工作能够对公职人员起到相应的威慑作用。运用教育和检查相结合的监督方式，有助于建设一个内外双保险的公权力运行环境。

三、监察监督工作机制

《监察法》第 36 条第 2 款规定，监察机关应当加强对调查、处置工作全过程的监督管理，设立相应的工作部门履行线索管理、监督检查、督促办理、统计分析等管理协调职能。

中国特色国家监察体制形成之后，监督部门与审查、调查部门分设，监督部门专司监督职责，审查部门和调查部门则专司审查、调查职责，各部门之间分工合作，使日常监督更加专注全面，监督效能得到有效提升。监督部门要研究有关线索处置、谈话函询、日常监督的制度，明确监督内容，关键是要抓住领导干部这个"关键少数"，从严管理好领导干部，将领导干部依法履职、秉公用权、廉洁从政从业及道德操守情况作为监督检查的重点。[1]

此外，监察机关开展监察监督，还应当与纪律监督、派驻监督、巡视监督统筹衔接，与人大监督、民主监督、行政监督、司法监督、审计监督、财会监督、统计监督、群众监督和舆论监督等贯通协调，健全信息、资源、成果共享等机制，形成监督合力。

第三节　调查职责

《监察法》第 11 条第 2 项明确了监察机关的调查职责，即监察委员会对涉嫌贪污贿赂、滥用职权、玩忽职守、权力寻租、利益输送、徇私舞弊以及浪费国家资财等职务违法和职务犯罪进行调查的责任和义务。

一、监察调查职责的含义

监察调查是监察机关根据《监察法》及相关法律法规的规定，对涉嫌贪污贿赂、滥用职权、玩忽职守、权力寻租、利益输送、徇私舞弊以及浪费国家资财等职务违法和职务犯罪进行查证的执法活动。

监察调查是监察委员会的一项经常性和主导性的工作。对公职人员涉嫌职务违法和职务犯罪的调查，突出地体现了监察委员会作为国家反腐败专责机构的定位，体现了监察工作的特色。严格履行调查职责，一方面，可以有效地强化"不敢腐"的威慑力，在"不敢腐"的层面有效地减少和遏制腐败违法犯罪行为的发生；另一方面，在"不敢腐"的氛围中，保持和强化公职人员行使公权力的廉洁性与不可收买性，树立和维护公职人员良好的人民公仆形象，进而维护宪法和法律的权威与尊严。

监察委员会的调查职责以揭露和证实腐败违法犯罪为基本内容，是国家对公职人员的职务违法和职务犯罪保持威慑常在的重要手段。较之于其他国家机关所享有的调查权（或其他功能类似的权力），监察委员会的调查权具有构成的复合性：一方面，由于整合了行政调查权、司法侦查权的部分权能，监察调查权呈现性质复杂、内容多元等多极化特征。另一方面，监察委员会的调查对象既包括一般职务违法行为，也包括触犯职务犯罪行为，针对不同对象所设的调查手段各不相同，属性也不同，以适应性质各一、变化莫测的腐败违法犯罪实践。复合性调查

---

[1]　钱唐. 如何理解纪委与监委职责的对应性. 中国纪检监察，2018 (6).

权体现了决策者的反腐决心，也为实践中监察委员会的职能发挥提供了助力。[①]

尽管性质上有部分相似之处，但监察调查与刑事侦查仍存在较大区别：

第一，监察调查具有复合性。监察调查集合了原党纪调查、行政调查和刑事侦查的多种调查措施，以便针对不同行为运用不同调查措施。[②] 以留置为例：根据《监察法》第22条的规定，被调查人涉嫌贪污贿赂、失职渎职等严重职务违法或职务犯罪的，在满足一定条件的情况下，经监察委员会依法审批，可以将其留置在特定场所。这里的留置事实上已具备刑事侦查的性质。但对一般的轻微违法，监察委员会决定采取谈话等方式。这时采取的措施具有纪律调查或行政调查的性质。

监察委员会拥有"纪行检一体化"之调查权，以取代分散的行政调查权、纪委调查权以及刑事侦查权，是符合"全面打击腐败违法犯罪"之精神的。也因此，监察调查具有国家性、行政性和司法性。

第二，监察调查所依据的法律法规具有多元性。规范刑事侦查的法律依据有严格限制，一般只包括《刑事诉讼法》、相关司法解释以及《刑事诉讼法》明文规定适用的部门规章[③]，但监察调查集党纪调查、行政调查和刑事侦查于一身，各种调查的性质不同，依据不同，有的隶属于法律体系，有些属于党内法规体系。

第三，监察调查的调查措施更丰富。为确保监察委员会有效履行监察职责，《监察法》设定了种类繁多的调查措施。监察调查权整合了原行政监察的调查权和职务犯罪的刑事侦查权，因而调查措施更丰富，以应对实践中种类繁多的公职人员职务违法和职务犯罪。刑事侦查措施尽管也较丰富，但显然，在刑事侦查措施体系中没有原专属纪律调查的措施（如谈话）。

第四，监察委员会行使职务犯罪调查权时受到的限制相对较少。职务犯罪，特别是腐败犯罪，不仅对国家政权危害大，也是良好社会风尚形成的最大障碍。然而对这类犯罪的调查（侦破）难度大，如果设置过多的障碍，监察调查权难以有效发挥作用，不利于打击这类型犯罪。为及时有效打击这类犯罪，《监察法》虽然也对监察委员会行使调查权进行了约束，但在严格程度上远不及《刑事诉讼法》作出的约束。以留置为例，与刑事诉讼中的逮捕相比，留置是内部监督，无须第三机关批准，《监察法》也未对留置的决定程序、适用程序作出严格的限制。

第五，监察调查职责范围广。《监察法》列举了七类违反廉政法制的职务违法和职务犯罪行为，基本涵盖了公职人员的所有腐败行为。这其中有的能与刑法中的罪名以及其他相应法律法规规定的具体行为直接对应，有的则不完全一一对应。这是因为监察立法旨在实现对腐败行为"全覆盖"，而刑事侦查只能针对有犯罪嫌疑的行为。

二、监察调查的内容

根据《监察法》的规定，监察委员会对涉嫌职务违法和职务犯罪的行为进行调查。

（一）职务违法调查

根据《监察法》和《监察法实施条例》的相关规定，监察机关负责调查的职务违法行为主

[①] 左卫民，安琪. 监察委员会调查权：性质、行使与规制的审思. 武汉大学学报（哲学社会科学版），2018 (1).

[②] 陈瑞华先生认为，我国《监察法》确立了集党纪调查、政纪调查权与刑事调查权于一身的单轨调查体制. 陈瑞华. 论监察委员会的调查权. 中国人民大学学报，2018 (4).

[③] 如《刑事诉讼法》第153条第2款规定：对涉及给付毒品等违禁品或者财物的犯罪活动，公安机关根据侦查犯罪的需要，可以依照规定实施控制下交付。

要是公职人员实施的与其职务相关联，虽不构成犯罪但依法应当承担法律责任的行为，主要包括：（1）利用职权实施的违法行为；（2）利用职务上的影响实施的违法行为；（3）履行职责不力、失职失责的违法行为；（4）其他违反与公职人员之职务相关的特定义务的违法行为。

除此之外，监察机关发现公职人员存在其他违法行为，具有下列情形之一的，也可以依法进行调查、处置：（1）超过行政违法追究时效，或者超过犯罪追诉时效、未被追究刑事责任，但需要依法给予政务处分的；（2）被追究行政法律责任，需要依法给予政务处分的；（3）监察机关调查职务违法或者职务犯罪时，对被调查人实施的事实简单、清楚，需要依法给予政务处分的其他违法行为一并查核的。

对于公职人员成为监察对象之前的违法行为，《监察法实施条例》规定，监察机关也可以依法进行调查、处置。

（二）职务犯罪调查

1. 贪污贿赂犯罪调查

监察机关调查的涉嫌贪污贿赂犯罪主要是指贪污、挪用、私分公共财物以及行贿受贿等破坏公权力廉洁行使的犯罪行为，具体包括贪污罪，挪用公款罪，受贿罪，单位受贿罪，利用影响力受贿罪，行贿罪，对有影响力的人行贿罪，对单位行贿罪，介绍贿赂罪，单位行贿罪，巨额财产来源不明罪，隐瞒境外存款罪，私分国有资产罪，私分罚没财物罪，以及公职人员在行使公权力过程中实施的职务侵占罪，挪用资金罪，对外国公职人员、国际公共组织官员行贿罪，非国家工作人员受贿罪和相关联的对非国家工作人员行贿罪。

2. 滥用职权犯罪调查

监察机关调查的涉嫌滥用职权犯罪，主要是公职人员涉嫌超越职权，违法决定、处理其无权决定、处理的事项，或者违反规定处理公务，致使公共财产、国家和人民利益遭受损失的犯罪行为。该类犯罪具体包括滥用职权罪，国有公司、企业、事业单位人员滥用职权罪，滥用管理公司、证券职权罪，食品、药品监管渎职罪，故意泄露国家秘密罪，报复陷害罪，阻碍解救被拐卖、绑架妇女、儿童罪，帮助犯罪分子逃避处罚罪，违法发放林木采伐许可证罪，办理偷越国（边）境人员出入境证件罪，放行偷越国（边）境人员罪，挪用特定款物罪，非法剥夺公民宗教信仰自由罪，侵犯少数民族风俗习惯罪，打击报复会计、统计人员罪，以及司法工作人员以外的公职人员利用职权实施的非法拘禁罪、虐待被监管人罪、非法搜查罪。

3. 玩忽职守犯罪调查

监察机关调查的涉嫌玩忽职守犯罪，主要是指公职人员严重不负责任，不履行或者不认真、不正确履行职责，致使公共财产、国家和人民利益遭受损失的犯罪行为。该类犯罪具体包括玩忽职守罪，国有公司、企业、事业单位人员失职罪，签订、履行合同失职被骗罪，国家机关工作人员签订、履行合同失职被骗罪，环境监管失职罪，传染病防治失职罪，商检失职罪，动植物检疫失职罪，不解救被拐卖、绑架妇女、儿童罪，失职造成珍贵文物损毁、流失罪，过失泄露国家秘密罪。

4. 徇私舞弊犯罪调查

监察机关调查的涉嫌徇私舞弊犯罪，主要是指为了私利而用欺骗、包庇等方式从事的犯罪行为。该类犯罪具体包括徇私舞弊低价折股、出售国有资产罪，非法批准征收、征用、占用土地罪，非法低价出让国有土地使用权罪，非法经营同类营业罪，为亲友非法牟利罪，枉法仲裁罪，徇私舞弊发售发票、抵扣税款、出口退税罪，商检徇私舞弊罪，动植物检疫徇私舞弊罪，放纵走私罪，放纵制售伪劣商品犯罪行为罪，招收公务员、学生徇私舞弊罪，徇私舞弊不移交刑事案件罪，违法提供出口退税凭证罪，徇私舞弊不征、少征税款罪。

5. 重大责任事故犯罪调查

监察机关依法调查的涉嫌重大责任事故犯罪，是指公职人员在行使公权力过程中涉及的重大责任事故犯罪，具体包括重大责任事故罪，教育设施重大安全事故罪，消防责任事故罪，重大劳动安全事故罪，强令、组织他人违章冒险作业罪，危险作业罪，不报、谎报安全事故罪，铁路运营安全事故罪，重大飞行事故罪，大型群众性活动重大安全事故罪，危险物品肇事罪，工程重大安全事故罪。

6. 其他犯罪调查

监察机关依法调查的涉嫌其他犯罪，是指公职人员在行使公权力过程中涉及的其他犯罪，具体包括破坏选举罪，背信损害上市公司利益罪，金融工作人员购买假币、以假币换取货币罪，利用未公开信息交易罪，诱骗投资者买卖证券、期货合约罪，背信运用受托财产罪，违法运用资金罪，违法发放贷款罪，吸收客户资金不入账罪，违规出具金融票证罪，对违法票据承兑、付款、保证罪，非法转让、倒卖土地使用权罪，私自开拆、隐匿、毁弃邮件、电报罪，故意延误投递邮件罪，泄露不应公开的案件信息罪，披露、报道不应公开的案件信息罪，接送不合格兵员罪。

以上这些腐败行为类型都是中国共产党十八大以来通过执纪审查、巡视等工作发现的比较突出的职务违法、犯罪行为，在腐败行为类型中比较具有代表性和针对性，对其进行调查有利于突出反腐败工作开展的针对性和实效性。

第四节　处置职责

《监察法》第 11 条第 3 项规定了监察机关处置职责：对违法的公职人员依法作出政务处分决定；对履行职责不力、失职失责的领导人员进行问责；对涉嫌职务犯罪的，将调查结果移送人民检察院依法审查、提起公诉；向监察对象所在单位提出监察建议。

一、监察处置职责的含义

监察处置是监察机关根据《监察法》及相关法律法规的规定，对调查的违法犯罪问题依据相应的法律法规予以审查定性，并决定给予作出这些违法行为的公职人员以何种处分和处理的执法活动。

监察机关的处置职责主要由审查定性和作出处分两部分组成：一是根据监察机关监督、调查的结果，将行为审查认定为职务违法行为或职务犯罪行为，即明确行为的性质；二是根据审查定性的结果对该行为人相应作出政务处分、问责、移送检察机关审查起诉或者向监察对象所在单位提出监察建议。

处置不仅是监察职责履行的重要环节，也是监察机关与司法机关相衔接的重要环节。《监察法》关于监督处置的规定具有如下特点：

第一，监察处置的依据多元。监察处置是监察机关在职权范围内针对公职人员的违法违规行为所作的处理和处分，处置的依据、方法以及程序均应符合法律的要求。处置结果可能涉及被调查人的人身权、财产权和隐私权，所以，监察处置的依据应当与处置的方式相匹配，否则有滥用权力之嫌。由于监察机关职责范围宽泛，囊括了由轻微违法到犯罪的多种行为，故而进行处置的依据也从行政法规到刑事立法，处置依据多元化。

第二，监察处置既包括最终处置，也包括暂时处理。如根据《监察法》第 11 条第 3 项的规定，"对违法的公职人员依法作出政务处分决定"属于最终处置，因为"作出政务处分"的权力属于监察机关的职权。"对履行职责不力、失职失责的领导人员进行问责"的权力，并不完全属于监察机关。根据《〈中华人民共和国监察法〉释义》的解释，这里的"问责"，"是指监察委员会根据问责的有关规定，对不履行或者不正确履行职责的，按照管辖权限对负有管理责任的领导人员作出问责决定，或者向有权作出问责决定的机关提出问责建议"。这里的第二种情况，就不是最终处置，只是作出提出处置建议的决定。"对涉嫌职务犯罪的，将调查结果移送人民检察院依法处理"，也只是作出移送人民检察院处理的决定，而非对所涉嫌的职务犯罪行为的处置。人民检察院是否提起公诉、人民法院是否作出有罪判决，监察机关无权干预。"向监察对象所在单位提出监察建议"也只是建议权的行使，而非对该单位的处理或处分。

第三，监察处置手段多样。监察机关根据公职人员违法行为的情节严重程度对其进行相应的处理，处理手段依次包括政务处分（具体包括作出警告、记过、记大过、降级、撤职、开除等政务处分决定）、问责、移送检察机关审查起诉和向监察对象所在单位提出监察建议，对其中情节较轻的进行谈话提醒、批评教育、责令检查，或者予以诫勉。

二、监察处置的手段

监察机关根据监督调查的结果，依照法定程序，在对公职人员的不同情形违法问题进行相应的处理。

1. 谈话、教育

作为监察处置手段的谈话、教育，是指监察机关对有职务违法行为但情节较轻的公职人员实施的、以促进公职人员廉洁勤政为目的的监督管理措施，方式主要包括提醒、批评教育、责令检查以及诫勉。谈话、教育主要有提醒和诫勉两种。提醒的一般程序是，纪检监察部门与监察对象进行谈话，了解核实问题，由谈话对象作出检讨或说明，纪检部门实施教育提醒。诫勉是纪律检查机关和组织部门对有下列轻微职务违法行为的公职人员，在认真听取其解释和说明的基础上，指出其需要注意的问题，并要求其提出整改措施的处置手段：不严格遵守党的政治纪律，贯彻落实党的路线方针政策和上级党组织决议、决定以及工作部署不力；不认真执行民主集中制，作风专断，或者在领导班子中闹无原则纠纷；不认真履行职责，给工作造成一定损失；搞华而不实和脱离实际的"形象工程""政绩工程"，铺张浪费，造成不良影响；不严格执行党政领导干部选拔规范，用人失察失误；不严格执行廉洁自律规定，造成不良影响；等等。

2. 政务处分

作为监察处置手段的政务处分，是指监察机关根据《监察法》和《政务处分法》的规定，对违法的公职人员依法作出政务处分的活动。监察机关应当根据监督调查结果，对违法的公职人员依照法定程序作出警告、记过、记大过、降级、撤职、开除等政务处分决定。政务处分的期间为：警告，6个月；记过，12个月；记大过，18个月；降级、撤职，24个月。

《政务处分法》颁布后，对公职人员的违法行为进行处分包括监察机关的政务处分和公职人员任免机关、单位的处分，即形成政务处分与处分并存的二元处分体制。政务处分与处分在种类、期间、适用的违法情形等方面基本一致。《政务处分法》第3条第3款规定，监察机关发现公职人员任免机关、单位应当给予处分而未给予，或者给予的处分违法、不当的，应当及时提出监察建议。据此可见，监察机关有权对公职人员任免机关、单位对公职人员的处分进行监督，对处分不当的，有权通过监察建议提出纠正意见。

3. 问责

这是指监察机关在追究违法的公职人员直接责任时，依法对履行职责不力、失职失责，造成严重后果或者恶劣影响的领导人员予以问责。问责的对象主要包括：（1）中国共产党机关、人大机关、行政机关、监察机关、审判机关、检察机关、政协机关、民主党派和工商联机关中担任各级领导职务和副调研员以上非领导职务的人员。（2）参照《公务员法》管理的单位中担任各级领导职务和副调研员以上非领导职务的人员。（3）大型、特大型国有和国有控股企业中层以上领导人员，中型以下国有和国有控股企业领导班子成员，以及上述企业中其他相当于县处级以上层次的人员；事业单位领导班子成员及其他六级以上管理岗位人员。

监察机关应当组成调查组依法开展问责调查。调查结束后经集体讨论形成调查报告，需要进行问责的，按照管理权限作出问责决定，或者向有权作出问责决定的机关、单位书面提出问责建议。

4. 移送审查起诉

这是指监察机关经过监督、调查，对涉嫌职务犯罪的，将调查结果移送人民检察院审查起诉的活动。移送审查起诉的前提是，监察机关经查认为被调查人涉嫌职务犯罪，犯罪事实清楚、证据确实、充分，需要追究刑事责任。监察机关决定移送审查起诉的，应当制作起诉意见书，连同案卷材料、证据一并移送检察机关。

5. 提出监察建议

监察建议是监察机关根据监督调查结果，发现监察对象所在单位在廉政建设、权力制约、监督管理、制度执行以及履行职责等方面存在问题需要整改纠正时，依职权提出的一种有法律效力的建议性措施。监察建议不同于一般的工作建议，它具有法律效力，被提出建议的有关单位无正当理由必须履行监察建议要求其履行的义务，否则，就要承担相应的法律责任。[①]

---

① 中共中央纪律检查委员会法规室，中华人民共和国国家监察委员会法规室.《中华人民共和国监察法》释义. 北京：中国方正出版社，2018：11.

第八章
监察范围和监察管辖

第一节　监察范围概述

我国《监察法》第三章规定了监察对象和监察管辖，监察对象是确定监察范围的核心要素，监察管辖是监察事项的具体落实。

一、监察全覆盖与监察范围

党的十九大报告明确提出"深化国家监察体制改革……实现对所有行使公权力的公职人员监察全覆盖"。自此，"监察全覆盖"作为重大方向性指引正式进入公众视野。[①]"监察全覆盖"既是党领导下的反腐败工作的重大理念变革，也是重要机制变革。随着国家监察体制改革的不断深入，监察全覆盖在制度和实践层面全面推进。

在制度层面，《监察法》第 1 条即开宗明义地将"加强对所有行使公权力的公职人员的监督，实现国家监察全面覆盖"作为立法目的之一，同时，《监察法》第 15 条从六个方面对各领域的公职人员范围作了相对明确的界定。这一规定以法律的形式将国家监察体制改革的成果固定下来，为持续深化国家监察体制改革、全面落实监察全覆盖要求提供了坚实的法律依据。为进一步落实《监察法》的规定，《监察法实施条例》在第 37 条进一步强调了"实现国家监察全面覆盖"的原则，确定了监察对象的范围。从实践层面看，深化国家监察体制改革的一个重要目的是实现对所有行使公权力的公职人员的全面监督，解决原监督体制下监督覆盖不到位、监督机制不顺畅、部分行使公权力的公职人员无法受到监察监督等问题，真正把权力都关进制度的笼子里。可以说，构建全覆盖的监察制度体系，是党的十八大以来中国特色腐败治理体系自我革命、自我完善的重点，是在对破解腐败治理困局的深刻揭示与反思基础上作出的科学决策与重点推进。[②]

作为一个完整的制度体系，监察全覆盖体现在监察权主体的全覆盖、监察对象的全覆盖以及监察事项的全覆盖三个维度。[③] 监察权主体的全覆盖是指具有健全、完整的监察机构和科学、严谨的领导体制，能够实现从中央到地方对所有行使公权力的公职人员的全面监督监察。监察对象的全覆盖是指监察权能够辐射"所有行使公权力的公职人员"。监察事项的全覆盖是

[①] 陈伟. 国家监察全覆盖的内涵、原则及重点. 学术论坛，2020（2）.
[②] 魏昌东. 监察全覆盖的理论逻辑与应然边界. 南京大学学报（哲学·人文科学·社会科学），2022（5）.
[③] 魏昌东. 监察全覆盖的理论逻辑与应然边界. 南京大学学报（哲学·人文科学·社会科学），2022（5）. 该文认为监察全覆盖包括监察权主体全覆盖、监察对象全覆盖和监察范围全覆盖。

指监察机关的职权职责能够全面覆盖其所指向的公权力行为或事项。在广义上界定监察范围，它包括监察对象和监察事项的界定，即从受监察人员（主体）和受监察客体两个方面确定监察范围，因为监察全覆盖除了强调监察机构和领导体制的健全、科学外，更强调监察范围的设定应当完整和全面。

二、监察范围的发展变化

（一）监察范围发展的几个阶段

新中国成立后，我国监察机构的监察范围经历了多次变化。

1. 以国家机关和公务人员为监察对象阶段（新中国成立初期）

在新中国成立初期，根据《共同纲领》，县级以上的各级人民政府设立了人民监察委员会，形成了行政监察体系。人民监察委员会的职责是监督各级国家机关和各种公务人员是否履行其职责，纠举其中违法失职的机关和人员。这时的人民监察委员会的监察对象是国家机关和公务人员，监察事项是监察对象的履职行为，查处其中的违法失职行为。

2. 以国家行政机关、国营和合作企业为监察对象阶段（1954—1959年）

1954年，依国务院组织法监察部设立，作为专门行政监察机构。监察部在组织架构、职权范围和监察程序上与人民监察委员会相比有较大的区别，监察对象范围扩展至国家行政机关及国营和合作企业，监察事项是监察对象维护国家纪律、贯彻政策法令、保护国家财产等情况。①

1955年11月2日，国务院常务会议批准发布《监察部组织简则》。《监察部组织简则》规定，监察部对国务院各部门、地方各级国家行政机关、国营企业、公私合营企业、合作社实施监督。为落实《监察部组织简则》，国务院和监察部发布了诸多行政法规和规章，对监察部的工作程序作出明确规定，但监察事项仍然是上述行政机关、单位维护国家纪律、贯彻政策法令、保护国家财产等情况。

其后，受极左思想影响，宪法和法律的实施受阻，社会主义民主和法制建设受到严重破坏。1959年4月，第二届全国人大第一次会议通过了撤销监察部的决议，我国行政监察机构的组织和活动被迫终止。

3. 以行政机关及其公务员、行政机关任命的其他人员为监察对象阶段（1979—2017年）

这是我国行政监察体制逐步恢复并不断进行改革的时期。

1986年，根据《宪法》第89条的规定，第六届全国人民代表大会常务委员会第十八次会议决定设立监察部，恢复并确立国家行政监察体制。1990年《行政监察法》颁布。行政监察的监察对象包括行政机关及其公务员、行政机关任命的其他人员，监察事项包括监察对象贯彻实施国家政策、法律法规和遵守政纪的情况。

根据2004年《行政监察法实施条例》第2条的解释，《行政监察法》中所列"行政机关任命的其他人员"主要包括：（1）国家行政机关和法律法规授权的具有管理公共事务职能的组织；（2）国家行政机关依法委托的组织及其工勤人员以外的工作人员；（3）企业、事业单位、社会团体中由国家行政机关以委任、派遣等形式任命的人员。2010年《行政监察法》修改后，上述"其他人员"中的第2项被修改为"国家行政机关依法委托的组织和其他从事公务的人员"。

---

① 一文读懂建国以来我国监察机构的历史沿革.（2023－04－19）［2023－08－12］.https：//www.sohu.com/a/667513341_120652517.

4. 以行使公权力的公职人员为监察对象阶段（2018 年至今）

随着监察体制改革的推行，《监察法》等法律法规确立了监察全覆盖原则，监察对象范围明显扩大。《监察法》第 3 条、第 15 条确立的监察对象涵盖了所有行使公权力的公职人员，大类包括六类，其中第 15 条第 6 项作为兜底性条款，使监察对象的确定更有灵活性。监察事项涵盖监察对象依法履职、秉公用权、廉洁从政从业、遵守道德操守情况，以及是否涉嫌职务违法和职务犯罪情况。

（二）新国家监察体制下监察范围变化的原因

在国家监察体制改革之前，我国的监察部门主要由纪委和行政监察部门构成。纪委根据《党章》和《纪律处分条例》监督中国共产党党员，行政监察部门主要根据《行政监察法》等法律法规监督行政机关的公务员（包括参照《公务员法》管理的人员）。无论是公务员还是党员，范围都相对较小。[①] 事实上行使公权力的人员不限于上述人员。这就导致大量的无党员、公务员身份但行使公权力的公职人员被挡在监察机制之外，形成权力监督的"盲区"。监察范围过窄曾是掣肘监察体制机制充分发挥反腐败功能的一个重要原因，加之各类监督衔接不畅，不同的监察制度间存在缝隙而无法形成监察合力。"党纪管不了，政纪不适用"的现象曾长期存在，一部分公权力行使者难受监督和控制。如，对既不属于行政机关工作人员又不是党员的"村委""居委"人员应当如何进行监察，成为实践难题。另外，依赖纪委进行的职务犯罪案件调查也因欠缺国家法律依据而受到质疑。这些冲突和缝隙的存在曾严重影响反腐败工作的效率。

除了两种监察体制衔接不畅，它们与《刑法》所构建的打击职务犯罪体系也不兼容。《刑法》作为打击腐败的重要法律制度，是用"国家工作人员"来界定贪渎类职务犯罪主体的。其第 93 条列明的"国家工作人员"包括：（1）国家机关中从事公务的人员；（2）国有公司、企业、事业单位、人民团体中从事公务的人员；（3）国家机关、国有公司、企业、事业单位委派到非国有公司、企业、事业单位、社会团体从事公务的人员；（4）其他依照法律从事公务的人员，主要包括协助人民政府从事相关行政管理工作的村民委员会等村基层组织人员。这与前述的党纪、行政监察在用语上不统一，覆盖的领域不能相互补充，进而导致制度间隙，并产生制度上的衔接问题。

在新的国家监察体制建立之前，从预防到打击腐败，原有的三套制度各有短板，难以周延；分别由不同的规范性文件界定的术语的内涵和外延各不相同，给制度间的衔接带来了难以克服的困难；纪检和行政监察在监督公职人员违法、违规用权上存在监督盲区，而刑法又不能对性质较轻的违法、违规行为进行惩戒、纠正。"深化国家监察体制改革的初心，就是要把增强对公权力和公职人员的监督全覆盖、有效性作为着力点，推进公权力运行法治化"[②]。习近平总书记关于国家监察体制改革初衷的论述为国家监察体制改革指明了方向，即建立新的国家监察体制，实现监察全覆盖，扩大监察范围，弥补制度上的短板，消除制度间的盲区。

监察全覆盖的核心内容是把应该覆盖的对象"无禁区、零容忍、全方位、无死角"地纳入

---

① 据中央组织部统计数据显示，截至 2022 年年底，中国共产党党员总数为 9 804.1 万人。〔中国共产党党员总数公布.（2023 - 06 - 30）〔2023 - 08 - 11〕. https：//m. gmw. cn/2023 - 06/30/content _ 1303423215. htm.〕2022 年公务员数量是 710 万。国家统计局局长宁吉喆在 2021 年 12 月 11 日举办的"2021—2022 中国经济年会"上所述.〔2024 - 04 - 04〕. https：//www. zhihu. com/question/447665397.

② 习近平. 论坚持全面依法治国. 北京：中央文献出版社，2020：240 - 241.

监察监督范围，其中"构建最为严密的监察对象范围"无疑是重中之重。习近平总书记说："坚持党对党风廉政建设和反腐败工作的统一领导，扩大监察范围，整合监察力量，健全国家监察组织架构，形成全面覆盖国家机关及其公务员的国家监察体系。"① 足见，扩大监察范围是我国监察制度改革的重要内容之一。

《监察法》及《监察法实施条例》所构建的监察对象体系，"不再局限于行政领域，而是全覆盖式的立体化监察，不放过任何行使公权力的角落"②。《监察法实施条例》在《监察法》一个条文、六个方面的基础上，用六个条文，科学解释、全面界定监察对象，将一些边界模糊、认定困难，却在行使公权力的人员纳入监察监督的范围，例如：将党组织委派到集体经济组织等单位、组织中从事公务的人员，明确纳入"其他依法履行公职的人员"；在第44条明确对单位违法的处理原则。这些规定为监察全覆盖提供了周密的制度支撑。

三、监察事项

监察事项是指监察机关的职权职责所指向的公权力行为或事项，它是监察机关对事的管辖范围。根据《监察法》第11条和《国家监察委员会管辖规定（试行）》的规定，监察事项主要包括以下两大类。

（一）公职人员行使公权力以外的行为

根据《监察法》第11条和《国家监察委员会管辖规定（试行）》第6条的规定，监察机关应当对公职人员依法履职、秉公用权、廉洁从政以及恪守社会道德的情况进行监督检查。依法履职、秉公用权、廉洁从政以及恪守社会道德，是《公务员法》《监察官法》《法官法》《检察官法》等法律法规对具有"公职人员"身份的人员的基本要求，如公职人员应当正确履职尽责，忠诚为民，勤政务实，不得懒政、庸政、怠政；应当秉公用权，在工作中不得偏私、徇私、徇情；应当敢于担当，不应得过且过、推诿塞责。此外，公职人员在社会生活中还应当恪守社会主义道德，带头遵纪守法、遵守伦理规范，如严格遵守《道路交通安全法》，不饮酒驾车；严格履行家庭责任，做好家风建设。监察机关有义务对公职人员的上述并非行使公权力的行为进行监督检查，当发现公职人员违背这些要求时，可依《监察法》及相关法的规定进行处置。

（二）公职人员及相关人员的职务违法和职务犯罪行为

《监察法》和《国家监察委员会管辖规定（试行）》规定了监察机关对公职人员涉嫌贪污贿赂、滥用职权、玩忽职守、权力寻租、利益输送、徇私舞弊以及浪费国家资财等职务违法和职务犯罪行为进行监督检查的职责，因此，公职人员的上述职务违法和职务犯罪行为也是监察事项。

1.职务违法行为

作为监察事项的公职人员的职务违法行为是指公职人员实施的与其职务相关联，虽不构成犯罪但依法应当承担法律责任的行为。《监察法》将职务违法行为也纳入监察事项，是为了落实对监察事项的全面覆盖，实现对公职人员所有行使公权力的行为的监督，填补国家监督的空白，解决原有监察体制只针对违纪和犯罪行为而不解决违反行政纪律行为的问题，强化党对反腐败工作的统一领导。

① 习近平谈治国理政：第2卷.北京：外文出版社，2017：169.
② 李晓明，芮国强.国家监察学原理.北京：法律出版社，2019：9.

公职人员的职务违法行为首先是一种与职务相关的行为，即与公职人员行使的公权力相关。《监察法》第 11 条、《国家监察委员会管辖规定（试行）》第 6 条所列的公职人员的贪污贿赂、滥用职权、玩忽职守、权力寻租、利益输送、徇私舞弊以及浪费国家资财等行为，都应当与其职权职务相关，其形式可能是公权私用，可能是利用职位的影响力谋私等。其次，职务违法行为具有违法性，即该行为或者违反了国家法律，如宪法，或者违反了依法制定的法规。不具有违法性的行为，不能被视为职务违法行为。最后，职务违法行为一般侵害了公共利益或公民权利，根据法律的规定应当受到惩罚，只是因为行为造成的后果没有职务犯罪严重而不受刑法制裁。

2. 职务犯罪行为

《刑法》规定的职务犯罪并不都由监察机关管辖，属于监察事项的职务犯罪行为只是职务犯罪的一部分，其他的则分别由检察机关、公安机关管辖。根据《监察法》《监察法实施条例》《刑事诉讼法》的规定，属于监察事项的职务犯罪主要包括以下两类。

一是专属于监察机关管辖的职务犯罪，包括《国家监察委员会管辖规定（试行）》规定的 88 个罪名和《监察法实施条例》增加的 4 个罪名，共计 92 个罪名。这 92 个罪名包括：（1）贪污贿赂类犯罪，共计 19 个罪名[①]；（2）滥用职权类犯罪，共计 18 个罪名[②]；（3）玩忽职守类犯罪，共计 11 个罪名[③]；（4）徇私舞弊类犯罪，共计 15 个罪名[④]；（5）重大责任事故类犯罪，共计 12 个罪名[⑤]；（6）其他犯罪，即除前述类型之外的其他职务犯罪，同样限于公职人员在行使公权力过程中实施的，共计 17 个罪名。[⑥]

二是监察机关与检察机关均有管辖权的职务犯罪，包括司法工作人员利用职权实施的犯罪，共计 14 个罪名。[⑦] 这是 2018 年《关于人民检察院立案侦查司法工作人员相关职务犯罪案件若干问题的规定》规定由检察机关管辖的犯罪，但《监察法实施条例》第 52 条第 1 款又规定，对于这些犯罪，监察机关在必要时也可以依法进行调查。这体现了监察全覆盖原则。上述 14 类犯罪案件是检察机关在对诉讼活动实行法律监督的过程中发现的，通常情况下由检察机关管辖，这样有利于弥补监察机关在司法领域进行职务犯罪调查时专业性不足的"短板"，对于实现"固根基、扬优势"具有重要意义。但特殊情况下，为了落实一体化反腐，实现监察全覆盖，监察机关基于机动管辖权，也可决定对这些案件进行调查，并在立案后及时通报同级人民检察院。

---

① 参见《监察法实施条例》第 26 条。
② 参见《监察法实施条例》第 27 条。
③ 参见《监察法实施条例》第 28 条。
④ 参见《监察法实施条例》第 29 条。
⑤ 参见《监察法实施条例》第 30 条。
⑥ 参见《监察法实施条例》第 31 条。
⑦ 《关于人民检察院立案侦查司法工作人员相关职务犯罪案件若干问题的规定》规定，司法工作人员涉嫌实施的 14 类犯罪由人民检察院管辖，包括：（1）非法拘禁罪（《刑法》第 238 条）；（2）非法搜查罪（《刑法》第 245 条）；（3）刑讯逼供罪（《刑法》第 247 条）；（4）暴力取证罪（《刑法》第 247 条）；（5）虐待被监管人罪（《刑法》第 248 条）；（6）滥用职权罪（《刑法》第 397 条）；（7）玩忽职守罪（《刑法》第 397 条）；（8）徇私枉法罪（《刑法》第 399 条第 1 款）；（9）民事、行政枉法裁判罪（《刑法》第 399 条第 2 款）；（10）执行判决、裁定失职罪（《刑法》第 399 条第 3 款）；（11）执行判决、裁定滥用职权罪（《刑法》第 399 条第 3 款）；（12）私放在押人员罪（《刑法》第 400 条第 1 款）；（13）失职致使在押人员脱逃罪（《刑法》第 400 条第 2 款）；（14）徇私舞弊减刑、假释、暂予监外执行罪（《刑法》第 401 条）。

第二节　监察对象

制定监察法，就是要通过法律规范和制度设计来实现对所有行使公权力的公职人员监督全覆盖，因而《监察法实施条例》明确将"依法对所有行使公权力的公职人员进行监察，实现国家监察全面覆盖"作为确定监察对象的基本原则。《监察法》关于监察对象范围的规定十分宽泛，其第15条规定："监察机关对下列公职人员和有关人员进行监察：（一）中国共产党机关、人民代表大会及其常务委员会机关、人民政府、监察委员会、人民法院、人民检察院、中国人民政治协商会议各级委员会机关、民主党派机关和工商业联合会机关的公务员，以及参照《中华人民共和国公务员法》管理的人员；（二）法律、法规授权或者受国家机关依法委托管理公共事务的组织中从事公务的人员；（三）国有企业管理人员；（四）公办的教育、科研、文化、医疗卫生、体育等单位中从事管理的人员；（五）基层群众性自治组织中从事管理的人员；（六）其他依法履行公职的人员。"该规定是在中央改革试点方案规定的监察对象基础上的进一步细化，比如明确了"国家机关、事业单位、国有企业委派到其他单位从事公务的人员"以及"其他按照法律从事公务的人员"也属于监察对象，将是否行使公权力作为判断是否为监察对象的标准，实现了由监督"狭义政府"到监督"广义政府"的转变，使国家监察全覆盖与党内监督全覆盖相协调，相得益彰。

一、公职人员的含义、范围和特点

（一）公职人员的含义和范围

1. 公职人员的含义

公职人员是指依法履行公共职务的立法机关、司法机关、行政机关、中国共产党和各个民主党派的党务机关、各人民团体以及国有企业、事业单位的工作人员。公职人员是具体行使公共权力的人员，与"公职"紧密相连，是与公权力机关发生法律关系的人员的统称。[①] 公职人员从事公共性事务、提供公共性服务或履行公共性职能。《全国法院审理经济犯罪案件工作座谈会纪要》对"从事公务"进行了解释：从事公务是指代表国家机关、国有公司、企业事业单位、人民团体等履行组织、领导、监督、管理等职责。公务主要表现为与职权相联系的公共事务以及监督、管理国有财产的职务活动。如国家机关工作人员依法履行职责，国有公司的董事、经理、监事、会计、出纳人员等管理、监督国有财产等活动，属于从事公务。那些不具备职权内容的劳务活动、技术服务工作，如售货员、售票员等所从事的工作，一般不认为是公务。

2. 公职人员的范围

（1）公务员以及参照《公务员法》管理的人员。

第一类是公务员。

公务员是《监察法》规定的最主要的监察对象。《公务员法》第2条第1款规定："本法所称公务员，是指依法履行公职、纳入国家行政编制、由国家财政负担工资福利的工作人员。"按照上述规定，属于公务员，必须符合三个条件：一是依法履行公职，即依法从事公务活动，

不是为自己工作，也不是为某个私营的企业或组织工作或服务。二是被纳入国家行政编制。"编制"一词在实践中有多种用法，除行政编制外，还有政法编制、国家编制、机关编制等。这里的"编制"系指各种纳入国家编制管理机关管理的机构序列及人员，不限于行政机关编制。三是由国家财政负担工资福利。

根据《公务员法》和《监察法》的有关规定，公务员主要包括以下八类机关的工作人员。

1）中国共产党机关的公务人员，包括中央和地方各级党委、纪委的专职领导成员，中央和地方各级党委工作部门、办事机构和派出机构的工作人员，中央和地方各级纪委和其派出机构的工作人员，街道、乡、镇党委机关的工作人员。

2）人民代表大会及其常委会机关的公务人员，包括县级以上各级人大常委会领导人员，乡、镇人民代表大会主席、副主席，县级以上各级人大常委会工作机构和办事机构的工作人员，县以上各级人民代表大会专门委员会办事机构的工作人员。

3）人民政府的公务人员，包括各级人民政府的组成人员，各级人民政府工作部门及派出机构的工作人员，乡镇人民政府机关的工作人员。

4）监察委员会公务人员，包括各级监察委员会组成人员，各级监察委员会内设机构和派出机构的工作人员、派出的监察专员等。

5）人民法院公务人员，包括最高人民法院、地方各级人民法院的法官、审判辅助人员和司法行政人员。

6）人民检察院公务人员，包括最高人民检察院、地方各级人民检察院的检察官、检察辅助人员和司法行政人员。

7）中国人民政治协商会议各级委员会公务人员，包括中国人民政治协商会议各级委员会的领导人员和工作机构的工作人员，政协专门委员会办事机构的工作人员。

8）民主党派机关和工商业联合会机关的公务人员，包括中国国民党革命委员会、中国民主同盟、中国民主促进会、中国农工民主党、中国致公党、九三学社、台湾民主自治同盟中央和地方各级委员会的公务员，中华全国工商业联合会和地方各级工商联机关的公务人员，以及这些机构的职能部门和办事机构的工作人员。

第二类是参照公务员法管理的人员。

《监察法实施条例》第38条第2款对"参照公务员法管理的人员"进行了界定：指有关单位中经批准参照《公务员法》进行管理的工作人员。《公务员法》第112条对"参照公务员法管理的人员"的界定是，"法律、法规授权的具有公共事务管理职能的事业单位中除工勤人员以外的工作人员"。据此可以认为，作为监察对象的"参照公务员法管理的人员"是指在法律、法规授权的具有管理公共事务职能的事业单位中，从事工勤以外的工作，且经法定程序批准参照公务员法管理的人员。这一部分工作人员由于也属于行使公权力并履行公共职责的人员，所以应当被纳入监察对象范围。

（2）法律法规授权或者受国家机关委托管理公共事务的组织中从事公务的人员。

《监察法》第15条第2项将在"法律、法规授权或者受国家机关依法委托管理公共事务的组织中从事公务的人员"纳入监察对象范围。《监察法实施条例》第39条对这类人员进行了解释，即指在法律、法规授权或者受国家机关依法委托管理公共事务的组织中，"除参照公务员法管理的人员外，对公共事务履行组织、领导、管理、监督等职责的人员，包括具有公共事务管理职能的行业协会等组织中从事公务的人员，以及法定检验检测、检疫等机构中从事公务的人员"。法律、法规授权或者受国家机关依法委托管理公共事务的组织主要是法律、法规直接授权，或受国家机关依法委托管理公共事务的事业单位。在我国，事业单位数量多、分布广，由于历史和国情等原因，这些事业单位在一些地方和领域有着明显的人才、技术优势，授权或委托其管理某些公共事务有诸多益处。在这些领域，上述单位及其工作人员事实上行使的是公权力，为实现国家监察全覆盖，有必要将其纳入监察对象范围，由监察机关对其用权行为进行监督。

这类人员不包括参照公务员法管理的管理公共事务的事业单位和人员。

（3）国有企业管理人员。

根据《监察法实施条例》第40条的规定，作为监察对象的"国有企业管理人员"是指国家出资企业中的下列人员：1）在国有独资、全资公司、企业中履行组织、领导、管理、监督等职责的人员；2）经党组织或者国家机关，国有独资、全资公司、企业，事业单位提名、推荐、任命、批准等，在国有控股、参股公司及其分支机构中履行组织、领导、管理、监督等职责的人员；3）经国家出资企业中负有管理、监督国有资产职责的组织批准或者研究决定，代表其在国有控股、参股公司及其分支机构中从事组织、领导、管理、监督等工作的人员。

将国有公司、企业中从事公务的人员视同国家工作人员，《刑法》（第93条）也有类似处理。这一类人员涉嫌职务违法犯罪的，监察机关可以依法展开调查。[①]

（4）公办的教育、科研、文化、医疗卫生、体育等单位中从事管理的人员。

《监察法实施条例》第41条对《监察法》第15条第4项规定的"公办的教育、科研、文化、医疗卫生、体育等单位中从事管理的人员"进行了解释，"指国家为了社会公益目的，由国家机关举办或者其他组织利用国有资产举办的教育、科研、文化、医疗卫生、体育等事业单位中，从事组织、领导、管理、监督等工作的人员"。这些人包括：

1）公办的教育、科研、文化、医疗卫生、体育等单位及其分支机构的领导班子成员和这些机构中的国家工作人员，如公立学校的校长、副校长，公立医院的院长、副院长等。

2）公办的教育、科研、文化、医疗卫生、体育等单位的中层和基层管理人员，包括管理岗六级以上职员，从事与职权相联系的管理事务的其他职员，以及涉及管理、监督国有财产重要工作的人员，主要是会计、出纳人员，采购、基建部门人员。这些人员的日常工作涉及国有财产的管理，容易出现利用职权的职务违法和职务犯罪行为，将其归入监察对象范围具有必要性。

（5）基层群众性自治组织中从事管理的人员。

《监察法实施条例》第42条对《监察法》第15条第5项所称的"基层群众性自治组织中从事管理的人员"进行了解释，指基层群众性自治组织中的下列人员：1）从事集体事务和公益事业管理的人员；2）从事集体资金、资产、资源管理的人员；3）协助人民政府从事行政管理工作的人员，包括从事救灾、防疫、抢险、防汛、优抚、帮扶、移民、救济款物的管理，社会捐助公益事业款物的管理，国有土地的经营和管理，土地征收、征用补偿费用的管理，代征、代缴税款，有关计划生育、户籍、征兵工作，协助人民政府等国家机关在基层群众性自治组织中从事的其他管理工作。

根据《宪法》《村民委员会组织法》《城市居民委员会组织法》的规定，基层群众性自治组织指的是依照有关法律规定，以城乡居民/村民一定的居住地为纽带和范围设立，并由居民/村民选举产生的成员组成的，实行自我管理、自我教育、自我服务的社会组织。基层群众性自治组织存在于居住地范围的基层社区，从事的工作是居民居住范围内社区的公共事务和公益事

---

① 中共中央纪律检查委员会法规室，中华人民共和国国家监察委员会法规室．《中华人民共和国监察法》释义．北京：中国方正出版社，2018：111-112．

业。在基层群众性自治组织中从事公共事务和公益事业管理的人员，管理集体财物、资源的人员，以及协助政府从事行政管理的人员，都在一定程度上行使公权力，因而是监察机关的监督、调查和处置对象。

3. 与"公职人员"相关的几个概念

（1）在编人员

"在编人员"概念与我国党政机关和事业单位实行机构编制管理有关。在编人员是指具有国家（人事部门）正式编制的工作人员，包括行政编制人员和事业编制人员。在编人员的基本工资和地方性补助都是由财政拨款的，他们享受国家财政供养，因此，这两类人员均属于监察对象。这类人员包括公务员，参照公务员法管理的人员，法律、法规授权或受国家机关依法委托管理公共事务的组织中参公管理人员外的从事公务的人员。

（2）非编人员。

非编人员是指没有国家正式编制的人员，是用人单位（国家机关或事业单位）自行招聘的工作人员或基层群众性自治组织、社会组织、人民团体中的人员。作为监察对象的非编人员主要包括国有企业管理人员，公办教育、科研、文化、医疗卫生、体育等单位中从事管理的人员，基层群众性自治组织中从事管理的人员，以及其他依法行使公权力的人。

（3）有关人员。

作为监察对象的"有关人员"是指《监察法》第15条第6项和《监察法实施条例》第43条规定的不属于公职人员但行使公权力的一部分人员。关于"有关人员"的具体范围将在后文详述。

（二）公职人员的特点

公职人员是职业、身份的结合，相较于公务员这一概念，它更强调职业而非身份。一般来说，它具有以下特点。

1. 职业特点。

首先，公职人员所从事的是公共事务或管理公共事务。公职人员是经法律法规授权，或者依法受国家机关委托从事公共事务的人员，其所从事的公共事务必须具有公共性，即目的具有公共性、对象具有公共性以及职权行使方式具有公共性。[①]

其次，公职人员的职责是基于法律、法规的授权或有权机关的委托，管理某项公共事务。对该职责不得随意放弃。

最后，公职人员的职权是基于其身份而得以管理公共事务的权力，即公权力。公权力是存在于公共领域的权力，是相关主体受公众委托行使的权力。[②] 公权力具有合法性、公益性和强制性的特征。作为监察对象的公职人员，其行使的权力必须是公权力。

2. 身份特点。

首先，公职人员隶属于管理公共事务的组织，或者经法律、法规授权或者有权机关委托，拥有某项公共事务管理职责的组织，具备从事相关职务活动的身份。

其次，一般是在编职工。公职人员必须是在编制内的正式职工，享受国家规定的福利待遇，同时也要承担相应的义务和责任。

3. 基于职业和身份的伦理

公职人员是社会主义制度下公共服务体系的重要组成部分，他们的工作直接关系到国家和

---

① 夏金莱.论监察全覆盖下的监察对象.中国政法大学学报，2021（2）.

② 徐靖.论法律视域下社会公权力的内涵、构成及价值.中国法学，2014（1）.

人民的利益，因此，他们必须具备良好的政治素质和专业能力，严格遵守职业道德和纪律，为实现中华民族伟大复兴的中国梦不断努力奋斗。

首先，公职人员具有鲜明的政治性。公职人员是在特定的社会制度基础上产生的，而特定的社会制度代表的是特定群体的利益。我国是社会主义国家，代表全体人民的利益，因而，公职人员必须要有坚定的政治立场，懂得其自身的权力来源于人民群众，要在行使公权力的时候牢记以人民群众利益和国家利益为基本准则，拿捏好尺度，真正为人民群众服务。

其次，公职人员具有严格的权力约束性。在我国，公职人员的权力来源于人民，对权力的行使通过法律、规章、政策等形式予以规范。也就是说，公职人员行使公权力必须在各项法律法规规定的范围内，并且要受到相应的法律法规等的约束，任何人都不能触犯法律，权力一定要在制度的笼子里运行。

最后，公职人员的行为具有社会示范性。公职人员在我国承担管理国家、服务人民的社会职责，且经过严格考核与筛选。公职人员队伍是社会中整体素质最高的队伍，自然而然公职人员的个体行为会在社会中产生一种榜样、示范作用，因此：第一，公职人员要依照国家法律行使公权力，保持自身的廉洁性。第二，公职人员要成为道德榜样。

以上这些特点决定了公职人员职业的特殊性，以及被列入监察对象范围的必要性。

二、"有关人员"的含义和范围

除了公职人员，还有一些非公职人员行使公权力。为了实现监察范围的全覆盖，《监察法》首次在公职人员以外界定其他履行公务职能的人员，并将他们纳入监察范围。根据《监察法》和《监察法实施条例》的规定，我们认为，"有关人员"是指不具有国家公职人员身份，但在特殊情况下行使公权力的人。这类人员主要是《监察法实施条例》第43条规定的"其他依法履行公职的人员"，主要是指如下人员：

（1）履行人民代表大会职责的各级人民代表大会代表，履行公职的中国人民政治协商会议各级委员会委员、人民陪审员、人民监督员。这些人虽不是公职人员，但在作为人大代表、政协委员、人民陪审员、人民监督员时行使的是公权力，存在利用该公权力谋私的可能性。大量的实践也表明，一些人大代表、政协委员，利用人大代表、政协委员身份谋私利、干预司法，甚至实施犯罪活动。但他们并非公职人员，为实现监察全覆盖，也应将他们纳入监察对象范围。

（2）虽未列入党政机关人员编制，但在党政机关中从事公务的人员。这是指虽无正式编制，但在党政机关中从事公务、行使公权力的人员。将他们纳入监察对象范围，是因为他们所从事的公务是行使公权力的行为，他们同样可能利用公权力谋私，破坏公权力的廉洁性和公正性。如云南省玉溪市某区派出所协警李某，利用其办理流动人口"居住证"的职务便利，帮助中介人员为他人非法办理"暂住登记证明"，从中收受贿赂，数额较大。①

（3）在集体经济组织等单位、组织中，经党组织或者国家机关，国有独资、全资公司、企业，国家出资企业中负有管理监督国有和集体资产职责的组织、事业单位提名、推荐、任命、批准等，从事组织、领导、管理、监督等工作的人员。

（4）在依法组建的评标、谈判、询价等组织中代表国家机关，国有独资、全资公司、企业、事业单位，人民团体临时履行公共事务组织、领导、管理、监督等职责的人员。

---

① 女协警被查！纪委：虽是劳务派遣，但属于在国家机关从事公务人员.（2022 - 08 - 07）[2023 - 08 - 13]. https://new.qq.com/rain/a/20220807A00DLV00.

　　（5）其他依法行使公权力的人员，如公安机关委托履行监管职责的人员和委派承担监管职责的狱医，国家机关委托从事行政执法活动的事业编制人员，国家机关和企事业单位返聘从事公职或者管理的人员，依法履行职责的红十字会工作人员。该条款是兜底性条款，如何理解和操作在实践中争议较大。我们认为，应当从监察全覆盖原则出发来理解和解释。基于"对所有行使公权力的公职人员监察全覆盖"这一理念，在确定"其他人员"的范围时，除了考虑"人"的身份，还应当结合"事"，即行为是否属于"行使公权力的行为"，从"人"（公职人员）和"事"（行使公权力）两个维度进行判断：从"人"来看，具有公职人员身份，即为监察对象；从"事"来看，行使的是公权力，即应属于监察对象。如辅警、协警等，本身不具有公职人员身份，但在辅助人民警察从事执法工作时，则属于监察对象。[1]

　　上述几类"有关人员"的共同特点是：不是国家机关、事业单位中有正式编制的工作人员，所从事的工作以劳务性工作为主，所执行的是公务工作的一部分或者临时执行公务或行使公权力。

三、监察对象的识别标准

　　《监察法》第 3 条设定的监察对象是"所有行使公权力的公职人员"。这里涉及的两个核心词"行使公权力"和"公职人员"，对两者的关系学者之间存在诸多争议。

　　一些学者认为：从词语来解释，"行使公权力"是定语，被修饰的词是"公职人员"，因此，监察对象的身份——"公职人员"是首要条件，不具备这个身份条件，即不能成为监察对象。次要条件是"行使公权力"，即公职人员只有在行使公权力时，才能成为监察对象。"行使公权力"是职权要件对身份要件的限制，旨在防止监察对象范围的不合理扩张。两者均构成监察对象的必要条件，"因为在总则中，公权力性质和公职人员身份是不可选择的并列存在，必须同有，不可只具其一。如只行使公权力但无公职人员身份，或只有公职人员身份并不行使公权力，都不属于监察对象"[2]。但这种解释会造成一些遗漏，一些根据法律法规或授权行使公权力的非公职人员（如辅警、协警）被排除在监察对象范围之外，违背了全覆盖原则，同时也与《监察法》第 1 条、第 3 条、第 15 条，以及《监察法实施条例》第 43 条的规定相冲突。

　　另一些学者认为："行使公权力"是职权要件，是判断是否为监察对象的实质要件或基本标准；"公职人员"是身份要件，是形式要件。以"行使公权力"为判断是否为监察对象的基本要件，可以解决身份要件带来的局限，全面落实监察全覆盖原则，真正实现对公权力的无死角监督。另外，采用这一解释也可以有效解决法条表述不一致带来的运用难题，并为进一步完善监察对象范围预留空间。[3]

　　还有一些学者认为，"在监察对象的认定上，应当强调判断的标准是看是否行使公权力，而不是看是否具有公职身份"[4]。此为"公权力行使说"。该学说认为，在判断监察对象上，只有单一标准，即是否行使公权力。

　　我们认为：将"公职人员"身份要素与"行使公权力"职权要素结合，作为判断监察对象的标准，是符合立法原意的。另外，结合两要件确定监察对象，也保持了监察权的克制性。

---

① 秦涛，张旭东．论《监察法》"行使公权力"的判定标准．上海行政学院学报，2019（2）.

② 刘用军．论民主党派中行使公权力的公职人员范围：以监察法之监察对象为视角．湖北警官学院学报，2019（2）.

③ 魏昌东．监察全覆盖的理论逻辑与应然边界．南京大学学报（哲学·人文科学·社会科学），2022（5）.

④ 蔡金荣．"国家监察全面覆盖"的规范结构探析．求实，2019（1）.

《监察法》第1条、第3条明确规定了监察对象的范围是"行使公权力的公职人员"，将"公职人员"这一身份要件忽略，不符合法治主义的要求。以公职人员身份为监察对象的构成要件，也便于监察机关明确工作重点，毕竟，公职人员行使由国家依法授予的公权力，是公权力行使的常态，而不具备公职身份者行使公权力的情况只是公权力行使的例外、临时情况，数量与范围有限。[①] 对于常见的公职人员行使公权力的特殊情形，可以通过法律法规中的兜底条款予以处理，而不能直接采取取消身份要件这一方法。

第三节　监察管辖

一、监察管辖的含义和意义

监察管辖，是指各级监察机关之间以及各地区监察机关之间在办理监察事项上的职权分工。《监察法》第16条、第17条是关于监察机关行使监察权的管辖规定，它们明确了监察机关管辖的一般原则、各级监察机关的管辖范围和管辖的变通、管辖争议的解决。《监察法》关于监察机关的一般管辖、管辖移转以及管辖争议的规定，是监察机关的监督权、调查权以及处置权在管辖方面的具体化和规范化，对于监察实践有以下几方面的意义。

第一，清晰、明确的管辖规则是监察机关做好监察工作的前提。管辖原则一般是结合对象因素、地域因素以及案件的不同性质综合确定监察机关的管辖权。科学的管辖制度能够很好地配置各级各地监察机关的工作权责，充分调动监察机关及其工作人员的积极性，保证对监察案件及时、准确、合法地处理。

第二，监察管辖的确定，可以使各级各地监察机关切实履行监督、调查和处置责任，及时、准确地行使监察权力，防止推诿和争议。

第三，明确监察管辖，有利于其他国家机关、社会团体和社会大众向有管辖权的监察机关检举和举报职务违法、职务犯罪行为，完善相关监督机制，从而维护国家利益、公共利益和公民的合法权益。

第四，健全的监察管辖制度，可以提高各级各地监察机关的办案质量和办案效率。要提高监察机关办理案件的质量，首先就要明确管辖权限，而监察案件管辖不明或管辖存在争议，都会影响对监察事项的立案查处，也会影响办案周期。此外，上级监察机关通过合理调配管辖权，可以合理控制和使用各级监察机关的监察资源，最大限度地发挥各级监察机关的效能，从而大大便利办案和提高办案效率。

划分监察管辖的基本原则主要有以下几项。

第一，有利于准确及时查明、处理监察事项。划分监察管辖的一个重要原则是能确保职务违法、犯罪行为被及时发现、查处，抓早抓小，防止腐败的扩大，保证被监察案件的处理质量，实现《监察法》的任务。

第二，合理分工，充分发挥各级各地监察机关的职能，促进监察机关之间及监察机关与其他机关之间的相互配合，最大限度地激发监察人员的积极性和主动性。

第三，原则性与灵活性相结合。原则性与灵活性的辩证关系中，原则是基础，灵活是发展；原则是灵活变化的度，灵活是在原则限制范围内的灵活，又反作用于原则。这体现在监察

---

① 魏昌东. 监察全覆盖的理论逻辑与应然边界. 南京大学学报（哲学·人文科学·社会科学），2022（5）.

管辖的划分上，即应当首先确定监察管辖的一般原则，各地各级监察机关首先要坚守这些原则，同时也应当为各地各级监察机关查办案件保留一定的灵活调整空间，提高监督、调查、处置的工作效率，降低案件办理的成本。

二、监察管辖的一般原则

《监察法》第16条第1款规定，"各级监察机关按照管理权限管辖本辖区内本法第十五条规定的人员所涉监察事项"，从而确立了级别管辖（管理权限）与地域管辖（属地管辖）相结合的监察管辖的一般原则。《监察法实施条例》第45条重申了上述原则：监察机关开展监督、调查、处置，按照管理权限与属地管辖相结合的原则，实行分级负责制。该原则包含了具有递进关系的三个层面的内容。

（1）监察管辖一般由级别管辖与地域管辖相结合确定。依单个要素一般无法确定某一监察事项具体应当由哪个监察机关行使监察权。

（2）级别管辖是按照各级监察机关管理权限划分确定的。《监察法》第16条中的"管理权限"是指对监察对象的组织人事管理权限。"管理权限"确定级别管辖，监察对象的组织人事关系由哪一级组织人事部门管理，其所涉及的监察事项由相对应的监察机关管辖。各级监察机关对于组织人事关系不由本级组织人事部门管理的监察对象，不具有管辖权。

（3）地域管辖是按照行政辖区划分确定的。《监察法》第16条中的"本辖区"，是指本级监察机关所在的省（自治区、直辖市）、市/盟、县/区/旗的行政管辖区域。"本辖区"确定了地域管辖的范围，各级监察机关原则上只对本行政区域内本级组织人事部门管理的监察对象及其所涉及的监察事项具有管辖权，如市级监察机关原则上只管辖本市辖区内市管干部所涉监察事项。

一般而言管辖的确定主要考虑两个因素：一是监察对象因素，二是监察事项因素。监察对象因素是各级监察机关可以实施监察的具体人员范围。监察事项因素，是指各级监察机关可以对哪些监察事项实施监察。确立管辖的一般原则，明确各级别各地域监察机关的管辖范围，是实现反腐防腐的制度前提，因为明确管辖能有效开启监察工作，避免各级监察机关间的管辖争执或推诿，同时又有利于收集问题线索，增强监察工作的实效性和灵活性。确立管辖的一般原则，是实现程序正义不可缺少的环节，因为明确管辖的一般原则可以确保监察资源的均衡配置，使监察对象基于同样的情况获得同样对待，提高办案效率，实现监察程序的正义。

遵照监察管辖的一般原则，各级各地监察机关管辖案件的基本规则是：

（1）设区的市级以上监察委员会按照管理权限，依法管辖同级党委管理的公职人员涉嫌职务违法和职务犯罪案件。

（2）县级监察委员会和直辖市所辖区/县监察委员会按照管理权限，依法管辖本辖区内公职人员涉嫌职务违法和职务犯罪案件。

（3）派驻或者派出的监察机构、监察专员根据派出机关授权，按照管理权限依法对驻地部门、区域等的公职人员开展监督，对职务违法和职务犯罪进行调查、处置。监察机构、监察专员可以按规定与地方监察委员会联合调查严重职务违法、职务犯罪，或者移交地方监察委员会调查。未被授予职务犯罪调查权的监察机构、监察专员发现监察对象涉嫌职务犯罪线索的，应当及时向派出机关报告，由派出机关调查或者依法移交有关地方监察委员会调查。

（4）地方各级监察委员会按照《监察法实施条例》第13条、第49条的规定，可以依法管辖工作单位在本辖区内的有关公职人员涉嫌职务违法和职务犯罪案件。

（5）工作单位在地方、管理权限在主管部门的公职人员涉嫌职务违法和职务犯罪的，一般由驻地部门、有管辖权的监察机构、监察专员管辖。经协商，监察机构、监察专员可以按规定移交公职人员工作单位所在地的地方监察委员会调查，或者与地方监察委员会联合调查。地方监察委员会在工作中发现上述公职人员有关问题线索的，应当向驻地部门、有管辖权的监察机构、监察专员通报，并协商确定管辖。

三、移转管辖

移转管辖，又称管辖权的移转，是指有管辖权的监察机关把案件转移给原来无管辖权的监察机关，通过转移，使无管辖权的监察机关取得管辖权。移转管辖的意义在于，能很好地解决有管辖权的监察机关基于种种客观原因不能或不宜管辖产生的问题，如案件涉及的关系复杂，办理和协调难度大，原有管辖权的监察机关级别过低而无法保证案件的顺利查办。移转管辖是对一般管辖原则的必要补充及细化，能够在面对复杂、特殊案件的管辖时做到有法可依，避免在管辖问题上的无序争执，使监察事项能够实事求是、高效地得到办理。

（一）提级管辖

提级管辖，也称管辖权向上的移转，是指上级监察机关办理下一级或下辖各级监察机关管辖范围内的监察事项。《监察法》第16条第2款规定："上级监察机关可以办理下一级监察机关管辖范围内的监察事项，必要时也可以办理所辖各级监察机关管辖范围内的监察事项。"第17条第2款规定："监察机关认为所管辖的监察事项重大、复杂，需要由上级监察机关管辖的，可以报请上级监察机关管辖。"由这两款规定可见，我国监察管辖权向上移转有两种情形：一种是上级监察机关自行决定提级管辖，另一种是下级监察机关报请上级监察机关提级管辖。

1. 自行提级管辖

管辖权向上移转主要是为了应对一些重大、疑难、复杂的监察事项，同时有利于上级监察机关对下级监察机关的监督指导。由于监察机关实行的是垂直领导的体制，所以上级监察机关具有对下级监察机关的直接指挥权，有权对下级监察机关调查案件的情况给予监督和指导，在特殊情形下，甚至可以直接办理下级监察机关管辖范围内的监察事项。上级监察机关对下级监察机关管辖的监察事项，可以不受一般管辖的限制与约束，具有选择管辖的权力，可以管辖下一级监察机关管辖的监察事项，也可以跨级管辖下数级监察机关管辖的监察事项。

从实践来看，自行提级管辖的监察事项主要包括：（1）上级监察机关认为在其所辖地区有重大影响的监察事项；（2）上级监察机关认为下级监察机关不便办理的重要、复杂的监察事项，以及下级监察机关办理可能会影响公正处理的监察事项；（3）领导机关指定由上级监察机关直接办理的监察事项。[①]

决定是否提级管辖时，上级监察机关需要考量的因素主要是：（1）下级监察机关对案件查办不力；（2）下级监察机关不便管辖，遇到来自外部的严重压力和干扰，影响案件的公正管辖等；（3）案情重大、复杂或者案件涉及面广、社会影响大；（4）有权管辖的监察机关出现主要负责人回避等情形。

从提级管辖的程序方面考察，上级监察机关如果认为有必要管辖下级监察机关管辖的监察事项，应当通过向下级监察机关下达改变管辖决定书的方式进行，并说明提级管辖的理由。

---

① 中共中央纪律检查委员会法规室，中华人民共和国国家监察委员会法规室．《中华人民共和国监察法》释义．北京：中国方正出版社，2018：117.

2. 报请提级管辖

报请提级管辖，是指监察机关因法定事由可以报请上级监察机关管辖原本由自己管辖的监察事项。《监察法》规定的报请提级管辖主要发生情形是下级监察机关认为管辖的监察事项重大、复杂，已不适合由自己管辖，需要将该监察事项移送上级监察机关进行管辖。

从实践来看，报请提级管辖的监察事项主要包括：（1）下级监察机关认为有重大影响，由上级监察机关办理更为适宜的监察事项；（2）下级监察机关不便办理的重大、复杂监察事项，以及自己办理可能会影响公正处理的监察事项；（3）因其他原因需要由上级监察机关管辖的重大、复杂监察事项。①

下级监察机关在决定将其监察事项报请上一级监察机关管辖时，应当满足以下几个条件：首先，报请提级管辖的监察机关只能是下级监察机关。下级监察机关可以将自己所管辖的重大、复杂的事项请求移送上级监察机关管辖。其次，接受报请的上级监察机关不限于直接的上级监察机关，也包括跨级的上级监察机关。不过，对这样越级的提级管辖跨级的上级监察机关原则上只能接受，也就是说已接受报请之监察事项的上级监察机关，不能再以同样的理由报请其上级监察机关予以管辖。最后，报请提级管辖的监察事项只限于重大、复杂的情形。重大、复杂，一般是指监察事项的性质难以判断认定或监察事项在一定范围内具有重大影响，或者对于监察事项涉及的监察对象的具体情况只有上级监察机关才能有效实施调查工作。

报请提级管辖的程序为：

（1）书面申请。下级监察机关在认为监察事项属于案情重大、复杂的情形时，应当在案件立案后的一定时间内以书面请求的方式，报请上级监察机关管辖。

（2）受理。上级监察机关在接到报请提级管辖申请之后应当迅速作出决定，以保证案件得到及时调查和处理。

（3）下达同意提级管辖决定书。上级监察机关如果同意下级监察机关的报请请求，应下达同意提级决定书。下级监察机关接到上级监察机关的同意提级决定书后，应当将已有的案件材料移送上级监察机关。

（4）继续调查、处理监察事项。上级监察机关如果不同意下级监察机关的报请请求，应当要求该下级监察机关继续行使监察权，下级监察机关应当认真履行职责。

（二）指定管辖

《监察法》第17条第1款规定，"上级监察机关可以将其所管辖的监察事项指定下级监察机关管辖，也可以将下级监察机关有管辖权的监察事项指定给其他监察机关管辖"。这是《监察法》确立的指定管辖制度。指定管辖的实质是赋予上级监察机关在一定情况下变更或者确定案件管辖的机动权，这种变更管辖权是基于上、下级监察机关的垂直领导关系——上级监察机关领导下级监察机关，下级监察机关对上级监察机关负责。《监察法实施条例》第48条第2款规定了指定管辖的一般程序要求：设区的市级监察委员会将同级党委管理的公职人员涉嫌职务违法或者职务犯罪案件指定下级监察委员会管辖的，应当报省级监察委员会批准；省级监察委员会将同级党委管理的公职人员涉嫌职务违法或者职务犯罪案件指定下级监察委员会管辖的，应当报国家监察委员会相关监督检查部门备案。

监察法规定的指定管辖，是指根据上级监察机关的指定而对特定监察事项进行管辖。指定管辖包含两种情形：

---

① 中共中央纪律检查委员会法规室，中华人民共和国国家监察委员会法规室.《中华人民共和国监察法》释义.北京：中国方正出版社，2018：120.

（1）上级监察机关决定将本由其管辖的监察事项指定给某一下级监察机关管辖。一般管辖原则对管辖权的配置是根据各级监察机关的管理权限，其基本原理是，不同级别的监察机关的工作重心和主要任务不同，因而监管的监察事项不同。但实践往往复杂多变，有些监察事项虽应属上级监察机关管辖，但具体个案的案情简单，调查难度不大，由下级监察机关管辖更为方便，或者下级监察机关在收集证据等方面更有优势，指定下级监察机关管辖更合理，则该上级监察机关就有权将此监察事项指定由下一级监察机关管辖。同时这也是上级监察机关合理调整监察资源配置，履行监察机关内部监督职责的体现。

（2）上级监察机关将某一下级监察机关管辖的监察事项指定给自己辖区的其他监察机关管辖。这种由上级机关根据监察对象和监察事项的具体情况决定管辖机关的制度安排，是对监察管辖一般原则的必要补充，能够在复杂的个案处理时选择"最优管辖"途径，寻求最便利和最有可能办结案件的方案来确定个案的具体管辖，从而确保各级监察机关能够及时、准确应对各类型案件，实现监察机制的高效运行。这种指定管辖，在实践中也被称为异地管辖，其发生主要是为了确保程序公正和保障监察对象的合法权益。

《监察法实施条例》第48条第3款规定了指定异地管辖的情形："上级监察机关对于下级监察机关管辖的职务违法和职务犯罪案件，具有下列情形之一，认为由其他下级监察机关管辖更为适宜的，可以依法指定给其他下级监察机关管辖：（一）管辖有争议的；（二）指定管辖有利于案件公正处理的；（三）下级监察机关报请指定管辖的；（四）其他有必要指定管辖的。"其中第一种情况是指两个以上的监察机关认为自己有管辖权，或没有监察机关对监察对象和事项主张管辖权。这是管辖的积极争议和消极争议。第二种情况包括：（1）有管辖权的下级监察机关不宜行使管辖权，如监察事项在当地或者一定区域内有重大社会影响，下级监察机关管辖可能受到地方严重干扰；监察对象属于当地党政主要负责人，当地监察机关行使管辖权的公正性受到质疑，或下级监察机关主要负责人需要回避，等等；（2）有管辖权的监察机关不便行使管辖权，为了保证监察机关及时、有效地履行监察职责，上级监察机关将下级监察机关管辖的监察事项指定其他监察机关管辖。第三种情况是下级监察机关报请上级监察机关指定处理的。《监察法实施条例》第50条规定了下级监察机关报请指定的一种情形：监察机关办理案件过程中涉及无隶属关系的其他监察机关的监察对象，认为由其一并调查更为适宜的，可以报请有权决定的上级监察机关指定管辖。当然，对于监察机关办理案件过程中涉及无隶属关系的其他监察机关的监察对象，认为需要立案调查的，原则上应当商请有管理权限的监察机关依法立案调查，但认为由其一并调查更为适宜的，可以报请指定管辖。

指定管辖中的"上级监察机关"包括直接的上级监察机关和跨级的上级监察机关，乃至国家监察委员会。指定的其他监察机关一般是下辖的下级监察机关。国家监察委员会可以跨地区、跨省指定到全省乃至全国其他监察机关。被指定的下级监察机关未经指定管辖的监察机关批准，不得将案件再行指定管辖。发现新的职务违法或者职务犯罪线索，以及其他重要情况、重大问题的，应当及时向指定管辖的监察机关请示报告。

四、管辖争议的解决

《监察法》第16条第3款规定："监察机关之间对监察事项的管辖有争议的，由其共同的上级监察机关确定。"这是关于当两个或两个以上的监察机关之间对某一项监察事项的管辖存在争议时该如何处理并最终确定管辖主体的问题。

由于监察所涉及的对象以及事项本身具有一定的复杂性，监察管辖交叉、重叠或者管辖不清的情况时有发生。为了避免因为管辖争议而引发监察机关的争执和推诿，保证各级监察机关能够正确履行自己的职责和协调合作，《监察法》明文规定了管辖争议的处理原则：两个或者两个以上监察机关发生管辖争议之后，应当将争议的监察事项提交共同的上级监察机关确定，由该上级监察机关确定由哪一个监察机关管辖；如果管辖争议发生在不同省份的监察机关之间，则应提交国家监察委员会确定。根据法条的文义进行解释，"共同的上级监察机关"是指与发生管辖争议的两个或者两个以上的监察机关都有领导关系的上级监察机关，比如，同一省的两个市级监察委员会的共同上级监察机关，是该省监察委员会；两个县级监察委员会，如分属同一省内的两个不同市，则其共同的上级监察机关还是该省监察委员会。[①]

五、并案管辖与分案管辖

（一）并案管辖

关联案件的并案或分案管辖问题来自《监察法》《监察法实施条例》的规定，如《监察法》第34条第2款，《监察法实施条例》第46条第4款、第51条、第52条。

所谓并案管辖，是指原本应由不同机关管辖的数个案件，合并由同一个机关管辖。并案管辖可能是如下情形：（1）一个被调查人涉嫌数个职务违法犯罪。如《监察法》第34条第2款规定，被调查人既涉嫌严重职务违法或者职务犯罪，又涉嫌其他违法犯罪的，一般应当以监察机关为主调查，其他机关予以协助。这里的"又涉嫌其他违法犯罪"是指又涉嫌其他机关管辖的违法犯罪，即被调查人涉嫌严重职务违法或者职务犯罪，同时又涉嫌由其他机关管辖的其他违法犯罪。（2）多个被调查人涉嫌共同职务违法犯罪。如《监察法实施条例》第46条第4款规定，监察机关调查公职人员涉嫌职务犯罪案件，可以依法对涉嫌行贿犯罪、介绍贿赂犯罪或者共同职务犯罪的涉案人员中的非公职人员一并管辖。其中对"共同职务犯罪的涉案人员中的非公职人员一并管辖"即为这种情况。（3）多个被调查人共同职务违法犯罪，此外还实施其他职务违法犯罪。如《监察法实施条例》第52条第2款规定：监察机关在调查司法工作人员涉嫌贪污贿赂等职务犯罪中，可以对其涉嫌的利用职权实施的涉嫌非法拘禁、刑讯逼供、非法搜查等侵犯公民权利、损害司法公正犯罪一并调查，并及时通报同级人民检察院。（4）多个被调查人实施的职务违法犯罪不是共同职务违法犯罪，但存在一定关联，且进行并案管辖有利于案件的查处。[②]如上述《监察法实施条例》第46条第4款规定的"监察机关调查公职人员涉嫌职务犯罪案件，可以依法对涉嫌行贿犯罪、介绍贿赂犯罪……一并管辖"。

《监察法》和《监察法实施条例》规定的并案管辖有以下两种情形。

1. 监察机关与其他国家机关间的并案管辖

《监察法》第34条第2款和《监察法实施条例》第52条第2款的规定就是这种情形。为了贯彻监察全覆盖原则，实现监察机关对行使公权力的公职人员的全面监督、查处，监察法赋予了监察机关更多的机动管辖权。如根据《监察法实施条例》第52条，对于检察机关直接受理侦查的14种职务犯罪，监察机关也可以进行立案调查。尽管检察机关对此类职务犯罪有优先管辖权，但监察机关的机动管辖权更有主动性：（1）监察机关在办理与检察机关互涉的案件时，监察机关可以并案管辖检察机关直接管辖的案件，但检察机关不能并案管辖监察机关负责调查的案件。（2）检察机关在办理直接受理侦查的案件时，发现犯罪嫌疑人同时涉嫌监察机关管辖的其他职务犯罪的，应当与监察机关沟通，监察机关认为其并案管辖更有利的，检察机关

<hr/>

[①] 中共中央纪律检查委员会法规室，中华人民共和国国家监察委员会法规室．《中华人民共和国监察法》释义．北京：中国方正出版社，2018：117．

[②] 卫跃宁．监察法与刑事诉讼法管辖衔接研究．法学杂志，2022（4）．

应当将全案移交至监察机关并由其并案管辖。（3）职务犯罪案件中对向犯为非公职人员（如监察机关在调查受贿罪时，涉案的行贿人非公职人员）的，应当并案管辖；监察机关管辖的职务犯罪中有非公职人员共犯的，应当并案调查。

监察机关对互涉案件或关联案件有更多的机动管辖权，与刑事诉讼互涉案件管辖权冲突的解决不同，后者是遵循的是"依主罪确定管辖"的原则，而在监察机关与其他国家机关互涉案件中，解决管辖问题的调节器是监察机关的机动并案管辖权。这样规定与国家监察制度改革的基本方针有关。习近平总书记在《关于〈中共中央关于全面深化改革若干重大问题的决定〉的说明》中指出：反腐败问题一直是党内外议论较多的问题。目前的问题主要是，反腐败机构职能分散、形不成合力，有些案件难以坚决查办，腐败案件频发却责任追究不够。[①] 为推进一体化反腐，实现监察全覆盖，塑造"三不腐"的环境，必须有一个核心机构，以其为中心凝聚合力，这个机构就是新的国家监察机关。因而，在围绕职务违法/犯罪监督、调查、处置上，立法赋予了监察机关更多的机动管辖权力。

2. 监察机关系统内部的并案管辖

这是《监察法实施条例》第50条的规定，监察机关办理案件中涉及无隶属关系的其他监察机关的监察对象，认为由其一并调查更为适宜的，可以报请有权决定的上级监察机关指定管辖。这实际是通过上级监察机关的指定管辖，获取本无管辖权的其他监察机关的管辖对象的管辖权。在监察实践中，监察机关办理案件过程中发现涉及无隶属关系的其他监察机关的监察对象，需要立案调查的，首先应当采取的措施是商请立案，即商请有管理权限的监察机关依法立案调查。但该监察机关认为由其一并调查更为适宜的，可以报请有权决定的上级监察机关指定管辖。

（二）分案管辖

《监察法实施条例》对《监察法》第34条第2款规定的"一般应当由监察机关为主调查"进行了两个方向的解释：一是由监察机关并案管辖。此即第52条的规定，除此之外，还规定了分案管辖，即第51条的规定："公职人员既涉嫌贪污贿赂、失职渎职等严重职务违法和职务犯罪，又涉嫌公安机关、人民检察院等机关管辖的犯罪，依法由监察机关为主调查的，应当由监察机关和其他机关分别依职权立案，监察机关承担组织协调职责，协调调查和侦查工作进度、重要调查和侦查措施使用等重要事项。"该条是分案管辖的依据。根据该条，监察机关在办案过程中发现监察对象既涉嫌贪污贿赂、失职渎职等严重职务违法和职务犯罪，又涉嫌公安机关、人民检察院等机关管辖的犯罪的，"依法由监察机关为主调查"，由监察机关和其他机关分别依职权立案，监察机关所起的作用是组织协调，即协调调查和侦查工作进度、重要调查和侦查措施使用等重要事项。如对于国家机关工作人员涉嫌受贿等职务犯罪同时涉嫌包庇、纵容黑社会性质组织罪，或者同时涉嫌包庇毒品犯罪分子罪，或者同时涉嫌利用职权强奸罪等，应当分别立案，而不能并案管辖。

六、监察、侦查互涉案件管辖

（一）监察、侦查互涉案件管辖概述

根据《监察法》第34条第2款的规定，被调查人既涉嫌严重职务违法或者职务犯罪，又涉嫌其他犯罪的，一般应当以监察机关为主调查，其他机关予以协助。这一法律规定，明确了

---

① 中共中央文献研究室. 十八大以来重要文献选编：上. 北京：中央文献出版社，2014：505.

调查管辖与立案管辖交叉情形下的职务犯罪调查优先原则。职务犯罪调查优先原则，是指一旦监察机关对涉嫌严重职务违法或职务犯罪的被调查人实施调查，其他主体的权力不得在法律上替代或损害监察机关的相对优势地位，监察机关享有依法排他的管辖和处理权力。职务犯罪调查优先原则在实务中适用于两种情形：一是监察机关在调查公职人员职务违法或职务犯罪案件时，发现被调查人还实施了属于公安、司法机关管辖的案件，以监察机关为主调查，需要公安、司法机关等其他机关协助的，其他机关应当给予协助；二是公安、司法机关在侦查普通刑事案件时，发现犯罪嫌疑人、自诉案件被告人可能涉及严重职务违法或者职务犯罪的，应当将案件及有关线索移送监察机关，以监察机关为主调查，需要公安、司法机关等其他机关协助的，其他机关应当给予协助。

确立职务犯罪调查优先原则的直接目的是更好地打击职务违法犯罪。目前，我国社会中职务犯罪呈高发态势，腐败渎职犯罪严重侵犯了国家和公共利益以及公职人员职务的廉洁性，影响党和国家的形象。如果任由其横行，最终会影响整个经济社会发展和党的执政根基，故严厉打击职务犯罪势在必行。此外，职务犯罪案件不同于普通刑事案件，查处难度很大，相关证据往往难以收集、固定。强调职务犯罪调查优先原则，以监察机关为主，其他机关配合，有利于资源的及时共享，避免重复取证、浪费公共资源，及时综合所得证据从整体高度出发对案件进行突破。此种模式，不仅有利于对职务犯罪的调查，也有利于对被调查人涉嫌的其他犯罪的查处。

（二）监察、侦查互涉案件管辖的实践规则

公职人员既涉嫌贪污贿赂、失职渎职等严重职务违法和职务犯罪，又涉嫌公安机关、检察机关等管辖的犯罪，依法以监察机关为主调查的，应当由监察机关和其他机关分别依职权立案，监察机关承担组织协调职责，协调调查和侦查工作进度、重要调查和侦查措施适用等重要事项。对于监察、侦查互涉案件，监察主导并非指监察机关并案调查，一并完成监察案件和非监察案件的事实查明，而是指在监察主导的基础上，分案调查、侦查，由监察机关与公安机关、检察机关分别立案，根据监察法和刑事诉讼法分别展开监察调查和刑事侦查。监察主导体现为程序进度上的把控，以保证及时全面查明案件事实，并统一向检察机关移送审查起诉。

第九章
监察权限

第一节　监察权限概述

党的十九大报告指出，"……依法赋予监察委员会职责权限和调查手段，用留置取代'两规'措施"。权限是指为了保证职责的有效履行，任职者必须具备的对某事项进行决策的权力及其范围和程度。监察权限，是指为保障监察机关依法有效履行监督、调查职能，立法所赋予监察机关的相应权力及其行使的范围和限度。根据《监察法》第18条至第34条的规定，监察权限主要包括监察措施适用权，从宽处罚建议权，监察证据收集、固定、运用三项内容。监察法对监察权限的行使主体、行使对象、行使条件、配置和行使程序等作了明确规定。

（一）监察措施适用权

监察措施适用权是指监察机关对公职人员进行监督、调查过程中有权适用具体监察措施。

监察措施适用权是监察机关最重要同时也最基础的具体权能，是展开监察监督，查明职务违法、职务犯罪的重要保障。

监察机关的监察措施适用权具有以下特征：

首先，从性质来看监察机关的监察措施适用权从属于监察权，是监察监督、调查职权的实现机制，需要遵循权力法定原则。全面依法治国是国家治理的一场深刻革命，全面依法治国是中国特色社会主义的本质要求和重要保障，由此决定了监察措施适用权的权力主体、具体内容、适用程序、适用对象都由法律明文规定。监察机关监察措施适用权的行使具有强制性，任何机关和个人不得阻碍调查工作的顺利进行。

其次，就适用范围而言，监察机关可采取的监察措施覆盖所有公职人员；就具体内容而言，监察法赋予了监察机关谈话、讯问、询问等一般调查措施，以及留置、查询、冻结、搜查、调取、查封、扣押、勘验检查、鉴定、技术调查、限制出境、通缉等特殊措施；就适用目的而言，包括保障监察监督和监察调查有效进行两个方面。

（二）从宽处罚建议权

从宽处罚建议权是指监察机关对符合条件的被调查人，在将案件移送人民检察院审查起诉时有权提出从宽处罚建议。监察机关的从宽处罚建议权具有以下特征：从性质来看监察机关的从宽处罚建议权属于监察权的范畴，这一权力的行使需经集体研究后，报上一级监察机关批准。从适用范围来看，只有在被调查人主动认罪认罚或揭发有关被调查人职务违法、犯罪，以及提供重要线索等情况下，监察机关才能为被调查人提出从宽处罚建议。从适用效果来看，监察机关的从宽处罚建议不具有强制性，不具有约束人民检察院及人民法院的法律效力。

（三）监察证据收集、固定、运用

证据收集、固定、运用是监察机关行使监察权的主要内容，也是进行监督、处置的事实基础所在。《监察法》及《监察法实施条例》对监察证据的种类范围、证明标准以及非法证据排除等均进行了明确的规范。从适用场景来看，监察证据既在监察领域内作为监督、处置的根据所在，同时需要进入刑事司法，作为职务犯罪案件刑事审判的证据基础，因而需要同时满足监察法和刑事诉讼法规定的合法性标准。从审查判断标准来看，对职务违法与职务犯罪采取了证据收集、固定标准统一，证明标准二元分立的规范模式。

第二节　监察措施

一、监察谈话

监察谈话，是指监察机关按照管理权限对可能发生职务违法的公职人员，直接或者委托有关机关、人员与其进行面对面的交流，要求监察对象说明有关情况的一种监察措施。通过立法程序将谈话明确规定为监察机关的监察措施之一，目的在于使监察工作与党内监督执纪"四种形态"中的第一种形态相匹配。根据《监察法》和《监察法实施条例》的规定，监察谈话包括问题线索处置型谈话、初步核实型谈话、调查型谈话和谈心型谈话四种类型，其中前三种属于监察措施的范畴。针对不同的适用场景，不同类型的监察谈话的具体程序要求存在差异。

（一）问题线索处置型谈话

对有一般性问题线索的，可以采取谈话方式，对被谈话人给予警示、批评、教育。谈话应当在工作地点等场所进行，明确告知谈话事项，注重谈清问题、取得教育效果。采取谈话方式处置一般性问题线索的，经审批可以由监察人员或者委托被谈话人所在单位主要负责人等进行。监察机关谈话应当形成谈话笔录或者记录，谈话结束后，可以根据需要要求被谈话人在15个工作日以内作出书面说明。被谈话人应当在书面说明的每页签名，有修改的，也应当签名。委托谈话的，受托人应当在收到委托函后的15个工作日以内进行谈话，谈话结束后及时形成谈话情况材料报送监察机关，必要时附被谈话人的书面说明。

（二）初步核实型谈话

为避免影响初步核实顺利进行，通常情况下监察机关在这一阶段不与被核实人接触，但确有需要与被核实人谈话的，需要按照被核实人的干部管理权限履行严格的审批程序。初步核实型谈话的主要目的是直接了解情况、获取证据，与已经收集的物证、书证等相印证。初步核实型谈话的程序要求与调查型谈话相一致。

（三）调查型谈话

调查型谈话的适用对象被限定为监察调查立案后涉嫌职务违法的被调查人，是职务违法调查的必经程序，无须进行专门的审批。与被调查人首次谈话时，调查人员应当出示"被调查人权利义务告知书"，由其签名、捺指印。被调查人拒绝签名、捺指印的，调查人员应当在文书上记明。

被调查人未被限制人身自由的，调查人员应当在首次谈话时出具"谈话通知书"。与涉嫌严重职务违法的被调查人进行谈话的，调查人员应当全程同步录音录像，并告知被调查人。对告知情况应当在录音录像中予以反映，并在笔录中记明。立案后，与未被限制人身自由的被调查人谈话的，应当在具备安全保障条件的场所进行。调查人员按规定通知被调查人所在单位派员或者被调查人家属陪同被调查人到指定场所的，应当与陪同人员办理交接手续，填写"陪送交接单"。调查人员与被留置的被调查人谈话的，按照法定程序在留置场所进行。与在押的犯罪嫌疑人、被告人谈话的，应当持以监察机关名义出具的介绍信、工作证件，商请有关案件主管机关依法协助办理。与在看守所、监狱服刑的人员谈话的，应当持以监察机关名义出具的介绍信、工作证件办理。

与被调查人进行谈话时，应当合理安排时间、控制时长，保证其饮食和必要的休息时间。谈话笔录应当在谈话现场制作。笔录应当详细具体，如实反映谈话情况。笔录制作完成后，应当交给被调查人核对。被调查人没有阅读能力的，应当向其宣读。笔录记载有遗漏或者差错的，应当补充或者更正，由被调查人在补充或者更正处捺指印。被调查人核对无误后，应当在笔录中逐页签名、捺指印。被调查人拒绝签名、捺指印的，调查人员应当在笔录中记明。调查人员也应当在笔录中签名。被调查人请求自行书写说明材料的，应当准许。必要时，调查人员可以要求被调查人自行书写说明材料。被调查人应当在说明材料上逐页签名、捺指印，在末页写明日期；对说明材料有修改的，在修改之处应当捺指印。说明材料应当由两名调查人员接收，在首页记明接收的日期并签名。

二、监察讯问

监察讯问，是指监察机关对于涉嫌职务犯罪的被调查人采用言词方式获取被调查人供述和辩解的一种监察措施。作为一种重要的调查措施，讯问既是监察机关获取证据的重要途径，也是被调查人进行辩解、主动坦白的重要保障。为实现权利保障与获取证据的平衡，《监察法》及《监察法实施条例》对监察讯问程序进行了严格规范，在讯问的主体、对象、流程等方面都必须遵循法定原则。

讯问被留置的被调查人，应当在留置场所进行；讯问未被限制人身自由的被调查人，应当在具备安全保障条件的场所进行。讯问应当个别进行，调查人员不得少于二人。首次讯问时，应当向被讯问人出示"被调查人权利义务告知书"，由其签名、捺指印。被讯问人拒绝签名、捺指印的，调查人员应当在文书上记明。被讯问人未被限制人身自由的，应当在首次讯问时向其出具"讯问通知书"。

讯问一般按照下列顺序进行：（1）核实被讯问人的基本情况，包括姓名、曾用名、出生年月日、户籍地、身份证件号码、民族、职业、政治面貌、文化程度、工作单位及职务、住所、家庭情况、社会经历，是否属于党代表大会代表、人大代表、政协委员，是否受到过党纪政务处分，是否受到过刑事处罚等；（2）告知被讯问人如实供述自己罪行可以依法从宽处理和认罪认罚的法律规定；（3）讯问被讯问人是否有犯罪行为，让其陈述有罪的事实或者无罪的辩解，应当允许其连贯陈述。调查人员的提问应当与调查的案件相关。被讯问人对调查人员的提问应当如实回答。

调查人员对被讯问人的辩解，应当如实记录、认真查核。讯问时，应当告知被讯问人将进行全程同步录音录像。对告知情况应当在录音录像中予以反映，并在笔录中记明。讯问被调查人，应当合理安排时间、控制时长，保证其饮食和必要的休息时间。讯问笔录应当在讯问现场制作。笔录应当详细具体，如实反映讯问情况。笔录制作完成后，应当交给被调查人核对。被调查人没有阅读能力的，应当向其宣读。讯问笔录记载有遗漏或者差错的，应当补充或者更正，由被调查人在补充或者更正处捺指印。被调查人核对无误后，应当在笔录中逐页签名、捺指印。被调查人拒绝签名、捺指印的，调查人员应当在笔录中记明。调查人员也应当在笔录中签名。被调查人请求自行书写说明材料的，应当准许。必要时，调查人员可以要求被调查人自行书写说明材料。被调查人应当在说明材料上逐页签名、捺指印，在末页写明日期。对说明材料有修改的，在修改之处应当捺指印。说明材料应当由两名调查人员接收，在首页记明接收的日期并签名。

三、监察询问

监察询问，是指调查人员依照法律规定，通过言词方式，向证人、被害人等了解案件有关情况的一种监察措施。监察机关对证人、被害人等人员的询问，是发现、收集违法、犯罪证据的重要来源，通过询问既可以获取此前尚未掌握的证据和线索，也可以核实、印证已经获取的证据和线索，有助于全面查明案件事实。需要注意的是，由于证人、被害人陈述的主观性较强，可能存在夸大失真等情形，因而对于经询问获取的信息应当审慎对待。证人、被害人在询问过程中所作出的表述往往包含对案件事实的客观陈述、对案件事实的主观评价，以及个人意见诉求等内容，调查人员应当予以区分。这当中只有证人、被害人对案件事实的客观陈述属于证据的范畴。

（一）询问的启动

为保证询问的规范性，《监察法实施条例》规定：监察机关按规定报批后，方可以依法对证人、被害人等人员进行询问。证人、被害人等未被限制人身自由的，可以在其工作地点、住所或者其提出的地点进行询问，也可以通知其到指定地点接受询问。到证人、被害人等提出的地点或者调查人员指定的地点进行询问的，应当在笔录中记明。调查人员认为有必要或者证人、被害人等提出需要由所在单位派员或者其家属陪同到询问地点的，应当办理交接手续并填写"陪送交接单"。

（二）询问的具体流程

询问应当个别进行。负责询问的调查人员不得少于二人。首次询问时，应当向被询问人出示"证人权利义务告知书"，由其签名、捺指印。被询问人拒绝签名、捺指印的，调查人员应当在文书上记明。被询问人未被限制人身自由的，应当在首次询问时向其出具"询问通知书"。询问时，应当核实被询问人身份，问明被询问人的基本情况，告知被询问人应当如实提供证据、证言，以及作伪证或者隐匿证据应当承担的法律责任。不得向被询问人泄露案情，不得采用非法方法获取证言。询问重大或者有社会影响案件的重要被询问人，应当对询问过程全程同步录音录像，并告知被询问人。对告知情况应当在录音录像中予以反映，并在笔录中记明。

（三）特殊询问对象的权利保障

询问未成年人，应当通知其法定代理人到场。无法通知或者法定代理人不能到场的，应当通知未成年人的其他成年亲属或者所在学校、居住地基层组织的代表等有关人员到场。询问结束后，由法定代理人或者有关人员在笔录中签名。调查人员应当将到场情况记录在案。询问聋、哑人，应当有通晓聋、哑手势的人员参加；调查人员应当在笔录中记明被询问人的聋、哑情况，以及翻译人员的姓名、工作单位和职业。询问不通晓当地通用语言、文字的证人，应当有翻译人员；询问结束后，由翻译人员在笔录中签名。

（四）被询问人的权利与义务

凡是知道案件情况的人，都有如实作证的义务。对故意提供虚假证言的被询问人，应当依法追究法律责任。被询问人不得帮助被调查人隐匿、毁灭、伪造证据或者串供，不得实施其他干扰调查活动的行为。被询问人因作证，本人或者近亲属的人身安全面临危险，向监察机关请求保护的，监察机关应当受理并及时进行审查；对于确实存在人身安全危险的，监察机关应当采取必要的保护措施。监察机关发现存在上述情形的，应当主动采取保护措施。监察机关可以采取下列一项或者多项保护措施：（1）不公开真实姓名、住址和工作单位等个人信息；（2）禁止特定的人员接触被询问人及其近亲属；（3）对人身和住宅采取专门性保护措施；（4）其他必要的保护措施。依法决定不公开被询问人的真实姓名、住址和工作单位等个人信息的，可以在询问笔录等法律文书、证据材料中使用化名，但是应当另行书面说明使用化名的情况并标明密级、单独成卷。监察机关采取保护措施需要协助的，可以提请公安机关等有关单位和要求有关个人依法予以协助。

四、留置

（一）留置概述

留置，是指监察机关在调查涉嫌贪污贿赂、失职渎职等严重职务违法或者职务犯罪时，已经掌握被调查人部分违法、犯罪事实及证据，仍有重要问题需要进一步调查，并且具备法定情形，经依法审批后，将被调查人带至并留在特定的场所，使其就案件所涉及的问题配合调查而采取的一种监察措施。留置措施作为监察机关调查权的重要组成部分，在属性界定上是一种强制限制被调查人人身自由的保障性措施，监察机关在决定适用该措施时，应当遵循权利保障原则、法定原则与比例原则。

（二）留置的具体适用规范

1. 留置的启动

（1）留置的启动条件。

留置，是监察措施中最严厉的一种。为了防止留置的过度适用，《监察法》与《监察法实施条例》对留置的适用条件作了严格限定。根据《监察法》第22条的规定，适用留置必须符合以下三个条件：

1）涉案要件。适用留置的涉案要件，是被调查人涉嫌贪污贿赂、失职渎职等严重职务违法或职务犯罪。为避免留置被适用于职务违法时背离比例原则，需要对严重职务违法的具体范围进行明确规范。根据《监察法实施条例》的规定，此处的"严重职务违法"是指根据监察机关已经掌握的事实及证据，被调查人涉嫌的职务违法行为情节严重，可能被给予撤职以上政务处分。

2）证据要件，即监察机关已经掌握其部分违法、犯罪事实和证据，且仍有重要问题需要进一步调查。此处的"已经掌握其部分违法、犯罪事实及证据"，是指同时具备下列情形：第一，有证据证明发生了违法、犯罪事实；第二，有证据证明该违法、犯罪事实是被调查人实施的；第三，证明被调查人实施违法、犯罪行为的证据已经查证属实。部分违法、犯罪事实，既可以是单一违法、犯罪行为的事实，也可以是数个违法、犯罪行为中任何一个违法、犯罪行为的事实。此处的重要问题，是指对被调查人涉嫌的职务违法或者职务犯罪，在定性处置、定罪量刑等方面有重要影响的事实、情节及证据。

3）危险性要件，主要包括四种情况：第一，所涉案情重大、复杂。第二，可能逃跑、自杀，具体包括准备自杀、自残或者逃跑，曾经有自杀、自残或者逃跑行为，有自杀、自残或者逃跑意图，其他可能逃跑、自杀的情形等四种情形。第三，可能串供或者伪造、隐匿、毁灭证据，具体包括：曾经或者企图串供，伪造、隐匿、毁灭、转移证据；曾经或者企图威逼、恐吓、利诱、收买证人，干扰证人作证；有同案人或者与被调查人存在密切关联的违法、犯罪的涉案人员在逃，重要证据尚未收集完成；其他可能串供或者伪造、隐匿、毁灭证据的情形。第四，可能有其他妨碍调查行为，具体包括：可能继续实施违法犯罪行为；有危害国家安全、公共安全等现实危险；可能对举报人、控告人、被害人、证人、鉴定人等相关人员实施打击报复；无正当理由拒不到案，严重影响调查；其他可能妨碍调查的行为。

这三个要件层层递进，共同构成了留置适用的要件体系，分别规范了留置适用的涉案范围、证据基础和危险性判断指引。需要明确的是，在留置适用实践中，这三个要件均为必要性条件，只有同时具备才符合留置适用的基础。

（2）留置的适用对象。

不同于刑事强制措施适用对象被严格限定为犯罪嫌疑人、被告人，基于职务违法、犯罪的行为特征和查办需要，留置不仅可以适用于被调查人，还可以适用于涉嫌行贿犯罪或者共同职务犯罪的涉案人员。但需要注意的是：对于存在患有严重疾病、生活不能自理，怀孕或者正在哺乳自己婴儿的妇女，系生活不能自理的人的唯一扶养人等情形的相关人员，不得适用留置措施。上述情形消除后，根据调查需要可以对相关人员采取留置措施。

（3）留置的决定程序。

为保证留置适用的规范性，市、县级监察机关采取留置措施时，应当报上一级监察机关批准；省级监察机关采取留置措施时，应当报国家监察委员会备案。

2. 留置的适用程序

采取留置措施时，调查人员不得少于二人，应当向被留置人员宣布"留置决定书"，告知被留置人员的权利义务，要求其在"留置决定书"上签名、捺指印。被留置人员拒绝签名、捺指印的，调查人员应当在文书上记明。采取留置措施后，应当在24小时以内通知被留置人员所在单位和家属：当面通知的，由有关人员在"留置通知书"上签名。无法当面通知的，可以先以电话等方式通知，并通过邮寄、转交等方式送达"留置通知书"，要求有关人员在"留置通知书"上签名。因可能毁灭、伪造证据，干扰证人作证或者串供等有碍调查情形而不宜通知的，应当按规定报批，并记录在案。有碍调查的情形消失后，应当立即通知被留置人员所在单位和家属。

县级以上监察机关需要提请公安机关协助采取留置措施的，应当按规定报批，请同级公安机关依法予以协助。提请协助时，应当出具"提请协助采取留置措施函"，列明提请协助的具体事项和建议，协助采取措施的时间、地点等内容，附"留置决定书"复印件。因保密需要，不适合在采取留置措施前向公安机关告知留置对象姓名的，可以作出说明，进行保密处理。需要提请异地公安机关协助采取留置措施的，应当按规定报批，向协作地同级监察机关出具协作函件和相关文书，由协作地监察机关提请当地公安机关依法予以协助。

留置过程中，应当保障被留置人员的合法权益，尊重其人格和民族习俗，保障饮食、休息和安全，提供医疗服务。在留置场所应当建立健全保密、消防、医疗、餐饮及安保等安全工作责任制，制定紧急突发事件处置预案，采取安全防范措施。在留置期间发生被留置人员死亡、伤残、脱逃等办案安全事故、事件的，应当及时做好处置工作。就相关情况应当立即报告监察机关主要负责人，并在24小时以内逐级上报至国家监察委员会。

3. 留置的期限与延长

留置时间不得超过三个月，自向被留置人员宣布之日起算。具有下列情形之一的，经审批可以延长一次，延长时间不得超过三个月：第一，案情重大，严重危害国家利益或者公共利益的；第二，案情复杂，涉案人员多、金额巨大，涉及范围广的；第三，重要证据尚未收集完成，或者重要涉案人员尚未到案，导致违法犯罪的主要事实仍须继续调查的；第四，其他需要延长留置时间的情形。省级以下监察机关采取留置措施，要延长留置时间的，应当报上一级监察机关批准。延长留置时间的，应当在留置期满前向被留置人员宣布延长留置时间的决定，要求其在"延长留置时间决定书"上签名、捺指印。被留置人员拒绝签名、捺指印的，调查人员应当在文书上记明。延长留置时间的，应当通知被留置人员家属。

4. 留置的解除

对被留置人员不需要继续采取留置措施的，应当按规定报批，及时解除留置。调查人员应当向被留置人员宣布解除留置措施的决定，由其在"解除留置决定书"上签名、捺指印。被留置人员拒绝签名、捺指印的，调查人员应当在文书上记明。解除留置措施的，应当及时通知被留置人员所在单位或者家属。调查人员应当与交接人办理交接手续，并由其在"解除留置通知书"上签名。无法通知或者有关人员拒绝签名的，调查人员应当在文书上记明。案件被依法移送人民检察院审查起诉的，留置措施自犯罪嫌疑人被执行拘留时起自动解除，无须再办理解除手续。

5. 留置的刑期折抵

被留置人员涉嫌犯罪被移送司法机关后，被依法判处管制、拘役和有期徒刑的，留置1日折抵管制2日，折抵拘役、有期徒刑1日。

五、查询、冻结

（一）查询、冻结概述

查询，是指监察机关对涉案单位和涉案人员的存款、汇款、债券、股票、基金份额等财产的情况向银行或者其他金融机构进行查阅、询问、核对的监察措施。冻结，是指监察机关通知银行或者其他金融机构，在一定期限内停止涉案单位或涉案人员提取其银行或者其他金融机构的存款、汇款、债券、股票、基金份额等财产的监察措施。贪利性是职务违法、犯罪行为的重要特征之一，查询、冻结措施的适用不仅有利于及时全面收集、固定证据，防止隐匿证据，全面查明案件事实，而且是确保后续职务违法处置和职务犯罪审判中对涉案财产进行有效处分的重要保障。由于查询、冻结会危及被调查人的隐私权，因而其适用范围被限定为涉嫌贪污贿赂、失职渎职等严重职务违法或者职务犯罪的被调查人。

（二）查询、冻结的适用程序

查询、冻结财产时，调查人员不得少于二人。调查人员应当出具"协助查询财产通知书"或者"协助冻结财产通知书"，送交银行或者其他金融机构执行。有关单位和个人应当予以配合，并严格保密。查询财产的，应当在"协助查询财产通知书"中填写查询账号、查询内容等信息；没有具体账号的，应当填写足以确定账户或者权利人的自然人姓名、身份证件号码或者企业法人名称、统一社会信用代码等信息。冻结财产的，应当在"协助冻结财产通知书"中填写冻结账户名称、冻结账号、冻结数额、冻结期限起止时间等信息。冻结数额应当具体、明确，暂时无法确定具体数额的，应当在"协助冻结财产通知书"上明确写明"只收不付"。冻结证券和交易结算资金时，应当明确冻结的范围是否及于孳息。冻结财产，应当为被调查人及其所扶养的亲属保留必需的生活费用。

调查人员可以根据需要对查询结果进行打印、抄录、复制、拍照，要求相关单位在有关材料上加盖证明印章。对查询结果有疑问的，可以要求相关单位进行书面解释并加盖印章。监察机关对查询信息应当加强管理，规范信息交接、调阅、使用程序和手续，防止滥用和泄露。调查人员不得查询与案件调查工作无关的信息。

（三）查询、冻结的期限与解除

冻结财产的期限不得超过6个月。冻结期限到期，未办理续冻手续的，冻结自动解除。有特殊原因，需要延长冻结期限的，应当在到期前按原程序报批，办理续冻手续。每次续冻期限不得超过 6 个月。对已被冻结的财产可以轮候冻结，不得重复冻结。轮候冻结的，监察机关应当要求有关银行或者其他金融机构在解除冻结或者作出处理前予以通知。监察机关接受司法机关、其他监察机关等国家机关移送的涉案财物后，该国家机关采取的冻结措施期限届满，监察机关续行冻结的顺位与该国家机关冻结的顺位相同。

冻结财产时应当通知权利人或者其法定代理人、委托代理人，要求其在"冻结财产告知书"上签名。冻结股票、债券、基金份额等财产，应当告知权利人或者其法定代理人、委托代理人有权申请出售。对于被冻结的股票、债券、基金份额等财产，权利人或者其法定代理人、委托代理人申请出售，不损害国家利益、被害人利益，不影响调查正常进行的，经审批可以在案件办结前由相关机构依法出售或者变现。对于被冻结的汇票、本票、支票即将到期的，经审批可以在案件办结前由相关机构依法出售或者变现。出售上述财产的，应当出具"许可出售冻结财产通知书"。对于出售或者变现所得价款应当继续冻结在其对应的银行账户中；没有对应的银行账户的，应当存入监察机关指定的专用账户保管，并将存款凭证送监察机关登记。监察机关应当及时向权利人或者其法定代理人、委托代理人出具"出售冻结财产通知书"，并要求其签名。拒绝签名的，调查人员应当在文书上记明。

对于冻结的财产，应当及时核查。经查明与案件无关的，经审批，应当在查明后 3 日以内将"解除冻结财产通知书"送交有关单位执行。对解除情况，应当告知被冻结财产的权利人或者其法定代理人、委托代理人。

六、搜查

（一）搜查概述

搜查，是指监察机关调查职务犯罪案件，为了收集犯罪证据、查获被调查人，按规定报批后，依法对被调查人以及可能隐藏被调查人或者犯罪证据的人的身体、物品、住处、工作地点和其他有关地方进行搜索检查的一种监察措施。搜查对于收集、固定证据，查获被调查人具有不可替代的重要价值。为保证搜查效果，立法赋予搜查强制性，但为避免搜查措施滥用，危及权利保障，立法对搜查的适用程序进行了严格规范，监察机关应当严格依法展开搜查活动。

（二）搜查的具体适用规范

搜查应当在调查人员主持下进行，调查人员不得少于二人。搜查女性的身体，由女性工作人员进行。搜查时，应当有被搜查人或者其家属、其所在单位工作人员或者其他见证人在场。监察人员不得作为见证人。调查人员应当向被搜查人或者其家属、见证人出示"搜查证"，要求其签名。被搜查人或者其家属不在场，或者拒绝签名的，调查人员应当在文书上记明。

搜查时，调查人员应当要求在场人员予以配合，不得进行阻碍。对于以暴力、威胁等方法阻碍搜查的，调查人员应当依法制止。对于阻碍搜查构成违法犯罪的，依法追究法律责任。县级以上监察机关需要提请公安机关依法协助采取搜查措施的，应当按规定报批，请同级公安机关予以协助。提请协助时，应当出具"提请协助采取搜查措施函"，列明提请协助的具体事项和建议，搜查时间、地点、目的等内容，附"搜查证"复印件。需要提请异地公安机关协助采取搜查措施的，应当按规定报批，向协作地同级监察机关出具协作函件和相关文书，由协作地监察机关提请当地公安机关予以协助。

对于搜查取证工作，应当全程同步录音录像。对搜查情况应当制作"搜查笔录"，由调查人员和被搜查人或者其家属、见证人签名。被搜查人或者其家属不在场，或者拒绝签名的，调查人员应当在笔录中记明。对于查获的重要物证、书证、视听资料、电子数据及其放置、存储位置应当拍照，并在"搜查笔录"中作出文字说明。

搜查时，应当避免未成年人或者其他不适宜在搜查现场的人在场。调查人员应当服从指挥、文明执法，不得擅自变更搜查对象和扩大搜查范围。关于搜查的具体时间、方法，在实施前应当严格保密。

七、调取、查封、扣押

（一）调取、查封、扣押概述

调取是指监察机关按规定报批后，依法向有关单位和个人调取用以证明案件事实的证据材料的一种监察措施。查封、扣押是指监察机关按规定报批后，依法查封、扣押用以证明被调查人涉嫌违法犯罪以及情节轻重的财物、文件、电子数据等证据材料的一种监察措施。调取、查封、扣押是监察机关调查收集、固定证据的一项重要措施，监察机关适时采取调取、查封、扣押措施，可以防止与案件有关的财物、文件和电子数据发生毁弃、丢失或被隐藏等情况。调取、查封、扣押经常与勘验、搜查一并进行，即在勘验、搜查过程中，调查人员应对发现的被调查人涉嫌职务违法或职务犯罪的财物、文件和电子数据等信息进行调取、查封、扣押。同时，作为独立的监察措施，调取、查封、扣押可以单独进行。

（二）调取的适用程序

调取证据材料时，调查人员不得少于二人。调查人员应当依法出具"调取证据通知书"，必要时附"调取证据清单"。有关单位和个人配合监察机关调取证据，应当严格保密。调取物证应当调取原物；原物不便搬运、保存，或者依法应当返还，或者因保密工作需要不能调取原物的，可以将原物封存，并拍照、录像；对原物拍照或者录像时，应当足以反映原物的外形、内容。调取书证、视听资料应当调取原件；取得原件确有困难或者因保密工作需要不能调取原件的，可以调取副本或者复制件。调取物证的照片、录像和书证、视听资料的副本、复制件的，应当书面记明不能调取原物、原件的原因，原物、原件存放地点，制作过程，是否与原物、原件相符，并由调查人员和物证、书证、视听资料原持有人签名或者盖章。持有人无法签名、盖章或者拒绝签名、盖章的，应当在笔录中记明，由见证人签名。调取外文材料作为证据使用的，应当交由具有资质的机构和人员出具中文译本，中文译本应当加盖翻译机构公章。

收集、提取电子数据，能够扣押原始存储介质的，应当予以扣押、封存并在笔录中记录封存状态；无法扣押原始存储介质的，可以提取电子数据，但应当在笔录中记明不能扣押的原因、原始存储介质的存放地点或者电子数据的来源等情况。收集、提取的电子数据，足以保证完整性，无删除、修改、增加等情形的，可以作为证据使用。收集、提取电子数据，应当制作笔录，记录案由、对象、内容，收集、提取电子数据的时间、地点、方法、过程，并附电子数据清单，注明类别、文件格式、完整性校验值等，由调查人员、电子数据持有人/提供人签名或者盖章；电子数据持有人/提供人无法签名或者拒绝签名的，应当在笔录中记明，由见证人签名或者盖章。有条件的，应当对相关活动进行录像。调取的物证、书证、视听资料等原件，经查明与案件无关的，经审批，应当在查明后三日以内退还，并办理交接手续。

（三）查封、扣押的适用程序

查封、扣押时，应当出具"查封/扣押通知书"，调查人员不得少于二人。持有人拒绝交出应当查封、扣押的财物和文件的，可以依法强制查封、扣押。对于查封、扣押的财物和文件，调查人员应当会同在场见证人和被查封、扣押财物持有人进行清点核对，开列"查封/扣押财物、文件清单"，由调查人员、见证人和持有人签名或者盖章。持有人不在场或者拒绝签名、盖章的，调查人员应当在清单上记明。查封、扣押财物，应当为被调查人及其所扶养的亲属保留必需的生活费用和物品。

查封、扣押不动产和置于该不动产上不宜移动的设施、家具或其他相关财物，以及车辆、船舶、航空器或大型机械、设备等财物，必要时可以依法扣押其权利证书，经拍照或者录像后原地封存。调查人员应当在查封清单上记明相关财物的所在地址和特征，已经拍照或者录像及其权利证书被扣押的情况，由调查人员、见证人和持有人签名或者盖章。持有人不在场或者拒绝签名、盖章的，调查人员应当在清单上记明。调查人员应当将"查封/扣押通知书"送达不动产、生产设备或者车辆、船舶、航空器等财物的登记、管理部门，告知其在查封期间禁止办理抵押、转让、出售等权属关系变更、转移登记手续。就相关情况应当在查封清单上记明。被查封、扣押的财物已经办理抵押登记的，监察机关在执行没收、追缴、责令退赔等决定时应当及时通知抵押权人。

查封、扣押外币、金银珠宝、文物、名贵字画以及其他不易辨别真伪的贵重物品，具备当场密封条件的，应当当场密封，由二名以上调查人员在密封材料上签名并记明密封时间；不具备当场密封条件的，应当在笔录中记明，以拍照、录像等方法加以保全后进行封存。查封、扣押的贵重物品需要鉴定的，应当及时鉴定。

查封、扣押存折、银行卡、有价证券等支付凭证和具有一定特征、能够证明案情的现金，应当记明特征、编号、种类、面值、张数、金额等，当场密封，由二名以上调查人员在密封材料上签名并记明密封时间。

查封、扣押易损毁、灭失、变质等不宜长期保存的物品以及有消费期限的卡、券，应当在笔录中记明，以拍照、录像等方法加以保全后进行封存，或者经审批委托有关机构变卖、拍卖。变卖、拍卖的价款存入专用账户保管，待调查终结后一并处理。

对于可以作为证据使用的录音录像、电子数据存储介质，应当记明案由、对象、内容，录制、复制的时间、地点、规格、类别、应用长度、文件格式及长度等，制作清单。具备查封、扣押条件的电子设备、存储介质应当密封保存。必要时，可以请有关机关协助。

对被调查人使用违法、犯罪所得与合法收入共同购置的不可分割的财产，可以先行查封、扣押。对无法分割退还的财产，涉及违法的，可以在结案后委托有关单位拍卖、变卖，退还不属于违法所得的部分及孳息；涉及职务犯罪的，依法移送司法机关处置。

查封、扣押危险品、违禁品，应当及时送交有关部门，或者根据工作需要严格封存保管。对于需要启封的财物和文件，应当由二名以上调查人员共同办理。重新密封时，由二名以上调查人员在密封材料上签名、记明时间。查封、扣押涉案财物，应当按规定将涉案财物详细信息、"查封/扣押财物、文件清单"录入并上传监察机关涉案财物信息管理系统。对于涉案款项，应当在采取措施后15日以内存入监察机关指定的专用账户。对于涉案物品，应当在采取措施后30日以内移交涉案财物保管部门保管。对于已移交涉案财物保管部门保管的涉案财物，根据调查工作需要，经审批可以临时调用，并应当确保完好。调用结束后，应当及时归还。调用和归还时，调查人员、保管人员应当当面清点查验。保管部门应当对调用和归还情况进行登记，全程录像并上传涉案财物信息管理系统。

监察机关接受司法机关、其他监察机关等国家机关移送的涉案财物后，该国家机关采取的查封、扣押期限届满，监察机关续行查封、扣押的顺位与该国家机关查封、扣押的顺位相同。对查封、扣押的财物和文件，应当及时进行核查。经查明与案件无关的，经审批，应当在查明后三日以内解除查封、扣押，予以退还。解除查封、扣押的，应当向有关单位、原持有人或者近亲属送达"解除查封/扣押通知书"，附"解除查封/扣押财物、文件清单"，要求其签名或者盖章。

八、勘验、检查

（一）勘验、检查概述

勘验、检查，是指监察机关对与违法犯罪有关的场所、物品、人身、尸体、电子数据等进行勘察、检验的一种监察措施。其中，勘验所适用的行为对象包括场所、物品、尸体、电子数据等，而检查的对象仅限于人身。

（二）勘验、检查的适用规范

监察机关依法需要勘验、检查的，应当制作"勘验/检查证"；需要委托勘验、检查的，应当出具"委托勘验/检查书"，送具有专门知识、勘验、检查资格的单位/人员办理。勘验、检查应当由二名以上调查人员主持，邀请与案件无关的见证人在场。对勘验、检查情况应当制作笔录，并由参加勘验、检查人员和见证人签名。对勘验、检查现场、拆封电子数据存储介质应当全程同步录音录像。对现场情况应当拍摄现场照片、制作现场图，并由勘验对检查人员签名。为了确定被调查人或者相关人员的某些特征、伤害情况或者生理状态，可以依法对其人身进行检查；必要时可以聘请法医或者医师进行人身检查。检查女性身体，应当由女性工作人员或者医师进行。被调查人或相关人员拒绝检查的，可以依法强制检查。进行人身检查时不得采用损害被检查人生命、健康或者贬低其名誉、人格的方法。对于在人身检查过程中知悉的个人隐私，应当严格保密。对人身检查的情况应当制作笔录，由参加检查的调查人员、检查人员、被检查人员和见证人签名。被检查人员拒绝签名的，调查人员应当在笔录中记明。

（三）调查实验与辨认

为查明案情，在必要的时候，经审批调查人员可以依法进行调查实验。进行调查实验时，可以聘请有关专业人员参加，也可以要求被调查人、被害人、证人参加。进行调查实验时，应当全程同步录音录像，制作调查实验笔录，由参加实验的人签名。进行调查实验时，禁止一切足以造成危险、侮辱人格的行为。

调查人员在必要时，可以依法让被害人、证人和被调查人对与违法犯罪有关的物品、文件、尸体或者场所进行辨认，也可以让被害人、证人对被调查人进行辨认，或者让被调查人对涉案人员进行辨认。辨认工作应当由二名以上调查人员主持进行。在辨认前，应当向辨认人详细询问辨认对象的具体特征，避免辨认人见到辨认对象，并告知辨认人作虚假辨认应当承担的法律责任。几名辨认人对同一辨认对象进行辨认时，应当由辨认人各别进行。辨认应当形成笔录，并由调查人员、辨认人签名。辨认人员时，被辨认的人数不得少于7人，照片不得少于10张。辨认人不愿公开进行辨认时，应当让其在不暴露的情况下进行辨认，并为其保守秘密。

九、鉴定

（一）鉴定概述

鉴定，是指监察机关在调查过程中，指派、聘请具有专门知识的人就案件中的专门性问题进行技术上的鉴别、认定，并出具鉴定意见的一种监察措施。

（二）鉴定的适用程序

鉴定时应当出具"委托鉴定书"，由二名以上调查人员送交具有鉴定资格的鉴定机构、鉴定人进行鉴定。鉴定事项包括：（1）对笔迹、印刷文件、污损文件、制成时间不明的文件或以其他形式表现的文件等进行鉴定；（2）对案件中涉及的财务会计资料及相关财物进行会计鉴定；（3）对被调查人、证人的行为能力进行精神病鉴定；（4）对人体造成的损害或者死因进行人身伤亡医学鉴定；（5）对录音录像资料进行鉴定；（6）对因电子信息技术应用而出现的材料及其派生物进行电子证据鉴定；（7）其他可以依法进行的专业鉴定。

监察机关应当为鉴定提供必要条件，向鉴定人送交有关检材和对比样本等原始材料，介绍与鉴定有关的情况。调查人员应当明确提出要求鉴定事项，但不得暗示或者强迫鉴定人出具某种鉴定意见。监察机关应当做好检材的保管和送检工作，记明检材送检环节的责任人，确保检材在流转环节的同一性和不被污染。鉴定人应当在出具的鉴定意见上签名，并附鉴定机构和鉴定人的资质证明或者其他证明文件。多个鉴定人的鉴定意见不一致的，应当在鉴定意见上记明分歧的内容和理由，并且分别签名。监察机关对于法庭依法决定鉴定人出庭作证的，应当予以协调。对于鉴定人故意作虚假鉴定的，应当依法追究法律责任。

（三）补充鉴定、重新鉴定

调查人员应当对鉴定意见进行审查。对于经审查作为证据使用的鉴定意见，应当告知被调查人及相关单位、人员，送达"鉴定意见告知书"。被调查人或者相关单位、人员提出补充鉴定或者重新鉴定申请，经审查符合法定要求的，应当按规定报批，进行补充鉴定或者重新鉴定。对鉴定意见告知情况可以制作笔录，载明告知内容和被告知人的意见等。

经审查具有下列情形之一的，应当补充鉴定：（1）鉴定内容有明显遗漏；（2）发现新的有鉴定意义的证物；（3）对鉴定证物有新的鉴定要求；（4）鉴定意见不完整，委托事项无法确定；（5）其他需要补充鉴定的情形。

经审查具有下列情形之一的，应当重新鉴定：（1）鉴定程序违法或者违反相关专业技术要求；（2）鉴定机构、鉴定人不具备鉴定资质和条件；（3）鉴定人故意作出虚假鉴定或者违反回避规定；（4）鉴定意见依据明显不足；（5）检材虚假或者被损坏；（6）其他应当重新鉴定的情形。监察机关决定重新鉴定的，应当另行确定鉴定机构和鉴定人。

十、技术调查

（一）技术调查概述

技术调查措施，是指监察机关根据调查需要，依法运用技术手段收集被调查人违法犯罪证据的一种监察措施。针对职务犯罪隐匿性强的特征，《联合国反腐败公约》第 50 条第 1 款规定：为有效打击腐败，各缔约国均应当在其本国法律制度基本原则许可的范围内并根据本国法律规定的条件在其力所能及的情况下采取必要措施，允许其主管机关在其领域内酌情使用控制下交付和在其认为适当时使用诸如电子或者其他监视形式和特工行动等其他特殊侦查手段，并允许法庭采信由这些手段产生的证据。赋予监察机关技术调查决定权，用以收集犯罪证据、查明犯罪事实、查获被调查人以及发现新的犯罪线索，是打击和预防职务犯罪的重要手段。由于技术调查措施一旦滥用对被调查人以及不特定公众的隐私权等具有极强的侵权风险，所以对其适用应当予以严格规制。

（二）技术调查的适用规范

1. 技术调查启动条件

监察机关决定启动技术调查措施，必须同时满足以下三个条件：一是被调查人涉嫌重大贪污贿赂等职务犯罪案件。"重大贪污贿赂"犯罪案件包括以下三种情形：第一，案情重大、复杂，涉及国家利益或者重大公共利益；第二，被调查人可能被判处 10 年以上有期徒刑、无期徒刑或者死刑；第三，案件在全国或者本省、自治区、直辖市范围内有较大影响。二是监察机关对上述案件采取技术调查措施必须"根据需要"，监察机关只有在采取常规调查手段无法查明前述重大贪污贿赂等职务犯罪时，方可启动技术调查措施。三是经过严格的批准手续。

2. 技术调查措施的时限、延长及解除

技术调查措施的时限为3个月，自签发之日起算。对于复杂、疑难案件，期限届满仍有必要继续采取技术调查措施的，经过批准，有效期可以延长，但每次延长不得超过3个月。

对于不需要继续采取技术调查措施的，应当及时解除。期限届满前未办理延期手续的，到期自动解除。对于不需要继续采取技术调查措施的，监察机关应当按规定及时报批，将"解除技术调查措施决定书"送交有关机关执行。

3. 技术调查所获取证据材料的使用

对于采取技术调查措施所收集的物证、书证及其他证据材料，监察机关应当制作书面说明，写明获取的时间、地点，证据的数量、特征以及技术调查措施的批准机关、种类等。调查人员应当在书面说明上签名。对于采取技术调查措施所获取的证据材料，如果使用该证据材料可能危及有关人员的人身安全，或者可能产生其他严重后果，应当采取不暴露有关人员身份、技术方法等保护措施；必要时，可以建议由审判人员在庭外进行核实。对于在技术调查过程中知悉的国家秘密、商业秘密、个人隐私，调查人员应当严格保密。采取技术调查措施所获取的证据、线索及其他有关材料，只能用于对违法犯罪的调查、起诉和审判，不得用于其他用途。对于采取技术调查措施所获取的与案件无关的材料，应当经审批及时销毁，对销毁情况应当制作记录，由调查人员签名。

十一、通缉

（一）通缉概述

通缉，是指经监察机关决定，由公安机关发布通缉令，将应当留置而在逃的被调查人追捕归案的一种监察措施，是监察机关追捕应当被留置而在逃的被调查人的重要手段。监察机关对应当留置而在逃的被调查人采取通缉措施，有利于及时抓获在逃人员，保障监察调查顺利进行。习近平总书记在第十九届中央委员会第三次全体会议上提出，要对内加强跨部门跨地区统筹协调，对外加强反腐败国际追逃追赃工作。[①] 据此，于通缉措施的适用，一方面，要强化监察机关与公安机关的协调；另一方面，要充分有效运用这一措施，强化追赃追逃。

（二）通缉的适用规范

县级以上监察机关对在逃的应当被留置人员，依法决定在本行政区域内通缉的，应当按规定报批，送交同级公安机关执行。送交执行时，应当出具"通缉决定书"，附"留置决定书"等法律文书和被通缉人员信息，以及承办单位、承办人员等有关情况。通缉范围超出本行政区域的，应当报有决定权的上级监察机关出具"通缉决定书"，并附"留置决定书"及相关材料，送交同级公安机关执行。

监察机关接到公安机关抓获被通缉人员的通知后，应当立即核实被抓获人员身份，并在接到通知后24小时以内派员办理交接手续。在边远或者交通不便地区，至迟不得超过3日。公安机关在移交前，将被抓获人员送往当地监察机关留置场所临时看管的，当地监察机关应当接收，并保障临时看管期间的安全，对工作信息严格保密。监察机关需要提请公安机关协助将被

---

① 习近平. 在新的起点上深化国家监察体制改革. 求是，2019（5）.

抓获人员带回的，应当按规定报批，请本地同级公安机关依法予以协助。提请协助时，应当出具"提请协助采取留置措施函"，附"留置决定书"复印件及相关材料。

监察机关对于被通缉人员已经归案、死亡，或者依法撤销留置决定，或者发现有其他不需要继续采取通缉措施情形的，应当经审批出具"撤销通缉通知书"，送交协助采取原措施的公安机关执行。

十二、限制出境

（一）限制出境概述

限制出境，是指监察机关在调查过程中，为防止被调查人及相关人员逃匿境外，通知移民管理机构采取的限制其出境的一种监察措施。限制出境措施对被调查人的人身自由限制程度较轻，也有效避免了被调查人潜逃境外所导致的程序停滞风险。

（二）限制出境的适用规范

监察机关采取限制出境措施应当出具有关函件，与"采取限制出境措施决定书"一并送交移民管理机构执行。县级以上监察机关在重要紧急情况下，经审批可以依法直接向口岸所在地口岸移民管理机构提请办理临时限制出境措施。

限制出境措施有效期不超过3个月，到期自动解除。到期后仍有必要继续采取措施的，应当按原程序报批。承办部门应当出具有关函件，在到期前与"延长限制出境措施期限决定书"一并送交移民管理机构执行。延长期限每次不得超过3个月。

监察机关接到口岸移民管理机构查获被决定采取留置措施的边控对象的通知后，应当于24小时以内到达口岸办理移交手续。无法及时到达的，应当委托当地监察机关及时前往口岸办理移交手续，当地监察机关应当予以协助。

对于不需要继续采取限制出境措施的，应当按规定报批，及时予以解除。承办部门应当出具有关函件，与"解除限制出境措施决定书"一并送交移民管理机构执行。

第三节　从宽处罚建议

一、自首、退赃、立功从宽处罚建议

为鼓励被调查人积极悔过自新，主动配合监察机关的调查工作，实现惩前毖后、治病救人，《监察法》赋予了监察机关在调查完毕移送审查起诉环节提出从宽处罚建议的权力。监察机关对自首、退赃、立功的被调查人行使从宽处罚建议权有利于监察调查与刑事司法的有效衔接，实现了"四种形态"与"宽严相济"的逻辑自洽，推进了监察调查与认罪认罚从宽的兼容对接，为被调查人提供了覆盖职务犯罪追诉全程的认罪从宽制度保障。

根据《监察法》的规定，涉嫌职务犯罪的被调查人主动认罪认罚，监察机关可以提出从宽处罚建议的适用情形包括自动投案，如实坦白，退赃减损和重大立功、重大利益四种。

（一）自动投案的认定

涉嫌职务犯罪的被调查人有下列情形之一，如实交代自己主要犯罪事实的，可以认定为自动投案，真诚悔罪悔过：（1）职务犯罪问题未被监察机关掌握，向监察机关投案的；（2）在监察机关谈话、函询过程中，如实交代监察机关未掌握的涉嫌职务犯罪问题的；（3）在初步核实阶段，尚未受到监察机关谈话时投案的；（4）职务犯罪问题虽被监察机关立案，但尚未受到讯

问或者采取留置措施，向监察机关投案的；（5）因伤病等客观原因无法前往投案，先委托他人代为表达投案意愿，或者以书信、网络、电话、传真等方式表达投案意愿，后到监察机关接受处理的；（6）涉嫌职务犯罪潜逃后又投案，包括在被通缉、抓捕过程中投案的；（7）经查实确实已准备去投案，或者正在投案途中被有关机关抓获的；（8）经他人规劝或者在他人陪同下投案的；（9）虽未向监察机关投案，但向其所在党组织、单位或者有关负责人员投案，向有关巡视巡察机构投案，以及向公安机关、人民检察院、人民法院投案的；（10）具有其他应当视为自动投案的情形的。

（二）如实坦白的认定

涉嫌职务犯罪的被调查人有下列情形之一的，可以认定积极配合调查工作，如实供述监察机关还未掌握的违法犯罪行为：（1）监察机关所掌握线索针对的犯罪事实不成立，在此范围外被调查人主动交代其他罪行的；（2）主动交代监察机关尚未掌握的犯罪事实，与监察机关已掌握的犯罪事实属不同种罪行的；（3）主动交代监察机关尚未掌握的犯罪事实，与监察机关已掌握的犯罪事实属同种罪行的；（4）监察机关掌握的证据不充分，被调查人如实交代有助于收集定案证据的。

（三）退赃减损的认定

涉嫌职务犯罪的被调查人有下列情形之一的，可以认定积极退赃，减少损失：（1）全额退赃的；（2）退赃能力不足，但被调查人及其亲友在监察机关追缴赃款赃物过程中积极配合，且大部分已追缴到位的；（3）犯罪后主动采取措施避免损失发生，或者积极采取有效措施减少、挽回大部分损失的。

（四）重大立功、重大利益的认定

涉嫌职务犯罪的被调查人有下列情形之一的，可以认定具有重大立功表现：（1）检举揭发他人重大犯罪行为且经查证属实的；（2）提供其他重大案件的重要线索且经查证属实的；（3）阻止他人重大犯罪活动的；（4）协助抓捕其他重大职务犯罪案件被调查人、重大犯罪嫌疑人（包括同案犯）的；（5）为国家挽回重大损失等对国家和社会有其他重大贡献的。

前述重大犯罪一般是指依法可能被判处无期徒刑以上刑罚的犯罪行为；重大案件一般是指在本省、自治区、直辖市或者全国范围内有较大影响的案件；查证属实一般是指有关案件已被监察机关或者司法机关立案调查、侦查，被调查人、犯罪嫌疑人被监察机关采取留置措施或者被司法机关采取强制措施，或者被告人被人民法院作出有罪判决。

国家重大利益，是指案件涉及国家主权和领土完整、国家安全、外交、社会稳定、经济发展等情形。

二、涉案人员揭发检举从宽处罚建议

职务犯罪，尤其是贿赂类职务犯罪，具有鲜明的对向性特征，涉案人员与被调查人之间具有一对一的封闭关系，调查取证难度较大。为鼓励涉案人员积极揭发检举职务犯罪，提高调查效率，节约调查资源，职务违法犯罪的涉案人员揭发有关被调查人的职务违法犯罪行为，经查证属实的，或者提供重要线索，有助于调查其他案件的，监察机关经领导人员集体研究，并报上一级监察机关批准，可以在移送人民检察院时提出从宽处罚的建议。

涉嫌行贿等犯罪的涉案人员有下列情形之一的，可以认定为揭发有关被调查人的职务违法犯罪行为，经查证属实，或者提供重要线索，有助于调查其他案件：（1）揭发所涉案件以外的被调查人职务犯罪行为，经查证属实的；（2）提供的重要线索指向具体的职务犯罪事实，对于调查其他案件起到实质性推动作用的；（3）提供的重要线索有助于加快其他案件办理进度，或者对其他案件固定关键证据、挽回损失、追逃追赃等起到积极作用的。

三、从宽处罚建议提出的程序

涉嫌职务犯罪的被调查人和涉案人员符合监察法规定的可以提出从宽处罚建议的情形的，结合其案发前的一贯表现、违法犯罪行为的情节、后果和影响等因素，监察机关经综合研判和集体审议，报上一级监察机关批准，可以在移送人民检察院时依法提出从轻、减轻或者免除处罚等从宽处罚建议；报请批准时，应当一并提供主要证据材料、忏悔反思材料。上级监察机关相关监督检查部门负责审查工作，重点审核拟认定的从宽处罚情形、提出的从宽处罚建议，经审批在 15 个工作日以内作出批复。

有从宽处罚建议的，一般应当在移送审查起诉时作为起诉意见书的内容一并提出；特殊情况下也可以在案件移送后、人民检察院提起公诉前，单独形成从宽处罚建议书，移送人民检察院。对于从宽处罚建议所依据的证据材料，应当一并移送人民检察院。监察机关对于被调查人在调查阶段认罪认罚，但不符合监察法规定的提出从宽处罚建议的条件，在移送审查起诉时没有提出从宽处罚建议的，应当在起诉意见书中写明其自愿认罪认罚的情况。

第四节　监察证据

按照现代法治理念，无论是认定事实，还是适用法律，都必须以证据为基础。监察委员会作为反腐败专责机关，承担着依法揭露和查证职务违法犯罪的法定职责。因此，监察委员会行使的无论是监督、调查职权还是处置职权，都必须以证据为基础。监察法对证据的种类、取证要求作了详细规定，并在此基础上确立了监察法中的非法证据排除规则。

一、监察证据概述

可以用于证明案件事实的材料都是证据，包括：（1）物证；（2）书证；（3）证人证言；（4）被害人陈述；（5）被调查人陈述、供述和辩解；（6）鉴定意见；（7）勘验检查、辨认、调查实验等笔录；（8）视听资料、电子数据。

监察机关向有关单位和个人收集、调取证据时，应当告知其必须依法如实提供证据。对于不按要求提供有关材料，泄露相关信息，伪造、隐匿、毁灭证据，提供虚假情况或者阻止他人提供证据的，依法追究法律责任。监察机关依法收集的证据材料，经审查符合法定要求的，在刑事诉讼中可以作为证据使用。

对收集的证据材料及扣押的财物应当妥善保管，严格履行交接、调用手续，定期对账核实，不得违规使用、调换、损毁或者自行处理。

对于行政机关在行政执法和查办案件中收集的物证、书证、视听资料、电子数据，勘验、检查等笔录，以及鉴定意见等证据材料，监察机关经审查认为符合法定要求的，可以作为证据使用。对于根据法律、行政法规的授权行使国家行政管理职权的组织在行政执法和查办案件过程中收集的证据材料，人民法院、人民检察院、公安机关、国家安全机关等在刑事诉讼中收集的物证、书证、视听资料、电子数据，勘验、检查、辨认、侦查实验等笔录，以及鉴定意见等证据材料，监察机关经审查认为符合法定要求的，可以作为证据使用。监察机关办理职务违法案件时，对于人民法院生效刑事判决、裁定和人民检察院不起诉决定采信的证据材料，可以直接作为证据使用。

二、监察证明标准

监察机关认定案件事实应当以证据为根据，全面、客观地收集、固定被调查人有无违法犯罪以及情节轻重的各种证据，形成相互印证、完整稳定的证据链。只有被调查人陈述或者供述，没有其他证据的，不能认定案件事实；没有被调查人陈述或者供述，证据符合法定标准的，可以认定案件事实。

证据必须经过查证属实，才能作为定案的根据。审查认定证据，应当结合案件的具体情况，从证据与待证事实的关联程度、各证据之间的联系、是否依照法定程序收集等方面进行综合判断。

由于职务违法与职务犯罪的责任确定主体和责任结果形式存在差异，为合理配置办案资源，对于职务违法和职务犯罪案件的证明标准立法进行了差异化配置。

1. 职务违法案件的证明标准

监察机关调查终结的职务违法案件，应当事实清楚、证据确凿。证据确凿，应当符合下列条件：（1）定性处置的事实都有证据证实；（2）定案证据真实、合法；（3）据以定案的证据之间不存在无法排除的矛盾；（4）综合全案证据，所认定事实清晰且令人信服。

2. 职务犯罪案件的证明标准

监察机关调查终结的职务犯罪案件，应当事实清楚，证据确实、充分。证据确实、充分，应当符合下列条件：（1）定罪量刑的事实都有证据证明；（2）据以定案的证据均经法定程序查证属实；（3）综合全案证据，对所认定事实已排除合理怀疑。证据不足的，不得移送人民检察院审查起诉。

三、监察非法证据排除

（一）监察非法证据排除概述

证据是监察机关调查的核心内容，也是监督、处置的根基所在，对于保障监察办案质量，维护监察公平正义具有决定性作用。以非法方法收集的证据极易侵害被调查人的合法权益，同时也影响处置决定的客观公正，因此监察法规定，对以非法方法收集的证据应当依法予以排除，不得作为案件处置的依据。这就要求监察机关在证据收集、固定过程中严禁以暴力、威胁、引诱、欺骗以及非法限制人身自由等非法方法收集证据，严禁侮辱、打骂、虐待、体罚或者变相体罚被调查人、涉案人员和证人。

（二）监察非法证据排除的标准

为平衡打击职务犯罪与保障被调查人权利，基于言词证据和实物证据在是否可重复获取以及证据本身客观性等方面的差异，《监察法》及《监察法实施条例》确立了言词证据与实物证据分立的非法证据排除标准。由于言词证据本身受外力影响出现偏差的可能性大，且可重复收集、固定，因此对此类证据采取合法性要求相对较高的排除标准；至于实物证据，由于其本身具有客观性且稳定，受外力因素影响较小，又具有唯一性，难以重复获取，因而对其采取合法性要求较低的排除标准。

1. 非法言词证据排除标准

对于调查人员采用暴力、威胁以及非法限制人身自由等非法方法收集的被调查人供述、证人证言、被害人陈述，应当依法予以排除。此处所称采用暴力的方法，是指采用殴打、违法使用戒具等方法或者变相肉刑的恶劣手段，使人遭受难以忍受的痛苦而违背意愿作出供述、证言、陈述；采用威胁的方法，是指采用以暴力或者严重损害本人及其近亲属合法权益等进行威胁的方法，使人遭受难以忍受的痛苦而违背意愿作出供述、证言、陈述。

2. 非法实物证据排除标准

收集物证、书证不符合法定程序，可能严重影响案件公正处理的，应当予以补正或者作出合理解释；不能补正或者作出合理解释的，对该证据应当予以排除。

（三）非法监察证据排除的程序

监察机关监督检查、调查、案件审理、案件监督管理等部门发现监察人员在办理案件过程中，可能存在以非法方法收集证据情形的，应当依据职责进行调查核实。对于被调查人控告、举报调查人员采用非法方法收集证据，并提供涉嫌非法取证的人员、时间、地点、方式和内容等材料或者线索的，应当受理并进行审核。根据现有材料无法证明证据收集合法的，应当进行调查核实。

经调查核实，确认或者不能排除以非法方法收集证据的，对有关证据应依法予以排除，不得作为案件定性处置、移送审查起诉的依据。认定调查人员非法取证的，应当依法处理，另行指派调查人员重新调查取证。

监察机关接到对下级监察机关调查人员采用非法方法收集证据的控告、举报，可以直接进行调查核实，也可以交由下级监察机关调查核实。交由下级监察机关调查核实的，下级监察机关应当及时将调查结果报告上级监察机关。

第十章
监察程序

第一节　监察程序概述

一、监察程序的含义与特征

监察程序，是指监察机关依法履行监督、调查、处置职责，办理监察案件所遵循的法律程序。习近平总书记在二十届中央纪委二次全会上强调，纪检监察机关要增强法治意识、程序意识、证据意识，不断提高纪检监察工作规范化、法治化、正规化水平。程序通常是指"按时间先后或依次安排的工作步骤"。从法律角度来看，程序体现为按照一定的顺序、方式和步骤作出法律决定的过程。所谓"正义不仅应当实现，而且应当以人们看得见的方式实现"①，揭示了程序正义的重要价值所在。程序不仅是实体公正实现的前提和保障，而且本身具有独立的价值，正当的法律程序，对于限制恣意、吸收不满、缓解冲突、满足需求、补救权利、防止权力滥用都有十分积极的作用。

《监察法》专设"监察程序"一章，规定"监察机关应当严格按照程序开展工作，建立问题线索处置、调查、审理各部门相互协调、相互制约的工作机制"，"监察机关应当加强对调查、处置工作全过程的监督管理，设立相应的工作部门履行线索管理、监督检查、督促办理、统计分析等管理协调职能"；并针对监察机关履行职责作出了一系列程序性规定，充分保障了监察机关履职用权的正当性。《监察法实施条例》从线索处置、初步核实、立案等具体方面对监察程序进行了细化。监察程序作为一种相对独立的法律程序，体现了围绕着监察机关及其工作人员履职的约束性，凸显了公权力运行的规则性，贯穿于从一般监督到职务违法犯罪调查的监察全程，强化了对监察权运行的程序控制，彰显了以法治思维和法治方式惩治腐败的法治理念。

监察程序既有与其他法律程序相同的一般性特征，也有自身相对特殊的特征表现，主要有以下特点：

一是法定性。法定性是程序法定原则的基本要义和法治国家的基本要求。监察程序的法定性既包括监察程序规范源于监察法等法律法规的明确规定，也包括监察机关应当严格按照法定程序履职办案。

二是程式性。程式性主要体现为法律程序应当内含推进法律行为、实现权利义务的具体时限时序、空间场所、步骤方式等。监察机关各项职责的具体实现、监察机关办案具体环节、监

---

① 1924 年 Rv. Sussex Justices 案中英国王座法庭首席法官休厄特。

察案件办理过程中相关主体的权利保障等，均需要科学的流程设计和规范保障。

三是严密性。严密性是程序规范的内在要求，程序设计的周延是法律主体实施法律行为的必要条件，也是衡量程序乃至整个法律规范法治化程度的一项重要标志。监察程序功能的发挥，更需要细密、严格的法律程序加以保障。如相对于刑事诉讼程序，《监察法》及其实施条例对监察案件立案前的问题线索处置与初步核实程序，进行了较为详细的规定，既满足了监察办案的现实需要，也体现出程序规范的明确性和完备性。

四是审慎性。审慎性是监察程序的典型特征，相对于刑事诉讼等其他程序，监察法律法规在调查、处置等多个环节中，均规定了经集体研究（审议）、向主要负责人报告或经主要负责人批准、经上一级监察机关批准等要求，如：监察机关采取留置措施，应当由监察机关领导人员集体研究决定。设区的市级以下监察机关采取留置措施，应当报上一级监察机关批准。省级监察机关采取留置措施，应当报国家监察委员会备案。省级以下监察机关采取留置措施，延长留置时间的，应当报上一级监察机关批准。留置期间发生被留置人员死亡、伤残、脱逃等办案安全事故、事件的，应当及时做好处置工作。就相关情况应当立即报告监察机关主要负责人，并在 24 小时以内逐级上报至国家监察委员会。

五是衔接性。衔接性是密织程序环节、保障程序运行的重要体现。监察程序的衔接性，既包括监察办案与刑事诉讼等其他程序的外在衔接，也包括监察职责权限设定与案件办理流程、监察机关办案与其他机关、单位进行协助的内部衔接，例如：《监察法》第四章在对监察权限中的调查措施进行设定的同时，也规定了有关措施的基本程序要求；《监察法》第五章则在重点规定监察机关办案流程的基础上，对有关调查措施的具体适用也进一步加以规范。

二、监察程序的主要内容

（一）监督程序

监察程序的设立是推进公权力监督法治化的前提和基础。监督是监察机关的第一职责，也是一体推进"三不腐"以及党和国家权力监督体系的有力抓手。根据《监察法实施条例》的有关规定，监察机关依法履行监察监督职责，对公职人员的政治品行、行使公权力和道德操守情况进行监督检查，督促有关机关、单位加强对所属公职人员的教育、管理、监督。其主要包括政治监督、教育引导、日常监督、以案促改、形成监督合力等。

监察机关的政治监督，就是加强对公职人员，特别是领导人员坚持党的领导、坚持中国特色社会主义制度，贯彻落实党和国家路线方针政策、重大决策部署，履行从严管理监督职责，依法行使公权力等情况的监督。

监察机关加强教育引导，就是加强对公职人员理想教育、为人民服务教育、宪法法律法规教育、优秀传统文化教育，弘扬社会主义核心价值观，深入开展警示教育，教育引导公职人员树立正确的权力观、责任观、利益观，保持为民务实清廉本色。

监察机关加强日常监督，就是结合公职人员的职责加强日常监督，通过收集群众反映、座谈走访、查阅资料、召集或者列席会议、听取工作汇报和述责述廉、开展监督检查等方式，促进公职人员依法用权、秉公用权、廉洁用权。监察机关可以与公职人员进行谈心谈话，发现政治品行、行使公权力和道德操守方面有苗头性、倾向性问题的，及时进行教育提醒。对于发现的系统性、行业性的突出问题，以及群众反映强烈的问题，可以通过专项检查进行深入了解，督促有关机关、单位强化治理，促进公职人员履职尽责。

监察机关加强以案促改，就是以办案促进整改，以监督促进治理，在查清问题、依法处置的同时，剖析问题发生的原因，发现制度建设、权力配置、监督机制等方面存在的问题，向有关机关、单位提出改进工作的意见或者监察建议，促进完善制度，提高治理效能。

监察机关形成监督合力，就是监察监督与纪律监督、派驻监督、巡视监督统筹衔接，与人大监督、民主监督、行政监督、司法监督、审计监督、财会监督、统计监督、群众监督和舆论监督等贯通协调，健全信息、资源、成果共享等机制，以全周期管理理念增强监督效能。

（二）调查程序

调查程序是指监察机关及其工作人员按照《监察法》及相关法律法规的规定，履行职务违法、职务犯罪调查职责时应当遵循的程序。根据《监察法》《监察法实施条例》的相关规定，监察机关对监察对象的问题线索，应当提出处置意见，履行审批手续，进行分类办理。其中，初步核实是监察机关调查工作的重要环节，主要任务是了解核实所反映的主要问题是否存在，以及是否需要给予所涉及的监察对象政务处分。初步核实过程中所查明的有无违法犯罪情况，以及所收集到的证据材料，是是否立案调查的重要依据，为案件调查工作奠定一定的基础。需要采取初步核实方式处置问题线索的，应当依法履行审批手续；经批准后，承办部门应当制订工作方案，成立核查组；就初步核实方案应当报承办部门主要负责人和监察机关分管负责人审批；核查组经批准可采取必要措施收集证据；核查组在初步核实工作结束后，应当撰写初步核实情况报告，提出处理建议；承办部门应当提出分类处理意见，就初步核实情况报告和分类处理意见报监察机关主要负责人审批。经过初步核实，认为监察对象涉嫌职务违法、职务犯罪，需要追究法律责任的，监察机关应当按照规定的权限和程序办理立案手续，研究确定调查方案，决定需要采取的调查措施。调查人员采取调查措施时，均应当依照规定出示证件，出具书面通知，由二人以上进行，形成笔录、报告等书面材料，并由相关人员签名、盖章。调查人员进行讯问以及搜查、查封、扣押等重要取证工作时，应当对全过程进行录音录像，留存备查。

（三）处置程序

处置程序是指监察机关及其工作人员按照《监察法》及相关法律法规的规定，对监察对象、涉案款物等进行处理时应当遵循的程序。根据《监察法》《监察法实施条例》的有关规定，监察机关根据监督、调查结果，依法作出以下处置：（1）对有职务违法行为但情节较轻的公职人员，按照管理权限，直接或者委托有关机关、人员，进行谈话提醒、批评教育、责令检查，或者予以诫勉。（2）对违法的公职人员依照法定程序作出警告、记过、记大过、降级、撤职、开除等政务处分决定。（3）对不履行或者不正确履行职责负有责任的领导人员，按照管理权限对其直接作出问责决定，或者向有权作出问责决定的机关提出问责建议。（4）对涉嫌职务犯罪的，监察机关经调查认为犯罪事实清楚，证据确实、充分的，制作起诉意见书，连同案卷材料、证据一并移送人民检察院依法审查、提起公诉。（5）针对监察对象所在单位在廉政建设和履行职责方面存在的问题等提出监察建议。（6）监察机关经调查，对没有证据证明被调查人存在违法犯罪行为的，应当撤销案件，并通知被调查人所在单位。（7）监察机关经调查，对违法取得的财物，依法予以没收、追缴或者责令退赔；对涉嫌犯罪取得的财物，应当随案移送人民检察院。

（四）申诉程序

申诉程序是指监察机关按照《监察法》及相关法律法规的规定，对被调查人及其近亲属的申诉进行处理时应当遵循的程序。根据《监察法》《监察法实施条例》的有关规定，被调查人及其近亲属认为监察机关及监察人员存在留置法定期限届满不予以解除，查封、扣押、冻结与案件无关的财物，应当解除查封、扣押、冻结措施而不解除，贪污、挪用、私分、调换以及违反规定使用查封、扣押、冻结财物，以及其他违反法律法规、侵害被调查人合法权益的行为等，向监察机关提出申诉的，由监察机关案件监督管理部门依法受理。受理申诉的监察机关应当自受理申诉之日起一个月内作出处理决定。申诉人对处理决定不服的，可以自收到处理决定之日起一个月内向上一级监察机关申请复查，上一级监察机关应当自收到复查申请之日起两个月内作出处理决定，情况属实的，及时予以纠正。

三、监察程序的价值功能

（一）彰显"以法治思维和法治方式反对腐败"的理念

纪检监察工作规范化、法治化、正规化，实质是依据党章党规党纪和宪法法律法规赋权、限权、行权，以法治思维和法治方式推进监督、防治腐败。善于运用法治思维和法治方式反对腐败，是以习近平同志为核心的党中央加强党的建设，推进全面从严治党、推进依法治国的重要举措。以法治思维和法治方式反对腐败，既是巩固和发展反腐败斗争的压倒性胜利成果、夺取反腐败斗争新胜利的必然要求，也是新时代纪检监察工作高质量发展的必然要求。法治反腐，就是通过制定和实施法律，限制和规范公权力行使的范围、方式、手段和程序，创设公正、透明的运作机制，把权力关进制度的笼子里。维护和加强监察程序的科学性，发挥监察程序保障监察权在法治轨道上有效运行的作用，对于促进反腐败工作以及全国依法治国战略实施，具有举足轻重的作用。

（二）增强纪检监察执法的精准性和实效性

监察程序的细密、严谨与规范，直接关系到纪检监察工作能否高效、有序、顺畅运行。习近平总书记强调，要"……完善各项工作规则，整合规范纪检监察工作流程，强化内部权力运行的监督制约，健全统一决策、一体运行的执纪执法工作机制"[①]。随着国家监察体制改革的不断深化以及纪检监察实践的不断丰富发展，监督执法工作的精准性、实效性要求不断提高，而监察程序作为法律程序天然具备实现监察权能、承载工作流程、推进案件办理、建立环节衔接等功能，在各环节中贯彻落实法治原则和从严要求，形成执纪执法贯通、有效衔接司法，权责清晰、流程规范、制约有效的程序体系。

（三）保证监察机关严格依规依法行使权力

制度赋权，更限权。纪检监察机关的权力由党章和宪法赋予，依规依纪依法履行职责不是一般的工作要求，而是严肃的政治要求和政治责任，带头守规守纪守法是旗帜鲜明讲政治的应有之义和具体体现。习近平总书记强调：纪检监察机关不是天然的保险箱，监察权是把双刃剑，也要被关进制度的笼子里，行使权力必须十分谨慎，严格依规依纪依法。[②]

（四）强化纪检监察工作中的权利救济与保障

习近平总书记指出，"人民性是马克思主义最鲜明的品格"[③]，要"……努力让人民群众在每一个司法案件中感受到公平正义"[④]。《监察法》规定的监察程序，一方面，通过规范监察职权的行使，间接保障公民权利；另一方面，明确规定在监察职权行使过程中，公民享有的权利。也就是说，在赋予监察机关权力、保障监察机关权力运行的同时，对有关监察对象、涉案人员等主体的人身、安全、自由、财产等基本权利，以及在调查处置过程中有关人员的知情权、救济权等权利充分保障，例如：根据《监察法》第44条第2款的规定，被留置人员享有饮食、休息和安全保障的权利；根据《监察法》第49条的规定，监察对象对监察机关的处理决定不服，享有申请复审和申请复核的权利。这既是规范监察权运行的基本要求，也是践行执

---

① 习近平总书记在十九届中共中央政治局第十一次集体学习时的讲话。
② 习近平．在新的起点上深化国家监察体制改革．求是，2019（5）.
③ 习近平在纪念马克思诞辰200周年大会上的讲话。
④ 人民日报，2022-10-26.

法为民理念，兼顾打击职务违法犯罪同人权保护、追求效率与实现公正并重的重要体现。

第二节 问题线索处置与初步核实程序

一、问题线索处置与初步核实概述

《监察法》第35条规定，监察机关对于报案或者举报，应当接受并按照有关规定处理。对于不属于本机关管辖的，应当移送主管机关处理。"报案"，是指有关单位和个人（包括案件当事人）向监察机关报告其知道的公职人员涉嫌职务违法犯罪事实或者线索的行为；"举报"，是指当事人以外的其他知情人向监察机关检举、揭发公职人员涉嫌的职务违法犯罪事实或者线索的行为。

我国是人民民主专政的社会主义国家，而人民民主专政理论是马克思主义中国化发展的重要成果。毋庸讳言，国家的一切权力属于人民，人民是国家的主人，同违法犯罪行为作斗争，既是公民的权利，也是公民的义务。《宪法》第41条第1、2款规定，"中华人民共和国公民对于任何国家机关和国家工作人员，有提出批评和建议的权利；对于任何国家机关和国家工作人员的违法失职行为，有向有关国家机关提出申诉、控告或者检举的权利，但是不得捏造或者歪曲事实进行诬告陷害"；"对于公民的申诉、控告或者检举，有关国家机关必须查清事实，负责处理。任何人不得压制和打击报复"。另外，党章也规定了党员检举揭发违法乱纪行为的权利。[①] 对于公职人员的违法犯罪行为，既要依靠监察机关依职权主动发现，也要依靠人民法院、人民检察院、公安机关、审计机关等国家机关在工作中发现并移送监察机关依法调查处置。与此同时，更不能忽视广大人民群众的力量。这是监察机关对报案或者举报都应当接受的法理基础。无论报案或者举报的对象、事项、性质如何，监察机关都不得拒绝、推诿，而是应当接受。

由于报案人或者举报人本身并不熟知法律法规，报案或举报的对象、事项并不一定由接受报案或者举报的监察机关管辖，或者虽属于监察机关的管辖范围，但并非接受报案或举报的监察机关的管辖范围。对于不属于监察机关管辖范围的，应当移送主管机关处理。如果属于监察机关管辖，但是并非属于本机关管辖的，则应当移送有管辖权的监察机关处理。《监察法》及其实施条例在第二章"监察机关及其职责"对监察机关的设置与职权职责进行了详细规定，其他法律法规、党规党纪也对相关主体、案件等的管辖问题进行了规定。监察机关对于报案或者举报，应当在接受之后严格按照相关规定进行甄别，准确判断案件或相关线索的性质，既不僭越职权，也不推诿履职。《监察法》规定监察机关接受报案、举报的法定义务和职责，体现了监察机关设立的宗旨，对于保护人民群众同腐败行为作斗争具有重要意义；同时也遵循了职权法定和程序法定原则，对于保证监察机关依法公正高效行使监察权、维护宪法法律权威、确保法律秩序稳定具有重要意义。

二、问题线索处置

（一）问题线索及其来源

在过去的执纪实践中，"问题线索"通常也叫案件线索。线索管理是监督执纪工作的源头，关乎反腐败成效。中国共产党十八大以来，中央纪委首先对反映领导干部的问题线索进行"大

---

① 参见《党章》第4条。

起底"，规范线索管理和处置。在总结实践经验的基础上，《纪检监督执纪工作规则》明确要求信访举报部门归口受理同级党委管理的党组织和党员、干部以及监察对象涉嫌违纪或者职务违法、职务犯罪问题的信访举报，统一接收有关纪检监察机关、派驻或者派出机构以及其他单位移交的相关信访举报，移送本机关有关部门。案件监督管理部门对问题线索实行集中管理、动态更新、定期汇总核对，提出分办意见，报纪检监察机关主要负责人批准，按程序移送承办部门。承办部门指定专人负责管理问题线索，逐件编号登记，建立管理台账。线索管理处置各环节应当由经手人员签名，全程登记备查。

《纪检监督执纪工作规则》明确了问题线索来源的主要渠道，例如信访举报、纪检机关在监督执纪过程中发现的线索等。[1]《监察法》和相关法律法规吸收了上述党规党纪的规定，将问题来源渠道写入《监察法实施条例》，于第 172 条明确列出了四种途径：一是信访举报中的问题线索；二是监察机关在工作中发现的问题线索，如被调查人和其他涉案人员检举揭发的线索；三是巡视巡察机构移送的职务违法和职务犯罪问题线索；四是其他机关移交的问题线索，主要包括审计机关、公安机关、司法机关等其他机关移交的问题线索等。

（二）问题线索处置方式

根据《监察法实施条例》第 174 条第 1 款的规定，对反映的问题线索，监督检查部门应当结合问题线索所涉及具体情况，按照谈话/函询、初步核实、暂存待查、予以了结等四种方式进行处置。一是"谈话"/"函询"方式。如果反映的问题属于一般性问题，通常进行谈话或者函询，其中谈话是面对面的，函询则是书面的。两者可分别使用，也可叠加使用。谈话/函询给予被反映人向组织如实说明或澄清问题的机会，目的是让被谈话/函询的党员、干部本着对党忠诚老实的态度讲清问题，有利于组织进行准确研判，及时有效地处置问题线索，督促纠正和处理存在的问题，发挥咬耳扯袖、红脸出汗作用，真正做到有问题早发现、早提醒、早解决。[2]二是"初步核实"方式。这主要是在涉嫌违纪或者职务违法、职务犯罪的问题线索比较具体、具有可查性，需要追究纪律和法律责任的情况下采取的线索处置方式，目的是对问题线索进行了解和核查，判明和掌握问题线索的真假、虚实和大小，以决定是否立案审查，避免立案审查的盲目性，维护监督执纪的严肃性和准确性。[3]三是"暂存待查"方式。这是指线索反映的问题虽然具有一定的可查性，但由于时机、现有条件、涉案人一时难以找到等原因，暂不具备核查的条件而存放备查。[4]在实践中，采用"暂存待查"这一处置方式主要是基于以下原因：(1)线索具体、有可查性，但因其本人、所在部门、时机等因素，不便马上开展核查；(2)相关重要涉案人员一时难以找到；(3)经初步核实或谈话/函询，尚不能完全排除问题存在的可能性，在现有条件下难以进一步开展工作。[5]需要注意的是，"暂存待查"绝非"停止不查"，一旦条件成熟即要开展核查工作。四是"予以了结"方式。这主要是指线索反映的问题失实，或者没有可能开展核查工作而采取的线索处置方式，如虽然有违法事实但情节轻微，不需要追究责任。

（三）问题线索处置要求

问题线索处置具有较为重要的程序分流和处置功能，因此监察机关在问题线索处置工作

---

① 参见《纪检监督执纪工作规则》第 20 条至第 23 条。

② 中共中央纪律检查委员会法规室，中华人民共和国国家监察委员会法规室.《中国共产党纪律检查机关监督执纪工作规则》释义.北京：中国方正出版社，2018：98.

③ 本书编写组.《中国共产党纪律检查机关监督执纪工作规则》学习问答.北京：中国方正出版社，2018：61.

④ 国明理.强化自我监督的制度利器.北京：东方出版社，2019：80.

⑤ 中共中央纪律检查委员会法规室，中华人民共和国国家监察委员会法规室.《中国共产党纪律检查机关监督执纪工作规则》释义.北京：中国方正出版社，2018：53.

中，应当注意既研究分析被反映问题的公职人员的个人情况，又结合问题线索所涉及地区、部门、单位的总体情况，在综合分析的基础上，对个体问题线索提出实事求是的处置意见。监察机关应当根据工作需要，定期召开专题会议，听取问题线索综合情况汇报，进行分析研判。承办部门要指定专人负责管理问题线索，定期汇总、通报，定期检查、抽查，对问题线索逐件编号登记，建立管理台账。线索管理处置各环节均须由经手人员签名，全程登记备查。纪检监察机关应当对重要检举事项和反映问题集中的领域深入研究，提出处置要求。检查部门应当结合问题线索所涉及地区、部门、单位的总体情况，综合分析，按照谈话/函询、初步核实、暂存待查、予以了结这四种方式进行处置。线索处置不得拖延和积压，处置意见应当自收到问题线索之日起 1 个月内提出，并制订处置方案，履行审批手续。承办部门应当定期汇总线索处置情况，及时与案件监督管理部门核对。案件监督管理部门定期汇总、核对问题线索及处置情况，向纪检监察机关主要负责人报告。另外，各部门应当做好线索处置归档工作，归档材料应当齐全完整，载明领导批示和处置过程。

三、初步核实

（一）初步核实的内涵

初步核实，也称"初核"，是监察机关对问题线索的处置方式之一，是指监察机关对受理和发现的反映监察对象涉嫌职务违法犯罪的问题线索，进行初步了解、核实的活动。初步核实阶段的主要任务是，了解核实所反映的主要问题是否存在，以及是否需要给予所涉及的监察对象政务处分。《监察法》第 38 条规定："需要采取初步核实方式来处置问题线索的，监察机关应当依法履行审批程序，成立核查组。初步核实工作结束后，核查组应当撰写初步核实情况报告，提出处理建议。承办部门应当提出分类处理意见。初步核实情况报告和分类处理意见报监察机关主要负责人审批。"《监察法实施条例》细化了初步核实的内容，确保监察调查工作有法可依。

在过去的执纪监察实践中，初步核实是查办违纪违法案件的一项重要程序。《中国共产党纪律检查机关案件检查工作条例》及其实施细则、《监察机关调查处理政纪案件办法》、《中共中央纪委关于进一步加强和规范办案工作的意见》、《纪检监督执纪工作规则》等规定中，对初步核实进行了规定。

（二）初步核实的流程

1. 初步核实的审批

监察机关采取初步核实方式处置问题线索，履行审批程序，一般应当报监察机关相关负责人审批。经批准后，承办部门应当制订工作方案，成立核查组。核查组是指针对要采取初步核实方式来处置的问题线索，由监察机关承办部门成立的承担初步核查和核实工作的小组。其主要任务是采取必要措施收集证据，了解问题线索是否存在，并如实撰写初步核实情况报告，提出处理建议。初步核实方案一般包括初步核实的依据，核查组人员组成，需要核实的问题，初步核实的方法、步骤、时间、范围和程序等，以及应注意的事项。核查组的人数可根据所反映主要问题的范围和性质来确定，不少于 2 人；对于案情复杂、性质严重、工作量大的，可以适当增配人员。对初步核实方案应当报承办部门主要负责人和监察机关分管负责人审批。[①]

---

① 《纪检监督执纪工作规则》第 33 条规定，采取初步核实方式处置问题线索"应当制定工作方案""履行审批程序"。因此，监察机关案件承办部门应当起草问题线索初步核实请示，报监察机关主要负责人批准。制定初步核实方案，列明核查组成员组成、核查的主要问题、主要工作思路和步骤、主要核查措施、相关纪律要求、需要注意的问题等。成立核查组，填写"初步核实呈批表"报监察机关主要负责人批准，并送案件监督管理部门备案。

2. 初步核实工作

初步核实的审批程序完成后，要完成初步核实的任务，就必须用证据说话，进行收集证据和核实工作。核查组经批准可采取必要措施收集证据。总体而言，分为"面对面"和"背对背"两种方式：一是与被核查人本人谈话，了解情况，也就是"面对面"直接收集言词证据的方式。二是与其他相关人员谈话、要求相关组织作出说明、调取个人有关事项报告、查阅复印文件账目档案等资料，查核资产情况和有关信息，进行鉴定勘验，或者采取技术调查、限制出境等措施。在被核查人不知情的情况下收集言词、实物证据或者控制被调查人的方式，也即"背对背"的方式。需要注意的是，这些初步核实的措施应在"经批准"和"严格履行审批手续"的前提下进行，以防止擅自扩大权限，避免初步核实的措施"滥用""乱用"，保障被核查人的权利，降低因措施采用不当而带来的负面影响和风险。另外，初步核实的工作是对反映的主要问题开展核查，不同于立案后的全面审查，故应当对核查的问题有所侧重，围绕主要问题收集关键证据。

3. 初步核实的结果处理

《监察法实施条例》第179条第1、2款规定，核查组完成初步核实工作后，应当撰写初步核实情况报告，列明被核查人基本情况、反映的主要问题、办理依据、初步核实结果、存在疑点、处理建议，由核查组全体人员签名。承办部门应当综合分析初步核实情况，按照拟立案调查、予以了结、谈话提醒、暂存待查，或者移送有关部门、机关处理等方式提出处置建议，按照批准初步核实的程序报批。

对于初步核实的程序中的审批，《纪检监督执纪工作规则》改变了《中国共产党纪律检查机关案件检查工作条例实施细则》中初步核实情况报告"由室主任（室主任不在时由副主任）签名后呈报分管纪检室领导审批"的规定，明确报"纪检机关主要负责人审批"，并增加了"必要时向同级党委（党组）主要负责人报告"。《监察法》对此予以借鉴，规定初步核实情况报告和分类处理意见由监察机关主要负责人审批。此举旨在形成环环相扣、相互制约的制度设计，是"信任不能代替监督"理念在初步核实环节的体现，避免在操作上掺杂一些个人的意见或者受人为干预影响等，防止以案谋私、权力滥用。

第三节　调查与审理程序

调查是指监察机关在针对监察对象涉嫌职务违法、职务犯罪问题办理立案手续后，采取必要的调查措施，收集被调查人有无职务违法、职务犯罪以及情节轻重的证据，查明违法犯罪事实的过程。调查工作是监察机关的核心业务，也是进行处置的基础和前提，要求客观全面、手续完备和程序合法。

一、立案

（一）立案的含义

监察立案，是指监察机关经过初步核实，按照法定权限和程序进行审查，以判明是否存在职务违法犯罪事实并需要追究法律责任，依法决定是否作为监察案件进行调查处置的活动。

根据《监察法》的规定，立案的条件主要包括三个方面：第一，前置程序条件，即经过初步核实。第二，事实条件，即存在职务违法或者职务犯罪的事实。需要说明的是，由于对案件尚未正式调查，此处所谓的职务违法或者职务犯罪的事实，并非全部职务违法或者职务犯罪的事实，而是仅指初步确认的部分职务违法或者职务犯罪的事实。第三，追责条件，即需要追究法律责任。有职务违法或者职务犯罪的事实，只是立案的必要条件，但并非充分条件，是否需要立案查处，还要看依相关法律规定是否需要追究行为人的法律责任。如果情节显著轻微，不需要追究法律责任，那么依据法律规定就不需要立案。第四，符合管辖规定，即受理案件的监察机关享有对本案的管辖权。对于符合上述条件的案件，监察机关应当按照规定的权限和程序办理手续。

（二）立案后相关事宜

根据《监察法》的规定，批准立案后，需要进行下列三项活动：

第一，监察机关主要负责人依法批准立案后，应当主持召开专题会议，研究确定调查方案，决定需要采取的调查措施。根据《纪检监督执纪工作规则》第39条的规定，对涉嫌严重违纪或者职务违法、职务犯罪人员立案审查调查，纪检监察机关主要负责人应当主持召开由纪检监察机关相关负责人参加的专题会议，研究批准审查调查方案。纪检机关相关负责人批准成立审查组，确定审查谈话方案、外查方案，审批重要信息查询、涉案款物处置等事项。监督检查、审查调查部门主要负责人组织研究提出审查调查谈话方案、外查方案和处置意见建议，审批一般信息查询，对调查取证审核把关。

第二，立案调查决定应当向被调查人宣布，并通报相关组织。《监察法实施条例》第184条第1款规定，批准立案后，应当由两名以上调查人员出示证件，向被调查人宣布立案决定。宣布立案决定后，应当及时向被调查人所在单位等相关组织送达"立案通知书"，并向被调查人所在单位主要负责人通报。由于立案条件和程序的严格设置，对被调查人而言，立案调查决定的正式作出，意味着其将正式进入被调查环节，其人身、自由、财产权益往往将面临各种调查措施的限制乃至剥夺。与此同时，被调查人所在单位等相关组织也会受到影响，后续"立案通知书"往往会成为调查取证等措施的根据。因此，基于对被调查人知情权等权利的保障，并为后续调查工作进行相关准备，体现监察机关办案的正式性和严肃性，应当将立案调查决定向被调查人本人宣布，并通报相关组织。

第三，涉嫌严重职务违法或者职务犯罪的，应当通知被调查人家属，并向社会公开发布。案件进入立案调查阶段，不仅对被调查人和相关组织产生现实影响，而且如果被调查人涉嫌严重职务违法或者职务犯罪，往往可能会被采取限制或剥夺人身自由的留置措施及其他调查取证措施，这也将对被调查人的家属产生现实影响。根据《监察法实施条例》的规定，为保证被留置人员家属的知情权，监察机关在采取留置措施后，应当及时通知其家属。另外，由于监察机关查办的案件为职务违法犯罪，因此也应当及时通知被留置人所在单位。通知时间被限定为采取留置措施后24小时内。当然，在可能有碍侦查的情形下，如果通知或过早通知，将给案件的查办工作带来严重损害，不利于惩罚犯罪，则"有可能毁灭、伪造证据，干扰证人作证或者串供等有碍调查"属于"24小时以内通知"的例外情形。不过，一旦上述有碍调查的情形消失，就应当立即通知被留置人员所在单位和家属。另外，对于涉嫌严重职务违法或者职务犯罪的案件，立案决定作出后向社会公开发布，既是满足社会公众知情权的需要，同时也是监察机关办案公开、接受社会监督的要求，更能产生震慑违法犯罪活动、严厉惩处职务腐败行为的效果。

在监察实践中，监察机关必须牢牢把好案件查办"入口关"，切实发挥立案环节对于查办职务违法犯罪的"启动"作用，并严格按照相关规定开展立案调查布置工作，依法保障被调查人及其家属和有关单位的知情权，为将来的案件查办和处置工作奠定坚实的基础。

二、调查取证

（一）调查取证的标准

监察机关在调查程序中，尤其需要注意两个标准：

一是法律标准，即能否形成《监察法》第 40 条规定的"相互印证、完整稳定的证据链"。具体而言，就是全案证据之间必须形成一个不互相矛盾、能够相互印证且能够证明违法或者犯罪案件事实的证据链条。在我国刑事司法实践中，证据互相印证乃是检察机关审查起诉、法院据以断案的司法传统，甚至可以认为，全案证据相互印证是"事实清楚、证据确实充分"要求中的最低限度标准。虽然监察机关的调查程序有别于传统的刑事侦查程序，但《监察法》第 33 条第 2 款明确规定："监察机关在收集、固定、审查、运用证据时，应当与刑事审判关于证据的要求和标准相一致。"因而调查程序和侦查程序在收集、固定、审查、运用证据时，对证据的要求和标准，都应当是一致的。

二是政治标准，即能否经得起公诉机关和审判机关的审查、经得起历史和人民的考验。"如果证据不扎实、不合法，轻则检察机关会退回补充侦查，影响惩治腐败的效率；重则会被司法机关作为非法证据予以排除，影响案件的定罪量刑；对于侵害当事人权益、造成严重问题的，还要予以国家赔偿。"① 这要求以法治思维和法治方式，在法治轨道上推进反腐败个案调查取证工作。具体而言，如欲保证监察机关依法、全面收集证据、查清犯罪事实，一个最直接、最基本的要求就是，监察机关工作人员采取调查措施时，必须严格依法、严格按标准收集证据，不得等到临近将案件移送司法机关，或者已经进入司法程序，再去解决证据合法性的问题。

（二）调查取证的原则

第一项原则：依法全面收集证据。监察机关工作人员必须严格依规定程序，收集能够证实被调查人有无违法犯罪情节以及情节轻重的各种证据。具体而言，有两个要求：（1）收集证据必须要客观、全面，不能只收集一方面的证据。这意味着，调查取证并不只是为了取得被调查人"有"违法犯罪和情节"重"的证据，监察机关还要主动调查、收集被调查人"无"违法犯罪和情节"轻"的证据。《监察法》第 45 条第 2 款规定："监察机关经调查，对没有证据证明被调查人存在违法犯罪行为的，应当撤销案件，并通知被调查人所在单位。"这进一步贯彻了我国《宪法》规定的平等原则和《刑事诉讼法》规定的"未经人民法院依法判决，对任何人都不得确定有罪"所蕴含的精神。（2）监察机关不仅要收集证据，还要对收集到的证据进行分析研究、鉴别真伪。这样，一方面可确保有关证据的真实性、合法性和关联性，另一方面还有利于形成相互印证、完整稳定的证据链。

第二项原则：严禁以非法方式收集证据。《监察法》第 40 条第 2 款规定："严禁以威胁、引诱、欺骗及其他非法方式收集证据，严禁侮辱、打骂、虐待、体罚或者变相体罚被调查人和涉案人员。"对于"非法方式"的外延，应作以下理解：（1）"刑讯"，即肉刑或者变相肉刑的方式，本条中表述为"侮辱、打骂、虐待、体罚或者变相体罚"。（2）其他使被调查人或涉案人员在肉体上遭受剧烈疼痛或者痛苦的方法，如较长时间冻、饿、晒、烤等方式。可见，非法方式并不限于暴力殴打等"有痕"方式，还包括长时间不让睡眠等"无痕"方式。（3）其他使

---

① 中共中央纪律检查委员会法规室，中华人民共和国国家监察委员会法规室.《中华人民共和国国家监察法》释义．北京：中国方正出版社，2018：189.

被调查人或涉案人员在精神上遭受剧烈疼痛或者痛苦的方法，如对其进行精神折磨，或者让其服用药物。（4）"威胁、引诱、欺骗"等方法。以刑讯逼供，或者威胁、引诱、欺骗方式取得的被调查人和涉案人员的口供，是其在迫于压力或被欺骗的情况下提供的，虚假的可能性非常大，仅凭此定案，极易造成错案。[1]

（三）请示报告制度

《监察法》第42条第2款规定："对调查过程中的重要事项，应当集体研究后按程序请示报告。"对这一条款的执行需要明确以下几点：（1）在实际执行过程中，应该先明确哪些属于重要事项，只有明确了重要事项的范围，才能在研究后请示报告。一般而言，对被调查人的实体权利有重大影响的事项，肯定属于重要事项。《监察法》第43条规定采取留置措施应当由监察机关领导人员集体研究决定，正验证了这一制度安排。（2）集体研究中的集体包含哪些人员？《监察法》第42条第2款与第31条、第32条、第43条中都有"集体研究"的表述，该"集体研究"是否指某一案件中的所有调查人员，在实践中应该有更明确的说明。另外，对集体研究的程序和时间要求应具体化，否则，集体研究如果久拖不决，将延缓案件调查的进度。（3）按程序请示报告的对象，是监察机关的主要负责人还是该案件的分管领导，也需要在实践中进一步明确。另外，如果监察机关主要负责人否决了请示报告的内容，下一步调查活动如何开展也需要有更明确的操作指南，如是否需要重新研究后再作请示报告等。

三、审理程序

调查组将形成的调查材料移送至审理部门后，案件进入审理阶段。审理部门在收到材料后依法开展相应的审理工作。

（一）审核案件

审理部门依法审核调查部门移送的案件材料，经审核，认为符合移送条件的，应当予以受理；认为不符合移送条件的，经审批可以暂缓受理或者不受理，并要求调查部门补充完善材料。至于审核的内容，《监察法实施条例》第191条明确规定：案件审理部门收到移送审理的案件后，应当审核材料是否齐全、手续是否完备。对被调查人涉嫌职务犯罪的，还应当审核相关案卷材料是否符合职务犯罪案件立卷要求，是否在调查报告中单独表述已查明的涉嫌犯罪问题，是否形成"起诉建议书"。

（二）审理案件

1. 确定审理组并审理案卷材料

审理部门确定受理案件后应当成立由二人以上组成的审理组并确定主要承办人。审理组成立后，应当对案件事实证据、性质认定、程序手续、涉案财物等进行全面审理，做到事实清楚、证据确凿、性质认定准确、程序合法、手续完备，并针对案卷材料反映的违法犯罪情况提出审理意见。同时《监察法实施条例》指出，案件审理部门应当注重强化自身的监督制约职能，坚持调查与审理相分离，案件调查人员不得参与审理。"查审分离"的目的在于确保权力的规范行使，保障审核工作的客观公正，以及案件审理的权威性。

2. 审理时限

审理部门受理案件后，应当在受理之日起一个月以内完成，对于重大、复杂案件，经批准

① 中共中央纪律检查委员会法规室，中华人民共和国国家监察委员会法规室．《中华人民共和国国家监察法》释义．北京：中国方正出版社，2018：190-191.

可以适当延长。在法律关系中，时限要求具有重要意义。对于监察机关而言，查明案件事实至关重要，而高效处理案件同样需要受到重视，案件不能久拖不决，必须严格按照法律规定的期限进行审理。

3. 与被调查人谈话

审理部门在审理案件过程中并非仅进行书面审理。相反，审理部门可以根据案件审理情况，经审批与被调查人谈话，告知其在审理阶段的权利义务，核对涉嫌违法犯罪事实，听取其辩解意见，了解有关情况。值得注意的是，审理部门在与被调查人谈话时，审理人员不得少于二人。《监察法实施条例》第195条第2款明确规定了一般应当与被调查人谈话的情形：（1）对被调查人采取留置措施，拟移送审查起诉；（2）可能存在以非法方法收集证据的情形；（3）被调查人对涉嫌违法犯罪事实材料签署不同意见或者拒不签署意见；（4）被调查人要求向案件审理人员当面陈述；（5）其他有必要与被调查人进行谈话的情形。

4. 退回重新调查或补充侦查

包括：（1）退回承办部门重新调查。《监察法实施条例》第196条规定："经审理认为主要违法犯罪事实不清、证据不足的，应当经审批将案件退回承办部门重新调查。"由此可知，审理部门并非重复调查部门的工作，而是在发现案件存在主要违法犯罪事实不清、证据不足的情况时，应当经审批后将案件退回重新调查。（2）补充调查。如前所述，退回重新调查适用于主要违法犯罪事实不清、证据不足的情况。《监察法实施条例》第196条第2款列举了补充侦查的适用情形，即：部分事实不清、证据不足；遗漏违法犯罪事实；其他需要进一步查清案件事实的情形。

值得注意的是，审理部门将案件退回重新调查或补充侦查的，应当出具审核意见，写明调查事项、理由，调查方向，需要补充收集的证据及其证明作用等，并连同案卷材料一并送交承办部门。承办部门补充调查结束后，应当经审批将补充情况报告及相关证据材料，连同案卷材料一并移送审理部门；对于确实无法查明的事项或者无法补充的证据，应当作出书面说明。重新调查终结后，应当重新形成调查报告，依法移送审理。重新调查完毕移送审理的，审理期限重新计算。补充调查期间不计入审理期限。

5. 审理报告

审理部门在审理工作结束后应当形成审理报告。关于审理报告，有以下几个问题需要注意。（1）审理报告的内容。《监察法实施条例》第197条规定，审理报告应当载明被调查人基本情况、调查简况、涉嫌违法或者犯罪事实、被调查人态度和认识、涉案财物处置、承办部门意见、审理意见等内容。由于我国是纪委监委合署办公，对于党员干部违纪违法问题，还应当体现党规党纪的特色。《纪检监督执纪工作规则》第55条规定，审理报告应当依据《纪律处分条例》认定违纪事实性质，分析被审查调查人违反党章、背离党的性质宗旨的错误本质，反映其态度、认识以及思想转变过程。（2）审理报告的程序要求。审理报告的形成应当提请监察机关集体审议。这一项程序性要求契合了审理工作应遵循的原则之一，即"民主集中制"原则，使监察机关在工作时可以听取不同意见，最大限度避免出现失误，从而保证案件审理的质量。

6. 审理的最终处理结果。

审理部门针对不同的审理情况，分别作出不同的处理。对于涉嫌职务犯罪且需要追究被调查人刑事责任的案件，审理部门应当形成"起诉意见书"，作为审理报告附件。"起诉意见书"应当忠实于事实真相，载明被调查人基本情况，调查简况，采取留置措施的时间，依法查明的犯罪事实和证据，从重、从轻、减轻或者免除处罚等情节，涉案财物情况，涉嫌罪名和法律依据，采取强制措施的建议，以及其他需要说明的情况。经审理认为现有证据不足以证明被调查人存在违法犯罪行为，且通过退回补充调查仍无法达到证明标准的，审理部门应当提出撤销案件的建议。

第四节 监察处置程序

一、处置情形

《监察法》第45条规定了监察机关监督、调查后进行处置的几种情形，具体包括以下六种情形。

（一）轻处理

这是指对于有职务违法行为但情节较轻的公职人员，按照管理权限，直接或者委托有关机关、人员，进行谈话提醒、批评教育、责令检查，或者予以诫勉。有管辖权的监察机关可以直接作出上述处理，也可以委托公职人员所在单位、上级主管部门或者上述单位负责人代为作出。对于谈话提醒、批评教育、责令检查、予以诫勉这四种处理方式，监察机关应当结合公职人员的一贯表现、职务违法行为的性质和情节轻重，经综合判断后作出决定。

（二）政务处分

这是指对于违法的公职人员依照法定程序作出警告、记过、记大过、降级、撤职、开除等政务处分决定。相比上一情形，本情形针对的是违法情节相对较重，需要给予政务处分的人员。具体措施要根据被调查人员行为的违法性质和情节严重来定。①

（三）问责

问责即追究公权力行使者的责任，是指对不履行或者不正确履行职责的，按照管理权限对负有责任的领导人员作出直接问责决定，或者向有权作出问责决定的机关提出问责建议。问责措施针对不履行或者不正确履责的情形，方式包括两种：一是按照管理权限，对负有责任的领导人员直接作出问责决定；二是向有权作出问责决定的机关提出问责建议。2003年之前我国便已存在问责制度，其包含党内问责以及行政问责两个方面。党的十八大以来，我国开始深化问责制度改革，形成了纪检、监察、巡视等领域范围的问责体系。该制度的改革高度整合了党和政府的反腐败力量，进一步优化了监察工作模式，充实了问责力量。毋庸置疑，在全面深化改革的关键时期，大力推进党政问责，努力建设责任政府，让政府及其官员对其权力负起责任来，全面提升公共治理的绩效，提高公共服务和决策管理水平，是现代民主政治的基本要求，是推进全面从严治党的关键内容，也是全面建设法治国家的应有之义，更是推进国家治理体系现代化的重要途径。

---

① 《公务员法》对各类处分措施进行了界定，并对其适用的条件进行了明确：（1）警告，即对违反行政纪律的行为主体提出告诫，使之认识应负的行政责任，以便加以警惕，使其注意并改正错误，不再犯此类错误。这种处分适用于违反行政纪律行为轻微的人员。（2）记过，即记载或者登记过错，以示惩处之意。这种处分，适用于违反行政纪律行为比较轻微的人员。（3）记大过，即记载或登记较大或较严重的过错，以示严重惩处的意思。这种处分，适用于违反行政纪律行为比较严重，给国家和人民造成一定损失的人员。（4）降级，即降低其工资等级。这种处分，适用于违反行政纪律，使国家和人民的利益受一定损失，但仍然可以继续担任现任职务的人员。（5）撤职，即撤销现任职务。这种处分适用于违反行政纪律行为严重，已不适宜担任现任职务的人员。（6）开除，即取消其公职。这种处分适用于犯有严重错误、已丧失国家工作人员基本条件的人员。《政务处分法》规定了各类政务处分措施适用的期间：（1）警告，6个月；（2）记过，12个月；（3）记大过，18个月；（4）降级、撤职，24个月。政务处分决定自作出之日起生效，政务处分期限自政务处分决定生效之日起计算。

（四）移送审查起诉

这是指对于被调查人涉嫌职务犯罪，监察机关经调查认为犯罪事实清楚，证据确实、充分，便制作起诉意见书，连同案卷材料、证据一并移送人民检察院审查起诉。这是监察机关在监督、调查后认定的最为严重的情形，即被调查人涉嫌职务犯罪而将其移送人民检察院审查起诉。具体而言，主要有以下内容：（1）被调查人的行为涉嫌职务犯罪，且监察机关认为犯罪事实清楚，证据确实、充分。《监察法实施条例》明确规定，证据不足的，不得移送人民检察院审查起诉。按照《刑事诉讼法》的规定，公诉案件中证明被告人有罪的责任由人民检察院承担。侦查终结、提起公诉以及判处被告人有罪的证明标准为"案件（犯罪）事实清楚，证据确实、充分"。《监察法》第47条第2款规定，对于监察机关移送的案件，人民检察院经审查认为犯罪事实已经查清，证据确实、充分，依法应当追究刑事责任的，应当作出起诉决定。由此可见，监察机关经过监督、调查，如果认为被调查人的行为构成职务犯罪且符合起诉条件，则应当移送人民检察院审查起诉。（2）移送审查起诉的具体要求还包括制作的行为起诉意见书，并连同案卷材料、证据一并移送。其中：起诉意见书是指监察机关调查终结后认为被调查人的行为构成犯罪，而依法向人民检察院提交的要求追究被调查人刑事责任的法律文书；案卷材料、证据包括监察机关查办案件所用的各种手续、文书和调查获取的证据。这些都是在案件移送后，人民检察院审查起诉的对象和内容，因而需要一并移送。

（五）监察建议

这是指就监察对象所在单位在廉政建设和履行职责方面存在的问题等提出监察建议。这是监察机关在监督、调查案件过程中，发现监察对象所在单位在廉政建设和履行职责方面存在问题而作出的处置。监察机关在查办案件的过程中，往往不仅能够查出被调查人的违法犯罪问题，而且能发现相关单位在廉政建设和履行职责方面存在的直接或根本性的弊端。因此，充分发挥并广泛应用监察建议，是监察机关履行"开展廉政建设和反腐败工作"职能的一项重要手段，对于推动建立反腐败长效机制具有重大的现实意义。

（六）撤销案件

在案件查办过程中，随着调查的不断深入，可能发现并没有违法犯罪行为，此时监察机关应当及时撤销案件。从实体规则来看，撤销案件的根据是没有证据或现有证据不足以证明存在违法犯罪行为。此时因缺乏继续调查、处置的事实依据，本着实事求是的原则和客观公允的态度，监察机关应当撤销案件。从程序规则看，《监察法》规定的一系列监督、调查以追究责任的程序中，加上使案件终止的撤销程序，形成了"有进有出"的完备程序体系。根据《监察法实施条例》第206条的规定，不同主体撤销案件的程序有所区别。省级以下监察机关拟撤销案件的，其应当在7个工作日内向上一级监察机关报送备案报告。对于上级监察机关指定管辖或交办的案件，下级监察机关应当制作"撤销案件意见书"，连同案卷材料在规定的期限内交由指定管辖或者交办案件的上级监察机关审查；上级监察机关同意撤销案件的，下级监察机关应当制作"撤销案件决定书"；若上级监察机关不同意，则下级监察机关应当执行该决定。对于案件被撤销的，监察机关应当向被调查人宣布，并立即解除留置措施。

二、违法所得处置

监察机关查办腐败案件，不仅要依法追究相关人员的法律责任，而且不能放松对涉案财物的处置。挽回腐败分子给国家造成的损失，其实是一场"协同作战"。在查办案件的过程中，监察机关如果发现被调查人通过实施腐败行为，在收受钱款的同时给国家造成了经济损失，那么就应在办案的同时责成相关部门或者地区挽回这样的经济损失。根据《监察法》第 46 条的规定，监察机关经调查，对违法取得的财物，依法予以没收、追缴或者责令退赔。对涉嫌犯罪取得的财物，应当在移送人民检察院审查起诉时随案移送。《政务处分法》第 25 条在此基础上作了进一步规定：公职人员违法取得的财物和用于违法行为的本人财物，除依法应当由其他机关没收、追缴或者责令退赔的，由监察机关没收、追缴或者责令退赔；应当退还原所有人或者原持有人的，依法予以退还；属于国家财产或者不应当退还以及无法退还的，上缴国库。

将涉嫌犯罪取得的财物随案移送，对于规范刑事诉讼涉案财物处置工作，保障刑事诉讼顺利进行，保障当事人合法权益，确保司法公正具有重要意义。虽然我国《刑法》《刑事诉讼法》对涉案财物处置都有规定，有关部门也出台了一些司法解释和规范性文件，但执法、司法实践中涉案财物处置工作随意性大、保管不规范、移送不顺畅、信息不透明、处置不及时、救济不到位等问题并不鲜见，严重损害了当事人的合法权益，严重影响了司法的公信力。

《监察法》及其实施条例在监察权限等部分对调查、查封、扣押等措施进行了相关规定。根据《监察法》第 11 条、第 45 条的规定，对被调查人涉嫌职务犯罪，监察机关经调查认为犯罪事实清楚，证据确实、充分的，制作起诉意见书，连同案卷材料、证据一并移送人民检察院，依法审查、提起公诉。《监察法实施条例》详细规定了对涉案财物采取扣押、冻结等监察措施的程序。例如，条例第 126 条指出，调查人员查封、扣押财物应当会同在场见证人和财物的持有人进行清点核对，开列"查封/扣押财物、文件清单"，由调查人员、见证人和持有人签名或者盖章。

值得注意的是，对违法所得的处置方式，应当针对不同的情况有所区别。第一种是职务违法所取得的财物。在此种情形下，监察机关依法"没收、追缴或责令退赔"，目的在于挽回国家、集体以及个人合法财产的损失。第二种是职务犯罪所取得的财物。这种情况下需要监察机关对涉案财物及孳息妥善保管，并制作"移送司法机关涉案财物清单"，在移送人民检察院审查起诉时，随案移送。

综上，监察机关对涉嫌违法犯罪取得的财物的处置，应当依据法律所规定的程序进行，如果监察机关不遵守相关规定，存在"违反规定处置查封、扣押、冻结财物"的情形，则根据《监察法》第 65 条规定，将对负有责任的领导人员和直接责任人员给予处理。

三、"继续调查"与违法所得没收

《监察法》第 48 条规定：监察机关在调查贪污贿赂、失职渎职等职务犯罪案件过程中，被调查人逃匿或者死亡，有必要继续调查的，经省级以上监察机关批准，应当继续调查并作出结论。被调查人逃匿，在通缉一年后不能到案，或者死亡的，由监察机关提请人民检察院依照法定程序，向人民法院提出没收违法所得的申请。具体而言，这主要包括以下两个方面的内容。

（一）继续调查

关于继续调查，《监察法》作出了如下规定：

一是适用的案件范围。《监察法》第 48 条将继续调查适用的范围限定为"贪污贿赂、失职渎职等职务犯罪案件"。这意味着：其一，继续调查只适用于"职务犯罪案件"，并不适用于违法行为。其二，继续调查可适用的贪污贿赂、失职渎职等职务犯罪案件，既包括狭义上的贪污罪，以及挪用公款罪、私分国有资产罪、私分罚没财物罪、巨额财产来源不明罪、隐瞒境外存款罪等广义上的贪污犯罪，也包括受贿罪、行贿罪、介绍贿赂罪等贿赂犯罪，以及各种失职渎职犯罪。其三，《监察法》第 48 条采取的并非完全列举的方式，而是规定了具有兜底性质的"等职务犯罪案件"，这意味着有解释权的机关仍可根据监察实践的需要将类似的犯罪纳入继续调查的范围。

二是适用的必要性。在监察机关查办职务犯罪的过程中，有可能出现被调查人逃匿或者死亡的情形，但这并不当然意味着案件查办终结。如果根据案件性质或者涉案财产具体情况，有必要继续调查，则需要经过法定程序继续调查。

三是适用的程序。在监察机关调查贪污贿赂、失职渎职等职务犯罪案件的过程中，被调查人逃匿或者死亡，有必要继续调查的，根据《监察法》第48条的规定，须经省级以上监察机关批准，继续调查并作出结论。"经省级以上监察机关批准"，提高了此种情形下继续调查的批准级别。这主要的考虑是限定和有效控制该项措施的适用。由于该项程序针对的是被调查人不到案情形下的处理，因此，为谨慎起见，防范权力滥用，避免使被调查人和其他利害关系人的合法权益受损，规定由省级以上监察机关进行批准较为适宜。经省级以上监察机关批准之后，监察机关应当在原调查的基础上继续开展调查工作，并作出结论。结论中既应当包括被调查人涉案事实和证据认定的内容，也应当包括被调查人逃匿、被通缉或者死亡的情况，还应当包括犯罪所得及其他涉案财产的具体情况等。这也为案件后续走向违法所得没收程序奠定了基础。

（二）违法所得没收

被调查人逃匿，在通缉一年后不能到案，或者死亡的，由监察机关提请人民检察院依照法定程序，向人民法院提出没收违法所得的申请。其中，除死亡情形外，如果被调查人逃匿，则必须符合"通缉一年后不能到案"的条件。监察机关采取通缉措施被规定于《监察法》第29条："依法应当留置的被调查人如果在逃，监察机关可以决定在本行政区域内通缉，由公安机关发布通缉令，追捕归案。通缉范围超出本行政区域的，应当报请有权决定的上级监察机关决定。"另外，根据《监察法实施条例》第232条的规定，监察机关启动违法所得没收程序，应适用《刑事诉讼法》的相关规定，即由监察机关提请人民检察院依照违法所得没收程序向人民法院提出申请。具体程序可以是：

（1）向人民检察院提出没收违法所得的申请。监察机关对于符合前述规定的案件，提出"没收违法所得意见书"，连同相关证据材料一并移送同级人民检察院。

（2）人民检察院审查。人民检察院在收到监察机关移送的"没收违法所得意见书"后，应当查明：1）是否属于本院管辖；2）是否符合《刑事诉讼法》第298条第1款规定的条件；3）犯罪嫌疑人的身份状况，包括姓名、性别、国籍、出生年月日、职业和单位等；4）犯罪嫌疑人涉嫌犯罪的情况；5）犯罪嫌疑人逃匿、被通缉或者死亡的情况；6）违法所得及其他涉案财产的种类、数量、所在地，以及查封、扣押、冻结的情况；7）与犯罪事实、违法所得相关的证据材料是否随案移送，不宜移送的证据的清单、复制件、照片或者其他证明文件是否随案移送；8）证据是否确实、充分；9）相关利害关系人的情况。

（3）人民检察院作出是否提出没收违法所得申请的决定。人民检察院在接到监察机关移送的"没收违法所得意见书"后30日以内，作出是否提出没收违法所得申请的决定。30日以内不能作出决定的，经检察长批准，可以延长15日。对于监察机关移送的没收违法所得案件，经审查认为不符合条件的，应当作出不提出没收违法所得申请的决定，并向监察机关书面说明理由；认为需要补充证据的，应当书面要求监察机关补充证据，必要时也可以自行调查。至于其他具体程序，可参见《刑事诉讼法》及相关司法解释关于违法所得没收程序的规定。

四、不服处理决定的救济

为权利受到程序处理结果影响的人提供救济渠道，是正当程序必须具备的基本内容。对于监察机关办案而言，案件处理结果与监察对象具有直接的利益关系，因此也应当为其提供基本的救济渠道。这样，既能够保障监察对象的合法权益，也能够监督保障监察机关办案质量。根据《监察法》及其实施条例的相关规定，具体包括以下几个方面的内容。

（一）申请复审

监察对象对监察机关作出的涉及本人的处理决定不服的，可以自收到处理决定之日起一个月内，向作出决定的监察机关申请复审，复审机关应当在一个月内作出复审决定。申请复审程序中需要注意的是：（1）适用的主体是监察对象，即监察对象对监察机关涉及本人的处理决定不服。监察对象是权益受到监察决定指向和结果影响的主体，因此，救济的对象也应当是监察对象本人。（2）救济程序的启动事由是监察对象"不服"监察机关对本人的处理决定。不服即不服从、不认可，既可以是对监察机关事实认定的不认可，包括认为没有违法犯罪事实，或者虽有违法犯罪事实但是并非监察机关认定的事实，也可以是对监察机关适用法律定性处理的不认可。当然，作为启动救济程序条件的"不服"，是监察对象本人的主观认识，无论其认识是否有理有据，都不影响其申请的权利。（3）救济的渠道，是向作出决定的监察机关申请复审即再次审理。申请复审权为监察对象的一项程序性救济权利，监察机关应当予以充分保障，不能加以限制或剥夺。（4）向监察机关提出复审申请的时间是收到处理决定之日起一个月内，也就是说，处理决定作出并送达监察对象当日监察对象即可提出复审申请。一个月为提出复审申请的有效时间；超过一个月不提出复审申请，视为对处理决定无异议。（5）复审机关作出决定的期限是一个月。

（二）申请复核

监察对象对复审决定仍不服的，可以在收到复审决定之日起一个月内，向上一级监察机关申请复核，复核机关应当在两个月内作出复核决定。在监察对象向作出决定的监察机关申请复审后，其对监察机关的复审结果可能信服，也可能仍然不服。监察对象如果对作出决定的监察机关的复审决定仍然不服，可以向上一级监察机关申请复核。这样规定，进一步保障了监察对象的权利，不仅提供了双层救济渠道，而且也能消除监察对象对作出决定的原监察机关因"自我复审"而产生的不信任感，有助于监察对象对监察结果产生信服感，增强监察工作的权威。此外，关于监察对象申请复核的期限有明确规定，这是关于监察对象申请有限法定义务的规定。与此同时，规定复核机关应当在两个月内作出复核决定，是对复核机关依法履职的时限要求，体现了对监督对象合法权益的保障。作出决定的监察机关进行复审，与上一级监察机关复核，体现出监察机关自我纠错与上级监察机关领导、监督下级监察机关的运行机制。

另外，在复审、复核期间，不停止原处理决定的执行。监察对象不服监察机关作出的处理决定而提出复审、复核请求，为法律赋予监察对象的一项程序性救济权利，并不代表复审、复核请求一经提出，即改变原处理决定或停止原处理决定的执行。复审、复核本身是对原处理决定的再次审查，而再次审查的结果，可能是认定原处理决定有错误，也可能是认定原处理决定没有错误。因此，在最终审查结果作出前的复审、复核期间，对原处理决定不能停止执行。

复审、复核本身，既是对监察对象权利保障的救济机制，也是监察机关自我纠错的程序机制。因此，原监察机关进行复审和上一级监察机关进行复核时必须秉持实事求是的基本理念。如果上一级监察机关复核后认为原处理决定确实有错误，那么原处理机关应当及时纠正，并按照纠正后的处理决定执行。这体现出上级监察机关对下级监察机关的监督以及对被调查人权利的及时、有效保障。

第五节 移送审查起诉

根据《监察法》第 45 条的规定，对于涉嫌职务犯罪的，监察机关经调查认为犯罪事实清楚，证据确实、充分的，制作起诉意见书，连同案卷材料、证据一并移送人民检察院依法审查、提起公诉。《监察法实施条例》则进一步明确了监察机关移送审查起诉应遵循的相关要求。

一、从宽处罚建议的提出

《监察法》在第 31 条和第 32 条分别规定了对涉嫌职务犯罪的被调查人以及涉案人员提出从宽处罚建议的制度。《监察法实施条例》进一步明确，上级监察机关相关监督检查部门负责审查工作，重点审核拟认定的从宽处罚情形、提出的从宽处罚建议，经审批在 15 个工作日以内作出批复。规定从宽处罚建议制度，一方面，可以鼓励被调查人悔罪悔过，积极配合监察机关工作；另一方面，有益于查清案件事实，提升职务犯罪案件办理的效率。

就职务犯罪案件的被调查人而言，其符合以下情形之一，监察机关可以在将案件移送人民检察院时提出从宽处罚建议：第一，自动投案，真诚悔罪悔过，比如：职务犯罪问题未被监察机关掌握，向监察机关投案的；涉嫌职务犯罪潜逃后又投案，包括在被通缉、抓捕过程中投案的；经查实确已准备去投案，或者正在投案途中被有关机关抓获等。第二，积极配合调查工作，如实供述监察机关还未掌握的违法犯罪行为，比如：主动交代监察机关尚未掌握的犯罪事实，与监察机关已掌握的犯罪事实属同种罪行的；监察机关掌握的证据不充分，被调查人如实交代有助于收集定案证据等。第三，积极退赃，减少损失，比如全额退赃，或虽退赃能力不足，但被调查人及其亲友在监察机关追缴赃款赃物过程中积极配合，且大部分已追缴到位等。第四，具有重大立功表现或案件涉及国家重大利益等，如检举揭发他人重大犯罪行为且经查证属实的，提供其他重大案件的重要线索且经查证属实的，案件涉及国家主权和领土完整、国家安全、外交、社会稳定、经济发展等的情形。

对涉案人员来说，监察机关提出从宽处罚建议的情形主要有：揭发有关被调查人职务违法犯罪行为，查证属实，或者提供重要线索，有助于调查其他案件。详言之，包括：其揭发所涉案件以外的被调查人职务犯罪行为，经查证属实的；提供的重要线索指向具体的职务犯罪事实，对调查其他案件起到实质性推动作用的，或者提供的重要线索有助于加快其他案件办理进度，对其他案件固定关键证据、挽回损失、追逃追赃等起到积极作用的。

值得注意的是，由于《刑事诉讼法》规定的认罪认罚从宽的条件与监察从宽处罚建议适用的条件并不一致，因此，《监察法实施条例》第 219 条第 2 款规定，对于被调查人在监察调查阶段的认罪认罚，若因不符合《监察法》规定的提出从宽处罚建议条件而未提出的，监察机关应当在起诉意见书中写明其自愿认罪认罚的情况。

二、移送审查起诉的程序

监察机关一般应当在正式移送审查起诉 10 日前，向拟移送的人民检察院采取书面通知等方式预告移送事宜。在移送时应当出具起诉意见书，连同案卷材料、证据等一并移送至同级人民检察院。

监察机关办理的职务犯罪案件移送审查起诉，需要指定管辖的，应当与同级人民检察院协商有关程序事宜。需要由同级人民检察院的上级人民检察院指定管辖的，应当商请同级人民检察院办理指定管辖事宜。而对于上级监察机关指定下级监察机关进行调查，移送审查起诉时需要人民检察院依法指定管辖的，应当在移送审查起诉前由上级监察机关与同级人民检察院协商有关程序事宜。此外，监察机关一般应当在移送审查起诉20日前，将商请指定管辖函送交同级人民检察院。

三、检察机关审查起诉后的决定

对于监察机关移送的案件，人民检察院经审查对案件可以作出以下处理。

（一）起诉

人民检察院经审查，认为犯罪事实已经查清，证据确实、充分，依法应当追究刑事责任的，应当作出起诉决定。根据《刑事诉讼法》第169条的规定，凡需要提起公诉的案件，一律由人民检察院审查决定。因此，对于监察机关移送的案件，人民检察院也应当对案卷材料和据以定罪量刑的证据进行全面审查。根据《刑事诉讼法》第176条第1款，人民检察院经过全面审查，认为犯罪嫌疑人的犯罪事实已经查清，证据确实、充分，依法应当追究刑事责任的，应当作出起诉决定，按照审判管辖的规定，向人民法院提起公诉，并将案卷材料、证据移送人民法院。所谓"犯罪事实已经查清"，是指犯罪的主要事实已经查清，一些个别细节无法查清或者没有必要查清但不影响定罪量刑的，也应当视为犯罪事实已经查清。所谓"证据确实、充分"，根据《刑事诉讼法》第55条第2款的规定，应当符合以下条件：（1）定罪量刑的事实都有证据证明；（2）据以定案的证据均经法定程序查证属实；（3）综合全案证据，对所认定事实已排除合理怀疑。所谓"依法应当追究刑事责任"，是指根据《刑法》的规定，犯罪嫌疑人有刑事责任能力，应当对犯罪嫌疑人判处刑罚，且不存在《刑事诉讼法》第16条规定的情形。对于同时符合上述条件的，人民检察院应当作出起诉决定。

（二）补充调查或侦查

人民检察院经审查，认为需要补充核实的，应当退回监察机关补充调查，必要时可以自行补充侦查。对于补充调查的案件，监察机关应当在一个月补充调查完毕。补充调查以两次为限。这与《刑事诉讼法》第175条的规定保持了一致。对于监察机关办案而言，就人民检察院认为需要补充核实的案件，作进一步调查或者由人民检察院侦查，将有助于审查和后续提起公诉，巩固监察机关办案成果，提高人民检察院办理监察机关移送案件的质量。

（三）不起诉

人民检察院对于有《刑事诉讼法》规定的不起诉的情形的，经上一级人民检察院批准，依法作出不起诉的决定。不起诉，是指人民检察院对侦查终结的案件进行审查后，认为犯罪嫌疑人没有犯罪事实，或者依法不应当追究刑事责任，或者提起刑事公诉在刑事政策上没有必要性，或者起诉证据不足，从而作出不将犯罪嫌疑人提交人民法院审判、追究刑事责任的一种处理决定。根据现代刑事诉讼的"控审分离"原则，不起诉意味着不启动审判程序，从而在审查起诉阶段终止刑事诉讼。规定不起诉制度，一方面，可通过及时终结错误或不必要的刑事追究活动，强化对犯罪嫌疑人的权益保障，节约诉讼资源；另一方面，可通过检察机关行使起诉裁量权，合理地分流案件，更好地实现刑罚目的。

对于监察机关调查的涉嫌职务犯罪案件，仍然由人民检察院承担审查起诉和起诉职能，因此，应当适用《刑事诉讼法》关于不起诉的规定。具体而言，有以下几个方面内容。

第一，案件符合《刑事诉讼法》规定的不起诉的情形。根据《刑事诉讼法》的规定，不起诉的种类和情形包括：（1）法定不起诉，是指对于具备法定情形的案件，人民检察院没有或者丧失了追诉权，或者因缺乏追诉条件而不能进行追诉，必须作出不起诉的决定。《刑事诉讼法》第177条第1款规定，犯罪嫌疑人没有犯罪事实，或者有本法第16条规定的情形之一的，人民检察院应当作出不起诉决定。（2）酌定不起诉，又称相对不起诉，是指对于具备特定情形的案件，检察机关根据刑事政策和公共利益裁量决定不起诉。《刑事诉讼法》第177条第2款规定，对于犯罪情节轻微，依照刑法规定不需要判处刑罚或者免除刑罚的，人民检察院可以作出不起诉决定。（3）证据不足不起诉，又称存疑不起诉。《刑事诉讼法》第175条第4款规定，对于二次补充侦查的案件，人民检察院仍然认为证据不足，不符合起诉条件的，应当作出不起诉的决定。需要注意的是，对于此种情形的不起诉，人民检察院没有裁量的余地。其目的在于保障公民的权利，防止利用退回补充侦查来延长办案期限，导致反复补充侦查不放人，使案件久拖不决。对于监察机关查办案件来说，也应当严格遵守该条规定。当然，《刑事诉讼法》限定的是两次补充侦查之后的法律效果，即"应当作出不起诉决定"，其前提是经过了两次补充调查或侦查。而对于未经补充调查或侦查的案件，不能直接作出证据不足不起诉的决定。对于经过一次补充调查或侦查的案件，人民检察院仍然认为证据不足，不符合起诉条件且没有必要退回补充调查或侦查的，也可以作出不起诉决定。

第二，人民检察院作出不起诉决定，应当经过上一级人民检察院批准。这是关于人民检察院对监察机关移送的案件作出不起诉决定的批准程序的规定。在刑事诉讼中，对于普通刑事案件，人民检察院作出不起诉决定的报批程序，通常是"经检察长或者检察委员会决定"，但对于监察机关查办的涉嫌职务犯罪案件，《监察法》第47条第4款规定，人民检察院作出不起诉决定应当经过上一级人民检察院批准。这一规定，一方面，是检察机关办理职务犯罪案件的监督制约机制的延续；另一方面，也体现出对监察机关查办的案件进行处理的慎重和严谨。

第三，监察机关认为不起诉的决定有错误的，可以要求复议。在刑事诉讼中，为防范不起诉权力被滥用，保障相关主体的合法权益，《刑事诉讼法》等相关法律规范为公安机关、被害人和被不起诉人规定了针对不起诉决定的不同制约措施。《刑事诉讼法》第179条规定：对于公安机关移送起诉的案件，人民检察院决定不起诉的，应当将不起诉决定书送达公安机关。公安机关认为不起诉的决定有错误的时候，可以要求复议，如果意见不被接受，可以向上一级人民检察院提请复核。对于监察机关查办的职务犯罪案件，《监察法实施条例》第230条也作出了类似的规定，即监察机关认为不起诉决定有错误的，可以依法向上一级检察机关提请复议。

第十一章
反腐败国际合作

第一节　反腐败国际合作概述

一、反腐败国际合作的概念

随着经济全球化的发展，各国（地区）间的交流日益频繁，腐败问题随之蔓延。腐败不再是一国或一个地区的内部事务，其已经演化成一个全球性的问题，并阻碍经济社会的进一步发展。正如《联合国反腐败公约》之序言所言，"确信腐败已经不再是局部问题，而是一种影响所有社会和经济的跨国现象，因此，开展国际合作预防和控制腐败是至关重要的……做好预防和根除腐败是所有各国的责任，而且各国应当相互合作，同时应当有公共部门以外的个人和团体的支持与参与……"[①]。

反腐败国际合作是指，世界各国、国际组织或地区间为预防和控制腐败而开展的合作。反腐败国际合作方式包括双边合作和多边合作两种。一是双边合作。双边反腐败国际条约是指我国与某一个国家、地区、国际组织签署的反腐败国际条约，如中泰引渡条约。我国开展反腐败双边合作的形式主要有建立反腐败交流合作关系、签署双边合作谅解备忘录、将反腐败合作纳入战略与经济对话、签署反腐败经验交流与互学互鉴的合作协议等。二是多边合作。多边反腐败国际条约是指我国与两个以上的国家、地区、国际组织签署的反腐败国际条约，如《联合国反腐败公约》。我国已参与了"二十国集团"反腐败工作组、亚太经合组织反腐败工作组、亚太经合组织反腐败执法合作网络、国际反腐败学院、"金砖国家"反腐败合作机制、亚洲监察专员协会理事会等国际反腐多边机制。[②]

在反腐败国际合作中，合作主体是一个重要内容。除了主权国家这一基本的国际行为主体外，国际组织、各国及国际性政党、政治团体等都是反腐败国际合作的主体。正如《联合国反腐败公约》序言所讲："做好预防和根除腐败是所有各国的责任，而且各国应当相互合作，同时应当有公共部门以外的个人和团体的支持和参与，例如民间社会、非政府组织和社区组织的支持和参与，只有这样，这方面的工作才能行之有效。"[③]

---

① 赵秉志，王志祥，郭理蓉.《联合国反腐败公约》暨相关重要文献资料.北京：中国人民公安大学出版社，2004：3.

② 中共中央纪律检查委员会法规室，中华人民共和国国家监察委员会法规室.《中华人民共和国监察法》释义.北京：中国方正出版社，2018：228.

③ 赵秉志，王志祥，郭理蓉.《联合国反腐败公约》暨相关重要文献资料.北京：中国人民公安大学出版社，2004：3.

首先，主权国家。主权国家是反腐败国际合作中最为重要的行为主体。主权国家能够最大限度地调动、运用其所控制的一切资源，是国际社会中强有力的行为主体，能推动反腐败国际合作的发展，而且主权国家的反腐败合作意愿是促成反腐败国际合作的最基本的动力。[①] 当前，一些重要的反腐败国际公约，如《联合国反腐败公约》《联合国打击跨国有组织犯罪公约》等，其缔约主体都是主权国家。

其次，国际组织。国际组织是当前反腐败国际合作中的重要主体。当前，国际组织在国际社会和国际事务中发挥着越来越重要的作用，一些国际合作的有效开展离不开国际组织的支持。国际组织按其参与者的身份可以分为国家间国际组织和非国家间国际组织，其中，国家间国际组织是国际法上的行为主体，非国家间国际组织不是国际法上的行为主体。如欧盟是欧洲国家间的国际组织，它在反腐败国际合作，尤其是欧洲国家间反腐败合作中，发挥着不可替代的作用。同时，一些专注于反腐败研究的非国家间国际组织在反腐败国际合作方面的影响力也与日俱增，如透明国际，其年度研究成果——清廉指数被一些权威国际反腐败机构反复引用。

再次，政党。一些国家的政党或国际性政党也是反腐败国际合作的主体。在一国范围内，无论是执政党还是非执政党，都是一国政治力量的重要组成部分，可能影响本国相关的反腐败国际合作行为及意愿。这是因为，政党一方面联系着社会，另一方面联系着政府，并且对社会和政府都能产生影响。政党的这一特性，使其能够在国际合作中发挥有别于政府和社会组织的特殊作用。一方面，政党可以在国际交往中与其他国家的政党以及其他类型的政党进行充分沟通，从而有利于国际交往中的共识形成，减少互动成本。另一方面，政党可以影响政府，通过政党之间的充分沟通与共识形成，可以避免社会组织或企业只能对局部或者微观起作用的弊端，有利于国与国之间整体互动。[②] 如中国共产党党内监督执纪机关——中国共产党纪律检查委员会，即在中国国内反腐败工作及反腐败国际合作中都发挥着重要的作用。

最后，政治团体。一些政治团体也是反腐败国际合作的主体。政治团体是指在现代政治生活中，以特定利益为基础，将具有共同利益诉求的人们组织起来，参与、影响政府政策的制定与运行，并满足本团体群体利益目标的社会团体。[③] 政治团体一般具有明确的政治主张和政治纲领，具备从事相应国际活动的能力，对全球事务、地区事务以及重大政治问题具有相当的影响力。[④] 当前，一些政治、经济一体化组织，及跨国公司，在反腐败国际合作中也具有相当重要的影响力。如一些跨国金融集团，依据相关国际公约的要求提供资金流动情况，对于反腐败国际合作的有效开展至关重要。

上述反腐败国际合作主体中，主权国家和国际组织是主要的力量，但是在一些主权国家、国际组织不方便、不适宜介入的反腐败国际合作中，政党、政治团体，甚至一些在国际上具有一定影响力的个人，都能够有效地促进反腐败国际合作的开展，在反腐败国际合作中具有特定作用，成为反腐败国际合作的主体。因此，反腐败国际合作应调动一切有利于合作开展的主体参与，以有效地推动腐败治理的全球化和一体化，压缩腐败分子的生存空间，遏制腐败犯罪国际化的发展。

---

① 马海军，邹世亨．中国反腐败国际合作研究．北京：知识产权出版社，2011：45.

② 郑长忠．习近平人类命运共同体思想与世界新型政党关系的构建．新疆师范大学学报（哲学社会科学版），2018（5）．

③ 孙继虎．政治学原理．武汉：华中科技大学出版社，2013：95.

④ 马海军，邹世亨．中国反腐败国际合作研究．北京：知识产权出版社，2011：46.

二、我国反腐败国际合作的发展历程

中国是国际反腐败合作国家中的重要成员，加大对公职人员腐败行为的打击力度与加强反腐败国际合作逐渐成为中国政府的重要关注内容。我国开展的反腐败国际合作方式目前包括双边合作和多边合作两种。目前，我国已与上百个国家缔结了司法协助条约、引渡条约、资产返还与分享协定；与数十个国家（地区）签署了金融情报交换合作协议；国家监察委员会与数个国家有关机构签署了数份反腐败合作谅解备忘录。由此，覆盖全球重点国家的反腐败执法合作网络不断完善。[①] 我国已签署了《公职人员国际行为守则》《联合国反对国际商业交易中的贪污贿赂行为宣言》《联合国打击跨国有组织犯罪公约》《联合国反腐败公约》等有关惩治国际腐败犯罪的多部多边国际公约，参与了"二十国集团"反腐败工作组、亚太经合组织反腐败工作组、亚太经合组织反腐败执法合作网络、国际反腐败学院、"金砖国家"反腐败合作机制、亚洲监察专员协会理事会等国际反腐多边机制。

自党的十八大以来，我国在反腐败问题上立场鲜明、态度坚决、作为务实，在加强反腐败国际合作方面也深入推进。党的十八届四中全会通过的《中共中央关于全面推进依法治国若干重大问题的决定》明确提出："加强反腐败国际合作，加大海外追赃追逃、遣返引渡力度"。在立法层面，我国已初步构建了反腐败国际合作的法律体系，既包括《引渡法》《国际刑事司法协助法》等专门性法律，也包括《刑事诉讼法》《监察法》等普通法中的相关规定，如《刑事诉讼法》（2018 年）第五编第三章"缺席审判程序"、第四章"犯罪嫌疑人、被告人逃匿、死亡案件违法所得的没收程序"中的相关规定，《监察法》第六章"反腐败国际合作"针对反腐败国际合作的专门规定。由这些法律所构建起来的具体制度包括反腐败执法合作、违法所得特别没收制度、相互承认与执行刑事判决制度、腐败犯罪资产的返还与分享、信息交流等。

中国在国际反腐败领域已经从"观察者"走向"参与者"，并逐步成为"重要的参与者"，在领导、组织国际反腐败斗争中发挥重要作用。2014 年 11 月，第一个由中国主导起草的国际性反腐败宣言《北京反腐败宣言》在亚太经合组织第 26 届部长级会议上通过。这是中国第一次以国际文件的形式明确提出加强反腐败追逃追赃等务实合作的"中国主张"。2016 年 9 月，二十国集团领导人杭州峰会批准通过了《二十国集团反腐败追逃追赃高级原则》，确定了以"零容忍、零漏洞、零障碍"为主要内容的反腐败追逃追赃十条原则，推动在中国设立 G20 反腐败追逃追赃研究中心。2023 年 10 月，第三届"一带一路"国际合作高峰论坛开幕式在北京举行。国家主席习近平发表题为《建设开放包容、互联互通、共同发展的世界》的主旨演讲，宣布中国支持高质量共建"一带一路"的八项行动。[②] 在其中的建设廉洁之路行动中，中方提出将会同合作伙伴发布《"一带一路"廉洁建设成效与展望》，推出《"一带一路"廉洁建设高级原则》，建立"一带一路"企业廉洁合规评价体系，同国际组织合作开展"一带一路"廉洁研究和培训。此外，中国还分别与美国、加拿大、澳大利亚、新西兰等国家建立了重点个案联合调查机制，与东南亚、加勒比地区等加强了反腐败对口磋商，与土耳其签署了引渡条约，与肯尼亚签署了引渡和刑事司法协助条约，与意大利、芬兰等 7 国签署了金融情报交换协议。

整体而言，我国近年来不断加强反腐败国际合作，与世界范围内的诸多国家与地区共同商

---

① 王冠. 新时代反腐败国际合作的策略、绩效与特点. 岭南学刊，2023（1）：37-42，57.
② 八项行动即：构建"一带一路"立体互联互通网络；支持建设开放型世界经济；开展务实合作；促进绿色发展；推动科技创新；支持民间交往；建设廉洁之路；完善"一带一路"国际合作机制。

讨追逃追赃，也取得显著成效。反腐败双多边交流合作深入开展。全力服务元首外交，密切反腐败领域高层交往，与六个国家签署了反腐败合作谅解备忘录，不断壮大反腐败国际朋友圈。积极参与联合国、"二十国集团"、亚太经合组织、"金砖国家"等10余个全球性和区域性反腐败多边机制下的交流合作，对外讲好中国反腐败故事，有力提升国际话语权和影响力。国际追逃追赃工作取得新成果："天网2023"行动共追回外逃人员1 624人，追回赃款33.4亿元，"百名红通人员"郭某芳、原山西省质监局局长常某才、国投电力公司原党委书记郭某刚等重要逃犯相继归案。持续整治防逃领域突出问题，有效切断腐败分子外逃后路，新增外逃人员继续控制在低位。廉洁"丝绸之路"建设迈出新步伐。集中力量查办一批重大跨境腐败案件，追赃挽损102亿元。成功举办第三届"一带一路"国际合作高峰论坛廉洁"丝绸之路"专题论坛，达成《"一带一路"廉洁建设高级原则》等6项成果。①

我国在双边、多边反腐败合作中正积极发挥作用，推动建立国际反腐败新秩序。党的二十大报告强调"深化反腐败国际合作，一体构建追逃防逃追赃机制"，二十届中央纪委二次全会为深化反腐败国际合作进一步划定坐标、指明方向。2023年以来，在党中央坚强领导下，中央纪委、国家监委和各级纪检监察机关持续发力、步履不停、攻坚克难、稳中求进，追逃防逃追赃、跨境腐败治理、反腐败多双边交流合作等方面成果丰硕，不断刷新反腐败国际合作成绩单，也为全球反腐败治理贡献了中国智慧和中国方案。②

三、反腐败国际合作的主要内容

《监察法》第51条规定："国家监察委员会组织协调有关方面加强与有关国家、地区、国际组织在反腐败执法、引渡、司法协助、被判刑人的移管、资产追回和信息交流等领域的合作。"根据这一规定，我国反腐败国际合作的主要内容体现在反腐败执法合作、引渡、司法协助、被判刑人移管、资产追回和信息交流等领域。

（一）反腐败执法合作

反腐败执法合作，是指我国监察机关、公安机关、司法行政部门等，与有关国家、地区、国际组织在调查腐败案件、抓捕外逃涉案人员等方面开展的合作。③

世界各国（地区）之间在反腐败问题上进行了各种形式的配合与协作。从广义来讲，只要是依法开展的合作，不论其依据是刑事法律、行政法律、民事法律还是其他法律，都可被称为执法合作。④《联合国反腐败公约》第48条第1款将执法合作规定为"缔约国应当在符合本国法律制度和行政管理制度的情况下相互密切合作，以加强打击本公约所涵盖的犯罪的执法行动的有效性。"⑤公约规定各缔约国应当就以下几个方面的犯罪信息展开执法交流合作：（1）犯罪嫌疑人的身份、行踪和活动，或者其他有关人员的所在地点；（2）腐败犯罪所得或财产的去向；（3）用于或企图用于腐败犯罪的财产、设备或其他工具的去向；（4）适当时提供必要数目的与犯罪所用物品相同的物品供分析或侦查用；（5）交换腐败犯罪所采用的手段和方法的信

① 中央纪委国家监委国际合作局.以彻底自我革命精神纵深推进新征程反腐败国际合作高质量发展.中国纪检监察，2024（5）.
② 曹雅丽.新时代反腐败国际合作跃上新高度.中国纪检监察，2024（1）.
③ 中共中央纪律检查委员会法规室，中华人民共和国国家监察委员会法规室.《中华人民共和国监察法》释义.北京：中国方正出版社，2018：227.
④ 樊崇义，王建明.《联合国反腐败公约》与我国职务犯罪侦查研究.北京：中国方正出版社，2011：371.
⑤ 赵秉志，王志祥，郭理蓉.《联合国反腐败公约》暨相关重要文献资料.北京：中国人民公安大学出版社，2004：27-28.

息；（6）加强反腐败人员和专家的交流；（7）其他措施。因此，国家监察委员会在国际反腐败执法合作中，应该在包括但不限于上述几个方面的领域展开广泛的合作。

（二）引渡

引渡是指不同国家相互根据请求将在本国境内发现的、在对方国家受到刑事追诉或者已被判处刑罚的人移交给请求国，以便对其提起刑事诉讼或者执行刑罚的合作。[①] 国际引渡合作须遵循一定的原则，具体包括：（1）互惠原则，指在没有引渡条约的情况下，引渡请求国与被请求国通过协商并承诺在相互给予优惠待遇的基础上开展引渡合作，相互执行对方国家就个案提出的引渡请求。互惠引渡从根本上排除和解决了国家间没有引渡条约而带来的引渡合作的障碍，它是引渡合作的重要补充。[②]（2）条约前置主义原则，指原则上不与没有缔结引渡条约的国家进行引渡合作。（3）双重犯罪原则，指可引渡的犯罪必须是请求引渡国家和被请求引渡国家双方都认为是犯罪的行为。（4）可引渡的犯罪原则，指犯罪须达到一定的严重程度方可引渡。（5）特定性原则，指请求方只能按照引渡请求中所列并且得到被请求方准许的特定犯罪进行追诉和量刑，而且不得擅自将被引渡人再引渡给第三方。（6）或引渡或起诉原则，指对被请求引渡的人，被请求国或者引渡给请求方，或者按照本国法律移交本国司法机关进行审判。

《联合国反腐败公约》第44条为了加强各国间的反腐败合作，对上述引渡中遵循的原则和条件进行了突破，如将"双重犯罪原则"上升至"双重可罚原则"，即：公约规定的腐败犯罪均是可以引渡的犯罪；双方无引渡条约时可以将公约作为引渡的法律依据；腐败犯罪分子不被视为政治犯；不得以财税犯罪为由拒绝引渡；被请求方在不违反本国法律的情况下，紧迫时可以对被引渡人采取强制措施，确保引渡时其在场。《联合国打击跨国有组织犯罪公约》第16条也进行了相类似的规定。

引渡国际合作中被请求国可以一定的理由拒绝引渡，这些理由包括本国国民、政治犯、不正当的追诉目的、军事犯罪、财税犯罪、死刑、正当程序和特别法庭、时效与赦免、一事不再理、缺席审判、管辖权欠缺、人道主义考虑、豁免权。[③]

（三）司法协助

司法协助是指根据双边条约、多边条约或以互惠为基础，我国与有关国家、地区之间，在对条约或协定等所涵盖的犯罪进行侦查、起诉和审判过程中，相互提供最广泛的司法方面的协助。[④] 司法协助有广义的司法协助和狭义的司法协助之分。广义的司法协助包括引渡、狭义的司法协助、相互承认与执行刑事判决和刑事诉讼移管。[⑤] 狭义的司法协助也称"小司法协助"，它的范围包括刑事诉讼文书的送达、调查取证、解送被羁押者出庭作证、移交物证和书证、冻结或扣押财产、提交法律情报等。[⑥]

从反腐败国际司法协助和执法合作的内容看，两者是两个不同的合作领域，但是两者又有一定的交叉之处。相同之处是，两者均以打击腐败犯罪为宗旨；在合作过程中采取的某些措施相同，如调查取证过程中追查用于腐败犯罪的财产、设备和犯罪工具的去向等。但是两者又具有明显的不同：第一，合作主体不同。司法协助的主体一般是广义的刑事司法机关，而执法合

① 黄风. 国际刑事司法合作的规则与实践. 北京：北京大学出版社，2008：19.
② 陈雷. 反腐败国际合作理论与实务. 北京：中国检察出版社，2012：113.
③ 黄风. 国际刑事司法合作的规则与实践. 北京：北京大学出版社，2008：45-73.
④ 中共中央纪律检查委员会法规室，中华人民共和国国家监察委员会法规室：《中华人民共和国监察法》释义. 北京：中国方正出版社，2018：227.
⑤ 黄风. 国际刑事司法合作的规则与实践. 北京：北京大学出版社，2008：103.
⑥ 黄风. 国际刑事司法合作的规则与实践. 北京：北京大学出版社，2008：104.

作的主体泛指一切拥有行政执法职能的机关，甚至可以是依据本国法律不享有刑事司法权的机关。第二，合作目的和适用的标准不同。司法协助的目的一般是办理具体的刑事案件或保障在立案后刑事诉讼程序顺利进行，须适用双重犯罪的标准；而执法合作的目的是预防、侦查犯罪或者行政违法行为，无须适用双重犯罪的标准。第三，所采用的程序不同。司法协助须遵循专门的司法程序或相应的程序，而执法合作没有严格的程序限制，只以合法、有效、快捷为标准。第四，所依据的法律不同。司法协助所依据的法律须经一定的立法审议和批准程序，而执法合作依据的法律一般仅需双方行政主管机关签批就可生效。[①]

《联合国反腐败公约》第 46 条第 1 款将司法协助的范围规定为"缔约国应当在对本公约所涵盖的犯罪进行的侦查、起诉和审判程序中相互提供最广泛的司法协助"，即将司法协助限定为狭义的司法协助，并对司法协助的内容进行了详细的列举。而且《联合国反腐败公约》对传统的司法协助理念进行了一定的突破，如：规定可协助辨认、冻结、追查犯罪所得和追回资产，从而使腐败犯罪所得或腐败犯罪收益的追缴可以独立于刑事诉讼的进程而进行，允许不以腐败犯罪事实或刑事责任的判定为前提。同时，还规定被请求国在特定情形下，可以无须事先请求而向请求国提供腐败犯罪相关资料；并允许通过远程视频的方式作证。[②]

（四）被判刑人移管

被判刑人移管是指外逃人员所在国依据本国法和我国提供的证据，在对我国外逃人员进行定罪判刑后，将该外逃人员移交我国。[③] 在国际公法上，被判刑人移管是指一国将在本国境内被判处自由刑的犯罪人移交给犯罪人国籍国或常住地国以便服刑，犯罪人的国籍国或常住地国接受移交并执行所判刑罚的活动。[④] 也可以将被判刑人移管理解为一种刑事合作机制，即被请求国根据请求国的请求，将在其境内被判处监禁或者因其他原因被剥夺人身自由的他国公民送还其国籍国或居住地国，以进行服刑的国际刑事合作机制。[⑤]《联合国反腐败公约》第 45 条"被判刑人的移管"规定："缔约国可以考虑缔结双边或多边协定或者安排，将因实施根据本公约确立的犯罪而被判监禁或者其他形式剥夺自由的人移交其本国服满刑期。"因而，被判刑人移管，实质上就是对移管请求国判决的变相承认与执行。在未缔结相互承认与执行判决和裁定的协定或安排的国家间，它不失为一种有效的替代措施。

国家间被判刑人移管的目的，就是让被判刑人在熟悉的环境中服刑和接受教育改造，克服语言文化和生活习惯的障碍，使其在服刑结束后早日重新适应社会生活。同时，对于判刑国而言，将在本国判刑的外国囚犯送回其国籍国或居住地国，有利于其服刑管理而且方便刑罚的执行；对于执行国而言有利于体现其保护本国国民的原则，提升国家的权威性和社会的稳定性。因此，被判刑人移管合作是一种互惠互利的反腐败国际合作方式。目前我国已经与乌克兰、俄罗斯、西班牙、葡萄牙等国家缔结了被判刑人移管的双边条约。

被判刑人移管的国际合作中应遵循以下原则：（1）有利于被判刑人原则；（2）不加重刑罚原则；（3）一罪不再罚原则；（4）相互尊重主权和管辖权原则。一般来说，被判刑人移管应符合以下条件：（1）被判刑人是执行国的国民；（2）被判刑人所犯之罪在执行国也构成犯罪；（3）被判刑人仍须服一定期限的刑罚；（4）在执行国不存在尚未完结的上诉或申诉程序；（5）必

---

① 黄风. 国际刑事司法合作的规则与实践. 北京：北京大学出版社，2008：112-113.

② 黄风. 中国境外追逃追赃经验与反思. 北京：中国政法大学出版社，2016：143-150.

③ 中共中央纪律检查委员会法规室，中华人民共和国国家监察委员会法规室.《中华人民共和国监察法》释义. 北京：中国方正出版社，2018：227.

④ 张智辉. 国际刑法通论. 增补本. 北京：中国政法大学出版社，1999：383.

⑤ 李翔. 反腐败国际刑事合作机制研究. 北京：北京大学出版社，2011：66.

须获得被判刑人的同意。①

（五）资产追回

《监察法》中的资产追回，是指贪污贿赂等犯罪的嫌疑人携款外逃的，通过与有关国家、地区、国际组织的合作，追回犯罪资产。② 在国际法上，它指资产流出国在资产流入国没有采取没收等处置措施的情况下，通过一定的途径对该资产主张所有权而将其追回，或者由资产流入国对腐败资产进行没收后，再将其返还给资产流出国的资产追回机制。③ 《联合国反腐败公约》将资产的追回手段分为两大类，分别是直接追回财产的措施和通过没收事宜的国际合作追回资产的机制，即资产的直接追回机制和资产的间接追回机制。

直接追回措施可分为三种：（1）资产流出国依据资产流入国的法律，在民事诉讼中依法提起确权之诉，主张对非法转移财产的所有权；（2）资产流出国依据资产流入国的法律，在民事诉讼中，依法提起侵权之诉，要求侵犯财产权的被告人进行补偿或损害赔偿；（3）资产流出国在资产流入国对腐败犯罪所涉财产进行没收或处理之时，直接向相应的司法机关提供所有权证明，要求返回。④

资产间接追回措施也可分为三种：（1）资产流入国执行资产流出国关于腐败犯罪资产罚没的判决或裁定；（2）资产流入国主管机关进行刑事追诉而没收此类涉案财产；（3）在犯罪人死亡、潜逃或缺席审判而无法对其进行起诉或采取其他有关措施的情形下，资产流入国不经刑事定罪而直接没收此类涉案财产。⑤

简言之，直接追赃属于私法救济的途径，间接追赃属于公法救济的途径，需要国家（地区）间合作才能实现，是反腐败国际合作的重点。

（六）信息交流

信息交流，是指我国与有关国家、地区、国际组织之间，共享有关腐败的统计数字、分析性专门知识和资料，以及有关预防和打击腐败犯罪的最佳做法的资料等。⑥ 犯罪情报信息是对犯罪情况的全方位记录，从中可以分析出各种犯罪的成因、特点，犯罪活动的规律以及发展趋势；可以掌握有关犯罪活动的情况，如跨境犯罪活动的策划、准备、实施过程，犯罪手段、工具和技能的运用，有组织犯罪的基本情况以及犯罪对象的有关资料等。⑦ 在反腐败的国际合作中，加强信息的交流合作，熟知对方的反腐败动态和国际最新反腐败相关法律制度方面的信息，对于提升反腐败国际合作效率、扩大反腐败国际合作影响至关重要。《联合国反腐败公约》第六章专章对反腐败国际合作中的技术援助和信息交流作出规定。根据其规定，各缔约国应当在必要的情况下为本国负责预防和打击腐败犯罪活动的人员启动、制订或者改进具体培训方案，方案涉及预防、监测、侦查、惩治和控制腐败犯罪活动的有效措施等。促进反腐败信息交流和经验分享对于增进国家等相互之间的相互理解和反腐败合作至关重要，我国也正在与其他

---

① 黄风.国际刑事司法合作的规则与实践.北京：北京大学出版社，2008：197-203.

② 中共中央纪律检查委员会法规室，中华人民共和国国家监察委员会法规室.《中华人民共和国监察法》释义.北京：中国方正出版社，2018：227.

③ 李翔.反腐败国际刑事合作机制研究.北京：北京大学出版社，2011：73.

④ 赵秉志，王志祥，郭理蓉.《联合国反腐败公约》暨相关重要文献资料.北京：中国人民公安大学出版社，2004：30.

⑤ 赵秉志，王志祥，郭理蓉.《联合国反腐败公约》暨相关重要文献资料.北京：中国人民公安大学出版社，2004：30-31.

⑥ 中共中央纪律检查委员会法规室，中华人民共和国国家监察委员会法规室.《中华人民共和国监察法》释义.北京：中国方正出版社，2018：227-228.

⑦ 高智华.区域刑事司法协助中警务合作的模式与途径.中国人民公安大学学报（社会科学版），2009（1）.

国家等的反腐败国际合作中逐步建立信息交流平台并探索在多边平台增进共识，落实《联合国反腐败公约》的相关要求。

以上几个方面是当前反腐败国际合作的重点。随着反腐败国际合作工作的深入，会有更多、更新的国际合作理念涌现，进一步提升国际社会的反腐败国际合作水平和成效。

四、反腐败国际追逃追赃防逃

世界各国、地区或国际组织开展反腐败国际合作的方式有很多种，归纳起来主要是通过对逃往境外的犯罪分子的追捕、对转移至境外的腐败犯罪相关资产的追回以及对腐败犯罪国际化的预防和遏制这三种途径来实现的，此即追逃、追赃和防逃。

（一）追逃

反腐败国际追逃是指对于逃匿到境外的涉嫌重大贪污贿赂、失职渎职等职务犯罪的被调查人，在掌握的证据比较确凿的情况下，通过开展境外追逃工作将其追捕归案。引渡是利用国际刑事司法协助开展境外追逃的正式渠道和理想方式，遣返、劝返、异地起诉等是引渡替代措施。从国际社会的实践来看，替代措施可以分为常规（合法）替代措施和非常规（非法）替代措施。

常规替代措施又可分为遣返、劝返和异地起诉等方式，其中最主要的是遣返，又称移民法遣返，是指由请求国向外逃人员所在地国提供外逃人员违法犯罪线索和伪造护照等虚假身份情况，让所在地国根据移民法规，剥夺其居留地位并强制遣返至请求国或第三国。"赖昌星遣返案"是我国比较典型的通过遣返这一引渡替代措施追逃腐败犯罪嫌疑人的案例。异地起诉也是重要的引渡替代措施，是指在请求国无法行使管辖权时，通过让渡管辖权给外逃人员所在地国，支持外逃人员所在地国依据本地法律和请求国提供的证据，对请求国外逃人员进行定罪判刑。外逃人员被定罪判刑后往往会被强制遣返，届时可将其递解回请求国接受法律制裁。劝返则是指对外逃人员进行说服教育，使其主动回国，接受追诉、审判或执行刑罚。劝返是一项思想政治工作，主要手段是对犯罪嫌疑人进行说服教育，晓之以理、动之以情、明之以法，承诺从轻处理条件，促使其心理发生根本转变。

非常规替代措施比较常见的有两种。一是绑架，即采用绑架的手段将在逃人员缉捕回国；二是诱捕，即将犯罪嫌疑人引诱到本国境内、国际公海、国际空域或有引渡条约的第三国，然后进行逮捕或引渡。由于未经主权国家的批准擅自开展调查活动会触犯所在地国家的刑事法律，引发外交纠纷，因此非常规替代措施在实践中很少使用。

（二）追赃

《联合国反腐败公约》和《联合国打击跨国有组织犯罪公约》等确立了被转至境外的腐败犯罪资产必须返还的原则和腐败犯罪资产追回机制，规定缔约国应当对外流腐败犯罪资产的追回提供合作与协助，包括预防和监测腐败犯罪所得的转移、直接追回财产、通过国际合作追回财产、资产的返还和处置等。在我国，《监察法》第52条第2项就是对这两个国际公约相关要求的专门回应：贪污贿赂等犯罪嫌疑人携款外逃的，可通过提请赃款赃物所在国查询、冻结、扣押、没收、追缴、返还涉案资产，追回犯罪资产。

从实践来看，开展反腐败追赃国际合作的方式主要包括以下四种。

一是在开展引渡、遣返等追逃合作的同时，附随请求移交赃款赃物。针对携款外逃的贪污贿赂等犯罪的嫌疑人，我国依据双边引渡条约或多边含有引渡条款的国际公约或互惠原则，或者以个案谈判为基础，向嫌犯所在地国提出引渡请求时，一般情况下都会附随提出移交赃款赃物的请求，或在引渡的同时开展追赃国际合作。

二是协助赃款赃物所在地国根据国内法启动追缴程序，然后予以没收和返还。西方国家大多详细规定了犯罪所得没收制度和资产返还程序，美国除设立刑事没收制度外，还设立了不以刑事犯罪为前提条件的民事没收制度。实践中，没收还可及于犯罪所得或价值相当的财产、犯罪资产、设备或其他工具。

三是受害人或受害单位在赃款赃物所在地国通过民事诉讼方式追回犯罪资产。根据《联合国反腐败公约》和大多数国家的法律，因贪污、挪用公款、侵占等犯罪遭受物质损害的受害人（或单位），针对其受到损失的财产部分，有权以民事原告的身份提起财产侵权或确权的民事诉讼，要求民事被告返还侵权之物或赔偿损失。

四是在我国国内启动违法所得没收特别程序，由法院作出没收判决后，请求赃款赃物所在地国予以承认与执行。《刑事诉讼法》设定了针对贪污贿赂犯罪、恐怖活动犯罪等重大犯罪案件的违法所得没收特别程序，规定：犯罪嫌疑人逃匿或死亡，可由检察院提出申请，法院依法作出没收裁定，然后请求涉案资产所在地国予以承认和执行。

（三）防逃

防逃是指通过加强组织管理和干部监督，查询、监控涉嫌职务犯罪的公职人员及其相关人员进出境和跨境资金流动情况，完善防逃措施，防止涉嫌职务犯罪的公职人员外逃。显而易见，《监察法》第52条第1、2项规定的国际追逃追赃事实上属于"亡羊补牢"策略，与其事后追逃，不如事前防逃，把贪官及赃款阻挡在境内，不断扎牢防逃防赃的制度笼子。"未雨绸缪"显然胜过"亡羊补牢"，因此，《监察法》在反腐败国际合作中坚持追逃防逃两手抓，在加大追逃力度的同时，也要求国家监察委员会承担组织协调、督促有关单位做好防逃工作，并建立健全不敢逃、不能逃的有效机制的职责。

有效的防逃机制需要从思想观念、具体措施、责任追究等方面着手构建。

一是加强对公职人员的日常教育、管理和监督。有关组织和单位要切实担负起主体责任，严格执行各项管理规定，把功夫下在平时，关口前移，做好预防工作。要及时掌握公职人员的思想、工作和生活状况，了解最新动态，对关键岗位人员多警醒，对苗头性问题多过问，对有外逃倾向的要早发现、早报告、早处置。

二是防逃措施的制度化及落实。要严格执行公职人员护照管理、出入境审批报备制度，认真落实对配偶、子女移居境外的国家工作人员相关管理规定，定期开展"裸官"清理，做好对党员领导干部个人有关事项报告情况的抽查核实。监察机关、执法和司法机关查办案件要设置防逃程序，不能在立案前出现管控"真空"。对重点对象要及时采取监控措施，让企图外逃分子"触网"回头。要加强反洗钱工作，切断非法资金的外流渠道，冻结腐败分子在境内的动产和不动产，堵住赃款外流渠道。

三是强化责任追究。被调查人外逃、赃款赃物转移的，监察机关及相关部门都有责任。要强化责任意识，切实落实防逃各项任务部署。发现有严重职务违法犯罪情节的公职人员企图外逃时要立即报告、迅速处置，该采取措施的就要及时采取措施，该立案调查的就要尽快调查。如果能发现问题而没有发现，或者发现了问题而不报告或采取措施不及时，都是失职失责行为，必须依法承担责任。

第二节　完善我国反腐败国际合作法律制度

反腐败国际合作是一项全面性和系统性的复杂工作，涉及国内和国际两个层面。要确保反腐败国际合作的有效运行和良性发展，需要通过法律将一些切实可行的实践经验予以确认，建立完善的反腐败国际合作法律体系，并通过法律的权威性、程序性和强制性确保反腐败国际合作在法律的框架内运行，使每一个反腐败案件经得起历史的检验，提升我国在反腐败国际合作中的信任度。正如习近平总书记在答复英国路透社记者时所讲："中国是一个法治国家，无论是在国内惩治腐败，还是开展反腐败国际合作，都依法办事，坚持以事实为依据、以法律为准绳。"[①] 因而，在继续深入推进监察体制改革和完善《监察法》的基础上，应当着力完善我国反腐败国际合作法律体系。

一、完善我国反腐败国际合作国内立法

反腐败国际合作的基础是我国的国内法，国内法的完善能促进反腐败国际合作的开展。反腐败国际合作是国家、地区、国际组织等不同合作主体相互间的协调、配合，而不同合作主体合作的基础是信任，因而，需要完善我国国内法，提高我国在国际社会的影响和司法信任度，为反腐败国际合作创造有利条件。

首先，完善《公务员法》《反洗钱法》《政府采购法》《招标投标法》等对国家公权力行使及公职人员的职务行为进行规范的法律。在贯彻执行《关于领导干部报告个人有关事项规定》的基础上，制定并通过"公务人员财产申报法"等更加严格的公职人员财产监管制度，完善相关金融监管制度，堵住腐败犯罪资产向境外转移的漏洞，多策并举，使对腐败行为的监督全覆盖、无死角，根除腐败犯罪滋生的土壤。

其次，履行相关反腐败国际条约或公约的"中国化"义务，将相关国际条约的规定国内法化。如对于《联合国反腐败公约》规定的跨国取证、涉案款物追缴等制度，需要以国内立法的方式予以确认，赋予其强制力。同时，通过立法的形式建立并完善具有中国特色的刑事缺席审判制度、腐败犯罪污点证人制度、腐败犯罪诉辩交易制度等。如此，既履行了相应的国际条约义务，又与反腐败国际合作主流规定接轨，清除反腐败国际合作的国内法律制度障碍。

综上，通过完善我国国内法中的公职人员权力行使和财产监管制度，将国际公约规定国内法化等举措，能有效提升我国法治的整体水平和国际影响力，夯实反腐败国际合作的国内法律基础。

二、完善和发展我国反腐败国际合作国际立法

已签署并生效的双边引渡条约、资产返还和分享协定等是我国反腐败国际合作中的重要依据，也是最为高效的追逃追赃措施。但是也应该看到，腐败犯罪分子外逃的集中目的国如美国、加拿大、澳大利亚等西方国家，或者未与我国签订引渡条约，或者签署后其议会尚未通过、审批。然而这些国家在引渡腐败犯罪嫌疑人时坚持"条约先置主义"。没有引渡条约，我国无法通过引渡这一高效的方式追捕相关外逃人员，致使我国在这些国家追捕外逃腐败犯罪分子时，只能进行个案协调，通过遣返或劝返等替代方式，经过漫长的时间才能将外逃腐败犯罪分子追捕归案，耗费大量人力物力。因此，尽快与上述西方国家进行磋商，签署并通过双边引渡条约是我国反腐败国际合作国际立法方面的当务之急。

在多边条约方面，我国积极签署了《联合国反腐败公约》《联合国打击跨国有组织犯罪公约》等多边国际公约。《联合国反腐败公约》是当前国际反腐败领域最权威、影响力最大

---

① 人民日报，2015 - 10 - 19.

的国际公约，缔约国达 170 多个。我国腐败犯罪外逃人员和资金集中的几个西方国家也是该公约的签署国，这为我国开展反腐败国际合作奠定了良好的国际法基础。[①]《联合国反腐败公约》等国际公约的规定可以成为反腐败国际合作的法律依据，但是美国等一些西方国家拒绝将多边公约作为引渡的法律依据，因而在反腐败国际追逃方面多边公约的适用率不高。在今后的国际合作中，我国应积极地同相关的西方国家开展磋商与协调，从双边或多边两个方面强化反腐败国际合作的国际立法，扩充反腐败国际合作的法律依据，积极建立反腐败国际合作长效机制。

综上，在反腐败国际合作立法方面，我国应该立足于国内法律体系，拓展国际双边和多边立法，通过建立完备的反腐败国际合作法律基础，确保反腐败国际合作依法依程序地有序开展，在国际社会扩大我国的国际司法影响力和信任度，为反腐败国际合作提供有力的法律支撑。

第三节　监察机关在反腐败国际合作中的作用

《监察法》第 50 条规定："国家监察委员会统筹协调与其他国家、地区、国际组织开展的反腐败国际交流、合作，组织反腐败国际条约实施工作。"另外，《监察法实施条例》还规定国家监察委员会有组织协调有关单位建立反腐败国际追逃追赃和防逃协调机制，统筹协调、督促指导地方各级监察委员会办理反腐败国际追逃追赃等涉外案件的职责。因而，在反腐败国际合作中，国家监察委员会的职责主要包括三个方面：一是统筹协调与其他国家、地区、国际组织开展的反腐败国际交流、合作。在我国有关部门、组织等和其他国家、地区、国际组织开展反腐败国际交流与合作时，无论是以官方为主的形式还是以民间为主的形式，国家监察委员会都要在中共中央的集中统一领导下，发挥统筹协调的作用，有关各方要发出同一个声音，绝不允许自说自话，甚至各自为战。二是组织反腐败国际条约的实施以及履约审议等工作。对于我国签署的反腐败国际条约，国家监察委员会要组织国内有关部门研究如何开展实施工作，包括研究条约对我国反腐败工作的利弊、条约与我国法律制度如何衔接、条约涉及的我国重要法律的起草和修改等；要组织国内有关部门接受履约审议，督促有关部门做好自评清单填写和提交工作，接受审议国对我国进行实地访问等。[②] 三是组织协调有关单位建立集中统一、高效顺畅的反腐败国际追逃追赃和防逃协调机制，统筹协调、督促指导地方各级监察委员会办理反腐败国际追逃追赃等涉外案件。

一、国家监察委员会在反腐败国际合作中的作用

《联合国反腐败公约》第 36 条规定："各缔约国均应当根据本国法律制度的基本原则采取必要的措施，确保设有一个或多个机构或者安排了人员专职负责通过执法打击腐败。这类机构或者人员应当拥有根据缔约国法律制度基本原则而给予的必要独立性，以便能够在不受任何不正当影响的情况下有效履行职能。这类人员或者这类机构的工作人员应当受到适当培训，并应

---

① 张磊.境外追逃追赃良性循环理念的界定与论证.当代法学，2018（2）.

② 中共中央纪律检查委员会法规室，中华人民共和国国家监察委员会法规室.《中华人民共和国监察法》释义.
北京：中国方正出版社，2018：224 - 226.

当有适当的资源，以便执行任务。"① 根据该公约的要求和国家监察委员会的职责权限，国家监察委员会是履行这一国际合作职责的法定专职机关。这是因为，国家监察委员会整合了最高人民检察院、原监察部等相关部门的反腐败职能，成为我国反腐败中央机关，统一行使国家反腐败职能。而且，在监察体制改革之后，只有国家监察委员会具有相应反腐败职能的独立性并能够调动适当资源，确保反腐败国际合作的专业性和专业化，并通过自身的职责履行形成高效权威的长效机制，保持国际反腐败的高压态势。具体而言，国家监察委员会在反腐败国际合作中发挥的作用体现在如下方面。

（一）统筹协调反腐败国际交流、合作

腐败犯罪的国际化趋势要求各国开展反腐败国际合作。联合国前秘书长安南曾说："腐败是全球公害，它破坏经济，削弱民主和法制，扰乱公共秩序，并使有组织犯罪和恐怖主义更加猖獗，给广大发展中国家的人民带来了巨大的灾难。"② 随着经济全球化的发展，腐败犯罪呈现出跨国化的发展趋势，危害整个国际社会的稳定和发展，任何一个国家都不能置身事外。

当前，虽然反腐败国际合作总体上呈现积极发展的态势，但是由于国家间法律理念、传统、政治制度的不同，在反腐败国际合作中还存在一些问题，阻碍着反腐败国际合作进一步发展。以腐败犯罪所得的国际追缴合作为例：因腐败犯罪所得追缴、返还本身的特殊性，在开展相关的国际合作过程中，还存在很多不确定性。由于当前腐败犯罪所得流入国大都是美国等西方发达国家，而流出国一般是发展中国家，因此，在反腐败国际合作中，大都是发展中国家向发达国家提出追缴腐败犯罪所得的请求，发达国家很少向发展中国家提出同类的请求。而流入国常常基于投资形势的稳定、金融机构的信誉或者其他经济利益，不愿配合流出国的追缴和返还请求。在一些国际追赃活动中请求方与被请求方没有就犯罪收益没收后的分享问题达成协议，致使本已有效开展的调查和追缴犯罪所得与收益的国际司法合作陷于停滞或以失败告终。③ 如中国银行开平支行特大贪污案主犯余某东等人在外逃时将腐败犯罪所得4.82亿美元资产转移至境外，案发后三名主犯中的许某凡、许某俊在美国受审并被判处有期徒刑，余某东在国内受审并被判处有期徒刑。美国在办理此案时，将通过民事没收程序追缴的355万美元于2003年返还给我国。但是，美国、加拿大在办理此案时共扣押、冻结、没收4亿多美元的腐败犯罪资产，返还给我国的仅仅是其中的一小部分，仍有大量的腐败犯罪资产在犯罪人服法后需要追回。④ 直至2018年7月11日，在中共中央反腐败协调小组国际追逃追赃工作办公室的统筹协调下，外逃美国17年的许某凡才被从美国强制遣返。截至2018年7月，在耗费大量人力、物力资源的条件下，已追回该案涉案赃款二十多亿元人民币。⑤ 也正因为如此，反腐败国际合作工作需要一个宏观上能对腐败治理进行长远规划、微观上能对反腐败措施组织贯彻落实的国家机关进行统筹协调。在我国当前的国家机关中，有而且只有国家监察委员会才能胜任此项工作，理由在于以下几点。

① 赵秉志，王志祥，郭理蓉.《联合国反腐败公约》暨相关重要文献资料.北京：中国人民公安大学出版社，2004：18.
② 陈正云，李翔，陈鹏展.《联合国反腐败公约》全球反腐败的法律基石.北京：中国民主法制出版社，2006：1.
③ 黄风.资产追回问题比较研究.北京：北京师范大学出版社，2010：2.
④ 黄风.国际刑事司法合作的规则与实践.北京：北京大学出版社，2008：251-258；谢丽珍.违法所得没收特别程序研究.北京：法律出版社，2016：1-2.
⑤ 中国银行开平支行案主犯许超凡被从美国强制遣返.（2018-10-04）[2023-10-27].http://www.ccdi.gov.cn/toutiao/201807/t20180711_175442.html.

首先，中国特色社会主义制度决定了中国共产党是腐败治理的领导机关，决定着我国的腐败治理、国家治理的根本方向。中国共产党根据国情发展的需要，确立腐败治理的指导思想，制定明确的腐败治理目标和发展战略，率先在党内推行的基础上，就如何推进与实现该目标与战略，向最高国家权力机关提出明确的行政、立法、执法与司法建议。监察机关与中国共产党的纪律检查机关合署办公，是中国共产党全面领导我国腐败治理的有力方式。监察机关内部实行国家监察委员会领导地方各级监察委员会、上级监察委员会领导下级监察委会的领导体制，使党的领导、上级监察委员会的指令能有效通达。因此，国家监察委员会能够统筹协调反腐败国际合作，能够统一代表监察机关与其他国家机关沟通协调，更加及时、高效地实现中国共产党的腐败治理目标和战略。

其次，国家监察委员会是在以反腐败为导向，提升我国国家治理体系和治理能力现代化的背景下创立的，监察权是国家权力中具有中国特色的"第四权"。在当前我国腐败治理的攻坚克难阶段，国家监察委员会承担着腐败治理战略实施与系统性监督体系建设的重大使命，需要清除既往腐败治理中的疑难问题，实现腐败治理能力全面提升。监察机关作为独立行使国家腐败治理权的主体，在国家腐败治理总系统中居于核心的地位，负有确保方案统一实施的首要责任，除全面实施《监察法》及其他反腐败法律、履行执法职责外，还必须定期向执政党、国家权力机关报告推进进展，发现推进中的问题，提出完善建议方案[1]，为党和国家完善腐败治理提供实践经验和参考范本。

（二）组织落实、协调反腐败国际条约的实施以及履约审议

面对日益严峻的跨国反腐败形势，世界各国达成共同打击腐败的共识。在此背景下，我国也与世界各国一道积极签署《联合国打击跨国有组织犯罪公约》《联合国反腐败公约》等具有重要影响的国际公约。[2]中国共产党十八大之后，党和国家领导人在重大外交活动中，不断就反腐败问题发表重要论述，呼吁世界各国共同打击跨国腐败犯罪，积极寻求同其他相关国家的合作。我国先后签署了《北京反腐败宣言》《二十国集团反腐败追逃追赃高级原则》等多项反腐败国际合作条约。我国已经与法国、意大利等上百个国家签署了双边引渡条约，签订了多项民事、刑事司法协助条约等反腐败国际条约。在反腐败多边合作机制方面，我国也积极参与。我国已参与了多个国际反腐败多边机制，例如"二十国集团"反腐败工作组、亚太经合组织反腐败工作组、亚太经合组织反腐败执法合作网络、国际反腐败学院、"金砖国家"反腐败合作机制、亚洲监察专员协会理事会等。上述反腐败国际条约和多边合作机制为我国开展反腐败国际合作提供了坚实的法律基础和有效的合作平台，但是搭建合作平台仅仅是反腐败国际合作的第一步，严格地遵守条约、积极履行条约所设定的义务，切实保障条约在国内的实施，才能真正推动我国反腐败国际合作的发展。

"条约必须遵守"，这是现代国际法确立的一项基本原则，它要求条约的各缔约国善意履行条约。但国际条约在国内实施，不同于单纯的国内法实施，其实质是国内法与国际法之间的关系问题。国际法与国内法的关系不是从属关系，而是平行关系，国际法要在国内适用，就必须通过国家行为被接受为国内法。由相应的国家机关负责组织、落实国际条约在国内的实施，也是缔约国遵守国际法的重要标志和步骤。国家监察委员会作为法定的国家反腐败职

---

① 魏昌东.《监察法》与中国特色腐败治理体制更新的理论逻辑.华东政法大学学报，2018（3）.

② 赵秉志，王志祥，郭理蓉.《联合国反腐败公约》暨相关重要文献资料.北京：中国人民公安大学出版社，2004.下文有关《联合国反腐败公约》《联合国打击跨国有组织犯罪公约》的条文均引自此书。《联合国反腐败公约》是迄今为止联合国历史上第一部指导国际反腐败斗争的法律文件，被称为"21世纪国际合作的里程碑"，是世界各国联合打击腐败的重要法律依据。

能部门，履行统筹国内国际反腐败的法定职责，由其组织落实、协调反腐败国际条约的实施具有毋庸置疑的正当性。

国际条约履约审议是指缔约国根据国际条约的规定定期向缔约国会议或其他条约监督执行机构提供有关其本国为实施条约而采取的方案、计划和做法以及立法和行政措施的信息，接受其审议。这是缔约国自愿接受相关机构对本国条约实施情况的监督的一种方式。履约审议机制是随着国际条约实施机制发展而来的，是国际条约实施机制的一种新的发展形式——国际条约监督机制在国际反腐败领域的一种发展和延伸。缔约国在接受履约审议的过程中，一般要采取一定的立法、司法和行政等措施，以履行条约项下的义务。在我国，国家监察委员会有统筹协调我国与其他国家、地区、国际组织的交流合作，推动我国国际反腐败向纵深发展的义务，由其组织落实、协调反腐败国际条约的实施，完成履约审议，无疑是反腐败国际合作发展的重要标志。

（三）组织构建追逃追赃和防逃机制并指导下级监察委员会办理反腐败涉外案件

这是反腐败国际合作和国际条约实施在国内工作方面的内容，这项工作同样要求国家监察委员会统筹协调。国内的反腐败工作，是国际反腐败合作工作的基础，为国际反腐败提供制度支撑和证据材料。而反腐败国际合作的国内实施机制构建和完善是一项系统性的工程，不仅涉及国内监察、行政、司法、外交等众多职能部门的工作衔接，也涉及各部门上下级间的分工和合作。根据《监察法实施条例》第 234 条第 3 款的规定，国家监察委员会组织协调的条约实施国内机制构建工作主要包括如下内容：（1）制订反腐败国际追逃追赃和防逃工作计划，研究工作中的重要问题；（2）组织协调反腐败国际追逃追赃等重大涉外案件办理工作；（3）办理由国家监察委员会管辖的涉外案件；（4）指导地方各级监察机关依法开展涉外案件办理工作；（5）汇总和通报全国职务犯罪外逃案件信息和追逃追赃工作信息；（6）建立健全反腐败国际追逃追赃和防逃合作网络；（7）承担监察机关开展国际刑事司法协助的主管机关职责；（8）承担其他与反腐败国际追逃追赃等涉外案件办理工作相关的职责。

这八项内容涉及两个方面：一是组织协调公、检、法、司等各个机关建立集中统一、高效顺畅的反腐败国际追逃追赃和防逃协调机制，包括追逃追赃和防逃工作计划的制订和信息共建共享机制的构建，以保证我国反腐败国际合作行为的统一性、合法性和权威性。二是统筹协调、督促指导地方各级监察委员会办理反腐败国际追逃追赃等涉外案件，包括办理和指导督促地方各级监察委员会办理反腐败国际追逃追赃案件，使案件办理工作制度化和法治化，巩固和发展反腐败斗争的国际合作成果。

当前，我国通过"天网"系列专项行动，将大量的外逃人员抓捕归案，并将大量的外逃赃款追回，成效显著。但是与外逃至境外的大量人员和巨额的赃款相比，追回的"人"和"物"都只是冰山一角，反腐败国际合作仍然任重而道远。

二、地方各级监察委员会在反腐败国际合作中的作用

根据《监察法实施条例》第 235 条的规定，地方各级监察委员会在反腐败国际合作中的作用是，在国家监察委员会领导下，统筹协调、督促指导本地区反腐败国际追逃追赃等涉外案件办理工作，具体职责包括：（1）落实上级监察委员会关于反腐败国际追逃追赃和防逃工作部署，制订工作计划；（2）按照管辖权限或者上级监察委员会指定管辖，办理涉外案件；（3）按照上级监察委员会的要求，协助配合其他监察委员会开展涉外案件办理工作；（4）汇总和通报本地区职务犯罪外逃案件信息和追逃追赃工作信息；（5）承担本地区其他与反腐败国际追逃追赃等涉外案件办理工作相关的职责。

根据上述规定，地方各级监察委员会在反腐败国际合作中主要有两方面的工作：一是建立健全本地区反腐败国际追逃追赃和防逃协调机制，包括会同相关机关制订本地区的工作计划，汇集本地区职务犯罪外逃案件信息和追逃追赃工作信息等。二是按照管辖权限办理或协助配合办理相关涉外案件。

第四节　在新征程反腐败国际合作的深化拓展

党的二十大报告对"深化反腐败国际合作，一体构建追逃防逃追赃机制"作出重要部署，《中央反腐败协调小组工作规划（2023—2027年）》对统筹反腐败斗争国际国内两个战场、深化反腐败国际合作作出具体安排和规范指引。这是党中央在反腐败领域统筹推进国内法治和国外法治的重要举措，蕴含着维护国家主权安全、实现高水平对外开放、推进全面从严治党向纵深发展的内在逻辑，为深化反腐败国际合作，织紧织密反腐败涉外法律"天网"提供了方向指引和基本遵循。

一、反腐败国际合作深化拓展的时代价值

（一）贯彻落实一体推进"三不腐"战略的必然要求

习近平总书记在中央政治局第四十次集体学习时提出用"全周期管理方式"一体推进"三不腐"的科学论断[1]，为统筹"两个战场"提供了路径指引。只有统筹国内反腐和国际反腐，才能形成一体推进"三不腐"的工作闭环。从查办的案件看，反腐败涉外因素越来越多，境内腐败与境外腐败交织，职务犯罪案件不少都涉及境外取证、追逃追赃事项；有的境内办事、境外收钱，有的跨境转移赃款。这就告诉我们，国内反腐战场与国际反腐战场是相辅相成的统一整体，如果只重视国内战场而忽视国际战场，反腐败斗争成果就不可能得到巩固，一体推进"三不腐"的战略目标就难以实现。党的十八大以来，中国政府坚定不移反对腐败的意愿和意志，向国际社会宣示了加强反腐败国际合作、积极寻求国际反腐败新秩序的鲜明态度。基于全球推进反腐败国际合作面临的突出问题，中国政府在联合国大会特别提出的"四项主张"，为深化反腐败国际合作提供了有利的环境和条件。强化反腐败国内国际统筹联动，不仅彰显中国共产党坚定不移推进反腐败国际合作的政治承诺，而且充分体现打赢反腐败攻坚战、持久战的坚强决心。

（二）统筹国内法治与涉外法治的重要支点

作为习近平法治思想的重要内容，统筹国内法治与涉外法治，必然要统筹反腐败国内国际"两个战场"。在当今世界，跨境腐败已经成为国际社会广泛关注的问题，但国际反腐败秩序、环境不容乐观。特别是西方国家的政治壁垒、文化差异、制度瓶颈、长臂管辖等因素长期制约和影响着国际反腐败的深度合作与融合。以美国为首的西方国家打着民主旗号，以意识形态划线，行拉帮结伙搞小圈子之实；打着法治旗号滥施长臂管辖，行践踏国际法之实；大搞反腐败执法合作小圈子，庇护腐败犯罪，贪图不义之财使海外成为腐败分子的避罪天堂。统筹国内法治与涉外法治，就要统筹推进国内反腐和涉外反腐，完善反腐败涉外法

① 习近平.提高一体推进"三不腐"能力和水平 全面打赢反腐败斗争攻坚战持久战.人民日报，2022-06-19.

规，构建反腐败涉外法律法规体系；就要进一步强化反海外腐败犯罪法律在国外的规制效力，合理扩充海外管辖权，解决现有涉外法律资源滞后于打击跨境腐败犯罪司法实践的问题；就要通过反海外腐败犯罪法律对国内企业的规制，增强跨境企业的反海外腐败合规意识，降低跨境企业的海外腐败犯罪合规风险，提高我国跨境企业法治化管理的能力和水平。

（三）贯彻新发展理念、实现高水平对外开放的政治保障

扩大高水平对外开放，推动制度型开放，以高水平开放促进深层次改革、推动高质量发展，这是适应经济全球化新趋势、准确判断国际形势新变化、深刻把握国内改革发展新要求而作出的重大战略部署。中国企业"走出去"与迎接经济全球化实施"走出去"战略，有助于中国企业在国际分工体系中占据有利地位。跨境企业已成为经济全球化的重要驱动力量，也是各国对外经济合作交流、参与国际市场竞争、全球化生产和资源配置的重要载体。随着我国对外开放的全面深入，中国部分"走出去"企业已登上经济全球化的国际大舞台，逐渐融入世界经济发展的新格局。由于国际市场竞争环境的复杂性、西方国家经济政策和外资政策的多变性、政治壁垒的梗阻以及资源瓶颈的凸显、产业结构的重置等因素的存在，直接影响着我国"走出去"企业与其他国家的贸易摩擦日益增多。倒逼"走出去"企业改善企业国际形象、履行更多社会责任、打造企业品牌、全面提升企业软实力，以提升企业国际化治理能力和水平。

二、我国在反腐败国际合作中面临的难题与挑战

习近平总书记在十九届中央纪委第六次全会上强调腐败和反腐败较量还在激烈进行，并用四个"任重道远"概括了反腐败斗争新的阶段性特征。涉外反腐败治理作为反腐败斗争的重要组成部分，虽取得显著成效，但依然任重道远。从统筹反腐败"两个战场"的视角看，反腐败国际合作还存在一系列亟待解决的实践问题。

（一）反腐败跨境治理存在制度"短板"

从司法协助的主体来看，《国际刑事司法协助法》第 6 条规定了我国国际刑事司法协助的主管部门和办案机关。但该规定对"主管机关"的表述较为宏观，并未作出细化的规定，尤其是司法机关、公安机关、监察机关及相关主体之间在国际刑事司法协助中的具体分工问题、权力界限问题还需进一步厘清。从司法协助法与其他法律的衔接来看，《国际刑事司法协助法》与《监察法》《刑事诉讼法》之间的衔接机制有待健全。如监察机关、公安机关、司法机关、国家安全机关、外交部门等在国际刑事司法协助中的地位、职责和具体分工如何明确，具体办理案件时如何进行紧密和有效衔接，如何建立统筹协调机制等现实问题仍未解决。又如，《监察法》关于反腐败国际合作的规定中只有引渡的表述，没有规定遣返和劝返，《国际刑事司法协助法》也未明确规定遣返附带追赃。从缺席审判程序的运用来看，由于刑事缺席审判程序还涉及境外的犯罪嫌疑人、被告人实际送达或者实际送达弱化等问题，缺席审判程序建立后，须保证在具体操作过程中其不被滥用，以及在操作过程中防止其适用范围扩大并充分保障被告人权利。

（二）以美国为首的部分西方国家将反腐败国际合作演变为打击中国企业甚至个人的手段

美国当局通过加强《反海外腐败法》（FCPA）在美国以外地区的执法活动，从制度设计和执法实践两方面对《反海外腐败法》的管辖权进行扩张。如 2012 年 11 月 14 日美国司法部和美国证券交易委员会联合公布《〈反海外腐败法〉信息指引》，实质性扩大解释了《反海外

腐败法》的适用范围。2017 年美国当局声明要将非美国公司作为《反海外腐败法》执法的首要对象。这其中我国是执法监管的重点地区，涉案数量仅次于伊拉克和尼日利亚，排名第三位。而在 2019 年根据美国《反海外腐败法》起诉的案件中超半数与我国有关。如近几年发生的多起合规案件和重大执法案件涉及我国企业，共有 14 家企业被处罚，罚金总额高达 29 亿美元。不仅对中国企业，美国对中国公民个人的执法案件也明显增加，史无前例地出现了 31 件对个人处罚案件，其中已被起诉的案件数量为 25，另有 14 人在被美国司法部起诉中。可见，以美国为首的部分西方国家不断通过制度构建和执法手段来打击竞争对手，扩大其国际影响。[1]

（三）反腐败国际合作领域的制度障碍亟须破解

虽然我国在反腐败国际合作领域取得了一系列的成果，对跨境腐败的惩治和预防机制体制逐步健全，但反腐败国际合作涉及国家与国家、国家与国际组织、国内法与国外法以及国际条约之间的复杂关系，其间更是掺杂着政治制度、价值观念、经济利益以及具体法律制度方面的差异和矛盾。一些西方国家带有严重的政治偏见，质疑我国监察和司法体制，在对待打击腐败犯罪问题上奉行双重标准，在合作执法上设置重重障碍。这些都是制约我国开展反腐败国际合作的"瓶颈"。此外，由于不同社会制度与司法制度间的差异，多数国家间尚未达成一些具体且有普遍约束力的协议，稳定的制度保障还未形成。

三、反腐败国际合作深化拓展的对策

深化新征程反腐败国际合作，应在习近平总书记统筹国内法治与涉外法治战略思想和反腐败斗争系列论述指导下，坚持问题导向，遵循《联合国反腐败公约》基本原则，梳理和借鉴我国《刑法》《刑事诉讼法》《监察法》《反外国制裁法》《反不正当竞争法》《反洗钱法》《证券法》《反垄断法》《国际刑事司法协助法》等法律制定和实施的有益经验，为统筹反腐败斗争国际国内"两个战场"提供有力的法治资源保障。

（一）创制惩治跨境腐败犯罪的专门法律

从近年来查办的腐败犯罪案件来看，腐败犯罪涉外因素越来越多，如腐败犯罪行为涉及境内与境外多地，有的境内办事、境外收钱，有的跨境转移赃款，案件办理时不少都涉及境外取证、追逃追赃，而我国用于预防和打击跨境腐败犯罪案件的法律资源相对短缺。因此，亟须（1）创制惩治跨境腐败犯罪的专门法律，立足于现有法律规定，参照国际公约和国际主流做法，明确跨境腐败犯罪的定义、范围、罪名和入罪标准，界定对外国公职人员、国际公共组织官员行贿罪和单位行贿罪的适用对象、标准和条件，依法惩治境外投资经营中的失职渎职、贪污贿赂、利益输送、贿赂外国公职人员等行为，同时，规定一定的豁免、减轻处罚情形。（2）加强反腐败涉外立法，进一步畅通反腐败国际执法合作的手段和渠道，丰富办理涉外腐败犯罪案件的法律工具。为此，国家监察委员会已向全国人大提交《反跨境腐败法（草案）》，已被列入全国人大立法规划。

（二）建立健全跨境企业廉洁合规制度

2020 年我国对外投资规模首次超过美国，成为全球第一，企业境外资产总额达到 7.9 万亿美元。随着我国不断扩大对外开放，"走出去"的企业在规模和对外投资体量上会越来越大。在国际竞争中"走捷径"、搞灰色地带，可能会获得短期经济利益，但从长远看无异于

---

[1]　吴建雄. 统筹反腐败斗争国际国内两个战场. 中国党政干部论坛，2023（10）.

饮鸩止渴，最终要吃大亏，甚至遭遇灭顶之灾。与西方国家的企业相比，我国企业整体上"走出去"时间不长、经验不足、风险意识不强，导致跨境腐败风险突出，亟须（1）建立健全跨境企业廉洁合规制度，明确我国"走出去"企业的廉洁合规义务，明确"走出去"企业的预防腐败责任，完善会计、内控、审计等内部治理制度；（2）健全从宽处罚制度，对主动举报境外贿赂行为、配合调查取证、积极退赔挽损、有效堵塞制度漏洞、改善廉洁合规内控机制的"走出去"企业，可以附条件从轻、减轻或免除处罚，逐步提高"走出去"企业的内生性预防腐败的能力，把"走出去"企业从治理对象变为治理主体。如此，方确保"走出去"企业也遵纪守法，成为我国的形象大使。

（三）一体推进追逃追赃防逃机制建设

追逃追赃时必须打磨依法追逃的斗争技巧，在依规依纪依法上下功夫，严格按照规定的权限、规则、程序开展工作，确保程序合法和证据有效。切实履行好《监察法》《国际刑事司法协助法》赋予监察机关的职责，运用好《刑事诉讼法》规定的违法所得没收程序和缺席审判制度。针对追逃追赃工作政治性、法律性、涉外性、技巧性强的特点，注重打造一支政治过硬、本领高强的专业化"追兵"，提高开展国际执法合作和司法协助的水平。追逃追赃的天罗地网已经撒下，防逃的堤坝正在加固筑牢，要聚焦重点，将监督关口前移，在审查调查工作中嵌入防逃程序，在初步核实阶段做好防逃预案，用好边控措施，建立防逃预警机制。此外，将国有企业、金融机构、基层自治组织等单位的新增监察对象全部纳入防逃范围，实现防逃全覆盖。对出逃高发领域，要完善相关管理制度，严格护照管理和出入境审批、报备机制，建立应急快速报告和联动机制。

（四）健全反腐败国际执法合作和司法协助制度

结合近年来办理国际追逃追赃和跨境腐败案件实践，要对职务犯罪案件适用违法所得没收程序、缺席审判程序的证据标准、文书送达等问题作出细化规定，推动建立与外国互相承认和执行没收判决的制度。对无正当理由拒不配合我国办理国际追逃追赃和跨境腐败案件的境内外机构、个人，要明确相应的限制或反制措施。要加强反洗钱监测预警，有效打击跨境资金违法流动，坚决惩治涉腐洗钱犯罪，推动自洗钱犯罪、认罪认罚从宽制度充分落实，促使外逃人员回国投案、配合调查、主动退赃。要根据《监察法》，进一步明确反腐败国际合作主管部门负责对内统筹协调各职能部门收集信息、发布政策、提供指引、加强监督，对外牵头开展联合调查、情报交换、资产分享等反腐败国际合作，其他相关部门按职责做好工作，推动跨境腐败治理高质量发展。

第十二章

《监察法》与相关法律法规的衔接

第一节 《监察法》与相关法律法规衔接的指导思想

《监察法》是反腐败基本法，对国家监察工作起统领性和基础性作用。《监察法》应注重与党内法规的衔接，实现执纪执法贯通协调，确保各级纪检监察机关发挥合署办公优势，做到纪法双施双守，坚持纪严于法、纪在法前。《监察法》还应注重与刑事诉讼法等基本法律的衔接，实现法律规范之间的协调兼容，落实监察机关与公安、司法机关的互相配合、互相制约，以法治思维和法治方式进行反腐败治理工作。总而言之，纪法贯通、法法衔接是《监察法》制定和实施过程中不可或缺的一环，是反腐败工作法治化、规范化的有效保障。

一、理清纪法关系，实现纪法贯通

党纪国法在本质上目标一致，党内法规体系是中国特色社会主义法治体系的重要组成部分。从法的基本属性来看，党纪同样遵循良治之法的普遍规律，与国法具有价值同向性。2018年《深化党和国家机构改革方案》规定，国家监察委员会既要维护宪法法律，对公职人员依法履职、秉公用权、廉洁从政以及道德操守情况进行监督检查，也要维护中国共产党的章程和其他党内法规，检查党的路线方针政策和决议执行情况，对党员领导干部行使权力进行监督。监察委员会的职责说明，党纪国法具有相同的价值目标。

党纪国法在内容上相互贯通。党的十八届四中全会通过的《中共中央关于全面推进依法治国若干重大问题的决定》指出：要善于使中国共产党的主张通过法定程序成为国家意志。法律是党的主张在国家层面的具体体现，这就决定了党纪国法在内容上是相互贯通的。作为反腐败国家立法的《监察法》，旗帜鲜明地宣示坚持中国共产党对监察工作的领导，贯彻习近平新时代中国特色社会主义思想。这体现了"四个意识"，彰显了"四个自信"，和党纪的要求完全一致。作为中国共产党的纪律建设基础性法规，《纪律处分条例》在修订后明确，党组织在纪律审查中发现党员涉嫌贪污贿赂、滥用职权、玩忽职守、权力寻租、利益输送、徇私舞弊、浪费国家资财等职务犯罪行为的，应当给予撤销党内职务、留党察看或者开除党籍处分，从而使纪律处分与监察处置有效衔接。

坚持纪法贯通必须运用好党规党纪和法律法规"两把尺子"，实现纪检监督执纪问责和监察监督调查处置双重职责同向发力、精准发力。党员监察对象同时存在违纪问题和职务违法犯罪问题的，既可以同时立案，也可以根据实际情况先后立案。在纪律审查中发现党员严重违纪，涉嫌职务犯罪的，先由党组织作出党纪处分，并由监察机关依法给予政务处分后，再依法追究刑事责任。但是纪法不能互相混同，也不能彼此代替，既不能以党纪处分代替政务处分和刑事处罚，也不能以政务处分和刑事处罚代替党纪处分，确保让违纪违法者既受到党纪处分又受到法律制裁。纪检监察机关内部要实现纪法贯通，进一步加强党对反腐败工作的集中统一领导，加强对权力运行的监督制约，把制度优势转化为治理效能。

实现纪法贯通必须找准着力点。纪委监委合署办公，代表党和国家行使监督权与监察权。纪检监察两项职责要相互贯通、一体贯彻，实现"形"的重塑、"神"的重铸，实现新时代纪检监察工作的整体性提升。要坚持纪严于法、纪在法前，中国共产党是中国工人阶级的先锋队，它的执政地位和历史使命决定了它必然要有更高的标准和更严的要求：党组织和党员不仅要模范遵守国家法律，还必须接受更加严格的纪律约束。从纪委监委的职责来看，纪律适用的对象是全体党员，是高标准；《监察法》适用的对象是所有行使公权力的公职人员，是底线要求。纪律比法律更严格。要坚持纪律先行、高标准在前，同时守住法律底线不放松，实现依规治党和依法治国、纪律检查和国家监察的有机统一。

二、推进法法衔接，完善配套法律法规

习近平总书记指出，要制定同监察法配套的法律法规，将监察法中原则性、概括性的规定具体化，形成系统完备、科学规范、运行有效的法规体系。[①] 这就要求我们，坚持以《监察法》为引领和基础，大力加强反腐败法律法规体系建设，以良法保障善治，不断提高立法的针对性、及时性、系统性、可操作性，发挥立法的引领和推动作用，形成完备的反腐败法律规范体系、高效的法治反腐败实施体系、严密的法治反腐监督体系、有力的法治反腐保障体系。

推进法法衔接应当认清《监察法》在反腐败法律体系中的引领性、奠基性地位。[②] 这是因为，依法治国必须首先依法治权，依法治权必须首先依法治吏。腐败行为是公共管理活动中的权力滥用，是国家治理中的一种病变。如果不能防止公共权力滥用，遏制国家治理中的病变，就谈不上国家治理体系和治理能力的现代化，全面依法治国的目标也不可能实现。《监察法》作为党和国家自我监督、自我革命的法律规范，承载着维护公共权力廉洁高效运转、维护人民当家作主、实现"三清"建设廉洁政治的重要使命。它的规制对象是所有行使公权力的公职人员，它的规制范围涉及党和国家机关、国有企事业单位、基层自治性组织，包含了政治、经济、社会的各个领域、各个方面。可谓"党政军民学，东西南北中"，哪里有公权力，哪里就在《监察法》的规制之列。《监察法》与党内法规相辅相成，共同发力，巩固党的执政地位，厚植党的执政基础；《监察法》与行政、司法、审计等方面的法律法规相衔接，保证国家机器依法履职、秉公用权；《监察法》与民主监督、社会监督方面的法律法规相衔接，保证权力来自人民、服务人民，确保人民赋予的权力为人民谋利益。

推进法法衔接应认清《监察法》与相关法律法规在根本目标上的一致性，即都是为了查清违法犯罪事实，确保每一起案件都经得起实践和历史的检验。要构建在党委统一领导下，纪检监察机关与审判机关、检察机关、公安机关以及行政执法部门的协作配合机制，对于涉嫌违法犯罪的，在收集、固定、审查、运用证据时，严格按照《刑事诉讼法》规定的程序和标准进行，形成相互印证、完整稳定的证据链，避免出现非法证据，确保犯罪事实清楚、证据确实充分并排除合理怀疑，所办案件经得起检察机关和审判机关的审查。要紧紧围绕运用《监察法》规定的谈话、讯问、询问等调查措施，完善制度机制，明确各项措施的审批程序、工作流程，

---

① 习近平.在新的起点上深化监察体制改革.求是，2019（5）.

② 吴建雄，王友武.监察与司法衔接的价值基础、核心要素与规则构建.国家行政学院学报，2018（5）.

严格把关，防止调查权被滥用。

推进法法衔接应当突出重点，蹄急而稳步地完善配套法律法规。第十三届全国人大常委会第六次会议通过《关于修改〈中华人民共和国刑事诉讼法〉的决定》，完善了刑事诉讼与监察的衔接机制，为国家监察体制改革的顺利进行提供了保障；建立了刑事缺席审判制度，为加强境外追逃工作提供了有力手段。在此基础上，还应将近年来党内行之有效的廉政法规上升为廉政立法，完善公职人员勤政、廉政的法律法规。通过立、改、废，形成科学有效、健全完备的反腐败法律体系和实施体系，为夺取反腐败斗争的压倒性胜利提供有力法治保证。

三、更新执法观念，健全制度体系

要有法法一体运作的统筹观。纪检监察机关既对违纪行为进行查处问责，又对职务违法犯罪进行调查处置。要实现纪检监察机关调查职务犯罪与检察机关审查起诉的有效对接，亦即需要实现《监察法》与《刑事诉讼法》、监察程序与刑事诉讼程序的精密衔接，其前提是有法法一体运作的统筹执法观。《监察法》与《刑事诉讼法》一体运作，是指惩治腐败犯罪的相关事项和要素深度融合而形成结构合理和机制顺畅的工作形态。任何事物都不可能孤立存在，法律在动态中存在和发展，《监察法》也在联系中存在和运转；在它之前是党纪党规，涉腐行为构成违纪的，运用党纪党规予以处罚，即所谓的"纪在法前"；在它之后是《刑事诉讼法》，涉腐行为构成职务犯罪的，纪检监察机关调查处置后，通过刑事诉讼程序转由司法机关依法处理。纪检监察干部要树立《监察法》和《刑事诉讼法》一体存在和运作的统筹执法观，既要有"监察"的概念，又要有"刑事诉讼"的观念。[①] 在履行职务犯罪调查职责时，既要有严格依照《监察法》规定的监察范围、监察程序、监察权限、监察措施等进行调查的监察思维模式，也要深知监察调查程序只是处置职务犯罪的程序的一个环节和阶段，因此，要有把监察执法活动放在刑事诉讼范畴中予以考量的理念，树立用刑事诉讼标准验核监察执法质量的统筹思维观，在执法观念上把《监察法》和《刑事诉讼法》衔接起来，为纪检监察机关调查的职务犯罪案件顺利进入刑事诉讼程序奠定基础，为提升纪检监察工作的质量引好航、铺好路。

要有参照《刑事诉讼法》标准的执法观。纪检监察机关要有监督、执纪和监督、调查的意识。法法衔接更多的是指纪检监察机关履行职务犯罪调查职能与检察机关履行公诉职能的有效衔接。按照《监察法》第33条的规定，监察机关依照该法之规定收集的物证、书证、证人证言、被调查人供述和辩解、视听资料、电子数据等证据材料，在刑事诉讼中可以作为证据使用；监察机关在收集、固定、审查、运用证据时，应当与刑事审判关于证据的要求和标准相一致。有鉴于此，在监察调查中，一是要按照《刑法》规定的各具体职务犯罪的构成要件标准收集相关证据，如证明职务犯罪的主体身份、主观要件、客观行为等方面的证据要分别收集；二是要按照《刑事诉讼法》"总则"第五章和《高法刑诉解释》第四章等的相关规定确立的证据标准收集、固定、甄别和运用证据；三是要严格依照《监察法》的规定，文明规范地运用各项监察调查措施，严防侵害被调查人和其他涉案人员的合法权益，杜绝非法证据的产生，对于调查中的非法证据，在案件被移送检察机关审查起诉前要主动排除，并予补正；四是监察调查终结前，要对整个案件的证据进行综合分析判断，严格按照公诉标准或刑事审判的标准审查、甄别、采信和运用证据，确保证明案件事实所需要的证据都已收集在案、证据之间的合理怀疑得到排除，并且能够形成相互印证的证据链。要通过监察调查，达到案件实体上的穷尽、程序上

---

① 向泽选.纪检监察工作如何实现法法衔接.中国纪检监察报，2018-04-25.

的规范有效，即被调查人涉嫌犯罪的所有事实和情节均已查清，并获取确实充分的证据予以证实；各项调查活动、调查措施和收集证据的行为都是依法实施的，做到了案件事实清楚、证据确实充分、法律手续完备、法律文书齐全规范，能够经得起后续审查起诉和刑事审判的检验。

要健全法法衔接的制度体系。完善的制度体系是实现纪法贯通、法法衔接的重要保障，故要建立纪检监察机关内、外部衔接制度和工作流程，并在实践中不断完善，形成统一决策、一体化运作的执纪执法权力运作机制，实现执纪审查、依法调查的有序对接和相互贯通。① 一是在落实党中央决策和同级党委工作部署过程中加强协调。通过制定具体措施，抓好措施落实，依靠各级党委和政府，紧紧依靠群众的参与和支持，充分发挥各职能部门的作用，真正形成纪法衔接、齐抓共管的局面。二是通过建章立制加强协调。纪检监察机关要在党委的领导和人大的监督下，组织制定、实施有关党风廉政建设和反腐败工作的计划、措施、制度、规定等，并进行督促检查，保证法法衔接的顺利实施，保证相关制度和规定的贯彻落实。三是通过细化、分解任务加强协调。按照业务分工，将法法衔接的相关工作交由有关职能部门落实。实行工作责任制，使有关部门互相配合、协同动作，形成法法衔接的反腐合力。四是通过督促、检查、指导加强协调。配合有关部门搞好纠正行业不正之风和下属单位领导班子建设、考核工作。通过深入调查研究和加强法法衔接信息交流，提出切合实际的措施和办法；督促相关部门落实法法衔接党风廉政建设责任制，结合业务工作抓好反腐败法法衔接工作；调查研究相关单位党风廉政建设纪法衔接情况，总结和推广经验，树立和表彰先进，用典型推动纪法贯通、法法衔接和党风廉政建设。

第二节　《监察法》与《党内监督条例》的衔接

权力只有受到适当的制约和监督，才不会被滥用。在我国监督体系中，党内监督和国家监察发挥着十分重要的作用。党内监督和国家监察具有高度的内在一致性，这决定了二者相统一的必然性。深化国家监察体制改革，成立监察委员会，并使之与党的纪律检查委员会合署办公，代表党和国家行使监督权、监察权，是党内监督与国家监督有机结合、一体贯通的典型体现。制定《监察法》，与《党内监督条例》进行结合补充、并举共存，是保障党内监督与国家监察统一贯通的主要路径。

目前，《监察法》对监督职责作了原则性规定，具体的监督程序规范体现在其配套性解释，即《监察法实施条例》中。该条例在第二章"监察机关及其职责"中以第二节"监察监督"一整节共8条的篇幅，对监察机关履行监督职责的对象范围、指导思想、内容指向、具体制度措施以及与其他监督的贯通协调等进行了详细规定。与之相比，《党内监督条例》作为专门规范中国共产党党内监督的法规，非常详细、明确地就党内监督的主体、方式方法、制度措施、具体要求、衔接贯通、配套保障等予以规定。该条例共分8章，即总则、党的中央组织的监督、党委（党组）的监督、党的纪律检查委员会的监督、党的基层组织和党员的监督、党内监督和外部监督相结合、整改和保障、附则，共47条。它的颁布、实施，对于坚持党要管党、从严治党的方针，发展党内民主，加强党内监督，维护党的团结统一，保持党的先进性，始终做到立党为公、执政为民，起到重要作用。从具体规范内容来看，《监察法》和《监察法实施条例》共同构筑的监察监督，与《党内监督条例》规定的党内监督之间，是相互贯通、彼此衔接的。

---

① 吴建雄.新起点上深化国家监察体制改革的法理思考.武汉科技大学学报（社会科学版），2018（10）.

一、《党内监督条例》的基本框架和主要内容

现行《党内监督条例》由中国共产党十八届六中全会审议通过，于 2016 年颁布，是在 2003 年印发的《中国共产党党内监督条例（试行）》的基础上修订而来的。

第一章"总则"构成第一板块，对整部条例起统领作用，主要明确制定条例的目的和依据，规定党内监督的指导思想、原则任务、主要内容、重点对象，强调监督执纪"四种形态"、党的领导干部的自我约束以及党内监督体系等。

第二章至第五章构成第二板块，是《党内监督条例》的主体部分，分别规定了四类监督主体的监督职责以及相应的监督制度。第二章规定的是"党的中央组织的监督"。将党的中央组织的监督单设一章，是对试行条例的突破，体现了党中央以身作则、以上率下。该章肯定了党的中央委员会、中央政治局、中央政治局常委会在党内监督工作中的全面领导地位及监督职责。针对党的高级干部中发生的违纪问题，该章明确提出，中央委员会成员发现其他成员有违反党章、破坏党纪等问题时，必须坚决抵制并及时报告，坚决维护党中央的集中统一领导。第三章规定的是"党委（党组）的监督"。这是本条例的重点。该章首先明确了党委（党组）在党内监督中的主体责任，在此基础上规定了党委（党组）的监督职责，并详细规定了党委（党组）落实监督职责的各项具体措施，即加强日常管理监督、巡视监督、严肃组织生活、党内谈话、考察考核、述责述廉、个人重要事项报告、重大事项干预记录等。第四章是"党的纪律检查委员会的监督"。国家监察体制改革之后，党的纪律检查委员会与国家监察机关合署办公，因此该章关于党的纪律检查委员会的监督职责的规定，是党内监督与国家监察一体贯通的核心内容。该章首先明确了党的纪律检查委员会在党内监督中的地位，即专责机关。在此基础上，该章规定了党的纪律检查委员会所承担的各项任务，强调纪律检查委员会必须把维护党的政治纪律和政治规矩放在首位，明确了纪律检查委员会派驻纪检组的具体职责、领导机制、工作机制等。除此之外，该章还要求党的纪律检查委员会严把干部选任廉洁关，明确对违纪问题的处理方式和执纪审查的重点审查领域，要求其曝光严重违纪行为，并加强对自我的监督。第五章是"党的基层组织和党员的监督"。该章明确了党的基层组织在党内监督中的战斗堡垒作用，重点规定了党的基层组织的具体监督职责以及党员的具体监督义务。

第六章至第八章构成第三板块。第六章是"党内监督和外部监督相结合"。该章主要规定了党内监督与其他国家监督机制之间的关系。其中，该章明确强调各级党委应当支持同级监察机关对国家机关及公职人员依法进行监督，包括监察机关在内的有关国家机关发现党的领导干部违反党规党纪、需要党组织处理的，应当及时向有关党组织报告等。上述规定是党内监督与国家监察一体贯通的典型体现。第七章是"整改和保障"。该章分别就问题线索的分类处置、整改落实，不履行或者不正确履行党内监督的责任追究，以及党员的知情权和监督权、监督对象的申辩权和申诉权等作出相应规定。第八章是"附则"，主要包括授权规定、解释机关、施行日期等内容。

二、党内监督"专责"与国家监察"专责"高度契合

《党内监督条例》第 26 条明确规定，党的各级纪律检查委员会是党内监督的专责机关，履行监督执纪问责职责。这是在全面从严治党条件下，对党的纪律检查委员会职责的高度凝练和准确定位。《监察法》明确规定，各级监察委员会是行使国家监察职责的专责机关，履行监督、调查、处置三项职责。《监察法》用较大篇幅着重规定了调查和处置职责的程序性要求，但对

于如何实施监督职责，则着墨较少。对此应适用《监察法实施条例》的规定予以补足。国家监察与党内监督一体运行，意味着对公职人员的监督，不仅应遵从《监察法》《监察法实施条例》的规定，还应按照党内监督的要求，适用《党内监督条例》的相关规定。

（一）日常监督的专责性

《党内监督条例》围绕日常监督设计制度，规定了党的纪律检查委员会在党内监督中承担的三项具体任务，并对派驻监督、信访举报受理、干部任免廉洁情况提出明确要求。

在三项具体任务中，首先明确了纪律检查委员会的监督对象，即同级党委特别是常委会委员、党的工作部门和直接领导的党组织、党的领导干部等四类。其次，把党章和党的十八届三中全会决定中关于纪律检查工作双重领导体制的要求予以具体化，提出执纪审查工作以上级纪委领导为主，针对线索处置和执纪审查情况在向同级党委报告的同时向上级纪委报告，对各级纪委书记、副书记的提名和考察以上级纪委会同组织部门为主。最后，提出强化上级纪委对下级纪委的领导的具体举措，要求纪委发现同级主要领导干部的问题时可以直接向上级纪委报告，下级纪委至少每半年向上级纪委报告一次工作，每年向上级纪委进行述职。

派驻纪检组是党组织设在被监督单位的"哨兵"和"探头"，必须伸长耳朵、瞪大眼睛，时刻关注干部的思想、工作、作风和生活情况，真正发挥"派"的权威和"驻"的优势。纪委派驻纪检组对派出机关负责，加强对被监督单位领导班子及其成员、其他领导干部的监督，发现问题时应当及时向派出机关和被监督单位党组织报告，认真负责调查处置，对需要问责的提出建议。派出机关应当加强对派驻纪检组的领导，定期约谈被监督单位党组织主要负责人、派驻纪检组组长，督促其落实管党治党责任。派驻纪检组应当带着实际情况和具体问题，定期向派出机关汇报工作，至少每半年会同被监督单位党组织专题研究一次党风廉政建设和反腐败工作。对能发现的问题没有发现是失职，发现问题不报告、不处置是渎职，都必须严肃问责。

信访举报是党内监督和群众监督相结合的重要方式。党的纪律检查机关应认真处理信访举报，做好问题线索分类处理，早发现早报告，对社会反映突出、群众评价较差的领导干部情况及时报告，对重要检举事项应当集体研究；定期分析研判信访举报情况，对信访反映的典型性、普遍性问题提出有针对性的处置意见，督促信访举报比较集中的地方和部门查找分析原因并认真整改。

选好人、用好人关系党的事业成败，党的纪律检查机关应严把干部选拔任用"党风廉洁意见回复"关，综合日常工作中掌握的情况，加强分析研判，实事求是评价干部的廉洁情况，防止"带病提拔""带病上岗"。

（二）执纪执法的专责性

要坚持把纪律挺在前面，以纪律为尺子衡量党员干部的行为，有错即纠，违纪即查，维护党的肌体健康和队伍纯洁。《党内监督条例》总结党风廉政建设和反腐败斗争新理念新实践，把监督执纪"四种形态"写入条文，明确了执纪重点和方式方法。维护纪律贵在日常，谈话提醒、约谈函询都是党内监督的重要方式。党的纪律检查机关要在实践第一种形态即"红红脸、出出汗"上做足功课、下足功夫，发现违纪问题就及时批评诫勉、督促纠正。这种警示和训诫，可以避免问题小变中、中变大、一变多、个人问题变成全家问题、违纪问题最后演变成违法犯罪问题，被实践证明是行之有效的。执纪审查是极为重要的职责，要体现审查的政治性，把维护党的政治纪律和政治规矩放在首位，坚决纠正和查处上有政策、下有对策、有令不行、有禁不止，口是心非、阳奉阴违，搞团团伙伙、拉帮结派，欺骗组织、对抗组织等的行为。这是拥护党的领导核心、维护党的团结统一、巩固党的执政基础、实现党的正确领导的必然要求。要突出重点，把不收敛不收手、问题线索反映集中、群众反映强烈，现在重要岗位上还要提拔使用的领导干部作为审查重点。这三类情况同时具备的，要作为重中之重。要坚持惩前毖后、治病救人方针，发挥思想教育功能，让审查对象重温党章，从理想信念宗旨、党性原则、作风纪律上反省错误、真心悔过，回到正确的人生轨道上来。

（三）实施问责的专责性

问责是执纪监督和监察监督的保证，两项监督的效果最终要靠问责来强化。《党内监督条例》把责任作为贯穿始终的主线，要求将问责作为落实责任的保障。党的各级纪律检查委员会是党内监督的专责机关，履行监督执纪问责职责，加强对所辖范围内党组织和领导干部遵守党章党规党纪、贯彻执行党的路线方针政策情况的监督检查。党的纪律检查委员会派驻纪检组应加强对被监督单位领导班子及其成员、其他领导干部的监督，发现问题时应当及时向派出机关和被监督单位党组织报告，认真负责调查处置，对需要问责的提出建议。对于派驻纪检组能发现问题没有发现、发现问题不报告不处置的，必须严肃问责。党委（党组）在党内监督中负主体责任，书记是第一责任人，党委会常委（党组成员）和党委委员在职责范围内履行监督职责，党委（党组）应加强对同级纪律检查委员会和所辖范围内纪律检查工作的领导，检查其监督执纪问责工作情况。

三、监察监督和党内监督的衔接与贯通

（一）监督范围上全面监督与重点监督相结合

党的十八以来，党内监督得到有效加强，监督对象覆盖了所有党员，实现监督范围上的全面监督。《监察法》贯彻了上述改革精神，加强了对所有行使公权力的公职人员的监督，实现了国家监察全面覆盖。根据《监察法》第15条的规定，公务员及参照公务员法管理的人员，法律、法规授权或者受国家机关依法委托管理公共事务的组织中从事公务的人员，国有企业管理人员，公办的教育、科研、文化、医疗卫生、体育等单位中从事管理的人员，基层群众性自治组织中从事管理的人员以及其他依法履行公职的人员，被统一纳入监察范围，由监察机关按照管理权限进行监察。

在此基础上，《党内监督条例》作了进一步的政策性指引，其第6条明确规定"党内监督的重点对象是党的领导机关和领导干部特别是主要领导干部"，从而首次以党内法规的形式确立了监督的重点对象。党的各级组织和全体党员都是党内监督的对象，也是党内监督的主体。领导班子主要负责人在班子中处于核心地位，对决策的制定和执行起着关键性作用，负有全面责任。这种特殊地位和影响，决定了他们应当成为监督对象的重中之重。

（二）监督职责和监督内容相互补充

《党内监督条例》具体规定了监督的具体职责和内容。该条例通过4章的篇幅，分别规定了党的中央组织、党委（党组）、党的纪律检查委员会、党的基层组织和党员各自在党内监督方面的职责与权限，第一次将前述主体的监督职责权限以党内法规的形式固定下来。根据该条例的规定，党内监督主要包含以下八项内容：一是遵守党章党规，坚定理想信念，践行党的宗旨，模范遵守宪法法律情况；二是维护党中央集中统一领导，牢固树立政治意识、大局意识、核心意识、看齐意识，贯彻落实党的理论和路线方针政策，确保全党令行禁止情况；三是坚持民主集中制，严肃党内政治生活，贯彻党员个人服从党的组织、少数服从多数、下级组织服从上级组织、全党各个组织和全体党员服从党的全国代表大会和中央委员会原则情况；四是落实全面从严治党责任，严明党的纪律特别是政治纪律和政治规矩，推进党风廉政建设和反腐败工作情况；五是落实"中央八项规定"精神，加强作风建设，密切联系群众，巩固党的执政基础

情况；六是坚持党的干部标准，树立正确选人用人导向，执行干部选拔任用工作规定情况；七是廉洁自律、秉公用权情况；八是完成党中央和上级党组织部署的任务情况。

与之相比，《监察法》对监督职责和内容仅作出原则性规定，其第11条第1项规定，监察机关应当"对公职人员开展廉政教育，对其依法履职、秉公用权、廉洁从政从业以及道德操守情况进行监督检查"。至于具体的监督内容，则应参照《监察法实施条例》的规定确定。据其规定，监察机关依法履行监察监督职责，对公职人员的政治品行、行使公权力和道德操守情况进行监督检查，督促有关机关、单位加强对所属公职人员的教育、管理、监督。监察机关应当坚决维护宪法确立的国家指导思想，加强对公职人员特别是领导人员坚持党的领导，坚持中国特色社会主义制度，贯彻落实党和国家的路线方针政策、重大决策部署，履行从严管理监督职责，依法行使公权力等情况的监督。监察机关应当加强对公职人员的理想教育、为人民服务教育、宪法法律法规教育、优秀传统文化教育，弘扬社会主义核心价值观，深入开展警示教育，教育、引导公职人员树立正确的权力观、责任观、利益观，保持为民务实清廉本色。

（三）监督主体上内部监督与外部监督并举

在党内监督方面，《党内监督条例》明确了党员在党内监督方面的责任和权利，包括：加强对党的领导干部的民主监督，及时向党组织反映群众意见和诉求；在党的会议上有根据地批评党的任何组织和任何党员，揭露和纠正工作中存在的缺点和问题；参加党组织开展的评议领导干部活动，勇于触及矛盾问题、指出缺点错误，对错误言行敢于较真、敢于斗争；向党负责地揭发、检举党的任何组织和任何党员违纪违法的事实，坚决反对一切派别活动和小集团活动，同腐败现象作坚决斗争。

在党外监督方面，《党内监督条例》罗列了各种党外监督方式，包括同级人大、政府、监察机关、司法机关等的监督，人民政协依章程进行的民主监督，审计机关依法进行的审计监督，各民主党派的监督，社会监督，舆论监督等。同时，该条例要求党内监督与党外监督相结合：各级党委应当支持和保证同级人大、政府、监察机关、司法机关等对国家机关及公职人员依法进行监督，人民政协依章程进行民主监督，审计机关依法进行审计监督。有关国家机关发现党的领导干部违反党规党纪，需要党组织处理的，应当及时向有关党组织报告。审计机关发现党的领导干部涉嫌违纪的问题线索，应当向同级党组织报告，必要时向上级党组织报告，并按照规定将问题线索移送相关纪律检查机关处理。在纪律审查中发现党的领导干部严重违纪、涉嫌违法犯罪的，应当先作出党纪处分决定，再移送行政执法部门、司法机关处理。行政执法部门和司法机关依法立案查处涉及党的领导干部案件，应当向同级党委、纪委通报；该干部所在党组织应当根据有关规定，中止其相关党员权利；依法受到刑事责任追究，或者其行为虽不构成犯罪但涉嫌违纪的，应当移送相关纪律检查机关依纪处理。中国共产党同各民主党派长期共存、互相监督、肝胆相照、荣辱与共，各级党组织应当支持民主党派履行监督职能，重视民主党派和无党派人士提出的意见、批评、建议，完善知情、沟通、反馈、落实等机制。各级党组织和党的领导干部应当认真对待、自觉接受社会监督，利用互联网技术和信息化手段，推动党务公开，拓宽监督渠道，虚心接受群众批评。新闻媒体应当坚持党性和人民性相统一，坚持正确导向，加强舆论监督，对典型案例进行剖析，发挥警示作用。

上述关于党内监督与党外监督相结合的规定，亦是监察监督的应有之义。《监察法》要求监察机关加强内部监督，通过设立内部专门的监督机构等方式，加强对监察人员执行职务和遵守法律情况的监督，建设忠诚、干净、担当的监察队伍。在外部监督方面，《监察法》规定：各级监察委员会应当接受本级人民代表大会及其常务委员会的监督。各级人民代表大会常务委员会听取和审议本级监察委员会的专项工作报告，组织执法检查。县级以上各级人民代表大会及其常务委员会举行会议时，人民代表大会代表或者常务委员会组成人员可以依照法律规定的程序，就监察工作中的有关问题提出询问或者质询。监察机关应当依法公开监察工作信息，接受民主监督、社会监督、舆论监督。可见，在监察制度中，内部监督与外部监督仍相辅相成、缺一不可。

（四）监督方式上多元共存

1. 谈话

谈话是预防腐败和核查腐败行为的重要方式，既体现在党内监督过程中，又体现在监察监督过程中。《党内监督条例》规定，中央政治局委员应当加强对直接分管部门、地方、领域党组织和领导班子成员的监督，定期同有关地方和部门主要负责人就其履行全面从严治党责任、廉洁自律等情况进行谈话。坚持党内谈话制度，认真开展提醒谈话、诫勉谈话。发现领导干部有思想、作风、纪律等方面的苗头性、倾向性问题的，有关党组织负责人应当及时对其提醒谈话；发现轻微违纪问题的，上级党组织负责人应当对其诫勉谈话，并由本人作出说明或者检讨，经所在党组织主要负责人签字后报上级纪委和组织部门。接到对干部一般性违纪问题的反映后，应当及时找本人核实，谈话提醒、约谈函询，让干部把问题讲清楚。约谈被反映人，可以与其所在党组织主要负责人一同进行；被反映人对函询问题的说明，应当由其所在党组织主要负责人签字后报上级纪委。对谈话记录和函询回复应当认真核实，存档备查。没有发现问题的，应当了结澄清；对不如实说明情况的，给予严肃处理。

《监察法》亦对谈话制度作了一定的要求，其规定，对可能发生职务违法的监察对象，监察机关按照管理权限，可以直接或者委托有关机关、人员进行谈话或者要求说明情况。对有职务违法行为但情节较轻的公职人员，监察机关按照管理权限，直接或者委托有关机关、人员，进行谈话提醒、批评教育、责令检查，或者予以诫勉。除此之外，《监察法实施条例》在第四章"监察权限"中用一整节的篇幅，详细规定了监察谈话的具体程序性要求。其规定监察机关可以在问题线索处置、初步核实和立案调查等程序阶段采取谈话措施，并明确了谈话的方式、地点、主体等基本程序性要求。其还规定，谈话应当形成谈话笔录或者记录；在初步核实阶段确有必要与被核查人谈话的，应当按规定报批；首次谈话时，应出示"被调查人权利义务告知书"；与涉嫌严重职务违法的被调查人进行谈话的，应当全程录音录像；与未被限制人身自由的被调查人谈话的，应当在具备安全保障条件的场所进行；与被留置的被调查人谈话的，按照法定程序在留置场所进行；谈话应当合理安排时间、控制时长，保证被调查人的饮食和必要的休息时间等。上述规定进一步提升了谈话措施的程序规范性水平，与党内谈话制度相呼应。

2. 其他监督制度

除谈话之外，《党内监督条例》还详细规定了其他几种党内监督重要方式，包括：（1）日常管理监督。党委（党组）应当掌握领导干部思想、工作、作风、生活状况。党的领导干部应当经常开展批评和自我批评，敢于正视、深刻剖析、主动改正自己的缺点、错误；对同志的缺点、错误应当敢于指出，帮助改进。（2）巡视。中央和省、自治区、直辖市党委一届任期内，对所管理的地方、部门、企事业单位党组织全面巡视。巡视党的组织和党的领导干部尊崇党章、党的领导、党的建设和党的路线方针政策落实情况，履行全面从严治党责任、执行党的纪律、落实中央"八项规定"精神、党风廉政建设和反腐败工作以及选人用人情况。发现问题、形成震慑、推动改革、促进发展，发挥从严治党利剑作用。中央巡视工作领导小组应当加强对省、自治区、直辖市党委，中央有关部委，中央国家机关部门党委（党组）巡视工作的领导。省、自治区、直辖市党委应当推动党的市（地、州、盟）和县（市、区、旗）委员会建立巡察制度，使从严治党向基层延伸。（3）党的组织生活制度。民主生活会应当经常化，遇到重要或者普遍性问题应当及时召开。民主生活会重在解决突出问题，领导干部应当在会上把群众反映、巡视反馈、组织约谈函询的问题说清楚、谈透彻，开展批评和自我批评，提出整改措施，接受组织监督。上级党组织应当加强对下级领导班子民主生活会的指导和监督，提高民主生活会质量。（4）干部考察考核制度。全面考察干部的德、能、勤、绩、廉表现，既重政绩又重政德，重点考察贯彻执行党中央和上级党组织决策部署的表现，履行管党治党责任、在重大原则问题上的立场、对待人民群众的态度、完成急难险重任务等情况。考察考核中党组织主要负责人应当对班子成员实事求是作出评价，考核评语在同本人见面后载入干部档案。落实党组织主要负责人在干部选任、考察、决策等各个环节的责任，对失察失责的，应当严肃追究责任。（5）述责述廉。党的领导干部应当每年在党委常委会（或党组）扩大会议上述责述廉，接受评议。述责述廉的重点是执行政治纪律和政治规矩、履行管党治党责任、推进党风廉政建设和反腐败工作以及执行廉洁纪律的情况。述责述廉报告应当载入廉洁档案，并在一定范围内公开。（6）个人有关事项报告制度。领导干部应当按规定如实报告个人有关事项，及时报告个人及家庭重大情况，事先请示报告方可离开岗位或者工作所在地等。有关部门应当加强抽查核实。对于故意虚报瞒报个人重大事项、篡改伪造个人档案资料的，一律严肃查处。（7）党的领导干部插手干预重大事项记录制度。发现党的领导干部利用职务便利违规干预干部选拔任用、工程建设、执纪执法、司法活动等问题，应当及时向上级党组织报告等。上述设置和规定，符合党内监督工作的实际，体现了党内监督工作的规律，针对性、可操作性和指导性都很强，有利于推进党内监督的规范化、制度化、科学化，保证党内监督健康有序、富有成效地开展。

《监察法》未对监察监督的具体制度进行详细规范，但作为《监察法》的配套性解释，《监察法实施条例》明确了监察机关履行监督职责的具体手段，包括：一是日常监督。监察机关应当结合公职人员的职责加强日常监督，通过收集群众反映、座谈走访、查阅资料、召集或者列席会议、听取工作汇报和述责述廉、开展监督检查等方式，促进公职人员依法用权、秉公用权、廉洁用权。二是谈心谈话。监察机关可以与公职人员进行谈心谈话，发现政治品行、行使公权力和道德操守方面有苗头性、倾向性问题的，及时进行教育提醒。三是专项检查。监察机关对于发现的系统性、行业性的突出问题，以及群众反映强烈的问题，可以通过专项检查进行深入了解，督促有关机关、单位强化治理，促进公职人员履职尽责。四是以案促改。监察机关应当以办案促进整改、以监督促进治理，在查清问题、依法处置的同时，剖析问题发生的原因，发现制度建设、权力配置、监督机制等方面存在的问题，向有关机关、单位提出改进工作的意见或者监察建议，促进制度完善，提高治理效能等。这些规范性要求与上述党内监督具体制度是相互衔接、贯通的，共同体现了二者在监督方式方面的多元并举。

第三节 《监察法》与《纪律处分条例》的衔接

《监察法》赋予监察机关根据监督、调查结果，分别不同情形给予监察对象不同处置的权力。为了衔接监察机关的处置职责，《纪律处分条例》第四章"对违法犯罪党员的纪律处分"以设定专门条款的方式，就党纪与国法如何衔接的问题予以细化，明确了党员违法犯罪情况下党组织的相应处分以及衔接规则。

一、对涉嫌职务犯罪行为的处分处置衔接

《纪律处分条例》规定，党组织在纪律审查中发现党员有贪污贿赂、滥用职权、玩忽职守、

权力寻租、利益输送、徇私舞弊、浪费国家资财等违反法律涉嫌犯罪行为的，应当给予撤销党内职务、留党察看或者开除党籍处分。这是关于党员有违反法律涉嫌犯罪行为时具体适用的处分种类的规定。

纪检监察机关在纪律审查中，对于党员有违反法律涉嫌犯罪行为的，应当根据情节轻重，区别不同情况作出恰当处理。党员犯罪情节轻微，人民检察院依法作出不起诉决定的，或者人民法院依法作出有罪判决并免予刑事处罚的，应当给予撤销党内职务、留党察看或者开除党籍处分。党员犯罪，被单处罚金的，应当给予撤销党内职务、留党察看或者开除党籍处分。党员犯罪，有下列情形之一的，应当给予开除党籍处分：因故意犯罪被依法判处刑法规定的主刑（含宣告缓刑）的；被单处或者附加剥夺政治权利的；因过失犯罪，被依法判处3年以上（不含3年）有期徒刑的。因过失犯罪被判处3年以下（含3年）有期徒刑或者被判处管制、拘役的，一般应当开除党籍。对于个别可以不开除党籍的，应当对照处分党员批准权限的规定，报请再上一级党组织批准。

二、对职务违法行为的处分处置衔接

《纪律处分条例》规定，党组织在纪律审查中发现党员有刑法规定的行为，虽不构成犯罪但须追究党纪责任的，或者有其他违法行为，损害党、国家和人民利益的，应当视具体情节给予警告直至开除党籍处分。

上述规定主要分为两种情形：一是党员有刑法规定的行为，虽不构成犯罪但须追究党纪责任的情形。这里的"不构成犯罪"，主要是指依照《刑法》第13条等的相关规定，情节显著轻微，危害不大，不认为是犯罪，或者尚未达到刑事案件立案追诉标准，不认为是犯罪等情形。二是党员有其他违法行为，损害党、国家和人民的利益的情形。"其他违法行为"，主要是指党员有违反刑法规定以外的其他违法行为，如违反《治安管理处罚法》《海关法》《会计法》等法律法规的行为。党员有其他违法行为，产生损害党、国家和人民利益的后果的，应当视情节轻重给予党纪处分。

三、党纪处分与国法处置的衔接序位

《纪律处分条例》规定，党组织在纪律审查中发现党员严重违纪涉嫌违法犯罪的，原则上先作出党纪处分决定，并按照规定由监察机关给予政务处分或者由任免机关（单位）给予处分后，再移送有关国家机关依法处理。

一是党组织"原则上先作出党纪处分决定"。中国共产党十八大后，党中央高度重视对涉嫌违法犯罪的党员及时作出纪律处分工作，要求纪检机关在向司法机关移送案件前，一般应当作出党纪处分决定；因案情疑难、复杂等原因难以在移送司法机关前作出党纪处分决定的，可以先行移送司法机关。中央纪委贯彻党中央要求，针对涉嫌违法犯罪的党员作出纪律处分工作，出台专门制度，进一步明确相关要求：一方面，强化纪检机关的担当意识，要求原则上做到先处分后移送。另一方面，充分考虑纪律审查工作的实际，特殊情况下可以例外。其目的是确保纪严于法、纪在法前，把纪律挺在前面的要求落到实处。各级党组织应当认真落实党中央的要求，在纪律审查中应当做到先处分后移送，避免出现党员带着"党籍"蹲监狱的情况。

二是"按规定给予政务处分"。《监察法》第45条第2款第2项规定，监察机关根据监督、调查结果，对违法公职人员依照法定程序作出警告、记过、记大过、降级、撤职、开除等政务处分决定。在纪委监委合署办公的体制下，纪委监委既执纪又执法，对于党员的违纪违法案件，不仅要依据党章党规党纪给予纪律处分，而且要依据《宪法》和《监察法》等法律法规作出政务处分。各级纪委监委必须把执纪与执法统一起来，同向发力、精准发力，实现良好的政治效果、纪法效果和社会效果。

三是"移送有关国家机关依法处理"。在纪律审查中，发现违纪党员存在违反国家法律法规的行为，需要由有关国家机关依法处理的，应当及时移送有关国家机关。比如，根据《关于纪检监察机关和审计机关在查处案件中加强协作配合的通知》，纪检监察机关在查处案件中，发现有违反国家规定的财政收支、财务收支行为，属于审计机关管辖范围的，应当将案件线索及时移送审计机关；纪检监察机关根据审查、调查结果，认为应当给予审计处理、处罚的，可以向审计机关提出建议或监察建议，审计机关应当依法及时查处，并将结果书面通知纪检监察机关。

四、对被依法留置、逮捕的党员的处置衔接

《纪律处分条例》规定：党员被依法留置、逮捕的，党组织应当按照管理权限中止其表决权、选举权和被选举权等党员权利。根据监察机关、司法机关处理结果，可以恢复其党员权利的，应当及时予以恢复。

中止党员权利，主要是指党组织对于因涉嫌违法犯罪被监察机关依法留置、被司法机关依法逮捕的党员，在不具备及时作出党纪处分决定条件的情况下，作出暂停行使表决权、选举权和被选举权等党员权利的决定。党章规定党员有八项权利，其中表决权、选举权和被选举权是较为重要的政治权利，中止党员权利一般是中止这三项权利；在确有必要的情况下，参加会议、阅读文件等其他党员权利，也可以被纳入中止党员权利的范围，并在中止党员权利的决定中予以明确；但党员的申辩权、申诉权和控告权，应按照有关规定得到充分保障。中止党员权利不影响党员义务的履行，被中止相关权利的党员仍须履行党章所规定的党员义务。

中止党员权利以党员被依法留置、逮捕为前提，其适用主要有两种情况：一是纪检监察机关在纪律审查中发现党员有严重职务违法和职务犯罪行为，依法采取留置措施后，及时中止其党员权利；二是党员涉嫌犯罪被司法机关依法逮捕后，若不具备及时作出党纪处分决定的条件，则党组织应根据相关司法文书，决定中止其党员权利。

中止党员权利不适用于党员被司法机关采取拘传、拘留、取保候审、监视居住等其他刑事强制措施的情况。有关党组织作出中止党员权利的决定后，应根据监察机关、司法机关的处理结果，及时对被中止党员权利的党员进行处理，其中，根据监察机关、司法机关作出的生效结论，并结合《纪律处分条例》相关规定，经审查认为应当给予开除党籍处分的，按程序作出开除党籍的处分决定即可。

五、党员受到刑事责任追究、政务处分、行政处罚以及其他违纪处分的衔接

（一）党员受到刑事追究的党纪处分衔接

《纪律处分条例》规定，党员依法受到刑事责任追究的，党组织应当根据司法机关的生效判决、裁定、决定及其认定的事实、性质和情节，依照本条例规定给予党纪处分，是公职人员的，由监察机关给予相应政务处分。这是党员依法受到刑事责任追究之后，党组织如何处理的内容。司法机关作出生效判决、裁定、决定，表明司法机关已经对侦查过程中收集、调取的证据材料进行综合审查判断，并通过法律程序予以确认，党组织无须再对这些证据材料进行审核。因此，党组织应当根据司法机关的生效判决、裁定、决定及其认定的事实、性质和情节，

依照《纪律处分条例》的规定给予党纪处分。根据有关规定，为落实纪法贯通要求，《纪律处分条例》规定，受到刑事责任追究的党员是公职人员的，由监察机关给予相应政务处分。

（二）党员受到政务处分、行政处罚的党纪处分衔接

《纪律处分条例》规定，党员依法受到政务处分、行政处罚，应当追究党纪责任的，党组织可以根据生效的政务处分、行政处罚决定认定的事实、性质和情节，经核实后依照规定给予党纪处分或者组织处理。也就是说，对于受到政务处分、行政处罚的党员，应当追究党纪责任。党组织只有将政务处分、行政处罚决定书所认定的事实、性质和情节核实后，才能依照规定给予党纪处分或者组织处理。

（三）党员受到其他处分的党纪处分衔接

《纪律处分条例》规定，党员违反国家法律法规，违反企事业单位或者其他社会组织的规章制度而受到其他纪律处分，应当追究党纪责任的，党组织在对有关方面认定的事实、性质和情节进行核实后，依照规定给予党纪处分或者组织处理。也就是说，只要党员违反了国家法律法规，违反了企事业单位或者其他社会组织的规章制度，并受到其他纪律处分，且应当追究党纪责任，党组织就应当在对有关方面认定的事实、性质和情节进行核实后，依照规定给予党纪处分或者作出组织处理。这同样强调的是，党组织必须对有关方面认定的事实、性质和情节进行相应核实。

（四）原生效裁判、决定依法改变后的党纪处分衔接

《纪律处分条例》规定，党组织作出党纪处分或者组织处理决定后，司法机关、行政机关等依法改变原生效判决、裁定、决定等，对原党纪处分或者组织处理决定产生影响的，党组织应当根据改变后的生效判决、裁定、决定等重新作出相应处理。这就要求，党组织在处理此类问题时，既要尊重司法机关、行政机关等作出的判决、裁定、决定等，也要坚持实事求是的原则，发现司法机关、行政机关等作出的判决、裁定、决定等存在事实不清、证据不足、定性不准等问题的，应当依程序及时提请司法机关、行政机关等按程序予以纠正。司法机关、行政机关等最终作出的判决、裁定、决定，对原党纪处分或者组织处理决定产生影响的，党组织应当根据改变后的生效判决、裁定、决定等作出相应处理。

第四节　《监察法》与《政务处分法》的衔接

根据《监察法》第15条的规定，公职人员是监察机关最主要的监察对象。监察机关对公职人员进行监察，除依照《监察法》的相关规定以外，还须遵循《政务处分法》的要求，对违法的公职人员依法给予政务处分。

我国现行的《政务处分法》颁行于2020年，是新中国成立以来第一部全面、系统规范公职人员政务处分工作的国家法律。该法出台以前，关于公职人员政务处分的相关规定，主要散见于《公务员法》《法官法》《检察官法》《行政机关公务员处分条例》《事业单位工作人员处分暂行规定》等法律、法规、规章中，缺乏集中、统一、全面的立法体系。在国家监察体制改革之后，尤其是《监察法》出台之后，为落实党中央要求和十九届中央纪委第四次会议部署，该法于2020年正式颁布施行，全面、系统地规定了政务处分的对象范围、基本原则、适用规则、程序要求等，从而将《监察法》关于对所有行使公权力的公职人员监察全覆盖的要求进一步具体化。如此，有利于政务处分工作提升规范化、法治化、专业化水平，促使公职人员依法履职、秉公用权、廉洁从政从业、坚守道德操守。

一、政务处分内涵方面的衔接贯通

《监察法》首次以法律的形式明确了"政务处分"这一法律概念。根据《监察法》相关规定，政务处分是指监察机关根据监督、调查结果，对违法的公职人员依照法定程序作出警告、记过、记大过、降级、撤职、开除等处分决定的处置方式。

首先，政务处分是监察机关履行处置职责的方式之一。根据《监察法》第45条的规定，监察机关有权作出多种处置决定，例如对有职务违法行为但情节较轻的公职人员，按照管理权限，直接或者委托有关机关、人员，进行谈话提醒、批评教育、责令检查，或者予以诚勉；对违法的公职人员依照法定程序作出警告、记过、记大过、降级、撤职、开除等政务处分决定；对于不履行或者不正确履行职责负有责任的领导人员，按照管理权限直接作出问责决定，或者向有权作出问责决定的机关提出问责建议；对于涉嫌职务犯罪的，监察机关经调查认为犯罪事实清楚，证据确实、充分的，制作起诉意见书，连同案卷材料、证据一并移送人民检察院依法审查起诉；针对监察对象所在单位在廉政建设和履行职责方面存在的问题等提出监察建议。简言之，监察机关可以根据不同情形，作出谈话函询、政务处分、问责、移送审查起诉、提出监察建议等处置。显然，政务处分是监察处置的其中之一。

其次，政务处分的主体是监察机关。监察机关是行使国家监察职责的专门机关。监察机关行使监察权的对象和方式具有多元性。它既要对公职人员涉嫌职务犯罪的行为作出移送审查起诉的处置，又要对公职人员涉嫌职务违法的行为作出政务处分等。政务处分是监察机关对违法的公职人员追究法律责任的体现，体现了其监督责任。这一点也得到了《政务处分法》的认可，该法第2条第1款规定，"本法适用于监察机关对违法的公职人员给予政务处分的活动。"值得注意的是，《政务处分法》第2条第2款规定，"本法第二章、第三章适用于公职人员任免机关、单位对违法的公职人员给予处分。处分的程序、申诉等适用其他法律、行政法规、国务院部门规章和国家有关规定。"可见，公职人员的任免机关、单位也有权对违法的公职人员追究法律责任，但其作出的是"处分"，并非"政务处分"。可见，虽然同是对公职人员违法行为的处理，但由于处理机关不同，处分的名称有所不同。任免机关、单位对违法的公职人员作出处分，体现的是主体责任。但无论是由监察机关给予政务处分，还是由任免机关、单位给予处分，在实体法依据和对公职人员的影响上应当具有一致性，不因处分主体不同而有所差别。

再次，政务处分的适用对象是公职人员。根据《监察法》第15条的规定，监察机关有权对公职人员进行监察。此处的"公职人员"包含六种情形：一是中国共产党机关、人民代表大会及其常务委员会机关、人民政府、监察委员会、人民法院、人民检察院、中国人民政治协商会议各级委员会机关、民主党派机关和工商业联合会机关中的公务员，以及参照公务员法管理的人员；二是法律、法规授权或者受国家机关依法委托管理公共事务的组织中从事公务的人员；三是国有企业管理人员；四是公办的教育、科研、文化、医疗卫生、体育等单位中从事管理的人员；五是基层群众性自治组织中从事管理的人员；六是其他依法履行公职的人员。可见，此处的"公职人员"是广义的，既包括公务员，又包括其他依法履行公职但不具备公务员身份的人员。一旦这些人员涉嫌职务违法，监察机关经监督、调查，可以依法给予政务处分。《政务处分法》贯彻国家监察体制改革精神，落实对所有行使公权力的公职人员监察全覆盖的要求，其关于政务处分适用对象，参照了《监察法》的规定，于第2条第3款规定，本法所称公职人员，是指《监察法》第15条规定的人员。这体现了两部法律在适用对象方面的一致性和协调性。

最后，政务处分的种类包括警告、记过、记大过、降级、撤职、开除。《监察法》罗列了政务处分的种类，该法第 45 条第 1 款第 2 项规定，"对违法的公职人员依照法定程序作出警告、记过、记大过、降级、撤职、开除等政务处分决定"。可见，政务处分一共有六种，即警告、记过、记大过、降级、撤职、开除。这与《政务处分法》的相关规定是完全一致的，如该法第 7 条规定，"政务处分的种类为：（一）警告；（二）记过；（三）记大过；（四）降级；（五）撤职；（六）开除"。不过，《监察法》并未详细说明各种政务处分对应的情形、要求等。与之相比，《政务处分法》除在第二章"政务处分的种类和适用"这一章中明确政务处分的种类和具体适用规则以外，还在第三章"违法行为及其适用的政务处分"中具体规定了不同政务处分对应的违法行为。

二、政务处分程序方面的衔接贯通

《监察法》专设一章，即第五章"监察程序"，对监察机关履行监督、调查、处置职责的具体程序予以规定。不过，由于监察机关的管辖范围相对多元，《监察法》在规定监察程序时采取的是混合模式，并未将涉嫌违法行为与涉嫌犯罪行为所适用的程序进行严格区分。相对而言，《政务处分法》是监察机关对职务违法行为作出政务处分的专门性依据，其第四章"政务处分的程序"仅就涉嫌职务违法行为所适用的程序作出详细规定。监察机关进行政务处分工作，应结合两部法律的具体规定，具体而言可以分为以下若干环节：

一是线索处置环节。监察机关对于报案或者举报，应当接受并按照有关规定处理。对于不属于本机关管辖的，应当移送主管机关管辖。监察机关对监察对象的问题线索，应当按照有关规定提出处置意见，履行审批手续，进行分类处理。对线索处置情况应当定期汇总、通报，定期检查、抽查。

二是初步核实环节。需要采取初步核实方式处置问题线索的，监察机关应当依法履行审批程序，成立核查组。初步核实工作结束后，核查组应当撰写初步核实情况报告，提出处理建议。承办部门应当提出分类处理意见。对初步核实情况报告和分类处理意见要报监察机关主要负责人审批。

三是立案环节。经过初步核实，对于监察对象涉嫌职务违法，需要追究法律责任的，监察机关应当按照规定的权限和程序办理立案手续。监察机关主要负责人依法批准立案后，应当主持召开专题会议，研究确定调查方案，决定需要采取的调查措施。对立案调查决定应当向被调查人宣布，并通报相关组织。涉嫌严重职务违法的，应当通知被调查人家属，并向社会公开发布。

四是调查环节。监察机关对职务违法案件，应当进行调查，收集被调查人有无违法犯罪以及情节轻重的证据，查明违法犯罪事实，形成相互印证、完整稳定的证据链。监察机关对涉嫌违法的公职人员进行调查，应当由两名以上工作人员进行。监察机关进行调查时，有权依法向有关单位和个人了解情况，收集、调取证据。有关单位和个人应当如实提供情况。严禁以威胁、引诱、欺骗及其他非法方式收集证据，严禁侮辱、打骂、虐待、体罚或者变相体罚被调查人和涉案人员。以非法方式收集的证据不得作为给予政务处分的依据。调查人员应当严格执行调查方案，不得随意扩大调查范围、变更调查对象和事项。对调查过程中的重要事项，应当经集体研究后按程序请示报告。

调查过程中，对涉嫌职务违法的被调查人，监察机关可以要求其就涉嫌违法行为作出陈述，必要时向被调查人出具书面通知。在调查过程中，监察机关可以询问证人等人员。被调查人涉嫌贪污贿赂、失职渎职等严重职务违法犯罪，监察机关已经掌握其部分违法犯罪事实及证据，仍有重要问题需要进一步调查，并有法定可能妨碍调查行为情形之一的，经监察机关依法审批，可以将其留置在特定场所。监察机关调查涉嫌贪污贿赂、失职渎职等严重职务违法，根据工作需要，可以依照规定查询、冻结涉案单位和个人的存款、汇款、债券、股票、基金份额等财产。监察机关在调查过程中，可以调取、查封、扣押用以证明被调查人涉嫌违法的财物、文件和电子数据等信息；可以直接或者指派、聘请具有专门知识、资格的人员在调查人员主持下进行勘验检查；对于案件中的专门性问题，可以指派、聘请有专门知识的人进行鉴定。依法应当留置的被调查人如果在逃，监察机关可以决定在本行政区域内通缉，由公安机关发布通缉令，追捕归案。监察机关为防止被调查人及相关人员逃匿境外，经省级以上监察机关批准，可以对被调查人及相关人员采取限制出境措施，由公安机关依法执行。

五是政务处分决定作出环节。作出政务处分决定前，监察机关应当将调查认定的违法事实及拟给予政务处分的依据告知被调查人，听取被调查人的陈述和申辩，并对其陈述的事实、理由和证据进行核实，记录在案。被调查人提出的事实、理由和证据成立的，应予采纳。不得因被调查人的申辩而加重政务处分。调查终结后，监察机关应当根据下列不同情况，分别作出处理：确有应受政务处分的违法行为的，根据情节轻重，按照政务处分决定权限，履行规定的审批手续后，作出政务处分决定；违法事实不能成立的，撤销案件；符合免予、不予政务处分条件的，作出免予、不予政务处分决定；被调查人涉嫌其他违法或者犯罪行为的，依法移送主管机关处理。决定给予政务处分的，应当制作政务处分决定书。应当将政务处分决定书及时送达被处分人和被处分人所在机关、单位，并在一定范围内宣布。作出政务处分决定后，监察机关应当根据被处分人的具体身份书面告知相关的机关、单位。公职人员受到政务处分的，应当将政务处分决定书存入其本人档案。对于受到降级以上政务处分的，应当由人事部门按照管理权限在作出政务处分决定后一个月内办理职务、工资及其他有关待遇等的变更手续；特殊情况下，经批准可以适当延长办理期限，但是最长不得超过六个月。

三、政务处分种类方面的衔接贯通

结合《监察法》和《政务处分法》的相关规定，监察机关有权对涉嫌职务违法的公职人员作出六种政务处分，不同政务处分的内涵和适用对象有所不同。

警告，是对违法公职人员提出的告诫，以促使其认识和改正错误。警告是最轻的一种政务处分，属于警戒性的处分方式，适用于违法情节较轻但必须给予政务处分的公职人员。

记过、记大过，是对违法行为予以记载，也是警戒性的处分方式，相当于严重警告。记过、记大过在性质上属于重于警告的较轻的政务处分。

降级，是一种降低公职人员级别的处分方式。降级处分不仅适用于公务员，也适用于参照公务员法管理的人员、国有企事业单位管理人员。因此，这里的级别并不仅指公务员级别，而是上述人员工资、薪酬待遇等级的概称，不同种类的公职人员级别设置不同。实践中，给予公职人员降级处分的，要根据公职人员的工资、薪酬待遇的相关管理制度，相应降低级别工资或者薪酬待遇档次。因此，不能以某类公职人员没有公务员级别为由不执行降级处分。就公务员来说，级别由低至高依次为二十七级至一级。根据目前的有关规定，给予公务员降级处分，降低一个级别；如果本人级别为本职务对应的最低级别，那么不再降低级别，根据有关规定降低工资档次；应给予降级处分的，如果本人级别工资为二十七级一档，可给予记大过处分。

撤职，是一种撤销公职人员所担任职务的处分方式。被撤职者如果没有同时受到辞退、调离等组织人事处理的，仍然是原单位工作人员。撤职适用于违法情节严重、不适宜继续担任现任职务的公职人员。根据相关规定，给予公务员撤职处分，是指撤销其现任所有职务，并在撤销职务的同时降低级别和工资。撤职时按降低一个或一个以上职务层次另行确定职务，一般不得确定为领导职务。撤职后根据新任职务确定相应的级别，按照"每降低一个职务层次，相应降低两个级别"确定新的级别，最低降低为二十七级。应给予撤职处分的，如果本人职务为办事员，可给予降职处分。

开除，是解除被处分人与原单位人事关系的一种处分，是最严厉的惩罚方式。公职人员被开除后，即不再具有公职人员身份，与原单位的人事关系也随之解除。开除适用于违法情节严重，不适宜继续留在有关机关、单位、组织工作的公职人员。

需要注意的是，降级、撤职、开除主要适用于《监察法》第15条前4项所规定的监察对象。根据《政务处分法》第22条、第23条的规定，降级、撤职、开除不适用于基层群众性自治组织中从事管理的人员等，这些人员有违法行为的，监察机关可以予以警告、记过、记大过。该法如此规定，主要是考虑到此类人员无级可降、无职可撤，对其给予降级、撤职、开除没有实际意义。如果此类人员的违法行为达到了需要给予降级、撤职、开除处分的程度，对基层群众性自治组织中从事管理的人员，可由县级或者乡镇人民政府根据具体情况减发或者扣发补贴、奖金；对其他人员，可由所在单位直接给予或者监察机关建议有关机关、单位给予降低薪酬待遇、调离岗位、解除人事关系或者劳动关系等处理。[1]

总而言之，《监察法》与《政务处分法》都隶属于中国特色社会主义法律体系。两法无论是在实体内容上还是在程序设置上，均保持协调一致。这是法律体系内在衔接贯通的生动反映，充分体现了社会主义法制统一原则，有利于确保国家法律规范统一、正确实施，实现政治效果、纪法效果和社会效果相统一。

第五节　《监察法》与《刑事诉讼法》的衔接[2]

2018年10月26日，第十三届全国人大常委会第六次会议通过刑事诉讼法修正案。这标志着《刑事诉讼法》经历了自新中国成立以来的第三次修改。新中国最早的《刑事诉讼法》制定于1979年，随后在1996年和2012年分别进行过两次修改。此次修改距离上次修改仅有六年之隔。之所以在这么短的时间内再次大幅度地修改法律，最重要的原因之一即是适应国家监察体制改革的要求。国家监察体制改革是事关全局的重大政治体制改革，改革的目标是整合反腐败资源力量，加强党对反腐败工作的集中统一领导，构建集中统一、权威高效的中国特色国家监察体制，实现对所有行使公权力的公职人员监察全覆盖。改革之后，原本由检察机关负责的贪污贿赂、失职渎职等职务犯罪案件的侦查权以及预防职务犯罪职权被依法转移到监察机关手中。同时，新成立的监察机关面临着如何与公安机关、检察机关、人民法院等进行配合制约的问题，监察程序亦面临着如何与刑事诉讼程序进行衔接贯通的挑战。因此，刑事诉讼法修正案应运而生。

2018年《刑事诉讼法》的修改，调整了人民检察院自侦案件范围，修改了"侦查"的概念，新增监察机关移送审查起诉案件的补充调查与补充侦查制度，新增监察机关留置措施与刑事强制措施的衔接转化规定等。与此同时《监察法》相应规定了主体互涉案件的管辖规则、监察调查与刑事侦查的配合协助方式、监察证据与刑事证据的转化适用要求等，从而完善了刑事

---

[1]　中共中央纪律检查委员会法规室，中华人民共和国国家监察委员会法规室．《中华人民共和国公职人员政务处分法》释义．北京：中国方正出版社，2021.

[2]　林艺芳．监察法与刑事诉讼法衔接机制研究．北京：法律出版社，2023.

诉讼与监察的衔接机制，为深化国家监察体制改革提供了法治保障。

一、《监察法》与《刑事诉讼法》衔接的基本特征

国家监察体制改革之后，职务犯罪案件可适用的程序机制由原来的"公安侦查—检察审查起诉—法院审判"，转变为"监察调查—检察审查起诉—法院审判"。随之而来，此类案件办理的法律依据也由《刑事诉讼法》一部法律，转变为《刑事诉讼法》与《监察法》两部法律。《监察法》与《刑事诉讼法》两部法律进行衔接的基本特征主要有以下几点。

（一）法法衔接的立法体系化

对职务犯罪案件由监察程序转入刑事诉讼程序，并非简单的办案机关更迭以及办案流程的推进，而是案件所处法律体系的整体变更。法法衔接的体系化要求，无论是《监察法》还是《刑事诉讼法》，在制定和修改过程中都应当彼此参照、互相交流，实现两部法律内在机理的一致性和具体规定的协调性。具体体现为：一是两法共同对同一制度予以确认。例如，2018年《刑事诉讼法》修改时将认罪认罚从宽制度纳入其中，从而将试点改革成果合法化。为了实现与《刑事诉讼法》的顺畅衔接，《监察法》在出台时，也吸收了这一制度，在其第31条明确规定，涉嫌职务犯罪的被调查人主动认罪认罚的，监察机关可以在移送审查起诉之时提出从宽处罚建议。二是《监察法》主动配合《刑事诉讼法》的规定。例如，违法所得没收程序是《刑事诉讼法》于2012年修改时新增的制度，旨在践行国际追逃追赃的要求，及时将涉嫌贪污贿赂、恐怖活动等重大犯罪案件且逃匿或者死亡的犯罪嫌疑人、被告人的财产予以没收。为了呼应上述规定，《监察法》在出台之时，也在第48条作出要求，监察机关调查职务犯罪案件，面对被调查人逃匿或者死亡的情况，可以提请人民检察院依照法定程序，向人民法院提出没收违法所得的申请。三是《刑事诉讼法》主动协调以与《监察法》相衔接。保障国家监察体制改革的顺利进行，是2018年《刑事诉讼法》修改的主要目的之一。《刑事诉讼法》调整了人民检察院直接立案侦查权的适用范围，将侦查的概念修改为"收集证据、查明案情的工作和有关的强制措施"，新增监察机关移送审查起诉案件的补充调查与补充侦查机制，新增监察留置措施与刑事强制措施的衔接转化机制等。这些都是贯彻法法衔接体系化要求的具体体现。

（二）法法衔接的程序贯通化

国家监察体制改革带来法律规定的增减调整，与其相伴而生的是程序适用在具体案件办理层面的贯通协调。法法衔接的程序贯通化，首先是指职务犯罪案件的办理过程，从监察调查程序到审查起诉程序，再到审判程序，虽然跨越了不同的法律规范，但已然形成了一整套前后相继、连贯完整的程序环节。不过这并不意味着所有职务犯罪案件的办理都必须经历如上环节，或者上述环节的前后次序不能颠倒反复。如果监察机关经调查，认为被调查人未实施违法犯罪行为，或者情节显著轻微、危害不大，不认为是犯罪，那么即可在监察调查阶段就将案件予以了结或者作出其他处置，无须移送审查起诉。另外，即便监察案件已经被依法移送审查起诉，但检察机关经审查，认为事实不清、证据不足，需要补充核实的，应当退回监察机关补充调查。

程序贯通不仅可以体现为纵向的案件办理流程，还可以体现为横向的程序协助与配合，以监察调查与刑事侦查的衔接为例：由于二者同为收集证据、查明事实的过程，并且公安机关相对而言在办案技术条件、人力资源和硬件设施等方面具有一定优势，因此监察机关在进行职务违法犯罪案件调查过程中，常常需要公安机关的帮助，在实施技术调查、搜查、查封、扣押、谈话、讯问、通缉、限制出境、留置等措施时，可以根据工作需要提请公安机关配合。

（三）法法衔接的价值均衡化

《监察法》与《刑事诉讼法》有各自的价值导向。监察机关是代表党和国家行使监察权的政治机关，监察机关与党的纪律检查机关合署办公，同时履行"执纪"和"执法"两种职能。这决定了，监察机关不仅要遵循国家立法，在特定条件中还要接受党内法规定的指引，遵守党内执纪监督的指导思想，践行"惩前毖后、治病救人"的教育预防理念，让"红红脸、出出汗"成为常态。与之相比，根据《刑事诉讼法》的规定，公安、司法机关适用刑事诉讼程序，是为了"保证准确、及时地查明犯罪事实，正确适用法律，惩罚犯罪分子，保障无罪的人不受刑事追究，教育公民自觉遵守法律，积极同犯罪行为作斗争，维护社会主义法制，尊重和保障人权，保护公民的人身权利、财产权利、民主权利和其他权利，保障社会主义建设事业的顺利进行"。也即惩罚犯罪、保障人权才是《刑事诉讼法》的核心价值理念。

虽然《监察法》与《刑事诉讼法》具有不同的价值导向，但在职务犯罪案件办理领域，都服务于反腐败工作的需要。这为法法衔接过程中弥合不同价值理念提供了前提、依据。二者应当在深入开展反腐败工作、追诉反腐败行为这一核心目标的统领下，根据各程序机制的特征，调和、兼容不同的价值导向。当案件处于监察程序中，或者由监察机关主导办理时，应遵循《监察法》"惩前毖后、治病救人"的核心原则。当案件被移送审查起诉，进入刑事诉讼程序时，应贯彻"惩罚犯罪、保障人权"的基本价值。当监察调查程序与刑事诉讼程序出现交叉、重叠时，应衡量依循何种价值更有利于开展反腐败工作。在很多情况下，二者的价值理念并无本质冲突，甚至有相互促进的可能性。此时应兼容各种价值，实现价值的融合与和谐。

二、监察主体互涉案件的管辖协调

在实践中，公职人员在实施职务违法犯罪行为的同时，还可能同时实施了由公安机关、检察机关或者其他机关管辖的违法犯罪行为。这就导致监察机关与公安机关、检察机关或者其他机关之间可能产生主体方面的牵连关系，即发生主体互涉案件。主体互涉案件的管辖是监察实践中的难题之一。对此，《监察法》第34条第2款作出规定："被调查人既涉嫌严重职务违法或者职务犯罪，又涉嫌其他违法犯罪的，一般应当由监察机关为主调查，其他机关予以协助。"该条将主体互涉案件的处理方式予以明确，即一般由监察机关为主调查，其他机关予以协助。但由于立法规定的抽象性以及现实案件的复杂性，具体实践中仍存在一定困惑，主要体现为两大问题：一是监察机关与其他机关应就此类案件进行分案管辖还是并案管辖。因为此类案件涉嫌多种不同性质的行为，分别隶属监察机关和其他机关管辖，所如何配置行为和机关之间的分工关系，是需要考虑的第一个问题。二是如何理解"由监察机关为主调查，其他机关予以协助"。在此类案件中，同一行为主体的多种行为之间可能存在牵连关系，在具体办案过程中，监察机关与其他机关之间如何形成可行的合作关系，是需要考虑的第二个问题。在解决主体互涉案件的管辖难题时，上述两个问题是渐次递进的关系，只有先将各机关之间的分工予以明确，才有可能在职责清晰的前提下进一步考察它们之间的衔接合作。具体而言：

1. 主体互涉案件奉行分案管辖

分案管辖是指不同行为分别由具有管辖权的机关予以独立办理的做法。在主体互涉案件中，分案管辖是指监察机关只管辖职务违法犯罪行为，其他行为则由具有管辖权的其他机关管辖，各机关在办理案件时是分别立案、相对独立的。与之相反，并案管辖是指将由不同机关管辖的多种行为予以合并，由同一机关统一进行案件办理工作的做法。在主体互涉案件中，并案管辖是指将同一主体涉嫌的职务违法犯罪行为和其他违法犯罪行为合并到同一案件中，并由监察机关或者其他机关统一对案件予以立案办理的情况。

《监察法》第34条第2款作为针对主体互涉案件管辖问题的原则性规定，并未明确对此类案件究竟实行"分案管辖"还是"并案管辖"。为此，《监察法实施条例》第51条进行了补充规定，"公职人员既涉嫌贪污贿赂、失职渎职等严重职务违法和职务犯罪，又涉嫌公安机关、人民检察院等机关管辖的犯罪，依法由监察机关为主调查的，应当由监察机关和其他机关分别依职权立案"。可见，对主体互涉案件应采取分案管辖，由对不同违法犯罪具有管辖权的监察机关和其他机关分别依职权进行立案，只有在尊重各自管辖范围的前提下，才可能进一步考虑相互的衔接与合作。这一规定是符合职权原则要求的。根据职权原则，各机关不得超越各自的职权范围办理案件，管辖权的扩张只能在具有相同性质职权的机关之间进行，如果各机关的职权存在本质差异，那么其中一机关便不能合并办理依法由其他机关管辖的案件。只有严格遵守各自职权范围，不越位，才能保障不同机关在彼此工作体系中充分发挥作用。监察机关是国家的反腐败专责机关，更应尊重立法关于其与其他机关之职权管辖范围的规定。如果将不同性质的违法犯罪行为统一交由某一机关办理，不管是由监察机关还是由其他机关进行并案管辖，都可能引发程序适用混乱、权利保障不当，甚至恶意管辖等风险。

2. 主体互涉案件中奉行监察主导

分案管辖是对主体互涉案件管辖分工的基本要求。在分案管辖的基础上，由于涉及同一主体，案件办理过程中难免出现需要协调沟通的情况。此时如何进一步确定不同机关之间的角色分工，亦是此类案件办理过程中面临的重大挑战。根据《监察法》第34条第2款的规定，对主体互涉案件"一般由监察机关为主调查，其他机关予以协助"。这一规定说明，就监察机关与其他机关之间的合作关系而言，此类案件中奉行的是监察主导机制。这与我国刑事司法领域主体互涉案件的办理方式有所不同。

在我国刑事侦查领域，根据《公安机关办理刑事案件程序规定》第30条和《人民检察院刑事诉讼规则》第18条第1款的规定，人民检察院办理直接受理侦查的案件涉及公安机关管辖的刑事案件，或者公安机关侦查的刑事案件涉及人民检察院直接受理侦查的案件时，如果涉嫌主罪属于公安机关管辖，由公安机关为主侦查，人民检察院予以配合；如果涉嫌主罪属于人民检察院管辖，由人民检察院为主侦查，公安机关予以配合。可见，在刑事司法领域，主体互涉案件的办理奉行的是主罪主导机制。主罪主导机制下以案件现实情况的需要为根本出发点，根据罪名之间的主从关系决定掌握侦查主导权的机关，对于协调各机关之间的职权冲突、提高犯罪侦查效率具有一定意义。但是，这种模式也不可避免地存在弊端：立法并未就何为"主罪"作出界定，实践中也并非所有案件中都能明确区分"主罪"与"次罪"，办案过程中还可能出现"主罪"与"次罪"的翻转。因此，主罪主导可能引发各机关对案件资源、犯罪嫌疑人的控制权等的争抢或者推诿，从而影响案件正常办理工作。与之相比，监察主导机制不存在上述问题：它无须对"主罪"的概念予以界定，无须对多种违法犯罪行为的主次关系予以分辨，能够有效避免上述争议。除此之外，监察主导机制还突出了监察机关在国家机关体系中的重要地位，凸显国家公职人员涉嫌职务违法犯罪的特殊性，体现出国家对职务违法犯罪案件的高度重视，是相对合理的角色合作分工方案。

要理解监察主导机制，应结合《监察法实施条例》第51条的规定。根据该条，"监察机关承担组织协调职责，协调调查和侦查工作进度、重要调查和侦查措施使用等重要事项"。可见，监察机关在主体互涉案件中的主导角色，不仅体现在宏观层面的主动性和控制力，即对办案方向的指引、对整体思路框架的拟定以及对调查侦查人员等的组织等，而且体现在微观的程序环节和行为层面，对限制人身自由措施的适用、具体调查取证活动的运行、权利保障机制的落实、移送审查起诉的管辖等予以协调，从而使主体互涉案件的办理工作能够在相对规范、合理的轨道上运行。

三、监察调查与刑事侦查的配合协助

监察调查与刑事侦查都具有收集证据、查明事实的功能，但二者隶属于不同的制度体系，具有不同的本质特征，掌握监察调查权的监察机关与掌握刑事侦查权的公安机关相互之间应当形成分工负责、互相配合的良性关系。根据《监察法》第34条第1款的规定，公安机关在工作中发现公职人员涉嫌贪污贿赂、失职渎职等职务违法或者职务犯罪的问题线索，应当移送监察机关，由监察机关依法调查处置。再根据《监察法实施条例》第32条第1款的规定，监察机关发现依法由公安机关管辖的违法犯罪线索，应当及时移送公安机关。除线索相互移送以外，监察机关与公安机关之间的衔接配合还体现为公安机关为监察机关提供协助。根据《监察法》第4条第3款的规定，监察机关在工作中需要协助的，有关机关和单位应当根据监察机关的要求依法予以协助。此处的"有关机关和单位"自然也包括公安机关。在此基础上，《监察法实施条例》第9条对公安机关的协助义务予以细化：监察机关开展监察工作，可以提请公安机关予以协助配合。公安机关应当根据监察机关的要求，依法协助采取有关措施、共享相关信息、提供相关资料和专业技术支持，配合开展监察工作。

公安机关对监察机关提供协助，主要体现在监察措施的适用方面。根据《监察法》的规定，监察机关有权采取谈话、询问、讯问、留置、查询、冻结、搜查、调取、查封、扣押、鉴定、技术调查、通缉、限制出境等监察措施。其中，技术调查措施由于涉及公民个人信息和社会信息的提取，涉及特殊设备的使用，因此需要公安机关从技术和硬件设施方面提供必要的协助。根据《监察法》第28条第1款的规定，监察机关调查涉嫌重大贪污贿赂等职务犯罪，根据需要，经过严格的批准手续，可以采取技术调查措施，按照规定交有关机关执行。此外，《监察法实施条例》第153条至第156条细化了协助的具体做法：监察机关依法采取技术调查措施，应当出具"采取技术调查措施委托函"、"采取技术调查措施决定书"和"采取技术调查措施适用对象情况表"，送交有关机关执行。设区的市级以下监察机关委托有关执行机关采取技术调查措施，还应当提供"立案决定书"。对于不需要继续采取技术调查措施的，监察机关应当按规定及时报批，将"解除技术调查措施决定书"送交有关机关执行。需要依法变更技术调查措施种类或者增加适用对象的，监察机关应当重新办理报批和委托手续，依法送交有关机关执行。对于采取技术调查措施收集的信息和材料，依法需要作为刑事诉讼证据使用的，监察机关应当按规定报批，出具"调取技术调查证据材料通知书"向有关执行机关调取。此处的"有关机关""执行机关"均主要指公安机关。

搜查措施在一定程度上限制了公民的财产权利，可能遭到财产所有人/占有人的抵触，因此需要公安机关提供帮助。就搜查而言，根据《监察法》第24条第3款的规定，监察机关进行搜查时，可以根据工作需要提请公安机关配合，公安机关应当依法予以协助。再根据《监察法实施条例》第115条的规定，县级以上监察机关需要提请公安机关依法协助采取搜查措施的，应当按规定报批，请同级公安机关予以协助；提请协助时，应当出具"提请协助采取搜查措施函"，列明提请协助的具体事项和建议，搜查时间、地点、目的等内容，附"搜查证"复印件；需要提请异地公安机关协助采取搜查措施的，应当按规定报批，向协作地同级监察机关出具协作函件和相关文书，由协作地监察机关提请当地公安机关予以协助。

通缉和限制出境两项措施与公安机关的基层社区管理机制和出入境管理职能密切相关，需要公安机关的配合才能落实。就通缉而言，根据《监察法》第29条的规定，依法应当留置的

被调查人如果在逃，监察机关可以决定在本行政区域内通缉，由公安机关发布通缉令，追捕归案。此外，《监察法》第30条规定，监察机关为防止被调查人及相关人员逃匿境外，经省级以上监察机关批准，可以对被调查人及相关人员采取限制出境措施，由公安机关依法执行。同时，《监察法实施条例》细化了公安机关对通缉和限制出境的协助义务和两机关之间的配合手段：监察机关决定通缉的，应当出具"通缉决定书"，附"留置决定书"等法律文书和被通缉人员信息，以及承办单位、承办人员等情况，送同级公安机关执行。国家监察委员会依法需要提请公安部对在逃人员发布公安部通缉令的，应当先提请公安部采取网上追逃措施。如情况紧急，可以向公安部同时出具"通缉决定书"和"提请采取网上追逃措施函"。省级以下监察机关报请国家监察委员会提请公安部发布公安部通缉令的，应当先提请本地公安机关采取网上追逃措施。监察机关接到公安机关抓获被通缉人员的通知后，应当立即核实被抓获人员身份，并在接到通知后24小时以内派员办理交接手续。边远或者交通不便地区，至迟不得超过3日。公安机关在移交前，将被抓获人员送往当地监察机关留置场所临时看管的，当地监察机关应当接收，并保障临时看管期间的安全，对工作信息严格保密。监察机关需要提请公安机关协助将被抓获人员带回的，应当按规定报批，请本地同级公安机关依法予以协助。提请协助时，应当出具"提请协助采取留置措施函"，附"留置决定书"复印件及相关材料。监察机关对于被通缉人员已经归案、死亡，或者依法撤销留置决定以及发现有其他不需要继续采取通缉措施情形的，应当经审批出具"撤销通缉通知书"，送交协助采取原措施的公安机关执行。

就限制出境而言，根据《监察法》第30条的规定，监察机关为防止被调查人及相关人员逃匿境外，经省级以上监察机关批准，可以对被调查人及相关人员采取限制出境措施，由公安机关依法执行。再根据《监察法实施条例》的相关规定，监察机关采取限制出境措施应当出具有关函件，与"采取限制出境措施决定书"一并送交移民管理机构执行。其中，采取边控措施的，应当附"边控对象通知书"；采取法定不批准出境措施的，应当附"法定不准出境人员报备表"。限制出境措施到期后仍有必要继续采取措施的，应当按原程序报批。承办部门应当出具有关函件，在到期前与"延长限制出境措施期限决定书"一并送交移民管理机构执行。监察机关接到口岸移民管理机构查获被决定采取留置措施的边控对象的通知后，应当及时到达口岸办理移交手续。对于不需要继续采取限制出境措施的，应当按规定报批，及时予以解除。承办部门应当出具有关函件，与"解除限制出境措施决定书"一并送交移民管理机构执行。县级以上监察机关在重要紧急情况下，经审批可以依法直接向口岸所在地口岸移民管理机构提请办理临时限制出境措施。需注意的是，上述所谓的"移民管理机构"主要是公安部管理的国家机构，其协助限制出境行为也属于公安机关对监察机关履行协助配合义务的范畴。

留置措施旨在限制相关人员的人身自由，该措施的执行可能需要借助公安机关的武装力量和人员看护能力，因此也需要公安机关予以协助配合。《监察法》第43条第3款规定，监察机关采取留置措施，可以根据工作需要提请公安机关配合，公安机关应当依法予以协助。再根据《监察法实施条例》的相关规定，县级以上监察机关需要提请公安机关协助采取留置措施的，应当按规定报批，请同级公安机关依法予以协助。提请协助时，应当出具《提请协助采取留置措施函》，列明提请协助的具体事项和建议，协助采取措施的时间、地点等内容，附《留置决定书》复印件。因保密需要，不适合在采取留置措施前向公安机关告知留置对象姓名的，可以作出说明，进行保密处理。需要提请异地公安机关协助采取留置措施的，应当按规定报批，向协作地同级监察机关出具协作函件和相关文书，由协作地监察机关提请当地公安机关依法予以协助。

除此之外，《监察法实施条例》还明确了公安机关为监察机关提供协助配合的其他事项，包括违法取得的财物及孳息的追缴和退赔、防逃预警机制的建立、向境外转移违法所得及其他涉案财产的预防和打击、外逃人员国际刑警组织红色通报的发布等。

四、监察案件审查起诉的程序流转

法法衔接最直接地体现在监察调查与审查起诉之间。监察机关调查终结，认为犯罪事实清楚，证据确实、充分的，应当制作起诉意见书，连同案卷材料、证据一并移送人民检察院审查起诉。此后案件便进入了刑事诉讼阶段。不过，监察调查程序与刑事诉讼程序之间毕竟存在本质差异，因此在监察案件初入刑事诉讼审查起诉环节之时，不可避免地要经历一些衔接环节。2018年修改的《刑事诉讼法》，重点对审查起诉的相关内容予以调整，包括新增留置与刑事强制措施的衔接转化机制，新增退回补充调查与自行补充侦查机制等。这都是对法法衔接的必要保障。

（一）留置措施与刑事强制措施的转化

留置是监察体系中最具特色的措施之一，它是指对于涉嫌职务违法犯罪的被调查人或者相关涉案人员，监察机关已经掌握其部分违法犯罪事实及证据，但仍有重要问题需要进一步调查时，在符合特定情形的前提下，在一定时期内限制其人身自由的措施。留置与刑事强制措施存在不少相似之处：二者都在一定期限内限制相关人员的人身自由，二者的适用情形也都指向可能逃跑、自杀，可能串供或者伪造、隐匿、毁灭证据等可能妨碍程序顺利进行的情况。但由于所属的制度体系不同，二者之间不可避免地也存在一些差异：刑事诉讼中有五大强制措施，它们的强制程度不一，形成一个严密的系统，同时不同措施之间还可以彼此转化。而留置是监察程序中唯一直接限制人身自由的措施，没有其他措施与它互成系统、互相转换。此外，留置不仅适用于职务犯罪，还适用于严重职务违法，而强制措施作为刑事诉讼程序的组成部分，只能适用于犯罪案件。由于留置与刑事强制措施在内涵上、程序机制上有所不同，因此在监察案件被移送审查起诉之时，如果被调查人被采取了留置措施，那么人民检察院应当决定是否采取其他刑事强制措施，以及采取何种强制措施，从而发生留置与刑事强制措施的转化。

根据《刑事诉讼法》第170条第2款的规定，留置与刑事强制措施的转化实行的是"先行拘留"模式，即在案件被移送审查起诉之后，人民检察院对犯罪嫌疑人先行拘留，同时留置措施自动解除。在拘留期间，人民检察院在10日～14日以内决定对犯罪嫌疑人是否采取逮捕、取保候审或者监视居住等强制措施。除此之外，《人民检察院刑事诉讼规则》第142条至第145条对"先行拘留"模式予以细化，规定：对于监察机关移送起诉的已采取留置措施的案件，人民检察院应当在受理案件后对犯罪嫌疑人作出拘留决定，交公安机关执行；人民检察院决定采取强制措施的期间不计入审查起诉期限；除无法通知的以外，人民检察院应当在公安机关执行拘留、逮捕后24小时以内，通知犯罪嫌疑人的家属；人民检察院应当自收到移送起诉的案卷材料之日起3日以内告知犯罪嫌疑人有权委托辩护人，对已经采取留置措施的，应当在执行拘留时告知。

在我国刑事诉讼程序中，拘留是公安机关、人民检察院在紧急情况下，临时剥夺某些现行犯或者重大嫌疑分子人身自由的一种强制措施。拘留本身具有一定的临时、紧急和过渡的属性，将其作为监察案件移送审查起诉时连接留置与刑事强制措施的桥梁，具有一定的合理性。需要注意的是：首先，人民检察院决定刑事强制措施的时间是10日～14日。这一时间比公安机关提请审查批准逮捕、人民检察院对自侦案件决定逮捕的时间都短。另外，为了避免措施转化过度挤压人民检察院的办案时间，防止人民检察院审查起诉工作因时间不足而陷入被动状态，有关司法解释规定，该期间不计入审查起诉期限。其次，人民检察院在拘留期间可以作出是否逮捕、取保候审或者监视居住的决定。必须明确的是，近些年来我国推行"少捕慎诉慎押"刑事政策，遏制羁押滥用，提倡非羁押性措施，因而此处逮捕、取保候审、监视居住三种强制措施之间不存在先后关系，人民检察院对监察机关移送的已采取留置措施的案件，无须优先考虑逮捕措施的适用。

（二）退回补充调查与自行补充侦查的选用

人民检察院对于监察机关调查终结移送审查起诉的案件依法进行全面审查，以决定是否向人民法院提起公诉。人民检察院经审查，认为监察机关移送的案件部分事实不清、证据不足或者尚有遗漏罪行、遗漏同案犯罪嫌疑人的，应当依照法定程序退回监察机关补充调查，必要时，可以自行补充调查。退回补充调查和自行补充侦查并非监察体制改革之后的创新制度。在我国传统的刑事诉讼程序中，在审查起诉环节，人民检察院对于公安机关侦查终结移送审查起诉的案件，同样拥有退回补充侦查或者自行补充侦查的权力。不过相较而言，由于案件的特色性以及衔接程序的异质性，对监察案件所适用的退回补充调查和自行补充侦查机制，在法理上和实践中面临更复杂的局面。

1. 退回补充调查

退回补充调查是指对于监察机关移送检察机关审查起诉的案件，检察机关经审查之后认为犯罪事实不清、证据不足，需要补充核实的，将案件退回监察机关继续调查的机制。

就退回补充调查的时间和次数而言，《监察法》第47条规定，对于补充调查的案件，应当在一个月内补充调查完毕，补充调查以二次为限。《人民检察院刑事诉讼规则》第367条对此予以进一步细化，规定：人民检察院对于二次退回补充调查的案件，仍然认为证据不足，不符合起诉条件的，经检察长批准，依法作出不起诉决定。人民检察院对于经过一次退回补充调查的案件，认为证据不足，不符合起诉条件的，且没有再次退回补充调查必要的，经检察长批准可以作出不起诉决定。

就退回补充调查的手续，《人民检察院刑事诉讼规则》第343条和《监检衔接办法》第37条进行了规定。整合这两条规定可知，检察机关在作出退回补充调查决定之前，应当与监察机关沟通协调，由检察机关负责案件审查起诉的部门与监察机关案件审理部门进行对接。人民检察院对于需要退回补充调查的案件，应当出具补充调查决定书、补充调查提纲，写明补充调查事项、理由、调查方向、需补充收集的证据及其证明作用等，连同案卷材料一并送交监察机关。

就退回补充调查期间限制人身自由措施的适用，《监察法》并未作出明确规定，相关要求体现在《监检衔接办法》第38条。据此规定，检察机关决定退回补充调查的案件，在补充调查期间，检察机关作出的强制措施继续沿用；检察机关应当将退回补充调查情况书面通知看守所；监察机关需要讯问被调查人的，被指定的检察机关应当予以配合。可见，该规定奉行的是"案退人不退"的原则，即对犯罪嫌疑人的强制措施不随着案件的退回补充调查而改变。

就退回补充调查之后的审查起诉期限而言，《人民检察院刑事诉讼规则》第346条第3款规定，补充调查完毕移送审查起诉后，人民检察院重新计算审查起诉期限。

2. 自行补充侦查

自行补充侦查，是指对于移送审查起诉的案件，人民检察院经审查，认为事实不清、证据不足，或者遗漏罪行、遗漏同案犯等，而作出的由人民检察院自行对案件予以补充侦查的程序机制。自行补充侦查与退回补充调查的关键区别在于，于后者是将案件退回原调查机关继续进行调查，它可能涉及程序的回流以及不同性质程序之间的衔接问题；于前者并未将案件退回，案件仍保留在检察机关手中，只不过此时检察机关既要承担审查起诉的职责，还要充当案件的侦查职责，对案件中的部分事实不清、证据不足问题予以查明。

值得注意的是，自行补充侦查的序位低于退回补充调查。根据《刑事诉讼法》的规定，人民检察院对于监察机关移送审查起诉的案件，经审查认为需要补充核实的，"应当"退回监察机关补充调查，"必要时"才可以自行补充侦查。也即对于此类案件，应当首先将案件予以退回，特殊情况下才自行补充侦查。这是因为：一方面，监察机关作为案件的原始调查部门，最了解案件情况；另一方面，立法为监察机关配备了专业的调查措施，明确了调查程序，因此，由监察机关优先承担补充调查职能，更有利于案件的查明和证据的收集。《人民检察院刑事诉讼规则》第 344 条第 1 款进一步规定，对于监察机关移送起诉的案件，具有下列情形之一的，人民检察院可以自行补充侦查：一是证人证言、犯罪嫌疑人供述和辩解、被害人陈述的内容主要情节一致，个别情节不一致的；二是物证、书证等证据材料需要补充鉴定的；三是其他由人民检察院查证更为便利、更有效率、更有利于查清案件事实的情形。

自行补充侦查没有期限和次数的限制。结合《人民检察院刑事诉讼规则》和《监检衔接办法》的规定可知，自行补充侦查的，应当在审查起诉期间补充侦查完毕。这与退回补充调查是截然不同的。自行补充侦查主要适用于需要补充侦查的内容相对简单、由检察机关进行侦查更为便利的情况，一般情况下，检察机关可以在较短时间内迅速完成补充侦查任务，因此可以将其时间限于审查起诉期限之内。另外，检察机关自行补充侦查，可以商请监察机关提供协助。作为案件原始调查机关，监察机关显然最了解案件情况，最清楚如何对案件相关事实予以查明、如何对相关证据予以收集，因此，在必要时，检察机关可以请监察机关提供一定的协助。

五、监察证据与刑事证据的转化适用

监察证据是指监察机关运用监察措施获取的能够证明案件事实的材料。监察证据是监察制度的核心内容之一，缺乏监察证据，监察案件事实无法呈现，监察程序机制也无法运转。监察证据主要作用于监察程序中，但如果监察案件调查终结后移送审查起诉，那么监察证据也应随案移送至刑事诉讼程序中，此时监察证据便面临着在刑事诉讼程序中转化适用的问题。监察证据与刑事证据的转化适用，主要由《监察法》第 33 条和《监察法实施条例》第 59 条调整。

《监察法》第 33 条第 2 款规定，"监察机关在收集、固定、审查、运用证据时，应当与刑事审判关于证据的要求和标准相一致"。刑事审判关于证据的要求和标准有严格、细致的规定，监察机关收集的证据材料，必须遵循刑事审判关于证据的要求和标准，即遵守《刑事诉讼法》"总则"第五章和 2021 年《高法刑诉解释》第四章的规定。这对监察调查工作提出了较高要求：监察机关调查取得的证据，要经得起检察机关和审判机关的审查。如果证据不扎实、不合法，轻则被检察机关退回补充调查，影响惩治腐败的效率，重则被司法机关作为非法证据予以排除，影响案件的定罪量刑。这一规定也为监察证据与刑事证据的转化适用提供了前提、依据。由于监察机关收集、固定、审查、运用证据时，应遵守刑事审判关于证据的要求和标准，因而监察证据与刑事证据在证据资格和证据能力方面具有相对一致性，监察证据在刑事诉讼中作为证据使用，便不存在法理障碍。

《监察法》第 33 条第 1 款规定，"监察机关依照本法规定收集的物证、书证、证人证言、被调查人供述和辩解、视听资料、电子数据等证据材料，在刑事诉讼中可以作为证据使用"。该条明确了监察证据与刑事证据衔接转化的基本规则，赋予了监察机关收集的证据材料在刑事

诉讼中的法律效力。"可以作为证据使用"意味着，这些证据具有进入刑事诉讼的资格，不需要刑事侦查机关再次履行取证手续。不过这些证据能否作为定案的根据，还需要根据《刑事诉讼法》的其他规定进行审查判断。如果经审查，属于应当排除或者不真实的，不能作为定案的根据。该条列举了六种监察证据类型，并用一个"等"字结尾，但并未明确所有的监察证据能否都在刑事诉讼中作为证据使用。同时，该条也未明确证据转化的具体要求。为此，《监察法实施条例》第59条在继承上述规定的基础上，对内容予以扩展和细化。

《监察法实施条例》第59条首先明确了监察证据的概念，即"可以用于证明案件事实的材料都是证据"。这与刑事证据的界定保持一致。其次，该条第1款还列举了监察证据的种类，包括物证，书证，证人证言，被害人陈述，被调查人陈述、供述和辩解，鉴定意见，勘验检查、辨认、调查实验等笔录，视听资料、电子数据。相较于《监察法》第33条第1款的规定，增加了"被害人陈述""被调查人陈述""鉴定意见""勘验检查、辨认、调查实验等笔录"几种。最后，该条第3款还规定，"监察机关依照监察法和本条例规定收集的证据材料，经审查符合法定要求的，在刑事诉讼中可以作为证据使用。"可见，可以在刑事诉讼中作为证据使用的监察证据材料并不限于《监察法》第33条第1款规定的六种证据，而是包括了所有的监察证据种类。另外，监察证据转化为刑事证据还需满足一项前提，即"经审查符合法定要求"。这进一步完善了证据转化的程序保障。

六、法法衔接的其他规定

为了适应监察体制改革，《刑事诉讼法》在2018年修改过程中还就下述问题予以完善：一是调整了人民检察院自侦案件范围。2012年修改后的《刑事诉讼法》第18条第2款规定，"贪污贿赂犯罪，国家工作人员的渎职犯罪，国家机关工作人员利用职权实施的非法拘禁、刑讯逼供、报复陷害、非法搜查的侵犯公民人身权利的犯罪以及侵犯公民民主权利的犯罪，由人民检察院立案侦查。"可见，人民检察院依法对所有职务犯罪案件直接立案侦查。国家监察体制改革之后，职务犯罪的调查权被转移到监察机关手中，人民检察院仅保留一部分与司法活动相关的职务犯罪侦查权。2018年修改后的《刑事诉讼法》第19条第2款规定："人民检察院在对诉讼活动实行法律监督中发现的司法工作人员利用职权实施的非法拘禁、刑讯逼供、非法搜查等侵犯公民权利、损害司法公正的犯罪，可以由人民检察院立案侦查。"值得注意的是，对于由监察机关管辖的职务犯罪案件，在审查起诉过程中，人民检察院经审查认为事实不清、证据不足，或者遗漏罪行、遗漏同案犯等，必要时可以自行补充侦查。此时，人民检察院也对这些职务犯罪案件享有侦查权。

二是修改了侦查的概念。根据2012年修改后的《刑事诉讼法》第106条第1项的规定，侦查是指"公安机关、人民检察院在办理案件过程中，依照法律进行的专门调查工作和有关的强制措施"。国家监察体制改革之后，为了明确监察程序与刑事诉讼程序各自独立的话语体系，2018年修改后的《刑事诉讼法》对侦查的概念进行了修改。根据其第108条第1项的规定，侦查是指"公安机关、人民检察院对于刑事案件，依照法律进行的收集证据、查明案情的工作和有关的强制措施"。也即原来的"专门调查工作"被修改为"收集证据、查明案情的工作"，从而使监察调查与刑事侦查有所区分。

三是新增了缺席审判程序。根据2018年修改后的《刑事诉讼法》第291条的规定，对于贪污贿赂犯罪案件，以及需要及时进行审判，经最高人民检察院核准的严重危害国家安全犯罪、恐怖活动犯罪案件，犯罪嫌疑人、被告人在境外，监察机关、公安机关移送起诉，人民检察院认为犯罪事实已经查清，证据确实、充分，依法应当追究刑事责任的，可以向人民法院提起公诉。人民法院进行审查后，对于起诉书中有明确的指控犯罪事实，符合缺席审判程序适用条件的，应当决定开庭审判。缺席审判是 2018 年《刑事诉讼法》修改时新增的制度，旨在破解多年来制约反腐败国际合作和国际追逃追赃工作深入开展的机制性障碍。从本质来看，这一制度也是对国家监察体制改革的呼应，有利于丰富反腐败手段，震慑外逃的腐败分子，维护我国法律的尊严和权威。

第十三章
对监察机关及其人员的监督

第一节 概 述

一、对监察机关及其人员监督的含义

对监察机关和监察人员的监督，是监督主体对监察机关和监察人员进行监视、督促，并对其违法行为进行检查、纠正，从而保证监察活动依法依规进行，以实现监察预定目标的活动的总称。对监察机关和监察人员的监督，是监察法的重要组成部分，也是确保监察权依法规范运行的制度保障。国家监察体制改革以后，纪委与监委合署办公、一体两面，监督的范围更加广泛，监督的权限更加丰富。这加强了党对反腐败工作的统一领导，整合了反腐败工作力量，提升了反腐败工作效率。但是，谁来监督纪委监委、防止权力被滥用的问题，也是引起社会广泛关注的问题。党中央对此高度重视，习近平总书记在多次讲话中提出明确要求，反复强调信任不能代替监督，监督无禁区，任何权力都要受到监督；指出纪检监察队伍权力很大、责任很重，是监督别人的，更要受到严格的监督。有鉴于此，《监察法实施条例》规定，"监察机关和监察人员必须自觉坚持党的领导，在党组织的管理、监督下开展工作，依法接受本级人民代表大会及其常务委员会的监督，接受民主监督、司法监督、社会监督、舆论监督，加强内部监督制约机制建设，确保权力受到严格的约束和监督"，从而为监督监督者提供了法律依据和制度框架。

二、对监察机关及其人员监督的特点

（一）监督本质的政治性

坚持和加强党对纪检监察工作的领导是纪检监察工作最根本的政治底色，更是加强对监察机关和监察人员监督的政治前提，《监察法》及《监察法实施条例》对"坚持中国共产党对监察工作的全面领导"作出明确规定。加强对纪检监察权的运行监督是坚持党的领导的必然要求。整个监督执纪执法权力运行过程都离不开党的领导，既要自觉接受党的领导和监督，把全面从严治党要求贯穿其中，以更严的要求、更高的标准要求自己，又要对标对表党的领导要求，纠正与党的领导要求不相符的违纪违法问题，坚决维护党中央权威和集中统一领导，严守政治纪律和政治规矩，不断提高监督执纪执法工作的质量和效率。要严格执行请示报告制度，既报告结果也报告过程，就监督检查、线索处置、谈话函询、初步核实、审查调查、案件审理等重要事项向党委请示报告，充分体现党对纪检监察工作的政治领导。

（二）监督主体的法定性

根据宪法的规定，监察机关由全国人民代表大会选举产生，形成全国人民代表大会之下"一府一委两院"的权力分工结构，并以人民当家作主的制度形式由人大监督其分出的各项权力。因此，人大及其常委会对监察机关的监督具有至高的宪定性和法定性。对监察机关和监察人员进行监督的主体还包括各民主党派及人民政协，公民、法人及其他合法社会组织，新闻媒体等，这些主体均经由宪法和法律赋予的批评、建议、选举、申诉等权利而形成。人大监督、民主监督、社会监督、舆论监督的实质，是对监察机关监督、调查、处置的履职监督，是对所有行使公权力的公职人员遵守和执行法律法规及公正履职情况进行的监督处置。同时，《宪法》和《监察法》均规定，监察机关办理职务违法和职务犯罪案件，应当与审判机关、检察机关、行政执法部门相互配合、相互制约。这种"配合制约"具有特定的监督效应。

（三）监督类型的多重性

监察机关来自人民，植根于人民，服务于人民，依法接受人民群众的监督。具体包括：（1）各级人民代表大会常务委员会的监督，即：听取和审议本级监察机关的专项工作报告，组织执法检查；人大代表或者人大常委会组成人员在本级人大及其常委会举行会议时，依照法律规定的程序，就监察工作中的有关问题提出询问或者质询。（2）以人民政协或民主党派为代表的民主监督，即：人民政协全体会议、常委会会议、主席会议向党委和政府提供建议案；各专门委员会提出建议或者有关报告；委员视察、委员报告、委员举报、大会发言、反映社情民意或以其他方式提出批评和建议等。监察机关应当尊重人民政协的职责，自觉接受人民政协等监督主体的民主监督。（3）社会监督，即是国家机关之外的社会组织和公民进行的不具有直接法律效力的监督。其具体内容包括让广大人民群众向监察机关反映自己的各种意见，批评监察机关作出的危害人民利益的行为。（4）舆论监督，即社会各界通过各种大众传播媒介发表自己的意见和看法，形成舆论，从而对监察机关及其工作人员的工作进行监督。监察机关应当自觉接受舆论监督，正确看待新闻媒体对监察工作的报道，对于一些报道中的批评要做到"有则改之，无则加勉"。

三、对监察机关及其人员监督的价值功能

（一）确保监察权依法规范行使

在立法上确认中国共产党对反腐败工作的集中统一领导，构建上下一体、权威高效的国家监察体系，有利于确保监察权的合法行使。成立监察机关的目的在于，整合国家反腐败工作力量，建立权威高效统一的反腐败机构，提高反腐败工作效率，确保公权力不被滥用。因此，对监察权的监督必须受到足够重视。这既是监察机关依法履职的重要保障，也是全面从严治党的内在要求。党的十八大以来，发生在纪检监察机关"灯下黑"的问题表明，作为治权之权的监察权也面临着被滥用的风险。为此，《监察法》第七章用9个条文规定了对监察机关和监察人员的监督，为如何强化对监察机关和监察人员的监督制约架构了一套全方位且立体的体系，回应了人民群众的关切。强化对监察权的监督制约，使监察权处于有效规制的良性轨道之内，有利于推进党和国家反腐败工作的法治化、规范化，从而建立权威高效的国家监察体制。

（二）维护监察权运行的公信力

社会公众对纪检监察机关寄托了建立清廉政治的期待与厚望，纪检监察机关能否以更高的标准要求自己、保持良好的形象，关系到社会公众对执政党的整体评价与认知。因此，加强对纪检监察机关的监督，既是促进纪检监察人员提高自身素质的必然选择，也是树立良好的执纪

执法形象、回应人民群众新期待的必然要求。监察权力的行使具有一定的秘密属性，监察机关可能以案件复杂、涉及国家秘密为由，无形之中排斥外在监督，而权力行使的非公开往往是权力滥用和权力寻租的温床，因此，监察权力行使的适度公开是十分必要的。监察工作信息是监察权力运行的载体，监察工作信息公开是监察工作全领域、全口径、全流程的外化表现，在法治轨道上构建科学合理的监察工作信息公开制度是实现"对监督权进行再监督"的必要保障。① 通过科学构建监察体系和信息公开等多种途径和方式，对监察机关和监察人员进行监督，有助于向外界展现监察机关自觉接受监督的真诚态度和坚持刀刃向内的决心，树立公正权威的良好形象，维护监察机关和监察活动的社会公信力。

（三）保障公民的基本权利

尊重和保障人权是宪法的明确规定，保护公民基本权利是监察机关遵循宪法法律的基本要求。而对监察权的监督制约，正是保护公民基本权利的具体措施。就监察对象而言，公职人员的权利与一般公民的权利有所区别，存在一定的克减情形，但监察权的行使一旦超过限度，就可能侵犯公职人员应有的基本权利。况且，在监察权行使过程中，还会出现对公职人员以外相关人员采取监察措施的情况。这些人员不履行公职，但与公职人员有关联，监察机关也可能对这些普通公民采取限制人身自由等措施。在上述意义上，加强对监督权的监督制约是十分必要的。公职人员的权利来源于公民权利，主要包括：（1）经济权利如薪酬福利、社会保障、休息；（2）社会权利如政治待遇和工作前景；（3）劳动权和救济权。在法治社会，公职人员在执行公权力之外，与一般公民并无特殊之处。《宪法》规定的国家尊重和保障人权，包括且应当包括尊重和保障公职人员的权利。《监察法》及相关法律法规对监督监察机关和监察人员作出明确规定，为监察活动中有效保障公民权利提供了遵循。

第二节　党对监察机关的领导监督

一、党的领导监督的含义

习近平总书记指出，"党的领导本身就包含教育、管理和监督，纪委监委在党委领导下开展工作，党委要加强对纪委监委的管理和监督"②。这就清楚地表明，无论是纪检监察体制改革还是纪检监察执纪执法工作，都必须在党的统一领导和管理、监督下开展。《监察法》第2条关于"坚持中国共产党对国家监察工作的领导"的规定，《监察法实施条例》第251条关于"监察人员必须自觉坚持党的领导，在党组织的管理监督下开展工作"的规定，就把党对监察机关的领导、管理和监督法定化、规范化了。

党作为国家政权的创立者，必须加强国家监察，对国家政权的人民性、廉洁性负责。这是中国共产党的执政使命。党对监察机关的领导监督，是对监察权的人民性、廉洁性负责的具体体现。在党的领导监督的实施上，由于党的纪检机关与国家监察机关合署办公，党的监督不能由同级党的纪委履行，党的监督也不等同于同级党委的监督，因此，党对监督机关的领导监督，主要是上级党委和上级纪委的监督。

---

① 许柯．监察工作信息公开制度的建构与完善．廉政文化研究，2022（2）.
② 马怀德．扎紧全面从严治党的制度笼子．［2017－05－05］．https：//v. ccdi. gov. cn/ljwhgkk/mahuaide/gkk-spbf1/index. shtml.

二、党的领导监督的方式

(一) 上级党委的监督

《党内监督条例》对上级党委的监督职责作出了规定：领导本地区本部门本单位党内监督工作，组织实施各项监督制度，抓好督促检查；加强对同级纪委和所辖范围内纪律检查工作的领导，检查其监督执纪问责工作情况；对党委常委会委员（党组成员）、党委委员，同级纪委、党的工作部门和直接领导的党组织领导班子及其成员进行监督；对上级党委、纪委工作提出意见和建议，开展监督。在监督方式上，上级党委以巡视的方式进行党内监督，依据的主要制度有党的组织生活制度、党内谈话制度、干部考察考核制度、领导干部个人有关事项报告制度、党的领导干部插手干预重大事项记录制度等。在对被监督者的人权保障上，监督对象的申辩权、申诉权等相关权利受到保障；经调查，监督对象没有不当行为的，应予以澄清和证明；监督对象对处理决定不服的，可以依照党章的规定提起申诉，有关党组织应当认真复议复查，并作出结论。

(二) 上级纪委的监督

依据《党内监督条例》第 26 条的规定，上级纪委作为党内监督的专责机关，具体承担的监督任务是：加强对同级党委特别是常委会委员、党的工作部门和直接领导的党组织、党的领导干部履行职责、行使权力情况的监督，即监督同级的党委，而同级党委又监督监察委员会；落实纪律检查工作双重领导体制，执纪审查工作以上级纪委领导为主，线索处置和执纪审查情况在向同级党委报告的同时向上级纪委报告；强化上级纪委对下级纪委的领导，纪委发现同级党委主要领导干部的问题，可以直接向上级纪委报告；下级纪委至少每半年向上级纪委报告一次工作，每年向上级纪委进行述职。上级纪委进行监督的主要手段包括谈话提醒、约谈函询、处理信访举报并对相关重大问题进行研究审查、对恶劣腐败问题点名道姓通报曝光等。

三、党的领导监督的实施

依据《监察法》的总则，结合《党内监督条例》《纪检监督执纪工作规则》等相关党内法规之规定，党对监察机关的领导监督主要包括以下几个方面。

(一) 政治监督

党的政治监督主要是对监察机关遵守党的章程和其他党内法规，维护中央权威，贯彻执行党的路线、方针、政策和上级党组织决议、决定及工作部署的情况的监督。维护党规党纪是党内监督的目的，旨在保证党组织和党员在正常秩序下工作、活动。遵守党章和党内法规是党内监督的首要内容，其最基本的工作要求是对各级党组织和广大党员的遵守情况进行监督。中央权威的维护，执行党的路线方针政策和上级党组织决议、决定及工作部署的切实贯彻是遵守党章和其他党内法规的应有之义，两者的本质核心都是坚决维护党的政治纪律，以保证纪委监委党员领导干部在政治上与党中央保持一致。[①]

(二) 执法监督

党的执法监督主要是监督纪委监委遵守宪法、法律，依法执纪执法的情形。宪法和法律是党领导人民制定的，是党的主张和人民意志相统一的体现。加强对依法执纪执法情况的监督，就要促进党的各级组织和广大党员牢固树立正确的权力观，增强宪法观念和法律意识，使党的

---

① 罗华滨，刘志大. 中国特色社会主义监督体制. 北京：中国方正出版社，2012：122.

组织和党员的活动都在宪法和法律允许的范围内进行。从近年的实际情况看，一些纪委监委的党员领导干部法治观念淡薄，有的不知法、不懂法，有的知法而不守法、知法而犯法，最终导致违法犯罪的发生，使党和国家利益遭受损失。因此，必须把遵守宪法、法律作为党内监督的重要内容，通过监督，保证党员干部遵纪守法、自觉依法办事。

（三）党的组织监督

我们党从成立伊始就把民主集中制作为党的根本组织原则和根本组织制度。党的组织监督主要是监督民主集中制的贯彻情况，就是要促进各级党组织和领导干部加强和重视党内民主建设，贯彻落实民主基础上的集中和集中指导下的民主相结合的制度，坚持健全分工负责制，实现集体领导和个人负责相结合，不断提升民主集中制的执行水平。既要发展党内民主的监督方式，又要实行维护党的团结统一的监督方式，实现二者有机结合，努力造就既有民主又有集中、既有自由又有纪律、既有统一意志又有个人心情舒畅的生动活泼的政治局面。

（四）党员权利保障监督

党员权利保障监督是指监督保障党员权利的情况。每个党员的积极性和创造性是党的战斗力与活力的重要源泉，而这与保障党员能否正常行使其民主权利密切相关。《党章》和《中国共产党党员权利保障条例》对党员的民主参与、民主选举、民主决策、民主监督等作出了明确规定，以加强对党员权利的保障。保障党员权利是党委的重要职责，要建立健全纪委监委中党员权利保障的责任机制，追究党组织在保护党员权利方面的失职责任。要坚决同剥夺和侵害纪委监委中党员权利的行为作斗争，使党员的各项权利得到落实，保障纪委监委中党员在党内的主体地位。

（五）干部任用工作监督

干部选拔任用工作是高素质干部队伍建设的核心问题，加强对该项工作的监督涉及纪委监委干部工作的各个方面。加强对纪委监委干部选拔任用工作的监督，着重监督检查在干部选拔任用工作中的以下事项：贯彻实施有关党内法规和执行国家的有关规定的情况，即坚持党要管党、从严治党的方针，坚持"任人唯贤、德才兼备"和以德为先的干部选拔原则，坚持公道正派，符合规定程序，真正做到坚持规定的原则不动摇、坚持干部标准不走样、坚持规定的程序不变通，以好的作风选人，选作风好的人。要加强对纪委监委干部选拔任用工作的经常性检查，针对违反《党政领导干部选拔任用工作条例》的行为加大查处力度，对违反《党内监督条例》的行为予以坚决纠正，做到不论涉及何人，都要严肃批评、限期改正并追究相关人员的责任。

（六）监察机关自律监督

监察机关自律监督是指监督纪委监委廉洁自律和抓党风廉政建设的情况。廉洁自律是纪委监委党员干部应具备的基本素质，它要求包括纪委监委党员领导干部在内的纪委监委党员干部在改造主、客观世界的过程中，通过学习、教育和实践，逐渐把党性原则、廉政规定、道德情操内化于心，并能够指导自己的行为。领导干部廉洁自律是人民公仆的重要标志，"加强对纪委监委领导干部廉洁自律的监督，在具体内容上要突出重点，把握关键环节，着重监督检查态度是否端正，执行规定是否自觉，自律是否真实"。纪委监委党风廉政建设和反腐败斗争是关系党的前途与命运的工作，因此，领导干部不仅要做到廉洁自律，还必须主动抓好党风廉政建设工作。要通过监督使各级党组织把党风廉政建设放到更加突出的位置，认真贯彻"标本兼治、综合治理、惩防并举、注重预防"的反腐倡廉战略方针，全面推进教育、制度、监督、改革、纠风、惩治工作，努力构建惩治和预防腐败体系，切实规范干部从政行为，查处违纪违法案，纠正不正之风，落实党风廉政责任制，推动纪委监委党风廉政建设和反腐败斗争的深入发展，取得人民群众满意的成效。

第三节　人大监督

一、人大监督的含义

《监察法》第 53 条规定："各级监察委员会应当接受本级人民代表大会及其常务委员会的监督。各级人民代表大会常务委员会听取和审议本级监察委员会的专项工作报告，组织执法检查。县级以上各级人民代表大会及其常务委员会举行会议时，人民代表大会代表或者常务委员会组成人员可以依照法律规定的程序，就监察工作中的有关问题提出询问或者质询。"《监察法实施条例》将人大及其常委会监督监察委员会的工作予以细化，明确了各级人大及其常委会对监察委员会进行监督的具体形式，提出了监察委员会接受人大监督的具体要求，强化人大监督的实效。

《监察法实施条例》规定：各级监察委员会应当按照监察法规定，由主任在本级人民代表大会常务委员会全体会议上报告专项工作；各级监察委员会应当认真研究办理本级人民代表大会常务委员会反馈的审议意见，并按照要求书面报告办理情况；应当积极接受、配合本级人民代表大会常务委员会组织的执法检查；在本级人民代表大会常务委员会会议审议与监察工作有关的议案和报告时，应当派相关负责人到会听取意见，回答询问。在法理上看，各级监察委员会接受本级人大及其常委会的监督，是我国的政体的重要体现。作为我国政体的人民代表大会制度，是指在人民代表大会统一行使国家权力的前提下，行政机关、监察机关、审判机关、检察机关的职权又有明确划分；人民代表大会与行政机关、监察机关、审判机关、检察机关都是党领导下的国家机关，虽然职责分工不同，但工作的出发点和目标是一致的，都是为了维护国家和人民的根本利益。这是我国政治制度的特点和优势。人民代表大会与行政机关、监察机关、审判机关、检察机关的关系，既有监督又有支持；既要依法监督，又不代替行使行政、监察、审判、检察职能。监察机关由人民代表大会产生，理应对其负责，受其监督。

我国宪法规定：中华人民共和国的一切权力属于人民。人民行使国家权力的机关是全国人民代表大会和地方各级人民代表大会，县级以上的地方各级人民代表大会设立常务委员会。国家权力，又称公权力，是以国家名义并由国家机构行使的处理国家对内对外事务的权力。监察委员会对行使公权力的公职人员进行监察，调查职务违法和职务犯罪的权力本身也是一种公权力即监察权，来自人民并应受人民监督，因此县级以上地方各级监察委员会由本级人民代表大会产生，对本级人民代表大会及其常务委员会负责并接受监督。简单地解释就是：人民把主权让渡给选举的代表，由代表机关选举、监督或罢免国家机关及其工作人员，由人民选举出来的国家机关工作人员对人民负责，并接受人民监督。各级监察委员会接受本级人民代表大会及其常务委员会的监督，实质上是权力属于人民、人民监督权力的必然要求。

二、人大监督的方式

（一）听取和审议专项工作报告

各级人民代表大会常务委员会每年选择若干关系改革发展稳定大局和群众切身利益、社会普遍关注的重大问题，有计划地安排听取和审议本级监察委员会的专项工作报告，同时，监察委员会也可以向本级人大常委会主动报告专项工作，专项工作由监察委员会负责人报告，人大常委会组成人员对专项工作报告的审议意见交由本级监察委员会研究处理。监察委员会应当将研究处理情况经由其办事机构送交本级人大有关专门委员会或者本级人大常委会有关工作机构征求意见后，向本级人大常委会提出书面报告。本级人大常委会认为必要时，可以对专项工作报告作出决议；监察委员会应当在决议规定的期限内，将执行决议的情况向本级人大常委会报告。

（二）组织执法检查

各级人大常委会根据工作需要，可以选择若干关系改革发展稳定大局和群众切身利益、社会普遍关注的重大问题，有计划地对涉及监察工作的有关法律、法规实施情况组织执法检查。执法检查结束后，执法检查组应当及时提出执法检查报告，提请本级人大常委会审议。执法检查报告包括下列内容：（1）对所检查的法律、法规实施情况进行评价，提出执法中存在的问题和改进执法工作的建议；（2）对有关法律、法规提出修改完善的建议。人大常委会组成人员对执法检查报告的审议意见连同执法检查报告，一并交由本级监察委员会研究处理。监察委员会应当将研究处理情况经由其办事机构送交本级人大有关专门委员会或者本级人大常委会有关工作机构征求意见后，向本级人大常委会提出报告。

（三）提出询问或者质询

询问、质询是人大代表或者人大常委会组成人员对监察工作的两种监督方式：询问，是指各级人大常委会会议审议议案和有关报告时，本级监察委员会应当派有关负责人员到会，听取意见，回答询问。质询，是指一定数量的县级以上人大常委会组成人员联名，可以向本级人大常委会书面提出对本级监察委员会的质询案，由委员长会议或者主任会议决定交由受质询的监察委员会答复。质询案应当写明质询的问题和内容。委员长会议或者主任会议可以决定由受质询的监察委员会在本级人大常委会会议上或者有关专门委员会会议上口头答复，或者由受质询的监察委员会书面答复。对质询案以口头答复的，由受质询的监察委员会负责人到会答复；对质询案以书面答复的，由受质询的监察委员会负责人签署。

三、人大监督的实施

（一）听取和审议专项工作报告的实施

根据《监督法》的有关精神，听取和审议专项工作报告的基本程序是：（1）专项报告启动和专题调研。《监督法》第10条规定，人大常委会听取和审议专项工作报告前，委员长会议或者主任会议可以组织本级人大常委会组成人员和本级人大代表，对有关工作报告进行视察或专题调查研究。监察委员会也可以就有关监察工作的重要事宜向本级人大常委会主动提出报告专项工作的申请。参照《监督法》第11条的规定，人大常委会办事机构应当将各方面对该项工作的意见汇总，交由本级监察委员会研究并在专项工作报告中作出回应。（2）听取和审议专项工作报告。在会议期间，由监察委员会负责人向人大常委会全体会议作报告，由人大常委会组成人员对报告进行审议。人大常委会认为必要时，可对专项工作报告作出决议。人大常委会组成人员的审议意见，交作报告的监察机关研究处理。（3）对作报告的监察机关整改情况的督办。参照《监督法》的有关规定，作报告的监察机关应正式向人大常委会提出整改的书面报告。如人大常委会对专项工作报告作出决议的，作报告的监察机关应当将执行决议的情况，在规定的期限内向人大常委会报告。（4）通报和公布有关情况。参照《监督法》的规定，人大常委会应将专项工作报告、审议意见、作报告的监察机关整改情况报告或执行决议情况报告，向本级人大代表通报并向社会公布。

（二）组织执法检查的实施

根据《监督法》的规定，组织执法检查的程序包括：（1）制订执法检查计划。（2）拟定执法检查方案，包括检查的重点内容、检查组组成和分组情况、检查的时间和地点、检查的步骤和方式等内容。执法检查组的成员，从本级人大常委会组成人员以及人大有关专门委员会组成人员中确定，可以邀请本级人大代表参加。（3）组织和开展执法检查。全国人大常委会和省级人大常委会可以委托下一级人大常委会对被检查的法律法规在本辖区内的实施情况进行检查，受委托的人大常委会应将检查的情况书面报送上一级人大常委会。（4）撰写执法检查报告。执法检查报告应包括三个方面的内容：1）对所检查的法律、法规实施情况进行评价；2）提出执法中存在的问题和改进执法工作的建议；3）对有关法律法规提出修改完善的建议。（5）听取和审议报告并对审议意见进行处理。执法检查组组长向人大常委会全体会议报告执法检查情况，人大常委会组成人员对执法检查报告进行审议。

（三）提出询问或者质询的实施

根据《监督法》关于询问的规定，询问是指人大常委会组成人员对本级监察工作中不清楚、不理解、不满意的方面提出问题，要求作出说明和解释的一种活动。凡是参加会议的人大常委会组成人员和经人大常委会决定列席会议的人员均可以提出询问。可以是口头询问或书面询问，可以是个人或几个人联名提问。一般是由监察机关负责人到会当场答复，不能当场答复的，经说明原因，可以在下次会议上答复或者书面答复。对答复不满意的，可跟进询问，再作回答。

参照《监督法》关于质询的规定，质询应当遵守如下规定：第一，以质询案的形式提出质询的，质询案应当写明质询对象，对什么事项、以什么理由提出质询。一个质询案只能对一个对象、一个问题提出；有多个对象、多个问题的，应分别提出。第二，质询案必须是书面的，全国人大常委会组成人员10人以上联名，省、自治区、直辖市、自治州、设区的市人大常委会组成人员5人以上联名，县级人大常委会组成人员3人以上联名，可以向本级人大常委会书面提出对本级监察机关的质询案。第三，质询案提出后，由本级人大常委会委员长会议或者主任会议决定交由受质询的监察机关答复。委员长会议或者主任会议可以决定由受质询的监察机关在常委会会议上或者有关专门委员会会议上口头答复，或者由受质询的监察机关书面答复。第四，口头答复的，由受质询的监察机关的负责人到会答复，书面答复的，由受质询的监察机关的负责人签署。第五，提质询案的本级人大常委会组成人员的过半数对受质询的监察机关的答复不满意的，可以提出要求，经人大常委会委员长会议或者主任会议决定，由受质询的监察机关再作答复。再作答复仍不满意的，可向本级人大常委会提出就质询的事项作专项工作报告或组织执法检查的建议。

第四节　其他国家机关的监督制约

一、其他国家机关的监督制约的含义

在我国，全国人民代表大会行使国家的最高权力，其产生的"一府一委两院"分别行使行政权、监察权、审判权、检察权。四权之间互相配合，互相制衡。《监察法》第4条第2款规定，"监察机关办理职务违法和职务犯罪案件，应当与审判机关、检察机关、执法部门互相配合，互相制约"。因此，"其他国家机关"的监督与制约是指监察机关以外的其他三个机关（审判机关、检察机关、行政执法部门）对监察机关行使监察权的监督与制约。国家机关之间互相监督与制约，体现在《监察法》关于基本原则、监察权限与监察措施等的规定中。国家机关之间的互相监督与制约包括监察机关与审判机关、检察机关、行政执法部门相互配合、相互制约以及其所产生的监督效应。

在党和国家监督体系中，国家机关之间的监督和制约主要存在于纪检监察机关和司法机关（检察、审判机关）、行政执法部门之间，分别从对人和对事两个维度共同保证公权力依法规范行使。纪检监察机关和司法机关的监督制约，主要表现为查办职务犯罪案件中的相互配合和监督制约。申言之，就是纪检监察"四种形态"的监督模式与刑事司法程序的衔接。对于符合第四种形态、构成职务犯罪、需要追究刑事责任的案件，监察机关应当移送检察机关审查起诉；检察机关依法审查监察机关移送的案件，对于其中符合起诉条件的，依法向审判机关提起公诉。在这个过程中，检察机关和审判机关要对监察机关收集并提交的证据材料进行审查；对于重大职务犯罪案件，监察机关可商请检察机关提前介入调查。正是在职务犯罪案件的调查、审查起诉、审判程序中，监察机关与检察机关、审判机关实现相互配合和监督制约。

二、检察机关的监督制约

检察机关主要通过行使检察职能对监察机关进行监督。检察机关对职务犯罪调查权的行使进行司法监督，符合《宪法》关于检察机关为法律监督机关的职能定位，符合职务犯罪调查权的权力本质和实践逻辑。具体而言，检察机关对监察机关的监督具体表现在以下方面：（1）检察提前介入监察。《监检衔接办法》以专章形式规定了"最高人民检察院提前介入工作"的规则，将原属于检警关系下的提前介入机制引入监检关系。2019年最高人民检察院先后发布了《人民检察院提前介入监察委员会办理职务犯罪案件工作规定》和《人民检察院刑事诉讼规则》，对监察案件提前介入的范围、方式等方面作了一些原则性规定，对于均衡发挥监检之间互相配合、互相制约的功能具有重要意义。[1]（2）在证据审查方面发挥制约监督作用。证据是定罪量刑的基本依据，证据适用的衔接是最核心的问题。《监察法》第33条从证据类型、证据标准、非法证据排除三个方面，对《监察法》和《刑事诉讼法》之间的证据规则提出衔接要求。根据《监察法》第33条的规定，监察机关调查取得的证据材料转为刑事诉讼中的定案依据时，仍然需要经过证据能力与证明力的双重检验[2]，接受检察机关的严格审查。（3）合理利用检察机关立案侦查司法工作人员相关职务犯罪案件的权限。《关于人民检察院立案侦查司法工作人员相关职务犯罪案件若干问题的规定》以及《刑事诉讼法》第19条第2款，均规定了检察机关管辖的14个罪名，从而实际上形成了"监察为主、检察为辅"[3]的职务犯罪侦查格局。因此，检察机关应当充分认识其享有的自行侦查权的重要性，以便合理运用该项法律监督最核心的威慑性力量，提升自身法律监督的效能。

三、人民法院的监督制约

人民法院主要通过审判活动，适用非法证据排除规则、疑罪从无原则等审理裁判工具和技术实现对监察机关的监督。在审理贪腐渎职犯罪案件时，人民法院有权对监察机关反腐调查活动的过程及结果的合法性进行审查，人民法院有权审查监察机关调查的案件事实是否清楚、证据是否确凿，并作出定罪与否、如何量刑的独立裁决。如果经审理发现犯罪事实不存在或犯罪事实不清，人民法院有权裁判被告人罪名不成立。一旦出现这种情形，如果被告人的人身或财

---

① 姚莉.监检衔接视野下的检察提前介入监察机制研究.当代法学，2022（4）.

② 姚莉.《监察法》第33条之法教义学解释：以法法衔接为中心.法学，2021（1）.

③ 顾永忠.公职人员职务犯罪追诉程序的重大变革、创新与完善：以《监察法》和《刑事诉讼法》的有关规定为背景.法治研究，2019（1）.

产受到了损害，人民法院应依法裁判监察机关承担相应的国家赔偿责任。如果监察机关的工作人员在办理腐败案件过程中存在违法行为，人民法院也应依法追究相关人员的法律责任。

四、相关执法部门的配合制约

《宪法》以及《监察法》所述执法部门包括公安机关、国家安全机关、审计机关以及质检部门、安全监管部门等行政执法部门。《监察法》及相关法律、法规在执法实践中尚有很多具体制度亟待完善，尤其是在监察机关与执法部门相互监督与制约方面。公安机关、国家安全机关、审计机关等行政执法部门与监察机关之间的关系目前更多地体现为配合与协助，这种配合和协助在一定程度上蕴含监督与制约。

公安机关是依法管理社会治安，行使国家行政权的政府职能部门，同时有刑事案件的侦查权，因此，公安机关的性质具有双重性，既有行政性又有司法性。《监察法》中涉及公安机关的法条为第24条、第29条、第30条、第34条、第43条，内容包括公安机关与监察机关共享线索，监察机关采取搜查、通缉、限制出境措施、留置措施时提请公安机关配合等。这种配合实际上也是对监察调查权力边界的划定，监察机关拥有这些措施的决定权，公安机关享有这些措施的执行权。在执行这些措施时，公安机关按其权力行使特定程序实施。这种调查措施决定权与执行权的分立，实质上是配合中有制约，具有一定的监督效应。

国家安全机关是依据宪法和法律组成，在宪法、法律赋予的职责范围内从事维护国家安全工作的职能部门，是主管国家安全工作的专门机关，是国家机构的重要组成部分。《监察法》未对国家安全机关与监察机关的关系予以明确，但中央纪律检查委员会法规室、国家监察委员会法规室编写的《〈中华人民共和国监察法〉释义》在解释《监察法》第4条第2款"监察机关与其他机关的配合制约原则"时，将国家安全机关也列入与监察机关互相配合、互相制约的机关。可见，国家安全机关也是负有与监察机关配合、制约义务的机关。监察机关在行使监察权时与国家安全机关有程序上的衔接，由于国家安全工作本身的保密性、危害国家安全活动的隐秘性和政治性等原因，国家安全机关作出协助决定时要综合考量各种因素，因而其具有一定程序性的审查权，这种审查无疑具有监督意涵。

国家审计是以宪法为基础对公权力实施治理的行政监督行为。党的十八届四中全会首次将审计监督纳入党和国家监督体系，提出对公共资金、国有资产、国有资源和领导干部履行经济责任情况实行审计全覆盖。这与国家监察体制构建的目标与诉求基本一致。针对监察委员会的审计监督主要包括：预算执行，预算管理，提高监察委员会对财政资金的使用效益；依法对监察委员会实施经费支出审计，分析支出异常的原因，调查是否存在违规行为等；进行经济责任审计监督，尤其是对监察委员会领导干部的经济责任进行审计监督。通过对监察机关经济责任的审计，可实现行政机关对监察机关履职的监督与制约。

第五节　民主监督、社会监督、舆论监督

一、民主监督、社会监督、舆论监督的含义

《监察法》以及《监察法实施条例》在对监察机关和监察人员的监督专章中，对"接受民主监督、司法监督、社会监督、舆论监督"提出明确要求，并对如何接受民主监督、社会监督、舆论监督等非国家权力监督作具体细化规定。民主监督、社会监督、舆论监督等，本质上

是人民群众的监督。民主监督和监察监督在本质上具有一致性，都是代表人民对人民赋予的权力进行监督。

人民政协及各民主党派是民主监督的主体，其监督形式主要表现为间接监督和宏观提议。人民政协及各民主党派在协商式监督中往往能够保持客观、公正立场，能够"旁观者清"，可以真实而全面地反映各方面的实际情况，为纪检监察监督的决策、定向起到引导和参考作用。

社会监督和舆论监督在党和国家监督体系中发挥着"千里眼""顺风耳"的信息来源作用，纪检监察机关接受社会监督和舆论监督信息是应然之义。社会监督和舆论监督中的政治参与、批评建议、检举揭发、信访举报等正是纪检监察监督发现问题线索的主要渠道，而纪检监察监督是社会监督和舆论监督目的实现的重要抓手。从监督的功能作用来看，社会监督和舆论监督针对包括监察人员在内的公职人员缺乏德行、滥用权力、以权谋私等现象，在改进包括监察机关在内的党和政府职能部门的工作，减少包括监察在内的政务失误，防止包括监察权在内的权力滥用，提高包括监察决策在内的公权力决策的质量等方面发挥重要作用。社会监督和舆论监督提供的社情民意来源广泛，是包括监察人员在内的公职人员的政治品行、道德操守情况、勤政廉洁状况，是否滥用权力，是否正确执行党的方针、路线、重大决策部署等情况的重要线索来源，可有效拓展和延展纪检监察监督线索获得渠道。①

二、民主监督、社会监督、舆论监督的实施

（一）对监察委员会的民主监督

民主监督最早来源于"互相监督"，毛泽东在《论十大关系》中正式提出中国共产党与各民主党派互相监督的思想。互相监督的思想是老一辈无产阶级革命家在领导党和国家长期革命斗争中总结出的宝贵经验，是建立统一战线政权中不断实践得出的宝贵经验。1948年2月，毛泽东指出，"与党外人士合作，对于整掉党内的官僚主义、不民主、贪污现象有极大好处"②。1979年，互相监督被引申为民主监督，被写入人民政协的第三部章程，当时人民政协的职能是"政治协商、民主监督"。人民政协的民主监督，作为我国监督体系的一个重要组成部分，在我国的政治生活中发挥着积极的作用。党和政府、广大人民群众也对民主监督有着很高的要求，抱有很大的期待，人民政协的民主监督职能受到高度重视。

民主监督主要是通过提出建议和批评来协助党和国家机关改进工作提高工作效率，克服官僚主义。邓小平同志对民主监督的重要性作了多次强调，他指出，实行群众监督可以把群众的积极性调动起来。③ 只有把群众的积极性充分调动起来，建设中国特色社会主义才会有更广泛的基础。加强民主监督，有利于集思广益，正确决策。邓小平同志说：由于我们党的执政党的地位，我们的一些同志很容易沾染上主观主义、官僚主义和宗派主义的习气。因此，对于我们党来说，更加需要听取来自各个方面包括民主党派的不同意见，需要接受各个方面的批评和监督，以利于集思广益，取长补短，克服缺点，减少错误。④ 建立和完善民主监督制度，可以防止特权和腐败滋生。特权主义和腐败分子，最害怕的是群众。正因为如此，邓小平同志要求，要有群众监督制度，让群众和党员监督干部，特别是领导干部。凡是搞特权、特殊化，经过批评教育又不改的，人民就有权依法进行检举、控告、弹劾、撤换、罢免，要求他们在经济上退

① 吴建雄. 新时代党和国家监督体系论纲. 北京：光明日报出版社，2004：261-266.
② 郑宪. 再谈民主监督. 中央社会主义学院学报，2004（2）.
③ 邓小平文选：第1卷. 2版. 北京：人民出版社，1994：271.
④ 邓小平文选：第2卷. 2版. 北京：人民出版社，1994：205.

赔，并使他们受到法律、纪律处分。①

民主监督的途径主要有信访举报制度，人大代表、政协委员联系群众制度，舆论监督制度，监督听证会、民主评议会、网上评议政府等。人民政协民主监督的主要形式有政协全体会议、常委会议、主席会议向党委和政府提出建议案，各专门委员会提出建议或有关报告，委员视察、委员提案、委员举报、大会发言、反映社情民意或以其他形式提出批评或建议，参加党委和政府有关部门组织的调查、检查活动，政协委员应邀担任司法机关和政府部门特约监督员等。

中国共产党与各民主党派在为实现共同目标而奋斗的过程中团结合作，同时又实行互相监督。1956年，中国共产党提出了与民主党派"长期合作、互相监督"的方针。毛泽东同志在阐述这一方针时指出：打倒一切，把其他党派搞得光光的，只剩下共产党的办法，使同志们很少听到不同意见，弄得大家无所顾忌，这样做很不好。我们有意识保留民主党派，就是要听不同意见。② 他还说：各党派互相监督的事实早已存在，就是各党派互相提意见，作批评。所谓互相监督，当然不是单方面的，共产党可以监督民主党派，民主党派也可以监督共产党。为什么要让民主党派监督共产党？这是因为一个党同一个人一样，耳边很需要听到不同的声音。大家知道，主要监督共产党的是劳动人民和党员群众，但是有了民主党派，对我们更有益。③ 在新时期，根据阶级关系的深刻变化，中国共产党又进一步提出了与民主党派"长期共存、互相监督、肝胆相照、荣辱与共"的方针。由此可见，中国共产党历来把互相监督作为多党合作的一项重要内容。坚持和完善中国共产党领导的多党合作和政治协商制度，就必须进一步发挥民主党派的民主监督作用。

民主监督对于加强和改善中国共产党的领导，提高党的执政能力，有着重要作用。没有监督的权力必然导致腐败。早在1945年7月黄炎培先生访问延安，与毛泽东同志谈到历史上许多政权"其兴也勃焉""其亡也忽焉"的现象，提出中国共产党能否摆脱这种周期率时，毛泽东同志答：我们已经找到了新路，我们能跳出这周期率。这条新路，就是民主。只有让人民来监督政府，政府才不敢松懈。④ 新中国成立后，中国共产党成为执政党，党制定的方针、政策正确与否，直接关系到社会主义事业的成败和国家的兴衰，非常需要听到来自各方面的意见和批评，接受监督。为此，邓小平同志指出：在中国来说，谁有资格犯大错误？就是中国共产党。犯了错误影响也最大。因此，我们党特别警惕。⑤ 所谓监督来自三个方面：第一是党的监督。第二是群众监督。第三是民主党派和党外人士的监督。民主党派由各界知识分子和有一定影响的代表性人士组成，其监督一般具有较广泛的代表性；民主党派作为政治联盟，具有自身独特的视角，能够对中国共产党提出一种单靠党员不容易提供的监督。民主党派的民主监督具有层次高、范围广泛、形式灵活的特点，它与中国共产党的党内监督、法律监督、行政监督、舆论监督相辅相成，具有不可替代的重要作用。

《政协章程》第3条明确规定：中国人民政治协商会议全国委员会和地方委员会的主要职能是政治协商、民主监督、参政议政……民主监督是对国家宪法、法律和法规的实施，重大方针政策、重大改革举措、重要决策部署的贯彻执行……国家机关及其工作人员的工作等，通过提出意见、批评和建议的方式进行的协商式监督。2006年2月8日，中共中央颁发了《关于加

① 邓小平文选：第2卷.2版.北京：人民出版社，1994：332.
② 李维汉.回忆与研究：下册.北京：中共党史出版社，2013：631.
③ 建国以来重要文献选编：第10册.北京：中央文献出版社，1994：95.
④ 中共中央文献研究室.毛泽东思想年编：一九二一——一九七五.北京：中央文献出版社，2011：439.
⑤ 邓小平文选：第1卷.2版.北京：人民出版社，1994：270.

强人民政协工作的意见》（中发〔2006〕5 号），明确了人民政协的民主监督是政治监督，要求各级党委和政府自觉接受民主监督，要完善机制，在知情环节、沟通环节、反馈环节上建立健全制度，畅通渠道，提高民主监督的质量和成效。人民政协的民主监督是我国社会主义监督体系的重要组成部分，是在坚持四项基本原则的基础上通过提出意见、批评、建议的方式进行的政治监督。它是参加人民政协的各党派团体和各族各界人士通过政协组织对国家机关及其工作人员的工作进行的监督，也是中国共产党在政协中与各民主党派和无党派人士之间进行的互相监督。对于我们党来说，更加需要接受来自各个方面的监督。民主监督有利于消除腐败现象、克服官僚主义和不正之风，有利于改进国家机关和国家工作人员的工作；有利于维护国家利益和公民的合法权益；有助于激发广大公民关心国家大事、为社会主义现代化建设出谋划策的主人翁精神。

正如习近平总书记指出的那样："人民政协是国家治理体系的重要组成部分，要适应全面深化改革的要求，以改革思维、创新理念、务实举措大力推进履职能力建设，努力在推进国家治理体系和治理能力现代化中发挥更大作用。"① 人民监察委员会作为国家反腐败工作专门职能部门和纪委合署办公，享有监督权，但是任何权力都有可能被滥用，如果没有人来监督监督者，那监督者很有可能利用权力侵犯他人权益、损害公共利益，权力如果不被关在制度的笼子里运行，就很容易成为魔鬼，掌权者利用权力不断扩张，不断腐蚀、放纵自我，势必导致国家和社会产生动荡，不利于和谐社会稳定向前发展，因此监察委员会的工作必然要受民主监督。人民政协和民主党派可以针对监察委员会工作中存在的问题进行沟通协商、批评建议等监督活动。要充分调动民主党派的监督积极性，运用民主党派的监督权对监察委员会的工作进行监督，在防止权力被滥用的同时又保证监察委员会的工作有序运行。

（二）对监察委员会的社会监督

社会监督顾名思义是由人民群众作为监督的主体，由公民、法人或其他组织对国家机关及其工作人员的职务行为进行的监督。人民群众对监察委员会的工作进行监督、批评和建议，防止监察委员会滥用权力不作为或者乱作为。社会监督主要是通过批评、建议、检举、揭发、申诉、控告等基本方式对国家机关及其工作人员行使权力行为的合法性与合理性进行监督。在监察权运行过程中，要不断扩大公众参与范围，方便社会公众了解情况、参与监督；从转变理念、完善制度、创新方式等方面入手，持续用力，久久为功，促进监察机关内部监督和社会监督相辅相成。

一是增强自觉接受监督意识，养成在党组织和人民群众监督之下工作、生活的习惯。实践中，有的纪检监察人员自觉接受监督的观念不强，对监督存在模糊甚至错误认识，把人民群众监督看作是同自己"过不去"，感到"丢面子""失威信"。实际上，人民群众的批评监督可以帮助监察委员会和监察人员少犯甚至不犯错误，是对公务人员最好的保护。能否自觉接受人民群众监督，是衡量监察人员政治觉悟和思想境界高低的重要标尺。善待批评声音，才是真正的胸襟；欢迎他人监督，才是真正的自信；做到从谏如流，才是真正的智慧。监察人员要以闻过则喜的雅量、见贤思齐的精神、择善而从的品格，主动接受人民群众批评监督，善于从人民群众中汲取智慧和力量，在保证个人健康成长的同时，促进党和国家事业健康发展。

二是创新监督方式，促进内部监督和社会监督有机融合、精准高效。新一轮科技革命正在兴起，移动互联网、物联网及云计算、大数据、人工智能快速发展，人类生活所经历的一切都在转变。这样一个快速发展的时代，从未在人类历史上发生过。这不仅更新了我们认识世界的

---

① 习近平在庆祝中国政治协商会议成立 65 周年大会上的讲话（2014 年 9 月 21 日）。

思维方法，也给监督工作提供了新途径、新手段。中央纪委国家监委网站采取设置举报专区、开设廉政留言板和加强交流互动等形式，极大地方便了人民群众监督举报。新形势下，我们要站在时代的潮头，把科技革命与监督创新深度融合起来，通过理念的转变、科技的运用、机制的创新，实现内部监督和社会监督有机融合、精准高效。要借鉴一些地方、部门在人民群众身边设立微信公众平台，开通"随手拍""一键举报"等做法，让人民群众监督更加方便快捷，让不正之风和腐败现象无处藏身。要大力推广信访微信公众号、手机客户端信访应用和远程视频接访，方便人民群众网上投诉、评价，进一步打造开放、动态、透明、便民的"阳光信访"新模式。建立健全网络舆情收集、研判、处置机制，对人民群众和媒体反映的重要信息与线索及时跟进，不断聚集和提升网络监督正能量。大数据能够揭示人们以往难以认识到的事物内在关联性，是促进监督工作转型升级的重要抓手。要总结有的地方实施"数据铁笼"计划的经验，用大数据编织制约权力的笼子，使权力运行过程全程电子化、处处留痕迹，增强监督工作的预见性、精确性、高效性，提升监督结果的可信度、说服力。要建立情况明、数据准、可监控的数据库，推动各类监督信息跨地区、跨部门互通共享，预防、减少举报线索重复受理现象，切实提高监督工作效率。

三是广泛发动人民群众，推动形成人人要监督、人人愿监督、人人敢监督的良好氛围。习近平总书记明确指出："人民群众中蕴藏着治国理政、管党治党的智慧和力量，从严治党必须依靠人民。"[①] 我们要充分发扬社会主义民主，贯彻党的群众路线，营造鼓励监督、保护监督的环境，激发人民群众的主人翁意识和监督热情。长期以来，受各种因素影响，有的社会监督主体意识不强，不愿监督、不敢监督、不会监督的问题较为突出，影响了监督实效。我们要采取媒体宣传、干部宣讲、专家解读等形式，深入开展对党和国家的监督政策法规宣传，帮助广大人民群众了解、掌握有关监督知识，增强监督意识和能力。要引导人民群众依法依规进行监督，提倡署真实姓名反映违纪违法事实，养成在法治轨道上表达诉求、开展监督的习惯。2016年3月，最高人民检察院、公安部、财政部联合印发《关于保护、奖励职务犯罪举报人的若干规定》，对于维护举报人合法权益、鼓励群众依法举报职务犯罪，具有重要意义。要健全落实监督保障制度，加强对监督者的保护，对监督有功的给予奖励，对监督保障不力的依法依规追究责任，充分调动广大人民群众监督的积极性、主动性。

（三）对监察委员会的舆论监督

舆论是社会公众对社会现象所表现出的一致的、强烈的、理智或非理智的、可持续的看法，这种看法反过来又影响社会现象的发展。舆论的形成可以是自发的，即来源于群众，传播于群众；也可以是源于某种目的性的引导，即经过权力机关的组织和动员传播于群众。[②] 不论采哪种方式，最后形成的舆论都反映了一定社会范围内多数人的看法和意见。舆论监督是以舆论为途径，由广大的社会公众对于权力机关或公职人员，自由发表批评或表扬的意见，产生一种客观的、或正或反的效果。[③] 随着时代进步、科技不断发展，网络、媒体、手机、电脑电视让信息传递更加迅速，民众发现事实、发表意见的渠道更多更便捷，逐渐形成了一个完整的舆论监督体系。舆论监督这一监督方式所具有的监督主体隐秘性的特点，可以减少举报人的举报风险，消除举报人的内心忧虑，也可极大地鼓舞公民对监察委员会存在的问题进行批评和指正。运用舆论监督，可以让权力运行在阳光之下。网络也有利于公民之间搭起舆论的桥梁，最

---

① 习近平在党的群众路线教育实践活动总结大会上的讲话（2014年10月8日）。
② 陈力丹. 论我国舆论监督的性质和存在的问题. 新闻与传播，2003（9）.
③ 陈力丹. 舆论学—舆论导向研究. 北京：中国广播电视出版社，2008：55.

终形成强大的舆论压力，促使监察委员会认真负责地履行职责，依法办事。

舆论监督是人民群众行使社会主义民主权利的有效形式，主要监督方式有报道、评论、讨论、批评、发内参等，但其核心是公开报道和新闻批评。舆论监督的实现需要两个环节：一是提供足够的舆论信息，即可以形成舆论的事实和情况，使人们对经济生活、政治生活及社会生活有充分的了解；二是在拥有信息的情况下，对各种政治、经济和社会现象及有关人进行理性的、坦率的评论。在信息日益丰富的情况下，舆论批评显得越来越重要：通过人们对普遍关心的问题进行论辩、辩驳乃至争论，即众多个体意见的充分互动，最终达到某种为一般人普遍赞同且能在心理上产生共鸣的一致性意见，从而推动人类社会的进步。舆论监督的过程就是发现问题、分析问题、解决问题的过程。

舆论监督是新闻媒体拥有运用舆论的独特力量，帮助公众了解政府事务、社会事务和一切涉及公共利益的事务，并促使其沿着法制和社会生活公共准则的方向运作的一种社会行为的权力。

舆论监督是促进监察委员会依法监察、从严监察的重要保障。在构建社会主义和谐社会中，舆论监督的作用也日益彰显。今天，社会结构的变化、不同利益群体和不同利益诉求的相继出现，人民内部矛盾的内容与表现形式的变化，给舆论监督带来了许多新问题。在这样的背景下，舆论监督在推进监察工作中的作用显得更加突出。作为党和人民的喉舌，媒体在进行舆论监督时要深刻认识协调社会利益关系的规律，准确把握新形势下人民内部矛盾的新变化新趋势，不熟视无睹、不主观武断、不推波助澜，在掌握新规律的基础上，力求让舆论监督的方向更准确，把握更适度、更科学，为构建有效率的监督体系负起传媒应尽的责任。

第六节　监察工作信息公开和特约监察员制度

一、监察工作信息公开和特约监察员制度的含义

《监察法》第54条规定，监察机关应当依法公开监察工作信息，接受民主监督、社会监督、舆论监督。《监察法实施条例》对信息公开等作了进一步细化，其第255条规定：各级监察机关应当通过互联网政务媒体、报刊、广播、电视等途径，向社会及时准确公开下列监察工作信息……第256条规定：各级监察机关可以根据工作需要，按程序选聘特约监察员履行监督、咨询等职责。特约监察员名单应当向社会公布。监察机关应当为特约监察员依法开展工作提供必要条件和便利。这些关于监察机关接受外部监督的规定，彰显了监察机关自觉接受各方面监督的义务。此外，中央纪委国家监委在《特约监察员工作办法》中，从"聘请与任职""工作职责与权利义务""履职保障"等三个方面对特约监察员工作进行了指导和规范。

二、监察工作信息公开制度

（一）监察工作信息公开的意义

监察机关接受民主监督、社会监督、舆论监督的前提是依法公开工作信息。监察法关于信息公开的规定，是党的十九大报告关于"要加强对权力运行的制约和监督，让人民监督权力，让权力在阳光下运行，把权力关进制度的笼子。强化自上而下的组织监督，改进自下而上的民主监督"的具体体现。监察机关是监督所有党员和行使公权力的公职人员的专责机关，也是行使公权力的机关，同样需要确保权力在阳光下运行，需要把权力关进制度的笼子里。因此，监

察机关同样需要强化自上而下的组织监督，同样需要改进自下而上的民主监督。监察法规定的依法公开监察工作信息等要求，就是改进自下而上的民主监督的重要内容。同时，监察机关又是专门监督别人的监督机关，做的就是监督别人的工作，只有自觉接受别人的监督，才会有底气去监督别人。而依法公开工作信息，就是监察机关自身硬朗、胸怀坦荡、自觉接受监督的一种表现。

（二）监察工作信息公开的方式

可把举报接待、控告受理作为监察信息公开的重要窗口，建立"一站式"服务机制。不仅要设置群众申诉、控告举报、监务查询、监察咨询等服务窗口，还要设置电子触摸屏和显示屏自助服务区域。让群众通过专人服务窗口，可以详细了解办事程序、进行监察咨询或者完成举报、控告等工作；在自助服务区，群众可通过触摸屏或大屏幕滚动信息全面了解监察委员会的职能职责、机构设置和监察工作动态等信息，也可进行提交举报、控告线索等操作。上述措施能最大限度地保障人民群众对监察工作的参与权、知情权和表达权。依法公开监察工作信息要积极适应新媒体时代特征，开设互联网门户网站，设置监务公开专栏和网上举报、网上联络、网上咨询、网上接访等互动平台，开通微博和微信等公众平台，并实现各平台功能整合、数据同步。同时，可积极利用手机报、手机客户端等新媒体优势，主动发布监察工作动态、预防腐败知识、警示教育案例以及监察案件办理信息等，及时向社会各界传递"阳光监察"正能量。

（三）公开监察工作信息的尺度和注意事项

公开监察信息应把握公开的尺度，处理好公开与保密的关系。在利益多元化的今天，监察信息公开并不是毫无限制地越公开越好。应制定统一的监察信息公开细则和规范，并允许监察信息公开原则例外情形的存在。通常情况下，涉及国家秘密、个人隐私的案件一律不公开；涉及商业秘密的案件，案件当事人申请不公开的，可以不公开。此外，对监察委员会公开执法办案的内容也不应不加任何限制地规定一律"公开曝光"，除依法不公开的案件之外，对依法应当公开的案件也不是全过程公开，如监察委员会业务部门讨论案件的过程就不能公开。这有利于给监察人员创造一个相对独立、自由的空间，让监察人员在没有外界干扰和心理压力的环境中，只依据事实、法律和自己所掌握的专业知识与实践经验办理案件并作出处断。

三、特约监察员制度

（一）特约监察员的聘请与任职

（1）聘请范围。特约监察员主要从全国人大代表中优先聘请，也可以从全国政协委员，中央和国家机关有关部门工作人员，各民主党派成员、无党派人士，企业、事业单位和社会团体代表，专家学者，媒体和文艺工作者，以及一线代表和基层群众中优先聘请。

（2）任职条件。特约监察员必须坚持中国共产党的领导，拥护党的路线、方针、政策，拥护中国特色社会主义道路，遵守中华人民共和国宪法和法律、法规，具有中华人民共和国国籍；有较高的业务素质，具备与履行职责相应的专业知识和工作能力，在各自领域有一定的代表性和影响力；热心全面从严治党、党风廉政建设和反腐败工作，有较强的责任心，认真履行职责，热爱特约监察员工作；坚持原则、实事求是，密切联系群众，公正廉洁、作风正派，遵守职业道德和社会公德；身体健康。受到党纪处分、政务处分、刑事处罚的人员，以及其他不适宜担任特约监察员的人员，不得被聘请为特约监察员。

（3）聘请程序。特约监察员的聘请遵循以下程序：一是根据工作需要，国家监察委员会同有关部门、单位提出特约监察员推荐人选，并征得被推荐人所在单位及本人同意；二是会同有关部门、单位对特约监察员推荐人选进行考察；三是经中央纪委、国家监委对考察情况进行研究，确定特约监察员人选；四是将聘请人选名单及意见抄送特约监察员所在单位及推荐单位，并在中央纪委、国家监委组织部备案；五是召开聘请会议，颁发聘书，向社会公布特约监察员名单。

（4）聘任期限。正常情况下，特约监察员在国家监察委员会领导班子产生后换届，每届任期与本届领导班子任期相同，连续任职一般不得超过两届。特约监察员受聘期满自然解聘。但是当特约监察员出现下列情形时，国家监察委员会商请推荐单位对其予以解聘，其任期终止：一是受到党纪处分、政务处分、刑事处罚，二是因工作调整、健康状况等原因不宜继续担任特约监察员，三是本人申请辞任特约监察员，四是无正当理由连续一年不履行特约监察员职责和义务，五是有其他不宜继续担任特约监察员的情形。

（二）特约监察员的工作职责与权利、义务

（1）特约监察员的工作职责。一是对纪检监察机关及其工作人员履行职责情况进行监督，提出加强和改进纪检监察工作的意见、建议；二是对制定纪检监察法律法规、出台重大政策、起草重要文件、提出监察建议等提供咨询意见；三是参加国家监察委员会组织的调查研究、监督检查、专项工作；四是宣传纪检监察工作的方针、政策和成效；五是办理国家监察委员会委托的其他事项。《监察法实施条例》第256条第1款也针对特约监察员的工作职责作出了规定：各级监察机关可以根据工作需要，通过程序选聘特约监察员，并要求其履行监督、咨询等职责，提出加强和改进监察工作的建议、意见。

（2）特约监察员的权利。一是了解国家监察委员会和各省、自治区、直辖市监察委员会开展监察工作、履行监察职责的情况，提出意见、建议和批评；二是根据履职需要并按程序报批后，查阅、获得有关文件和资料；三是参加或者列席国家监察委员会组织的有关会议；四是参加国家监察委员会组织的有关业务培训；五是了解、反映有关行业、领域廉洁从政从业情况及所提意见建议办理情况；六是受国家监察委员会委托开展工作时，享有与受托工作相关的法定权限。

（3）特约监察员的义务。一是模范遵守宪法和法律，保守国家秘密、工作秘密以及因履行职责而掌握的商业秘密和个人隐私，廉洁自律、接受监督；二是学习、掌握有关纪检监察法律法规和业务；三是参加国家监察委员会组织的活动，遵守国家监察委员会有关工作制度，按照规定的权限和程序认真履行职责；四是履行特约监察员职责过程中，遇有利益冲突情形时，主动申请回避；五是未经国家监察委员会同意，不得以特约监察员身份发表言论、出版著作、参加有关社会活动；六是不得以特约监察员身份谋取任何私利和特权。

（三）特约监察员的履职保障

（1）国家监察委员会对特约监察员的履职保障。一是为特约监察员依法开展对监察委员会及其工作人员的监督等工作提供必要的工作条件和便利；二是按规定核报特约监察员因履行规定职责所支出的相关费用；三是特约监察员履行规定职责所需经费，列入国家监察委员会业务经费保障范围。

（2）相关办事机构对特约监察员的履职保障。一是统筹协调特约监察员的相关工作，完善工作机制，制订工作计划，对国家监察委员会相关部门落实特约监察员工作机制和计划的情况进行督促检查，总结、报告特约监察员年度工作情况；二是组织开展特约监察员聘请、解聘等工作；三是组织特约监察员参加有关会议或者活动，定期开展走访，通报工作、交流情况，听取意见、建议；四是受理、移送、督办特约监察员提出的意见、建议和批评，并予以反馈；五是协调有关部门，定期向特约监察员提供有关刊物、资料，组织开展特约监察员业务培训；六是承担监察机关特约监察员工作的联系和指导，组织经验交流，加强和改进特约监察员工作；七是对特约监察员进行动态管理和考核；八是加强与特约监察员所在单位及推荐单位的沟通联系，了解特约监察员的工作情况，反馈特约监察员的履职情况，并征求意见、建议；九是办理其他相关工作。

第七节　被调查人申诉

一、被调查人及其近亲属的申诉权

《监察法》第60条规定："监察机关及其工作人员有下列行为之一的，被调查人及其近亲属有权向该机关申诉：（一）留置法定期限届满，不予以解除的；（二）查封、扣押、冻结与案件无关的财物的；（三）应当解除查封、扣押、冻结措施而不解除的；（四）贪污、挪用、私分、调换以及违反规定使用查封、扣押、冻结的财物的；（五）其他违反法律法规、侵害被调查人合法权益的行为。""受理申诉的监察机关应当在受理申诉之日起一个月内作出处理决定。申诉人对处理决定不服的，可以在收到处理决定之日起一个月内向上一级监察机关申请复查，上一级监察机关应当在收到复查申请之日起二个月内作出处理决定，情况属实的，及时予以纠正。"该条是监察申诉制度的基本内容，主要目的是保护被调查人的合法权益，强化对监察机关及其工作人员的监督管理。条文共分两款。第1款规定了被调查人及其近亲属的申诉权。申诉是宪法规定的公民基本权利。监察机关在采取相关调查措施的过程中，侵害被调查人的人身、财产权等合法权益的，被调查人及其近亲属有权申诉。该规定中的被调查人的近亲属，是指被调查人的配偶、父母、子女、同胞兄弟姊妹。第2款是关于申诉处理程序的规定，规定了申诉的两级处理模式：一是原监察机关处理，即被调查人及其近亲属对于监察机关及其工作人员具有前述情形之一的，可以向该机关提出申诉；二是上一级监察机关处理，即申诉人对受理申诉的监察机关作出的处理决定不服的，可以在收到处理决定之日起一个月内向上一级监察机关申请复查。

申诉权是一项基本人权。许多国际人权文件或公约中都明确规定要保障社会成员的申诉权，我国宪法对保障公民的申诉权也作出了规定。《监察法》第60条是针对监察人员的工作程序进行的监督，旨在将监察机关履职的程序纳入法治轨道。赋予被调查人及其近亲属申诉权，是对被调查人之权利的保障和救济，也是对监察机关程序公正的护航和对法治反腐理念的践行。申诉的主体不仅包括被调查人而且包括其近亲属。赋予被调查人及其近亲属申诉权利，是尊重和保障人权的宪法原则在监察活动中的重要体现。

在执法过程中对人权的保障程度如何，是衡量一个国家人权保障水平的重要标志。监察活动中留置、查封、扣押、冻结等措施的实施，涉及被调查人的人身自由和财产权等基本权利，如果出现留置法定期限届满而不予以解除，或者查封、扣押、冻结与案件无关的财物，应当解除查封、扣押、冻结措施而不解除等情形，应该及时改变相关措施。在出现贪污、挪用、私分、调换以及违反规定使用查封、扣押、冻结的财物，或者其他违反法律法规、侵害被调查人合法权益的行为时，更应该高度重视、及时处置。赋予被调查人及其近亲属申诉权，就是要严格防止侵犯被调查人合法权益情形的出现。这充分体现了监察法对被调查人人权的尊重和保障。

二、被调查人及其近亲属申诉的法定情形

（一）留置法定期限届满而不予以解除

《监察法》第22条明确了留置适用的条件、范围。在国家监察立法体系中，对留置措施的相关规定，既为限制和规范公权力的行使提供了手段与措施，同时又对监察权本身的行使设置了一套规范程序，是对监察权自身的约束和监督。《监察法》第43条规定，监察机关采取留置措施，应当由监察机关领导人员集体研究决定。设区的市级以下监察机关采取留置措施，应当报上一级监察机关批准。省级监察机关采取留置措施，应当报国家监察委员会备案。留置时间不得超过三个月；在特殊情况下，可以延长一次，延长时间不得超过三个月。省级以下监察机关采取留置措施的，延长留置时间应当报上一级监察机关批准。监察机关发现采取留置措施不当的，应当及时解除。《监察法》第43条的规定不仅明确了留置措施的适用程序，也对留置措施适用的法定期限进行了规定。

（二）查封、扣押、冻结与案件无关的财物

监察人员在调查过程中查封、扣押、冻结财物应遵循严格的法律程序，不得随意为之。《监察法》第23条规定：监察机关调查涉嫌贪污贿赂、失职渎职等严重职务违法或者职务犯罪，根据工作需要，可以依照规定查询、冻结涉案单位和个人的存款、汇款、债券、股票、基金份额等财产。有关单位和个人应当配合。第25条规定，监察机关在调查过程中，可以调取、查封、扣押用以证明被调查人涉嫌违法犯罪的财物、文件和电子数据等信息。采取调取、查封、扣押措施，应当收集原物原件，会同持有人或者保管人、见证人，当面逐一拍照、登记、编号，开列清单，由在场人员当场核对、签名，并将清单副本交财物、文件的持有人或者保管人。在调查过程中或调查结束后，经查明，查封、扣押、冻结的财物与案件无关的，应在规定时间内解除并予以退还。如果监察机关超出《监察法》规定的范围任意查封、扣押、冻结与案件无关的财物，被调查人及其近亲属即有权申诉。

（三）应当解除查封、扣押、冻结措施而不解除

这是指监察机关对被调查人的财产采取查封、扣押、冻结措施后，经查明，查封、扣押、冻结的财产、文件与案件无关，按照《监察法》第23条、第25条的规定，应当在查明后三日内解除查封、扣押和冻结，予以退还。对于在法律规定的期限内应当解除查封、扣押、冻结措施而不解除的，被调查人及其近亲属可以申诉。

（四）贪污、挪用、私分、调换以及违反规定使用查封、扣押、冻结的财物

《监察法》对查封、扣押、冻结财物的程序有严格规定，对财物的保全也有相关规定，如：对调取、查封、扣押的财物、文件，监察机关应当设立专用账户、专门场所，确定专门人员妥善保管，严格履行交接、调取手续，定期对账核实，不得毁损或者用于其他目的。对价值不明物品应当及时鉴定，专门封存保管。监察机关查封、扣押、冻结财物，既是一种保全措施，又是为了在案件调查期间，保证有关涉案财产不被转移、隐匿或者遭受损坏而影响最后判决的执行，还是为了进一步获取证明犯罪嫌疑人有罪或无罪的证据和固定证据。对于与案件相关的财物的后续处置，法律有明确规定，监察机关经调查，对违法取得的财物，应依法予以没收、追缴或者责令退赔。对涉嫌犯罪取得的财物，应当在移送人民检察院审查起诉时随案移送。监察人员不得贪污、挪用、私分、调换以及违反规定使用查封、扣押、冻结的财物。如果被调查人及其近亲属发现监察人员有上述违法违纪甚至犯罪行为，有权提出申诉。

（五）其他违反法律法规、侵害被调查人合法权益的行为

国家通过立法途径建立集中统一、权威高效的国家监察机构，赋予监察机关职责权限和调

查手段，同时通过立法实现对监察机关自身的监督，使反腐败进入法治轨道。然而，监察机关在工作中，可能会存在超越权力、滥用权力，侵犯被调查人合法权益，甚至错追错断的现象。除了前述的四种情形以外，在监察工作中，监察人员有可能实施其他违法违规、侵犯被调查人合法权益的行为，特别是程序性违法行为，如违反询问的程序性规定等。程序性权利是动态意义上的权利，是作为利益追求过程的权利，是人作为程序主体在实现实体权利或为保障实体权利不受侵犯时所享有的权利。以个人在程序中的尊严为例：假如法律承认与尊重参与者的个人尊严，那么程序参与者就有权要求法律以一种富有尊严的方式对待他们，这也就意味着个人有权要求法律提供充分的程序参与机会。这样，程序参与者虽然不直接地对某种实体结果拥有权利，但被赋予相应的程序权利。这就体现了法律程序的"过程价值"①。这些权利或权益在监察程序中也不应被随意剥夺，被调查人及其近亲属如认为这些权利或权益受到侵害，也有权提出申诉。

三、被调查人及其近亲属申诉权的保障

根据《监察法》的规定，对于被调查人或其近亲属的申诉，受理申诉的监察机关应当在受理申诉之日起一个月内作出处理决定。申诉人对处理决定不服的，可以在收到处理决定之日起一个月内向上一级监察机关申请复查，上一级监察机关应当在收到复查申请之日起两个月内作出处理决定，情况属实的，及时予以纠正。这是对被调查人及其近亲属申诉权的救济和保障。

有权利就有救济，法律救济的存在就是为了更好地保障权利的实现。对公民权利侵害的救济是维护社会秩序的根本保证，也是公民幸福和社会和谐的保障。权利是尊重人性的表现，任何侵害，不管是否存在损害后果，都是对个人尊严和价值的贬损，都必须采取救济手段加以救济。按自然法学派的观点，人类从自然状态走向人类社会的第一步是将防卫被侵害的权利让渡给国家，由国家负责保护每个人的自由、生命、安全和财产。这种保护是没有个体差别、类型差别的，只要个体遭到侵害，就必须通过有效途径进行救济。这样才符合当初订立社会契约的目的：侵害行为是对整个人类所订立的社会契约的侵犯，因而是必须加以制止和进行补救的。

被调查人及其近亲属发现有《监察法》第60条规定的法定侵权行为的，应当向作出该行为的监察机关提起申诉，受理申诉的监察机关应当及时处理。受理申诉的监察机关不及时处理或者被调查人及其近亲属对处理结果不服的，可以向上级监察机关申请复查。上级监察机关应当及时处理复查申请，对于情况属实的，有权予以纠正。这是对监察申诉复查程序的硬性规定。凡在规定时间内提出的申诉，即为有效申诉；凡未在法定期限内作出申诉复查决定的，即为违反法定程序的复查工作情形，应依法纠正。需要注意的是，监察机关不是行政机关，被调查人及其近亲属对上一级监察机关的复查结果不服的，不能提请行政复议或提起行政诉讼。

---

① 王锡锌. 行政过程中相对人程序权利研究. 中国法学，2001（4）.

第十四章
监察机关内部监督和监察人员履职规范

第一节　概　述

一、监察机关内部监督的含义

监察机关的内部监督主要体现在两个方面。一是执纪监督和审查调查部门分设，实行执纪监督、审查调查、案件监督管理、案件审理分离，处置问题线索、确定审查方案、采取审查措施、协调审理与审查意见均由集体研究决定，形成既相互协调又相互制衡的工作机制；实行提级监督，延伸监督触角，开展案件复查，既复查案件本身情况，也查明调查人员依规依法履职情况。抓住监督重点，对线索受理、初步核实、立案审查等监督权运行的关键环节进行经常性检查；加强审理监督，对调查取证、定性处理的合规合法性进行监督审核。二是设立内部专门的监督机构，加强日常管理监督，细化责任清单、明确责任主体、加强自上而下的监督管理。对纪检监察人员和党员干部违纪违法案件开展"一案双查"，既追究直接责任，又追究领导责任；把管事与管人结合起来，促进自我监督责任落到实处。引导纪检监察人员和党员干部自觉做到忠于职守、秉公执法，清正廉洁、保守秘密，为全党全社会树立严格自律的标杆。

二、监察人员履职规范的含义

监察人员的履职规范包括履职要求和限制性规定。（1）履职要求包括：监察人员必须模范遵守宪法和法律，忠于职守、秉公执法，清正廉洁、保守秘密；必须具有良好的政治素质，熟悉监察业务，具备运用法律、法规、政策和调查取证等能力，自觉接受监督。实行严格的人员准入制度，准入上把关首要从政治条件上把关，就是严把政治安全关。组织人事部门和干部监督机构是纪检监察队伍选人用人的"守门人"，要坚持党管干部原则和好干部标准，严格把好关口。（2）限制性规定包括：建立和严格执行回避、保密、安全、脱密期管理和从业限制等制度，对监察人员打听案情、过问案件、说情干预的，或未经批准接触被调查人、涉案人员及其特定关系人，或者存在交往情形的，严格落实向上级负责人报告和登记备案制度。对于依法依规应当回避的监察人员，严格按程序形成记录并作出是否回避的规定，以加强对监察人员遵纪守法情况的监督。监察人员的履职要求和限制性规定，从高标从业和遵纪守法两个层面深刻诠释了监察权力是党和人民赋予的，只能用来为党和人民做事。每一名监察人员都要有对权力的敬畏之心，加强党性修养，正心修身，淡泊无志，增强定力，接受各种考验，把监督、调查、处置的腰杆挺得更直。

三、内部监督和履职规范的法理依据

习近平总书记在谈到如何在新起点上深化监察体制改革时指出："要整合规范纪检监察工作流程，强化内部权力运行的监督制约；健全统一决策、一体运行的执纪执法工作机制，把适用纪律和适用法律结合起来；推动纪检监察工作双重领导体制具体化、程序化、制度化，带动整个纪检监察系统提高履职质量。"① 这一重要论述揭示了加强监察机关内部监督和履职规范的重要意义；阐明了加强监察机关内部监督制约的有效途径和方式方法；阐明了监察机关的内部监督和履职规范，就是通过整合规范工作流程，强化内部权力运行监督制约，确保监察权依法规范运行和监察人员既忠诚履行职责又坚守权力边界。为此，《监察法》及其《监察法实施条例》设专章对监察机关内部监督、监察人员履职规范作出明确规定。

监察机关内部监督和监察人员履职规范的设定，蕴含着有权必有责、用权必担责、滥权必追责的法治逻辑。申言之，国家机关在拥有公权力的同时，必须负有相应的责任。掌握什么样的权力，就意味着必须承担什么样的责任；拥有多大的权力，就必须承担多大的责任。作为责任主体，国家机关及其公职人员必须具备忠诚履职的担当意识，牢固树立有权就有责、权责要对等的履职理念。深刻认识到监察权同其他公权力一样，也是一把"双刃剑"，只有关进制度的笼子里，才能确保权力行使规范透明、公正高效，推进反腐倡廉建设，否则，就会导致公权私用、权力滥用，给反腐倡廉建设带来极大破坏性。在依法履职的问题上，习近平总书记强调，党的干部必须坚持原则、认真负责，面对大是大非敢于亮剑，面对矛盾敢于迎难而上，面对危机敢于挺身而出，面对失误敢于承担责任，面对歪风邪气敢于坚决斗争。② 这进一步揭示了权力意味着责任，权力的行使与责任担当紧密相连。一个合格的监察人员，不仅要坚持谨慎用权，自觉接受纪律和法律的约束，还要做到敢于担当，忠实履行党和国家赋予的法定职责。

第二节　监察机关内部监督

一、监察机关内部监督的目的

监察机关内部监督的目的就是建设忠诚、干净、担当的监察队伍。"政治忠诚、个人干净、敢于担当"是辩证统一的整体，涵盖了政治建设、思想建设、业务建设、作风建设、品德建设等各个方面，更加突出了对监察人员的政治品格要求、党性修养要求和职业素质要求，是对新时代监察好干部标准的丰富和发展。

（1）忠诚。政治忠诚是对监察人员第一位的政治要求。监察人员长期工作在反腐败斗争一线，天天看到这样那样的问题，如果没有坚定的信念和坚强的党性，时间长了就很容易动摇，对未来失去信心。坚守信仰、坚定信念，是一个长期的自我修养过程，监察人员要增强政治敏锐性和政治警觉性，在严峻复杂的形势面前保持头脑清醒，牢固树立"四个自信"；要始终在思想上、政治上、行动上同党中央保持高度一致，坚决贯彻党的路线、方针、政策，坚决维护党中央权威和集中统一领导。

（2）干净。监察人员是"打铁的人"，首先就要成为"铁打的人"，自身廉洁过硬是监察人

---

① 习近平. 在新的起点上深化国家监察体制改革. 求是，2019（5）.
② "五个敢于"是新时代干部担当精神的具体体现.（2018-04-13）［2023-10-27］. http：//theory. people. com. cn/n1/2018/0413/c40531-29923920. html.

员监督、调查、处置最大的底气、硬气。监察人员必须自身行得正，做守纪律、讲规矩的表率。监察机关不是保险箱，监察人员不是生活在真空里，对腐败也不具有天生的免疫力。监察人员因为手中的权力，同样会被别有用心的人和腐败分子拉拢腐蚀。守住干净这条底线，关键是守住党纪国法的底线。监察人员要始终绷紧党纪国法这根弦，坚决杜绝泄露工作秘密、擅自处理问题线索等问题，严禁办人情案、关系案。只有守住了党纪国法，才能做到清清白白、干干净净。

（3）担当。权力就是责任，责任就要担当。担当首先体现在做好本职工作、勇于承担责任上，同时也体现在对干部的高要求、严管理上。监察人员，特别是监察机关领导人员，更要敢于担当、敢于监督，切实履行好法律赋予的职责。监督、调查、处置是"得罪人"的活儿，监察人员必须以党和人民的利益为重，铁面执法，不怕得罪人。这是对民族、历史负责的担当。如果畏首畏尾、不敢监督、不想监督，对不正之风和腐败现象无动于衷、无所作为，就必然会辜负于党、失信于民。干事要担当，管人也要有担当。管理既要靠制度，更要靠有担当的领导。监察机关领导人员都有领班子、带队伍的责任，对干部既要教育、锻炼、培养又要言传、身教、严管，要为党和国家的事业发展着想，领出好班子、带出好队伍、形成好风气。①

二、监察机关内部监督的要义

监察机关对监察人员进行内部监督，主要是对本单位的工作人员执行职务和遵守法律的情况进行监督。"执行职务"是指监察人员代表监察机关行使职权、履行法定义务，其行为产生的法律后果由监察机关负责。"遵守法律"是对监察人员的一般要求，不论是执行职务还是在日常生活中，监察人员都应模范遵守国家法律法规。②加强对监察人员执行职务和遵守法律情况的监督，是确保监察权规范运行、监察人员秉公执法的重要途径，是建设监察队伍清廉、忠诚、担当良好形象的核心步骤，更是维护监察机关公信力的有力手段。

加强对监察人员执行职务的监督，应当根据监察人员违法行使监督权的情节、性质、后果等严重程度从四个方面展开：一是对监察人员违法行使监察权的苗头性、倾向性行为，要及时进行谈话提醒、批评教育、责令检查、红脸出汗、咬耳扯袖，促其警醒，使其增强执纪者更要守纪、执法者更要守法的意识，做到忠诚、干净、担当。二是对监察人员打听案情、过问案件、说情干预，未经批准接触被调查人、涉案人员及其特定关系人或者私下交往，越权或私自接触相关地区、部门、单位党委（党组）负责人的情况，一律进行登记备案、先行停职，一经查实，对于未造成实质性后果、本人表现一向良好、认错态度诚恳的，视情给予谈话函询、诫勉谈话或组织处理，对于情节较重或造成一定后果的，调离纪检监察系统。三是对于未经批准、授权处置问题线索，发现重大案情隐瞒不报、私自留存、处理涉案材料，利用职权或者职务上的影响、干预调查工作，以案谋私，违法窃取、泄露调查工作信息，泄露举报事项、举报受理情况以及举报人信息，对被调查人逼供、诱供或者侮辱、打骂、虐待、体罚或者变相体罚，违反规定处置查封、扣押、冻结的财物，违反规定发生办案安全事故或者发生办案安全事故后隐瞒不报、报告失实、处置不当，违反规定采取留置、限制出境或者不按规定解除出境限制，以及其他滥用职权、玩忽职守、徇私舞弊，严重触犯党的纪律处分条例和国家法律法规的

① 中共中央纪律检查委员会法规室，中华人民共和国国家监察委员会法规室.《中华人民共和国监察法》释义.北京：中国方正出版社，2018：244-248.

② 中共中央纪律检查委员会法规室，中华人民共和国国家监察委员会法规室.《中华人民共和国监察法》释义.北京：中国方正出版社，2018：246.

行为，应当严格依纪依法给予党纪政务处分和组织处理；对于构成犯罪的，依法追究刑事责任。四是监察人员严重违纪违法的，追究负有责任的领导人员和直接责任人员的责任。

加强对监察人员遵守法律情况的监督，是打铁必须自身硬的客观要求。监察人员越是权力、岗位重要，就越要做到遵纪守法，越要受到严格管理和监督。如果因为信任疏于监督，甚至放手不管、放任自流，再好的监察人员也有可能成为越轨的火车，作出自毁前程、践踏法纪的举动。近年来，对纪检监察人员的监督力度不断加大，监督机制日益完善，效果也日益显现。但仍要看到，监督"虚化"、流于形式的问题仍然存在。在监督环节上，重选拔任用，轻任后监督；在监督对象上，重一般干部，轻领导骨干；在监督内容上，重日常事务，轻原则问题；在监督时段上，重"八小时以内"，轻"八小时以外"；在监督形式上，重事后查处，轻事前监督。管理监督功能发挥不好，对苗头性、倾向性问题不敢管、不愿管，甚至哄着护着，就可能使小毛病演变成大问题，少数被查处的纪检监察人员的情况说明，组织信任有余而监督不足，后果十分严重。

自觉接受党组织的管理监督，是每个监察人员的应有态度。即使对那些严于律己、品行端正的监察人员，监督也绝不多余。道德修养、党性锤炼不可能一劳永逸，那种视监督为"找茬""整人"的干部，总有一天会将组织的信任"挥霍一空"，只有把监督当警戒、作镜子，处处对照、时时检查，找出不足、改正缺点，才能赢得组织更大的信任，挑起更重的担子。严是爱，松是害，党组织加强监督管理，是对监察人员的真正关爱，对党的事业的高度负责。搞好监督，要进一步健全制度机制，切实发挥监督体系的功能作用；要坚持对上对下一个样、此时彼时一个样、大事小事一个样；要克服好人主义思想，不怕丢选票，不怕得罪人，敢于坚持原则，敢于较真碰硬；要保持有规必依、执规必严、违规必究的高压态势，对违反纪律、不讲规矩的人和事，该批评的批评，该制止的制止，使每个监察人员心有所畏、言有所戒、行有所止。

加强对监察人员遵守法律情况的监督，关键在于落实有权必有责、滥权必追责的法治原则。如果既没办法在源头上达到对监察人员的有效监督与制约，也没办法及时补救监察人员的失职或滥用职权的行为，那么我们只能从刑法的预防效果的理论中受到启发，转而通过制定对监察人员失职失责行为的追责制度来达到一般预防的效果和监督的目的。①

三、监察机关内部监督的机制

（一）专门的内部监督机构

《监察法》第55条提出了通过设立内部专门的监督机构等方式来加强内部监督。《监察法实施条例》第258条进一步规定了相互协调制约的内部监督工作机制。该条用4款详细阐释了这一工作机制的主要内容：监察机关应当建立监督检查、调查、案件监督管理、案件审理等部门相互协调制约的工作机制。监督检查和调查部门实行分工协作、相互制约。监督检查部门主要负责联系地区、部门、单位的日常监督检查和对涉嫌一般违法问题线索的处置。调查部门主要负责对涉嫌严重职务违法和职务犯罪问题线索进行初步核实和立案调查。案件监督管理部门负责对监督检查、调查工作全过程进行监督管理，做好线索管理、组织协调、监督检查、督促办理、统计分析等工作。案件监督管理部门发现监察人员在监督检查、调查中有违规办案行为的，及时督促整改；涉嫌违纪违法的，根据管理权限移交相关部门处理。根据这一规定，监察

---

① 吴建雄，郭太盛，郭烽．把权力关进制度笼子的科学要义．红旗文稿，2017（2）．

机关的内部监督机构实行监督检查和审查调查部门分设，执纪监督、审查调查、案件监督管理、案件审理分离。设立相互协调制约的监督机构，就是要加强日常管理监督，引导监察人员自觉做到忠于职守、秉公执法、清正廉洁、保守秘密，为全党全社会树立严格自律的标杆。各机构要履行自身建设的主体责任，细化责任清单，明确责任主体，加强自上而下的监督管理。

（二）综合性监督检查机制

根据《监察法实施条例》的规定，为加强对监察人员执行职务的监督，监察机关应当建立专项检查、业务考评、案件复查相结合的监督检查机制：对监察权运行的关键环节进行经常性监督检查，适时开展专项督查。案件监督管理、案件审理等部门应当按照各自的职责，对问题线索处置、调查措施使用、涉案财物管理等进行监督检查，建立常态化、全覆盖的案件质量评查机制。监督检查、审查调查部门负责人应当定期检查审查调查期间的录音录像、谈话笔录、涉案财物登记资料，加强对审查调查全过程的监督，发现问题后及时纠正并报告。

（三）"一案双查"责任追究机制

"一案双查"就是严格执行问责机制，既要追究当事人的责任，又要倒查追究相关领导人员责任，包括党委和纪委的责任。《纪检监督执纪工作规则》第73条第1款规定，对案件处置出现重大失误，纪检监察干部涉嫌严重违纪或者职务违法、职务犯罪的，开展"一案双查"，既追究直接责任，还应当严肃追究有关领导人员的责任。纪检监察"一体两面"的工作体制，决定了监察机关"一案双查"问责机制的确立。典型的就是在调查处置工作结束后，发现立案依据不充分或失实，案件处置出现重大失误，监察人员严重违法等失职或者滥用职权的行为时，问责。监察委员会对监察人员的问责处置包含以下四种：对违法的公职人员作出政务处分决定；对行使职权中存在的问题提出监察建议；对履职不力、失职失责的领导人员进行问责；对涉嫌职务犯罪的，将调查结果移送检察机关依法追究刑事责任。"一案双查"问责机制无疑加强了监察委员会对监察人员的履职监督的刚性，对于监察人员依法规范履职有重要的现实意义。

第三节　监察人员履职要求

一、监察人员履职要求的基本内容

习近平总书记要求纪检监察机关"接受最严格的约束和监督，加大严管严治、自我净化力度"[①]。《监察法》第56条规定："监察人员必须模范遵守宪法和法律，忠于职守、秉公执法、清正廉洁、保守秘密；必须具有良好的政治素质，熟悉监察业务，具备运用法律、法规、政策和调查取证等能力，自觉接受监督。"《监察法实施条例》规定，"监察机关应当对监察人员有计划地进行政治、理论和业务培训。培训应当坚持理论联系实际、按需施教、讲求实效，突出政治机关特色，建设高素质专业化监察队伍"。这是关于监察人员守法义务和职业能力的要求，主要目的是规范监察人员的行为，促进监察人员更好地履行本职工作。

监察人员履职要求主要包括九个方面的内容：一是"模范遵守宪法和法律"，主要是指监察人员作为执法人员要做遵守宪法和法律的标杆。正人先正己，打铁必须自身硬，监察人员责任重大，只有自身过硬，才能挺直腰杆去监督其他公职人员。监察人员要牢固树立法治观念，培养、增强法律意识，加强遵守法律的自觉性，做纪守法的模范。二是"忠于职守"，主要

---

① 充分发挥全面从严治党引领保障作用　确保"十四五"时期目标任务落到实处．人民日报，2021-01-23.

是指监察人员必须认真履行职责，坚守工作岗位，恪尽职守。对于自己范围内的事要坚持原则、竭尽全力、克服困难、任劳任怨，以对国家、对人民高度负责的精神，圆满完成本职工作。三是"秉公执法"，主要是指监察人员在履行职责时应实事求是，正确运用权力，客观、公正地执行国家法律。监察人员必须尊重事实，重证据、重调查，以事实为根据，以法律为准绳，不徇私枉法，客观、公正地严格执法。四是"清正廉洁"，主要是指监察人员在履行职责过程中必须廉洁奉公，不利用职权谋取个人私利。监察机关的性质和任务决定了监察人员首先要做到廉洁奉公，不贪赃枉法，不以权谋私。只有这样，才能在监督、促进监察对象遵纪守法、廉洁奉公等方面真正做到"执法如山""铁面无私"。五是"保守秘密"，主要是要求监察人员牢固树立保守党和国家秘密的观念，严格遵守保密法律和纪律，严守有关保密工作的规定。六是"具有良好的政治素质"，主要是指监察人员要增强"四个意识"，提高政治觉悟、严守政治纪律，与党中央保持高度一致，坚决维护党中央权威。监察工作政治性极强，出现任何疏漏或问题，都会给全面从严治党、党风廉政建设和反腐败斗争造成损失。监察人员要切实把"四个意识"体现在思想上和行动上，把政治和业务有机统一起来，要紧紧跟上中央要求，坚定政治立场，把责任追究真正落到实处，推动全面从严治党不断向纵深发展。同时，监察人员经常同各种违法犯罪行为面对面的斗争，不可避免地要接触一些消极阴暗的情况，容易受到腐朽思想的影响，这就特别要求监察人员具有极强的自我约束力和心理承受力，在同不正之风和腐败现象的斗争中不断锤炼党性、磨砺心性，在消极腐败面前不动摇，在金钱利诱面前不动心。七是"熟悉监察业务"，主要是指监察人员必须掌握监察专业知识及相关业务知识。党的十九大报告强调，注重培养专业能力、专业精神，增强干部队伍适应新时代中国特色社会主义发展要求的能力。监察工作内容复杂、涉及面广，同时专业性强，这就要求监察人员不仅要具有较高的政治素质和工作热情，而且必须具有较强的业务能力。八是"具备运用法律、法规、政策和调查取证等能力"，主要是指监察人员必须掌握相关法律、法规、政策知识，并善于在调查取证等工作中加以运用。监察机关依法对行使公权力的公职人员进行监察，调查职务违法和职务犯罪，因此监察人员必须具备相应的知识和能力，努力养成严、实、深、细的工作作风。九是"自觉接受监督"，主要是指监察人员要坚定理想信念，提高政治站位，充分认识严管就是厚爱，把监督当成一种关心、爱护和保护，增强遵纪守法的自觉性，用实际行动证明监察队伍是一支党和人民信得过、靠得住的队伍。[①]

二、监察人员履职要求的实现

党的十九大报告明确指出，领导 13 亿多人的社会主义大国，我们党既要政治过硬，也要本领高强；并要求全党增强"八种本领"。党的二十大报告对"建设堪当民族复兴重任的高素质干部队伍"提出新要求。新时代要有新气象新作为，必须培育新素质、塑造新形象。监察人员是监察队伍的重要组成部分，是党和国家自我监督的专门力量，必须做"政治过硬、本领高强"的排头兵，不负堪当民族复兴重任的时代使命。

（一）模范遵守宪法和法律

宪法是我国的根本法，规定了国家的根本制度和根本任务，是我们进行社会主义现代化建设的根本保障。我国的法律以宪法为依据制定，是由国家强制力保障实施的行为规范。遵守宪法与法律，是各个国家机关、各个社会组织、团体和每个公民的义务。行使国家监察权的监察

---

① 中共中央纪律检查委员会法规室，中华人民共和国国家监察委员会法规室．《中华人民共和国监察法》释义．北京：中国方正出版社，2018：248-252.

人员，应当树立宪法至上的思维，维护宪法与法律的权威，自觉在宪法和法律的范围内活动。监察人员必须模范遵守宪法和法律，以自身的言行、举止来维护宪法的权威，在宪法和法律规定的职权范围内，按照法律规定的程序，依照法律的规定进行监察活动。

在贯彻实施监察法的过程中，如何增强监察人员遵守宪法的自觉性，提升监察人员恪守法律的主动性，是监察机关必须时刻思考的一个重要问题。宪法是国家的根本大法，是治国安邦的总章程。依法治国，核心是依宪治国；依法执政，核心是依宪执政。我国的法律是人民意志的反映，是维护国家稳定、各项事业蓬勃发展的最强有力的武器，也是捍卫人民群众权利和利益的工具。宪法和法律的重要性、权威性，需要监察人员在实际工作中通过身体力行、模范地遵守来体现。为此，监察机关应当大力维护宪法和法律的权威，敦促监察人员带头无条件地模范遵守宪法和法律，禁止监察人员在任何时候、任何情况下背离宪法和法律的原则与精神，做违宪违法的事。"党必须在宪法和法律范围内活动"，"任何机关和个人都不能有超越宪法的特权"，"党员必须模范遵守国家的法律法规"，这些是对监察人员的基本要求。在全面推进依法治国、依法执政的今天，更需要努力提高全党依法执政的能力，善于通过法定程序，使党的主张成为国家意志；善于促进民主的法制化和法制的民主化，让更多的人民群众参与对国家和社会生活的管理、监督；善于以自身遵纪守法的模范行动，带领人民群众不断地完善法治秩序和法治环境，把党的领导、人民当家作主与依法治国有机地统一起来。鉴于严格遵守宪法和法律对监察职业的重要意义，监察机关应当通过内部监督机制，采取多种手段和措施，提升监察人员遵守宪法和法律的精神动力、行动水平。

必须承认，监察工作中仍有个别监察人员未恪守守法义务，滥用监察权，违背清正廉洁的职业要求。对此，监察机关应当对症下药、双管齐下：一要组织监察人员学法，使大家知法懂法；二要严明纪律，让任何人不能以任何借口不遵守和不执行宪法、法律。对于监察人员做的违宪违法的事，应当严格查处。如此，通过自律与他律相结合，保证监察人员模范地遵守宪法和法律。

（二）加强日常管理监督

监察人员是廉政建设和反腐败工作的实践者、促进者，责任重大，使命崇高，应专心致志地工作，严格履行工作职责，承担起本职位的法定责任，包括：在办理案件中必须保持公正，秉公办事，严格遵守法律，严格执行法律，不贪赃枉法，忠于职守，做到品行端正、公正无私；对于涉及国家秘密、商业秘密、个人隐私的案件，必须严格依照法律规定的程序办理，不得随意泄露。

打铁必须自身硬，监察委员会要加强日常管理监督，引导纪检监察人员和党员干部自觉做到忠于职守、秉公执法、清正廉洁、保守秘密，为全党全社会树立严格自律的标杆。应当从四个方面加强监督：一是扎紧织密制度的笼子。严格工作程序，有效管控风险点，强化对监督执纪各环节的监督制约，明确纪委监委内部谁来监督、监督什么、怎么监督的问题。二是创新组织制度。建立监督检查、审查调查、案件监督管理、案件审理相互协调、相互制约的工作机制：监督检查部门负责联系地区和部门的日常监督，审查调查部门负责对违纪行为进行初步核实和立案审查，案件监督管理部门负责综合协调和监督管理，案件审理部门负责审核把关。三是充分发挥监督检查部门的作用。监督检查部门要重点盯紧机关、巡视机构、派驻纪检组，坚持把纪律和规矩挺在前面，从小处抓起，从日常抓起，让咬耳扯袖、红脸出汗成为常态；常态化开展干部谈心谈话、家访等工作，把监督范围从"工作圈"延伸至"生活圈""交往圈"。持续刀刃向内，对不适宜在纪检监察系统工作的干部及时进行组织调整，对纪检监察人员和党员干部违纪违法问题"零容忍"。四是要主动接受审计、群众和社会监督。加强对财政预算执行和其他财务情况进行审计，堵住薄弱环节和制度漏洞。充分发挥特邀监察员的作用，赋权特邀监察员加强对纪检干部的思想、工作、生活等方面情况的监督。坚持执纪开放理念，开展人大代表、政协委员、党风监督员、特邀监察员、基层群众、网友代表等"走进监委"活动，进一步增强机关干部主动接受监督的自觉性。

（三）培养监察人员良好的政治素质

监察人员本身应该具有良好的政治素养，并不断提高政治觉悟和加强职业道德修养。把坚定正确的政治方向放在首位，坚持为人民服务、为社会主义服务的方向，牢固树立全心全意为人民服务的思想。与此同时，要遵守宪法、法律和纪律。政治素质在不同时代、不同环境下，要求不尽相同，但一个监察人员，必须具有良好的政治素质，则是基本要求。在革命战争年代，政治素质要求每一个党员干部要忠诚于党的事业，甚至准备为党的事业献出自己的一切。在和平建设时期，随着环境的改变，中国共产党成为执政党，肩负着领导全国人民建设社会主义和中华民族伟大复兴的重任。这同样要求各级领导者，尤其是监察人员，在政治上清醒、坚定，不负人民的重托。"政治上靠得住"是对监察人员政治素质的最基本要求。这里所说的"政治"，既包括在思想上树立崇高的理想和坚定的信念，具有较高的马克思主义理论水平和政治素养，也包括在行动上认真贯彻落实习近平新时代中国特色社会主义思想，坚决与党中央保持高度一致，认真执行党的路线方针政策，还包括在面对各种挑战和考验时，能够具有见微知著的政治鉴别力，具有高度的政治敏锐性，不断提高工作的预见性和科学性。当前，世界风云变幻，各种各样的思潮、理论陆续传入中国，各种各样的诱惑也不断向监察人员袭来。在这样的情况下，各级监察人员一定要能够坚持正确的政治方向、政治立场，在重大原则问题上分得清是非，在重大关头和各种风浪中经得起考验。监察人员，不论是在重大问题上还是在日常工作中处理政务，都要做到坚持原则，明辨是非、始终保持政治上的清醒和坚定。监察机关应当以高度的政治责任感来认识这个问题，自觉按照中央的要求，全面提高监察人员的素质特别是政治素质，进一步增强政治意识，提高政治水平，始终保持政治上的清醒和坚定。

（四）不断提高监察人员的业务能力

从监察人员自身的工作来看，必须不断加强职业道德修养，熟悉自身的监察岗位、职责，提升业务水平。监察工作对党的事业非常重要，办案质量直接影响到我党的执政，影响民心。监察人员一定要认真负责，在办案过程中，忠于职守，掌握、熟悉监察业务。监察人员需具备运用法律、法规、政策和调查取证等的能力，在办理相关案件时，要做到事实清楚、证据确凿、定性准确、处理恰当、手续完备、程序合法，严格依照法律、法规、政策来办理案件，处理工作事宜。调查取证是监察委员会查处案件的中心环节，事关整个案件的调查成败，而监察人员拟定调查方案、实施调查取证、撰写调查报告的能力和水平，是案件质量的重要保障。监察机关应当建立健全监察业务相关制度，帮助监察人员快速掌握这些专业技能，并构建各类业务学习机制，帮助监察人员深刻理解支撑这些制度的理论和原则，全面提升监察人员办案的能力。

（五）自觉接受监督，强化自我约束

自觉接受监督，从严约束自己，是对每一名监察人员的一项要求、一份责任、一种境界。接受监督要形成自然行为习惯，习惯是内化于心的思想自觉。"少成若天性，习惯如自然"，要形成这种视监督为爱护的习惯，要把监督看作是最大的爱护、最好的保护、最亲的呵护，把纪律当成最可靠的保险、最好的护身符，在潜移默化中形成自觉，成为习惯。要守住底线，不逾越规纪，干干净净做事、清清白白做人，使自觉接受监督在日常言行中形成条件反射，成为习惯。要慎独、自律、知敬畏：不仅在工作上，要自觉按照权力运行规则办事，让权力在阳光下运行，时时以党纪国法提醒自己，不断加大秉公用权的透明度；就是在别人看不到、听不到的时候，在"八小时"之外的私底下、无人时、细微处，也要时刻以典型案例警示自己，自觉脱离低级趣味，主动抵制奢华低俗，要懂得感恩知足、淡泊名利，反对拜金主义、享乐主义和奢靡之风，保持高尚的精神追求。坚持将纪律挺在前面，时刻以纪律规矩约束自己，不断反省自己、完善自己，使日常工作生活中不经意的行为举止也坚持以规则为准绳，形成良好的行为习惯。自律不能代替他律，失去监督的权力容易导致腐败。形成有效监督，要进一步扎牢织密制度的笼子，建立涵盖党内监督、民主监督、司法监督、社会监督、舆论监督等多种监督形式的权威高效监督体系，做到监督全方位、全覆盖；做到有力监督，要瞪大眼睛吹开浮土找裂纹，做到有案必查、查处必严，形成震慑。"近朱者赤，近墨者黑。"只有用严格的制度保障，严肃执纪问责，持续不断正风肃纪，才能让监察人员自觉接受监督成为习惯，造就忠诚、干净、担当的监察队伍。

第四节　监察人员限制性规定

一、监察人员限制性规定概述

监察人员限制性规定对于促进监察职业建设具有重要意义。一方面，监察人员职业纪律是监察职业伦理的重要内容，而监察职业伦理的成长与发展将极大促进监察职业的成熟。另一方面，监察人员限制性规定是保障监察工作顺利进行的有力武器。监察人员限制性规定一般是为监察法律规范所明确的一系列具有强制约束力的行为准则，遵守这些准则，监察事项更能公正、高效地进行，否则即可能受阻。监察人员遵守限制性规定也是其履职行为受到职业内部、外部认可的前提条件。因此，监察人员应当重视并严格遵守限制性规定。

《监察法》《监察官法》《监察法实施条例》对监察人员办理监察事项作出了一系列规定，这些规定主要包括：办理监察事项的报告备案规定、办理监察事项的回避规定，以及离岗离职后脱密期管理的规定。在办理监察事项的报告备案上，"对监察人员打听案情、过问案件、说情干预的，办理监察事项的监察人员应当及时向上级负责人报告"，"发现办理监察事项的监察人员未经批准接触被调查人、涉案人员及其特定关系人，或者存在交往情形的，知情的监察人员应当及时向上级负责人报告"。在监察人员回避上，办理监察事项的监察人员有四种情形之一的，应当自行回避，即：（1）是监察对象或者检举人的近亲属；（2）担任过本案的证人；（3）本人或者其近亲属与办理的监察事项有利害关系；（4）有可能影响监察事项公正处理的其他情形。此外，监察对象、检举人及其他有关人员也有权要求其回避。在监察人员离岗离职脱密期管理上，"监察机关涉密人员离岗离职后，应当遵守脱密期管理规定，严格履行保密义务，不得泄露相关秘密。监察人员辞职、退休三年内，不得从事与监察和司法工作相关联且可能发生利益冲突的职业"。

二、办理监察事项报告备案的规定

《监察法》第57条对监察人员提出明确报告备案要求，其主要目的是完善过程管控制度，避免出现跑风漏气、以案谋私、办人情案等问题。这既是对监察人员的严格要求，也是对监察人员真正的关心爱护。该条分两款。第1款规定的是对监察人员干预案件的处理：对监察人员在线索处置、日常监督、调查审理和处置等各环节有打听案情、过问案件、说情干预等行为的，办理监察事项的监察人员应当按照有关规定及时向组织反映。第2款规定的是对监察人员违反规定接触有关人员的处理：知情人既包括共同办理该监察事项的其他监察人员，也包括被调查人、涉案人员及其特定关系人或者其他人员。对这两款规定的情况，监察机关应当全面、如实记录，做到全程留痕、有据可查。对于上述违法干预案件、接触相关人员的监察人员，应当依法给予党纪或政务处分，构成犯罪的，还应依法追究刑事责任。

（一）对打听案情、过问案件、说情干预的报告备案的规定

监察委员会在被赋予特定的权力的同时，也肩负着更大的责任。而监察委员会及其监察人员作为国家权力的行使者，同样受到有权必有责、用权受监督理论的约束。党的十八大之后中纪委专门设立了对纪委工作人员实施监督的内设机构，集中力量解决"灯下黑"的问题。2023年，全国纪检监察系统共接收涉及纪检监察干部问题线索或反映 4.65 万余件次，处置涉及纪检监察干部问题线索 4.37 万余件，谈话函询纪检监察干部 1.46 万余人次，立案纪检监察干部8 977 人，处分 7 817 人，移送司法机关 474 人，其中，处分厅局级干部 207 人、县处级干部1 382 人；各级纪检监察机关运用"四种形态"批评教育和处理纪检监察干部 3.72 万余人次，其中：运用第一种形态批评教育和处理 2.87 万余人次，运用第二种形态处理 7 031 人次，运用第三种形态处理 884 人次，运用第四种形态处理 562 人。[①]

明确监察工作的主、客体关系。监察人员打听案情、过问案件、说情干预，主体是监察人员，行为是向办理监察事项的监察人员打听案情、过问案件、说情干预。向监察人员打听案情、过问案件、说情干预的主体通常情况下不仅包含了案件的利害关系人，如被监察人员、被调查人员及其特定关系人，同时也包含其他监察人员。《监察法》第 57 条第 1 款进一步明确了其规制对象为监察人员，由此这是监察机关内部的一种监督机制，是对监察人员自身的监督。

干预监察人员办案的方式在情节上具有层次性。打听案情只是获取信息的了解咨询，但利用了监察机关内部关系资源。监察人员有可能是受人之托，也有可能与监察对象具有特殊关系。不管出于何种原因，监察人员之间的同事关系会对办理监察事项的监察人员造成隐性的影响。过问案件和说情干预两种方式具备了显性的干预故意和行动方案，监察人员利用职权或人情关系主动影响办理监察事项的监察人员，甚至给其施加压力，目的在于为监察对象说情开脱，干扰监察人员办案的情节更为严重。

办理监察事项的监察人员报告备案的及时性。监察人员不应当随意透露案件的真实情况和进展，遇到其他监察人员打听案情、过问案件、说情干预的情形，应该及时向监察机关相关负责人或者办案主管监察人员报告并登记备案。监察机关内部构建报告备案制度为监察机关内部监督提供了制度保障，同时也是对办理监察事项的监察人员的一种保护措施，有利于办案的独立性和公正性。

（二）对未经批准接触被调查人、涉案人员及其特定关系人，或者存在交往情形的报告备案的规定

监察人员职业规范所涉事项是监察机关自我监督体系的一部分，对监察人员职业规范的监督限于监察机关内部，即办理监察事项的监察人员对其他监察人员的监督，主体为知情人，办理监察事项的监察人员成为监督对象。作为办理监察事项的监察人员在《监察法》第 57 条中的身份存在一种辩证关系，既是监督者，又是被监督者。另外，知情人的范围不应该局限于监察人员，而应包括其他一切发现监察人员存在与被调查人员、涉案人员及其特定人员交往情形的人，不仅包括监察人员、被调查人员、涉案人员及其特定关系人，还包括其他党政机关、社

---

① 中央纪委国家监委通报 2023 年对纪检监察干部监督检查审查调查情况．（2024 - 01 - 25）［2024 - 03 - 08］. https：//www.ccdi.gov.cn/toutiaon/202401/t20240125_324532_m.html.

会企事业单位、社会公众等等。只要发现监察人员未经批准接触被调查人员、涉案人员及其特定关系人，或者存在交往情形，不管是监察人员还是其他人，都有权利和义务及时报告。对知情人范围的扩大理解实质就是社会监督的深刻体现：调动社会公众的力量对监察人员进行监督，以促进监察委员会更科学、更高效地对监察人员实行监督。

监察人员不得未经批准接触监察对象是为了防止监察人员在办理具体案件之前对案件形成预断，影响案件调查工作的展开；也是为了防止在这种接触过程中出现权力寻租、权钱交易的腐败现象。需要注意的是，这并不意味着直接剥夺监察人员接触被调查人员、涉案人员及其特定关系人，如果确有必要或者因为具体案件的复杂程度不同等因素，经过相关批准，监察人员仍然可以接触这些人员的。

同监察人员不应当随意透露案件真实情况和进展的行为规范一样，当监察人员与被调查人员、涉案人员及其特定关系人有特定交往情形时，监察人员应当主动及时地报告并登记备案，如果被发现，被发现者也应当及时向监察机关及其他监察人员报告并登记备案。这是因为当监察人员与这些对象存在交往情形时，很难保证被调查人员及其家属乃至社会公众对调查和处置结果的信服，甚至进一步导致最终的司法公正问题。

对于上述情形，监察机关应当全面、如实记录，做到全程留痕、有据可查。对于上述违法干预案件、接触相关人员的监察人员，应当依法给予政务处分；是党员的，要依照《纪律处分条例》追究党纪责任；构成犯罪的，还应当依法追究刑事责任。

三、监察人员回避的规定

（一）监察人员回避的含义

《监察法》第58条规定回避的主要目的，是确保监察工作客观、公正、合法，树立监察机关公正执法的良好形象。回避是指办理监察事务的监察人员遇有法律规定的情形时，应当不参加对该具体案件的监督、调查、处置活动。

实行回避制度有着重要的法治价值。

首先，有利于案件或监察事项的客观、公正处理，实现实体公正。在监察活动中，要使案件在实体上得到公正处理，监察机关应依照法律履行监督、调查、处置职责，收集被调查人有无违法犯罪以及情节轻重的证据，查明违法犯罪事实，形成相互印证、完整稳定的证据链。在发现事实的基础上，监察机关根据监督、调查结果，依法作出处置。发现案件真相和正确作出处置，要求办理监察事项的监察人员在监察过程中保持客观公正，这就要求监察人员与案件没有利害关系以及排除其他可能影响案件公正处置的关系。监察人员如果在监督、调查、处置等各个监察环节存在法定的妨碍、案件处理公正进行的情形，就应回避。只有这样，才能防止监察人员先入为主预断或徇私舞弊，保证案件得到公正、客观的处理。

其次，有利于防止执法偏见，彰显程序正义。如果办案人员具有是监察对象或者检举人的近亲属，或者担任过本案的证人，或者与办理的监察事项有利害关系等，有可能影响监察事项公正处理的情形，则其办理案件和事项是难以做到客观公正的。即使做到了客观公正，也难以取信于当事人和社会公众。实行回避制度，可以消除监察对象及其他相关人员的思想顾虑，实现程序正义，避免不必要的申诉，提高办案效率和降低成本。而排除对监察对象的偏见既是对监察对象权益的维护，也是程序上的公正对待。在执法实践中，执法人员在办案中因涉及个人利益，或者本身与执法对象有着亲仇关系而不能做到公平对待，甚至徇私枉法的现象并不鲜见。监察工作中要避免类似现象发生，就必须落实好回避制度。

最后，有利于确保监察机关和监察活动的公信力。习近平总书记指出，强化党内监督是为了保证党立党为公、执政为民，强化国家监察是为了保证国家机器依法履职、秉公用权，强化社会监督是为了保证权力来自人民、服务人民。[①] 监察机关实质就是国家反腐败工作机构，推进国家监察体制改革，正是要从组织和制度上巩固中国共产党十八大以来反腐败斗争取得的成果。反腐败压倒性态势已经形成，但反腐败斗争形势依然严峻。新时代反腐败机制建设必须走上法治化轨道才能满足人们的期待，才能确保监察机关和监察活动的公信力。回避制度的设立是反腐败机制法治化的重要体现，具有重要的时代意义。

（二）监察人员回避的方式

监察法规定的回避方式有三种：一是自行回避。属于回避人员范围内的人员自行回避的，可以口头或书面提出申请，并说明理由。口头提出申请的，应记录在案。监察机关发现办理监察事项的监察人员存在法定回避情形的，应要求其回避。二是申请回避。据《监察法》第58条的规定，能够提出回避申请的主体主要包括监察对象、检举人及其他有关人员。监察对象的申请回避的权利缘于他与案件处理结果有着直接利害关系。检举人则是指那些检举具体案件的人，即监察程序启动的案件线索来源之一。至于其他有关人员，可对比参照前两者，与其具有相同性或相当性即可称为主体。知晓自己的权利是行使权利的前提，权利只有为享有者知晓时才能得到行使，因此，监察人员在各个监察阶段有义务告知监察对象、检举人及其他有关人员有申请回避的权利。监察对象、检举人及其他有关人员申请监察人员回避的，可以口头或书面提出，并说明理由。三是指令回避。这是指监察人员有法定回避情形而没有自行回避，监察对象、检举人和其他有关人员也没有申请其回避的，由法定人员或者组织径行决定，令其退出监察活动。《监察法》没有明确规定指令回避，正如《刑事诉讼法》也没有明确规定指令回避，但是《高法刑诉解释》、《人民检察院刑事诉讼规则》和《公安机关办理刑事案件程序规定》均明确规定了指令回避。《人民检察院刑事诉讼规则》第26条规定，应当回避的人员，本人没有自行回避，当事人及其法定代理人没有申请其回避的，检察长或者检察委员会应当决定其回避。因此，指令回避在《监察法》中也为应有之义。

从回避的执行考虑，借鉴司法回避制度的执行，监察人员的回避应该由本级监察委员会主任决定。这里的监察人员包括各级监察委员会副主任、委员、监察员等。监察委员会主任的回避由监察委员会委员大会决定。回避决定一经作出，即发生法律效力，应当回避的人员必须立即退出监察活动。但是鉴于监察工作的紧迫性和特殊性，为防止延误办案，监察人员的回避应参照《刑事诉讼法》第31条第2款关于侦查人员回避的规定，即在对监察人员的回避作出决定前，监察人员不能停止对案件的调查。因此，法定的个人或组织依法对监察人员的回避作出准许决定以后，该监察人员才能停止对案件的调查工作，由其他监察人员立即接替继续或重新开始调查工作。

（三）监察人员回避的具体情形

法律意义上的"回避"一般有两种形态，即有因回避和无因回避。有因回避又称"附理由的回避"，是指只有在具备法定回避理由的情况下，回避人员范围内的人员才会回避的制度。无因回避又称"不附理由的回避"或者"强制回避"，是指有权提出回避申请的人无须提出任何理由，一旦提出申请，就产生令被申请人回避的效果。我国监察法实行有因回避制度，并对回避的法定事由作出了明确规定。

一是监察人员是监察对象或者检举人的近亲属的。监察人员代表国家行使监察权力，其自身的角色定位应该是客观公正的，是维护国家公共利益的；其前提是监察人员自身不能是案件

---

① 习近平在十八届中央纪委六次全会上的讲话（2016年1月12日）。

的当事人，如果监察人员是监察对象或者检举人的近亲属，势必会导致其存在主观预判或者徇私情，失去客观公正的立场，使对案件的处理产生偏差或者妨碍案件公正结果的达成，会造成对国家利益的损害或者造成冤假错案。公众对其办案的公正性基于常情会持怀疑态度，会影响监察机关的公信力。

二是监察人员担任过本案的证人的。若曾担任过本案证人，已经参加了案件的某些活动，将对案件事实或案件应当如何处理已经形成了一定的看法，可能会使监察人员先入为主，形成预断。证人在证明过程中是具有方向性的，同时某个证人的证词具有主观性和片段性。这就决定了证人可能无法从案件全盘来考虑问题，难以客观地从事监察活动，不利于全面收集、运用证据，最终影响正确认定案件事实，极可能出现误断，因此应当回避。但是，这一阶段的回避不影响其在下一阶段仍担任证人。

三是监察人员本人或者他的近亲属与办理的监察事项有利害关系的。监察人员虽然不是监察对象或者检举人的近亲属，但他们或者其近亲属可能与办理的监察事项有利害关系，即与本案的处理结果有利益牵连，比如监察人员或者他的近亲属与监察对象有恋爱关系，案件的处理结果会直接影响到他们或其近亲属的利益时，如果他们参加监察活动，就可能使案件得不到公正处理或者妨碍诉讼。为避免监察人员或他其近亲属从私利出发而影响其依法履行职责、公正处理案件，具有此种关系的人员应当回避。

四是有可能影响监察人员公正处理监察事项的其他情形。由于社会关系的复杂性，法律无法将监察人员与案件之间可能存在的所有情形全部罗列出来，因此作此原则性规定。此类情形的适用应明确两个内容：一是其他情形是指前述三种情形以外的情形，如具有邻居、朋友、师生关系，某种经济利益关系或亲密友好关系或不和睦的特殊关系等。参照《刑事诉讼法》第30条以及《高法刑诉解释》的相关规定，有下列情形的，监察对象、检举人及相关人员有权申请其回避：（1）违反规定会见本案当事人及其委托人；（2）索取、接受本案当事人及其委托人的财物或者其他利益；（3）接受本案当事人及其委托人的宴请，或者参加由其支付费用的活动；（4）有其他不正当行为，可能影响公正审判的。二是其他情形有可能影响监察人员公正处理监察事项。回避制度重在预防，目的是防止影响监察事项公正处理的可能性转化为现实。因此，对于一般的其他情形应具体问题具体分析，不能简单作出结论，只有在可能影响公正处理监察事项的情况下适用回避。而法定的情形存在时就可能影响监察事项的公正处理，也就满足了回避的条件，无须存在影响监察事项公正处理的事实。

四、监察人员保密的规定

（一）监察人员保密规定的含义

《监察法》第59条是关于监察人员脱密期管理和从业限制的规定，主要目的是加强对监察人员的保密管理和从业限制，防止发生失泄密问题，避免利益冲突。在《监察法》中，监察人员保密规定分两类：第一类是关于监察人员脱密期管理的规定。监察工作涉及大量国家秘密和工作机密，要严格防范监察人员在工作中接触的秘密因人员流动而流失，让保密责任与离岗离职的监察人员如影随形。相关人员要严格遵守保密法律和纪律，在脱密期内自觉遵守就业、出境等方面的限制性要求，有关部门和单位也要切实负起责任，加强对离岗离职后涉密人员的教育、管理和监督。第二类是关于监察人员辞职、退休后从业限制的规定。法律对行政机关公务员、法官、检察官辞职后都有从业限制规定。因监察人员掌握监察权，所以不仅要对监察人员在职期间的行为加以严格约束，而且也要对监察人员辞职、退休后的行为作出一定的限制，避免监察人员在职期间利用手中权力为他人谋取利益换取辞职、退休后的回报，或在辞职、退休后利用自己在原单位的影响力为自己谋取不当利益。

需要注意的是，如果监察人员因被辞退、被开除而离职，不适用《监察法》第 59 条第 2 款关于从业限制的规定。这主要是考虑到被动离职人员已经失去良好的个人信誉，离职后即使从事与监察和司法工作相关联且可能发生利益冲突的职业，也难以在原单位发挥影响力。但是，监察机关涉密人员因被辞退、被开除而离职的，仍要遵守《监察法》第 59 条第 1 款关于脱密期管理的要求。①

（二）监察人员保密规定的内容

一是脱密期的保密义务。

《保守国家秘密法》（2024 年修订）第 1 条和第 5 条规定：国家秘密是关系国家安全和利益，依照法定程序确定，在一定时间内只限一定范围的人员知悉的事项。国家秘密受法律保护，一切国家机关和武装力量、各政党和各人民团体、企业事业组织和其他社会组织以及公民都有保密的义务。任何危害国家秘密安全的行为，都必须受到法律追究。从法律要求来讲，监察机关作为国家机关负有保守国家秘密的义务，监察人员职业规范应包括严守保密纪律，保守在工作中掌握的国家秘密、商业秘密和个人隐私，加强网络安全防范，妥善保管涉密文件或其他涉密载体，坚决防止失密泄密。

值得注意的是，监察机关的性质和职能决定了其保密范围和要求的特殊性。《保守国家秘密法》第 13 条最后一句规定："政党的秘密事项中符合前款规定的，属于国家秘密。"②《监察法》第 8 条规定：国家监察委员会由全国人民代表大会产生。与之前行政监察体制最大的区别是，监察机关是与政府并列的国家机关，而非政府的组成部门，从而实现监察权和行政权的并列、分立。各级监察委员会是行使国家监察职能的专责机关，依照《监察法》对所有行使公权力的公职人员进行监察，调查职务违法和职务犯罪，开展廉政建设和反腐败工作，维护宪法和法律的尊严。国家监察委员会是中国共产党领导下、依法独立行使国家监督权的反腐败专责机构。在法律地位上，国家监察委员会与国务院、最高人民检察院和最高人民法院并列；在政治上监察委员会接受党的领导和纪委组织协调；在职能上体现国法与党纪相衔接、国家权力监督与党的执政监督相结合。因此，监察机关的工作可能会涉及党的秘密，而党的秘密事项中符合《保守国家秘密法》第 13 条相关规定的属于国家秘密。

监察机关涉密人员在岗期间应严格遵守法律规定，监察机关应当建立健全涉密人员管理制度，明确涉密人员的权利、岗位责任和要求，对涉密人员履行职责情况开展经常性的监督检查。监察人员有泄露国家秘密或者监察工作秘密的行为的，应当给予处分；构成犯罪的，依法追究刑事责任。监察机关涉密人员离岗离职后，应当遵守国家保密规定，严格履行保密义务，不得泄露相关秘密。《保守国家秘密法》规定：涉密人员在脱密期内，应当按照规定履行保密义务，不得违反规定就业和出境，不得以任何方式泄露国家秘密；脱密期结束后，应当遵守国家保密规定，对知悉的国家秘密继续履行保密义务。国家工作人员或者其他公民发现国家秘密已经泄露或者可能泄露时，应当立即采取补救措施并及时报告有关机关、单位。有关机关、单

①　中共中央纪律检查委员会法规室，中华人民共和国国家监察委员会法规室.《中华人民共和国监察法》释义.北京：中国方正出版社，2018：257 - 258.

②　《保守国家秘密法》第 13 条规定，下列涉及国家安全和利益的事项，泄露后可能损害国家在政治、经济、国防、外交等领域的安全和利益的，应当确定为国家秘密：（1）国家事务重大决策中的秘密事项；（2）国防建设和武装力量活动中的秘密事项；（3）外交和外事活动中的秘密事项以及对外承担保密义务的秘密事项；（4）国民经济和社会发展中的秘密事项；（5）科学技术中的秘密事项；（6）维护国家安全活动和追查刑事犯罪中的秘密事项；（7）经国家保密行政管理部门确定的其他秘密事项。政党的秘密事项中符合前款规定的，属于国家秘密。

位接到报告后，应当立即作出处理，并及时向保密行政管理部门报告。脱密期应当从涉密人员自监察机关批准其离开涉密岗位之日起计算。脱密期的管理规定大致包括：与原机关签订保密承诺书；作出继续履行保密义务、不泄露所知悉国家秘密的承诺；及时清退所有持有和使用的全部涉密载体与涉密信息设备，并办理移交手续等。

二是离职后的从业限制。

监察人员离任任职回避规定的立法本意有两点：第一，保障办案和司法公正。监察人员在监察机关的工作经历使其熟悉监察工作程序，了解机制运行的现状与不足，并且与监察机关工作人员可能有着紧密的人情关系，甚至因其原任职务对现任监察人员仍具有较大影响力，因此，监察人员离任后马上从事与监察和司法工作相关联的职业，有可能因其原任职务而影响监察机关和司法机关依法履行职责。立法规定监察人员离任后3年内不得从事与监察和司法工作相关联且可能发生利益冲突的职业，有利于杜绝人情案、关系案。第二，确保监察队伍的稳定。监察人员离任后的任职回避，将使现任监察人员意识到自身工作的重要性，在进行职业再选择时慎重考虑。同时，对监察人员的任职回避无期限地永久性限制缺乏公平、理性和科学。根据一般的经验，监察官离职3年后对原任职监察机关的影响已基本消除，即使其在原任职部门还有一定的影响，此种影响与其原有权力已无直接的必然关系。以3年为限的有期限职业回避制度不会造成监察队伍的不稳定。而监察人员离退休后经过3年年事已高，其原有影响已基本消除。

《法官法》《检察官法》对法官和检察官的离职回避期限均规定为二年，而监察人员的离职回避期限为3年，主要是因为：（1）监察委员会行使的国家监察权，是监督国家公权力依法规范运转，发现、揭露、查处和预防公职人员职务违法犯罪的执法权力。（2）各级监察委员会可以向本级中国共产党机关、国家机关、法律法规授权或者受国家机关依法委托管理公共事务的组织和单位以及所管辖的行政区域、国有企业等派驻或者派出的监察机构、监察专员，因此，监察机关的监察对象具有广泛性、职权具有权威性、职能具有高效性，监察人员离任后的影响力更大、更持久。其离任任职回避的时间也应更长。

为此，监察人员应当履行谨慎注意义务，在辞职、离退休3年内，如果打算从事的职业与监察和司法工作有关，且可能引起他人怀疑与原工作内容产生利益冲突的，应当事先征求原单位的意见。需要指出的是，虽然《监察法》只规定了纪检监察人员和党员干部辞职、离退休3年内不得从事相关职业的情况，但如果有关人员辞职、离退休3年后从事相关职业而且在从事该职业过程中仍然利用此前的影响力去非法从业或者谋取非法利益，或者利用此前在纪检监察机关掌握的秘密情况去非法从业或谋取非法利益，或者利用对纪检监察或司法领域了解的工作流程和专业知识去教唆、挑拨犯罪嫌疑人或其家属或者其他涉案人违法规避调查、串通作伪证或制造虚假证据或无理取闹，影响正常监察调查或司法调查工作，则这些人员仍有可能被依法追究责任，情节严重的，还将被依法追究刑事责任。这是因为这种情况就已经不属于《监察法》第59条规定的离岗离职后从业限定的范畴，而属于利用影响力受贿、故意泄露国家秘密、教唆犯罪等其他法律规范的范畴。

第十五章

监察法律责任

作为法学基本范畴的法律责任，其认定、归结和承担乃是法律运行的保障机制，也是维护法律秩序的关键环节。法律责任是相关主体履行法律义务的保障，也是违反法定义务的惩戒武器，在整个法律体系中占有十分重要的地位，是每一部成文法律不可或缺的要件。《监察法》在确立监察委员会的性质和地位、规定监察委员会的领导体制和工作机制、明确监察委员会与其他机关的配合制约关系的同时，也对相关主体的法律责任进行了系统设定。《监察法实施条例》对相关法律责任条款进行了细化。

第一节　监察法律责任概述

一、监察法律责任的概念与特征

（一）监察法律责任的概念

"责任"一词在不同场合和语境下有不同的含义，综合而言有两层含义：一是积极责任，指一个组织或个人在分内应为之事，也可以被理解为职责、义务；二是消极责任，指一个组织或个人没有做好分内应做的事而应当承担的不利后果。法律责任就是典型的消极责任。具体而言，法律责任是指因违反了特定法律关系中的法定义务或契约义务，或者不当行使法律权利、权力所产生的，由行为人承担的否定性评价、不利后果或者特定负担。

《监察法》规定了监察权的权力内容和运行程序，监察权作为反腐败工作的国家权力，必须在法定范围内正确行使，在接受严格监督的同时高效运行。设置监察法律责任最主要的目的就在于约束和保障监察权的运行。《监察法》关于法律责任的具体规定构成了监察委员会行使监察权限、深入开展反腐败工作的义务性保障框架。依据前述关于法律责任的基本原理，监察法律责任的设立以监察法律规范所调整的主体之间的权利（力）、义务关系为前提，具体而言，是指监察法律关系主体因违反监察法律规范设定的义务，或者不当行使监察法律关系中的权（力）而由该主体承担的法律上的否定性评价、不利后果或者特定负担。

（二）监察法律责任的特征

法律责任的特征在于：其一，法律责任具有法定性，即法律责任在法律上必须预先有明确而具体的规定，无法律依据不得追究法律责任；其二，法律责任具有内在逻辑性，是违反特定法律关系中的法定义务或契约义务而形成的责任关系，存在前因与后果的逻辑关系，法律关系是法律责任的前提；其三，法律责任具有比例性，即法律责任的性质应与违法行为的性质、危害、损害后果以及行为人的主观恶性相适应；其四，法律责任具有强制性，法律责任的追究是由国家强制力保证实施的，特定国家机关依法追究行为人的法律责任，其他任何组织或者个人均不得行使该项权力。

监察法律责任具有一般法律责任的共性，即法定性、内在逻辑性、比例性、强制性等，除此之外也有其自身的特殊性。

其一，监察法律责任具有政治性。《监察法》第2条规定，"坚持中国共产党对国家监察工作的领导"。监察体制改革的根本目的在于通过党的自我监督自我革命机制的法治化进一步巩固和加强党的执政领导地位，纪检机关和监察机关合署办公的机制构建起了党政权力协调衔接以及其政治功能统合的桥梁。合署办公机制下监察机关开展监督、调查和处置的所有工作环节都必然蕴含鲜明的政治属性，监察机关在履行监察处置职责的过程中要综合考虑政治效果、法律效果和社会效果，监察法律责任作为监察处置职能的外化形式，也必然具有政治性。

其二，监察法律责任具有综合性。围绕监察权的行使而在监察机关、监察对象以及有关单位、个人之间构成的监察法律关系，是一种新型法律关系，但不能简单地以监察责任所属的监察法律部门具有独立性为由，理所当然地认为监察法律责任具有完全独立性。监察法律责任是传统的民事责任、刑事责任、行政责任三大法律责任所无法完全包容的新的责任类型，但它并非三大法律责任之外的完全独立的一种法律责任形态。更准确地说，监察法律责任只是"监察法上的法律责任"的简称。在具体承担上，监察法上的法律责任一般以政务责任、行政责任或刑事责任中的一种或多种的组合或者综合的形式来承担。[①]其中，政务责任是一种新的责任形式，它以传统的政纪处分制度为基础，顺应国家监察体制改革的需要而产生。

二、监察法律责任的目的和功能

（一）监察法律责任的目的

法律责任是强行性法律规范实现的逻辑保证，没有法律责任的设置，法律规范就会沦为苍白无力的说教。《中共中央关于全面推进依法治国若干重大问题的决定》强调，"必须以规范和约束公权力为重点，加大监督力度，做到有权必有责、用权受监督、违法必追究"。论及国家监察体制改革时习近平总书记指出："深化国家监察体制改革的初心，就是要把增强对公权力和公职人员的监督全覆盖、有效性作为着力点，推进公权力运行法治化，消除权力监督的真空地带，压缩权力行使的任性空间，建立完善的监督管理机制、有效的权力制约机制、严肃的责任追究机制。"[②] 因此，在监察法律规范体系中，监察法律责任是其不可或缺的重要组成部分，目的在于通过使监察法律关系中的违法主体承担不利的法律后果，保障监察法律规范权威、高效、健康运行，从而实现国家监察机制运行的法治化。

（二）监察法律责任的功能

监察法律责任的目的要通过监察法律责任的功能来实现，科学、合理的监察法律责任具有以下功能：

1. 惩戒震慑功能

惩戒震慑功能是监察法律责任的首要功能。一方面，对于违反监察法律规范的行为，无论是处以政务处分、刑事处罚抑或国家赔偿责任，其实质都是对违法行为的否定性评价和赋予的不利后果，意味着相关责任主体利益或权益的减损甚至剥夺。违法者必须为其违法行为付出痛苦的代价，没有惩戒，法律的严明公正就无从谈起。另一方面，监察法律责任的实现均以国家

---

① 莫纪宏，姚文胜. 监察法学原理. 北京：中国社会科学出版社，2022：369.
② 习近平. 在新的起点上深化国家监察体制改革. 求是，2019（5）.

强制力为后盾，监察法律责任的认定和追究均由专门的国家机关依法进行，不以违法行为主体的意志为转移。监察法律责任的惩戒震慑功能也正是通过这种方式体现出来，监察法律规范的权威性也由此得以维护和彰显。

从立法层面而言，监察法律责任的科学配置在结构上保障了监察法律规范的立法完整性，没有设定法律后果的法律规范，犹如没有牙齿的老虎，必定缺乏真正的威严和震慑力。配置法律责任的立法目的和直接作用，就在于使法条规定的权力与责任、权利与义务关系具备现实约束力。在监察法律规范的整体结构中，法律责任具有结构性的要件作用，设定监察法律责任就是通过对违反监察法律规范的行为进行约束，将文本上的法条规定转化为反腐败实践中的行为准则，保障监察法律规范的权威、高效运行。

2. 教育预防功能

《监察法》第 5 条规定，"惩戒与教育相结合，宽严相济"。《监察法实施条例》第 4 条规定，"监察机关应当依法履行监督、调查、处置职责，坚持实事求是，坚持惩前毖后、治病救人，坚持惩戒与教育相结合，实现政治效果、法律效果和社会效果相统一"。惩前毖后、治病救人是中国共产党的一贯方针，也是中国共产党加强自身建设的历史经验。习近平总书记在十九届中央纪委五次全会上强调，要……用好"四种形态"，综合发挥惩治震慑、惩戒挽救、教育警醒的功效。[1]

监察法律责任的追究和落实过程也是监察机关、监察人员以及相关机关、相关人员接受警示教育的过程，让民众，尤其是广大党员、干部明底线、知敬畏，主动在思想上划出红线、在行为上明确界限，真正敬法畏纪、遵规守矩，从而起到遏制或减少职务违法犯罪行为的作用。《监察法》的法律责任条款作为《监察法》立法链条的末端，一方面，可以引导监察机关在查处腐败、打击职务违法犯罪时规范行使反腐败权力；另一方面，也对监察权力本身进行法律规制和约束。这既体现了监察机关开展廉政建设和行使反腐败职能的制度要义，也蕴含着配置监察法律责任背后实现监察机关"刀刃向内"自我监督的立法目标。

3. 保障救济功能

监察法律责任就是违反监察法律规范所产生的法律后果，它对监察法律关系主体的行为作出规范性指引。具体而言，通过监察法律责任的设定，一方面，可以使监察机关严格依法排除干扰。在反腐败斗争中，监察机关不仅要做到在法律授权的范围内严格行使查处职务违法和职务犯罪的反腐败职权，而且要对监察法律关系相对方干扰监察活动的非法行为进行严格追责，以保证监察执法的严格性。另一方面，可以为维护监察秩序提供保障。监察法律规范是调整监察法律关系的独立法律部门，监察法律关系是监察机关在行使监督、调查、处置职责过程中与相对人形成的法律关系。这种法律关系具体到监察法律规范领域就是监察秩序，所有监察对象作为监察活动的重要一方，有义务与监察主体协调配合，共同维护权威、高效的监察秩序，这就要求相对人严格依法履行配合义务。[2]

监察权的设置一方面是为了加强对所有行使公权力的公职人员的监督，实现国家监察全面覆盖，深入开展反腐败工作；另一方面也是为了保障公民的基本权利，使其免受公权力的不法侵害。然而，从制度实施的层面以及人类自身的局限性来讲，行使国家监察职能的监察机关及监察人员，在调查和办理案件的实际工作中也可能出现侵犯公民、法人和其他组织合法权益的情形。《监察法》第 67 条对监察机关的国家赔偿责任作出了规定。国家赔偿责任作为监察法律

① 习近平在十九届中央纪委五次全会上的讲话。
② 秦前红. 监察法学教程. 北京：法律出版社，2023：419.

责任的一种，是国家对监察机关和监察人员违反监察法律规范，对公民、法人及其他组织的合法权益造成损害后的强制性赔偿义务，是对合法权益的救济。

三、监察法律责任的分类

所谓分类，是根据事物间的共同点和差异点将其区分为不同种类的一种逻辑方法。按照不同的角度和标准，可以对事物进行不同的分类。监察法律责任同样如此：根据承担责任的主体形式不同，可将监察法律责任分为个人责任和单位责任；根据监察法律关系主体身份的不同，可将监察法律责任分为监察机关和监察人员的责任、监察对象及涉案人员的责任以及监察调查中相关人员的责任；根据监察违法事由的不同，可将监察法律责任分为不配合或故意阻碍类违法行为法律责任、诬告陷害类违法行为法律责任以及监察主体违法行为法律责任；根据监察违法行为性质以及法律责任形式的不同，可将监察法律责任分为政务责任、刑事责任和国家赔偿责任。本章第四节将对监察法律责任的种类进行详细介绍。

第二节　监察法律责任的主体

《监察法》《监察法实施条例》不仅规定了监察机关的监察义务，也规定了监察对象以及其他相关个人和单位的配合、协助义务，因此，监察法律责任不仅指监察机关及其工作人员违反监察法律规范要承担的责任，还包括监察对象、相关个人和单位等主体违反监察法律规范要承担的责任。对监察法律责任的主体可作如下分类。

一、监察机关和监察人员

监察机关是对各类公职人员和行使公权力的有关人员进行监督、检查和纠错的国家机关。根据《监察法》的规定，国家监察委员会是我国的最高监察机关，省、自治区、直辖市、自治州、县、自治县、市、市辖区设立监察委员会；监察机关实行垂直领导，国家监察委员会领导地方各级监察委员会的工作，上级监察委员会领导下级监察委员会的工作。监察委员会履行监督、调查、处置等职责，包括：（1）对公职人员开展廉政教育，对其依法履职、秉公用权、廉洁从政从业以及道德操守情况进行监督检查。（2）对涉嫌贪污贿赂、滥用职权、玩忽职守、权力寻租、利益输送、徇私舞弊以及浪费国家资财等职务违法和职务犯罪行为进行调查。（3）对违法的公职人员依法作出政务处分决定；对履行职责不力、失职失责的领导人员进行问责；对涉嫌职务犯罪的，将调查结果移送人民检察院审查起诉；向监察对象所在单位提出监察建议。

监察机关和监察人员作为监察主体一方，承担着一系列法定职责。监察机关及其工作人员恪尽职守、依法办事对于监察工作的有序开展具有基础性和全局性作用。根据《宪法》第41条的规定，对于监察机关及其工作人员的违法失职行为，公民可以申诉、控告或者检举。因此，监察主体若违法行使监察权，没有依法履行职责，没有尽到法定义务，亦应当承担监察法律责任。《监察法》第65条亦规定，存在法定行为之一的，对负有责任的领导人员和直接责任人员，依法给予处理。明确监察机关及其工作人员监察法律责任的主要目的是强化对监察机关及其工作人员依法行使职权的监督管理，维护监察机关的形象和威信。

另外，监察机关与党的纪律检查机关合署办公，党的纪律检查机关行使监督执纪问责的权力，监察机关行使监督、调查、处置的权力，二者一体两面，共同构成我国的监察机制。《纪律处分条例》(2023 年修订)第 9 条规定:"对于违犯党纪的党组织,上级党组织应当责令其作出书面检查或者给予通报批评。对于严重违犯党纪、本身又不能纠正的党组织,上一级党的委员会在查明核实后,根据情节严重的程度,可以予以:(一)改组;(二)解散。"党的纪律检查机关存在违反党章党内法规的情形时,必须承担责任。由于各级监察机关与党的纪律检查机关合署办公,故监察机关违法违纪时,事实上也承担党纪责任。

二、监察对象

根据《监察法》和《监察法实施条例》的规定,各级监察机关作为专责机关,行使国家监察职能。《监察法》第 15 条明确规定,监察机关对下列公职人员和有关人员进行监察:(1)中国共产党机关、人民代表大会及其常务委员会机关、人民政府、监察委员会、人民法院、人民检察院、中国人民政治协商会议各级委员会机关、民主党派机关和工商业联合会机关的公务员,以及参照《公务员法》管理的人员;(2)法律、法规授权或者受国家机关依法委托管理公共事务的组织中从事公务的人员;(3)国有企业管理人员;(4)公办的教育、科研、文化、医疗卫生、体育等单位中从事管理的人员;(5)基层群众性自治组织中从事管理的人员;(6)其他依法履行公职的人员。也即监察对象包括以上六类人员,从大的类别来说则包括两类:公职人员和行使公权力的其他人员。公职人员毫无疑问是行使公权力的人员,非公职人员若在某种条件下获得了行使公权力的机会,也属于行使公权力的人员,同样是监察机关的监察对象。据此可以得出结论,即对监察对象的识别应以是否"行使公权力"为标准。

要注意的是,监察对象的监察法律责任是指监察对象实施违反监察法律规范的行为而承担的法律后果,而不是因实施职务违法犯罪而承担的法律后果。监察对象在监察活动中有义务配合监察机关和监察人员的职权行为,严格依法履行配合义务,保证监察权严格依法运行。但实践中监察对象很可能因为控告人控告了他们的违法犯罪行为,检举人检举了他们的违法犯罪行为,证人提供了他们的违法犯罪证据,监察人员对他们的违法犯罪行为进行了调查和处置,而心怀不满,滥用职权,假公济私,对控告人、检举人、证人或者监察人员采用多种多样的打击报复手段,如污蔑陷害、围攻阻挠、谩骂殴打,以及借职务便利在工作调动、职称评定、提职晋级等方面给予不公正对待。如果监察对象对控告人、检举人、证人或者监察人员进行了报复陷害,就要依法给予处理,追究其监察法律责任。

三、控告人、检举人、证人

控告人和检举人是行使控告和检举权利,向监察机关揭发和指控监察对象违法失职行为的人员。其中,控告人一般是受到监察对象违法失职行为不法侵害的人,检举人一般与该违法失职行为无关。证人是指知悉案件事实,向监察机关提供证言的人。控告权和检举权是宪法所确立的公民基本权利,任何公民均有权对国家机关及其工作人员的违法失职行为进行揭发和指控,并请求依法处理。控告权和检举权同样是一种监督权利,是对监察工作的重要补充。但是,行使控告权和检举权同样要在合法的限度内,滥用控告权和检举权,诬告陷害监察对象的,同样应当承担相应的法律责任。实践中也不排除存在这样的情况:控告人、检举人、证人与监察对象之间素有嫌隙或私仇,或者由于他人收买或者出于不可告人的报复心理和目的,故意对监察对象进行诬告陷害。此类做法无疑严重侵害了监察对象基本权益,也侵害了法律规范所保护的社会关系和社会秩序,故必须追究其法律责任。《监察法》第 64 条规定,控告人、检举人、证人捏造事实诬告陷害监察对象的,依法给予处理。

四、有关单位和有关人员

《监察法》第 62 条规定，有关单位拒不执行监察机关作出的处理决定，或无正当理由拒不采纳监察建议的，由其主管部门、上级机关责令改正，对该单位给予通报批评；对负有责任的领导人员和直接责任人员依法给予处理。该条规定的主要目的是保障监察机关作为行使国家监察职能的专责机关的权威性。监察活动是加强对所有行使公权力的公职人员的监督，是推进国家治理体系和治理能力现代化的重要保障。监察机关作出的处置决定具有法律意义上的权威性和强制性，任何单位均应当坚决执行，否则便应当承担相应的法律责任。承担该项法律责任的责任主体为"有关单位"。尽管《监察法》并没有对"有关单位"的范围予以明确，但结合该法其他规定来看，所指的"有关单位"应当为监察对象所在单位及其他应接受监察处理决定和监察建议的单位，具体包括中国共产党的机关、人大机关、行政机关、政协机关、监察机关、审判机关、检察机关、民主党派和工商联机关，法律、法规授权或者受国家机关依法委托管理公共事务的组织，国有企业、事业单位，基层群众性自治组织，中国人民解放军和中国人民武装警察部队等。

《监察法》第 63 条规定："有关人员违反本法规定，有下列行为之一的，其所在单位、主管部门、上级机关或者监察机关责令改正，依法给予处理：（一）不按要求提供有关材料，拒绝、阻碍调查措施实施等拒不配合监察机关调查的；（二）提供虚假情况，掩盖事实真相的；（三）串供或者伪造、隐匿、毁灭证据的；（四）阻止他人揭发检举、提供证据的；（五）其他违反本法规定的行为，情节严重的。"该条规定的主要目的是克服和排除对监察机关依法行使权力的各种阻挠干扰。监察目的的实现依赖监察活动的有效实施，任何单位和个人对于监察活动的开展均应当予以积极配合，干扰或阻碍监察活动的顺利进行，即应当承担相应的法律责任。承担该项法律责任的责任主体为"有关人员"，从《监察法》的规定来看范围较为广泛，既包括《监察法》第 15 条规定的公职人员和有关人员，也包括《监察法》第 18 条规定的监察机关依法向其了解案情调取证据的有关个人，例如监察对象以外的涉案人员、证人、鉴定人等。

第三节　监察法律责任的违法事由

违法事由，也称责任事由，是指追究监察法律责任的因由，即违反监察法律规定的具体情形。根据现有监察法律规范的规定，监察法律责任的违法事由可以被概括为以下三类：第一类是监察机关及其工作人员在行使职权过程中的违法行为，第二类是不配合或故意阻碍监察活动的违法行为，第三类是诬告陷害类违法行为。

一、监察机关及其工作人员违法行使职权行为

《监察法》第 61 条和第 65 条分别规定了对监察人员的失职失察行为和滥用职权、玩忽职守、徇私舞弊等违法行使职权行为的责任追究。

（一）监察人员的失职失察行为

《监察法》第 61 条规定："对调查工作结束后发现立案依据不充分或者失实，案件处置出现重大失误，监察人员严重违法的，应当追究负有责任的领导人员和直接责任人员的责任。"

这一规定涉及"一案双查"的责任追究方式，主要目的是强化对调查工作的监督管理，督促监察人员在立案审查前做实做细初步核实等基础工作，在立案审查后严格依法处置。具体而言，监察人员失职失察体现在以下方面。

1. 调查工作结束后发现立案依据不充分或者失实

立案依据不充分或失实，是指立案的证据不足以证明有犯罪事实发生，达不到立案的标准。这是对立案审查人员的监督。监察机关应进行复查，并说明原因和法律依据。

监察工作中初步核实至关重要，如果初步核实不扎实、立案不准确，必然损害监察机关的公信力。承办部门应当提升初步核实质量，全面把握事实、性质、责任、情节，厘清是非轻重等关键问题后，才能依照程序报请立案。如果立案依据存在明显错误，影响案件调查审理，应当依法追究负有责任的领导人员和直接责任人员的责任。

调查工作结束后发现立案依据不充分或失实，首先涉及的是对立案标准的把握问题。《监察法》第 39 条规定：经过初步核实，对监察对象涉嫌职务违法犯罪，需要追究法律责任的，监察机关应当按照规定的权限和程序办理立案手续。监察机关主要负责人依法批准立案后，应当主持召开专题会议，研究确定调查方案，决定需要采取的调查措施。可以看出，《监察法》关于立案标准的表述是涉嫌职务违法犯罪，需要追究法律责任。立案是严肃、慎重的监察活动，监察机关一旦立案，就意味着监察机关将要实施必要的调查行为，采取必要的调查措施，将对有关单位和个人的权利形成一定的限制。对于监察机关立案的标准可以从两个层面来理解：首先，涉嫌职务违法犯罪可以被理解为有违法犯罪事实。监察机关在初审后决定是否立案时应严格把握立案的先决条件。有无犯罪事实，是正确区分罪与非罪，刑事责任与党纪/政纪处分、行政处罚的界限。违法犯罪事实是客观存在的，不能是监察人员的主观随意猜测。判断是否有违法犯罪事实必须建立在相关证据材料的基础之上。当然，立案要求的有违法犯罪事实是指有证据证明违法犯罪行为存在，并不要求在立案审查阶段查清犯罪过程、具体的情节等全部犯罪事实。但是，绝不是没有证据就可以立案。其次，需要追究法律责任。法律责任的范围比较宽泛，其中最为严重的是刑事责任，《刑事诉讼法》第 16 条规定了不追究刑事责任的情形，要加以区分。

2. 案件处置出现重大失误

《监察法》对案件处置有严格的要求。《监察法》第 45 条规定，监察机关根据监督、调查结果，依法可作出如下五种处置：对有职务违法行为但情节较轻的公职人员，按照管理权限，直接或者委托有关机关、人员，进行谈话提醒、批评教育、责令检查，或者予以诫勉；对违法的公职人员依照法定程序作出警告、记过、记大过、降级、撤职、开除等政务处分决定；对不履行或者不正确履行职责负有责任的领导人员，按照管理权限对其直接作出问责决定，或者向有权作出问责决定的机关提出问责建议；对涉嫌职务犯罪的，监察机关经调查认为犯罪事实清楚，证据确实、充分的，制作起诉意见书，连同案卷材料、证据一并移送人民检察院依法审查、提起公诉；对监察对象所在单位在廉政建设和履行职责存在的问题等提出监察建议。监察人员应当严格遵守这些要求和规定，如果监察人员不认真履行职责，不严格遵守上述程序和要求，导致案件处置出现重大失误，产生严重后果，则应当追究负有责任的领导人员和直接责任人员相应的责任。

3. 监察人员严重违法

监察人员严重违法的情形可能出现在监察工作的各个环节，在实践中如何具体判断监察人员的违法行为？《监察法》第 65 条对追究监察机关及监察人员违法行使职权的责任的情形进行了详细规定。

（1）未经批准、授权处置问题线索，发现重大案情隐瞒不报，或者私自留存、处理涉案材料的。

这是针对监察机关及监察人员违规违法处置问题线索和涉案材料的情形作出的规定。监察机关肩负对公职人员进行监察，调查职务违法和职务犯罪，使公权力始终置于人民监督之下的职责使命。监察机关本身更要以身作则，受到更为严格的监督，因此，《监察法》对监察机关及监察人员处置问题线索和涉案材料的权限和程序均作出了严格规定。

《监察法》第37条、第38条、第39条明确规定了监察机关处置问题线索的法定程序，属于强制性规范。线索处置是监察活动的源头，必须规范管理、依规处置。监察机关对监察对象的问题线索，应当严格按照程序开展工作。此处的未经批准、授权处置问题线索，是指监察机关及监察人员违反法定程序，擅自处置问题线索。涉案材料是指与监察机关线索处置、案件调查相关的举报材料、书证物证、视听资料和其他涉案材料。根据《监察法》第33条的规定，监察机关在收集、固定、审查、运用证据时，应当与刑事审判关于证据的要求和标准相一致。

（2）利用职权或者职务上的影响干预调查工作、以案谋私的。

从采用大数据技术分析统计的情况来看，监察机关及监察人员违反有关规定干预调查工作主要有五种形式：在线索核查、立案调查、执行强制措施等环节为案件当事人请托说情；要求办案人员或办案单位负责人私下会见案件当事人或其近亲属以及其他与案件有利害关系的人；授意、纵容身边工作人员或者亲属为案件当事人请托说情；为私利，以听取汇报、开协调会、发文件等形式，超越职权对案件处理提出倾向性意见或者具体要求；采取其他违法方式干预调查活动、妨碍调查。

监察机关及监察人员具有上述行为之一，造成后果或者恶劣影响的，除可依照《纪律处分条例》《行政机关公务员处分条例》等给予纪律处分外，还应当依据有关法律法规追究相应责任；对于构成犯罪的，应当追究刑事责任。

（3）违法窃取、泄露调查工作信息，或者泄露举报事项、举报受理情况以及举报人信息的。

这是对监察机关及监察人员的保密责任规定，旨在使各级监察机关在开展调查工作和受理举报工作时维护工作秘密和举报人的安全，保障各项监察活动的顺利进行。

监察工作秘密，关系监察活动的安全和秩序，是依照法定程序确定，在一定时间内只限一定范围的人知悉的事项。这些事项既包括属于国家秘密的监察事项，也包括属于国家秘密的其他事项。监察人员的调查对象为所有行使公权力的单位和个人，其调查工作必然接触国家秘密。这些调查信息和秘密一经泄露，可能会给监察工作带来不便，给国家利益造成损失。因此，制订案件调查工作计划时要有具体保密措施；针对调查工作中的有关请示、报告及其他有关调查材料，应指定专人保管；针对采取调查措施的具体实施时间、方法，在实施前应严格保密。同时，由于反腐败工作的特殊性，受理的举报信息必然涉及掌握国家公权力的单位和个人，因此对举报人的姓名、工作单位、住址和举报内容应严格保密，严禁向被举报单位和个人及其他无关单位、人员泄露，以保障举报信息和举报人的安全。

监察人员对于保守国家秘密负有特殊而重要的责任，必须严格保密调查工作信息。《宪法》《保守国家秘密法》等都明确了监察人员保守国家秘密的行为规范。凡是违反规定的，不论行为人是出于故意还是出于过失，都应当追究其法律责任。此类行为可能涉及的罪名有泄露不应公开的案件信息罪、故意泄露国家秘密罪、披露报道不应公开的案件信息罪。

（4）对被调查人或者涉案人员逼供、诱供，或者侮辱、打骂、虐待、体罚或者变相体罚的。

这是对监察机关及监察人员对被调查人或者涉案人员采取强制手段的法律约束，旨在要求监察机关及监察人员依法充分保障被调查人或者涉案人员，特别是被留置人的合法权利。

《监察法》在明确规定监察机关的职责权限和调查手段的同时作出多项规定，严格规范权力行使，以保障被调查人，特别是被留置人的合法权利；此外，明确规定关于证据的要求和标准应当与刑事审判关于证据的要求和标准相一致，解决了长期以来纪律与法律衔接不畅的问题。《监察法》关于收集证据的规定十分详细和严格，监察机关在收集、固定、审查、运用证据时，应当与刑事审判关于证据的要求和标准相一致。凡是伪造证据、隐匿证据或者毁灭证据的，无论行为人属于何方，必须受法律追究。

《监察法》第33条第3款明确规定，以非法方法收集的证据应当依法予以排除，不得作为案件处置的依据。第40条进一步强调：监察机关依法收集、鉴别证据，形成相互印证、完整稳定的证据链。严禁以威胁、引诱、欺骗及其他违法方式收集证据，严禁侮辱、打骂、虐待、体罚或者变相体罚被调查人和涉案人员。第47条第3款明确规定，检察机关经审查后，认为需要补充核实的，应当退回监察机关补充调查，必要时可以自行补充侦查。

监察机关及监察人员对被调查人或涉案人员实施逼供、诱供，或者侮辱、打骂、虐待、体罚或者变相体罚行为的，可能构成刑讯逼供罪、暴力取证罪、虐待被监管人罪和破坏监管秩序罪。

（5）违反规定处置扣押、没收财物的。

违反规定是指违反《监察法》第25条和第46条关于监察机关查封、扣押、没收财物的规定。违反上述规定的行为包括隐藏、转移、变卖、故意毁损已被监察机关扣押、没收的财产，情节严重的，可能涉及非法处置查封、扣押、冻结财产罪。监察机关在调查涉嫌贪污贿赂、失职渎职等严重职务违法或者职务犯罪时，可以根据工作需要行使调查权，对涉案单位和个人的财物采取冻结、查封、扣押等措施。所谓隐藏，是指将已被监察机关查封、扣押、冻结的财产隐蔽、藏匿起来，意图不使监察机关发现的行为。所谓转移，是指将已被监察机关查封、扣押、冻结的财产改换位置，从一处移至另一处，意图使监察机关难于查找、查找不到或者使其失去本应具有的证明效力的行为。所谓变卖，是指违反规定，将已被监察机关查封、扣押、冻结的财产出卖以换取现金或其他等价物的行为。所谓毁损，是指将已被监察机关查封、扣押、冻结的财产进行损伤、损毁，使之失去财物或者证据价值的行为。

（6）违反规定发生办案安全事故，或者发生办案安全事故后隐瞒不报、报告失实、处置不当的。

违反规定发生办案安全事故，是指办案人员违反法律或者监察机关办案安全责任制规定而导致发生伤害、自残、突发疾病、逃逸或火灾、交通等方面的办案安全事故。违反规定主要指：没有对可能发生的办案安全风险进行评估，没有制订安全防范预案；在讯问前没有认真了解讯问对象的健康状况、心理情绪；没有执行严禁监察对象或证人携带安全隐患物品进入办案工作区的规定；违法超时讯问，一个人讯问或者采取其他方式变相违法讯问；讯问监察对象或者询问证人时疏于看管、陪护，使用暴力逼取证言；违反规定在办案工作区以外的地点进行讯问；将讯问变相为留置；没有严格执行办案交接班程序的规定，发生擅自离岗、脱岗；违反规定使用交通车辆；违反规定，没有对办案安全进行检查、督导。办案安全事故发生后如实报告、及时处置是监察人员应有的职业涵养和责任担当。如果在办案安全事故发生后，故意隐瞒事故，不予报告、报告不全面、报告不真实，或者针对事故的处理措施明显违反法定程序要求、明显不符合办案安全责任制规定，都是严重不负责或失职渎职的行为，应该受到纪律和法律责任的追究。

为预防此类情形的发生，应强化监察人员的办案安全意识，落实监察办案安全主体责任。

通过责任追究，将办案安全意识贯彻于调查、处置全过程，严格执行监察机关办案安全防范工作方面的规定，切实做到案前提醒、案中把握，一旦发现问题及时落实整改，从源头上防止办案安全事故的发生。在调查中应充分考虑到办案安全工作因被调查人或涉案人员不同而具有特殊性、不确定性，采取针对不同环节的安全防范措施，做到案前有预案、案中有检查、案后有总结，把办案安全防范工作贯穿于整个查办案件的始终，有效防止办案安全事故的发生。

（7）违反规定采取留置措施的。

留置措施作为监察调查的强制性手段，适用时必须符合法定条件，严格依照规范程序。违反规定采取留置措施主要是指在实体或程序上违反规定。就实体而言，主要表现为被调查人不涉嫌贪污贿赂、失职渎职等严重职务违法或者职务犯罪，监察机关没有掌握其部分违法犯罪事实及证据，被调查人没有可能逃跑、自杀、串供或者伪造、隐匿、毁灭证据或者其他妨碍调查的行为迹象等情形。就程序而言，按规定监察机关采取留置措施，应当由监察机关领导人员集体研究决定；设区的市级以下监察机关采取留置措施须报经上一级监察机关批准；留置时间一般不得超过三个月。如果在案件调查中采取留置措施时未经集体研究，也未报上级监察机关批准，或者留置时间超过三个月后仍未解除，也未报上级监察机关办理延期手续，等等，都属于违反规定采取留置措施的情形。留置措施作为惩腐的利器，也是一把双刃剑，使用不当，也会伤及无辜。[①] 腐败治理唯有以法治方式推进，通过法律正当程序运行，才能实现对腐败行为的规范化惩治。鉴于腐败违法犯罪与一般刑事违法犯罪在查处特点和规律上的区别，对贪污贿赂这些职务违法犯罪的调查方式和手段必然不同于对一般刑事违法犯罪的侦查方式和手段。留置措施适应了腐败问题违规与违法交织的特点和规律，是查办职务违法和职务犯罪措施的制度创新，已成为揭露、证实、惩治腐败违法犯罪的法律利器，破解了刑事强制措施难以适用于职务犯罪案件的困局。

（8）违反规定限制他人出境，或者不按规定解除出境限制的。

此类行为至少包括四种情形：一是作出限制他人出境的决定时没有依照规定，二是作出解除他人出境限制的决定时没有依照规定，三是在执行限制出境决定时没有依照规定，四是在执行解除出境限制决定时没有依照规定。至于作为评判标准的"规定"，当然是指《监察法》以及监察机关的工作制度。出境自由是法律赋予公民的基本权利之一。违反规定限制他人出境，是指违反相关法律规定限制被调查人及相关人员出境。监察机关为防止被调查人及相关人员逃匿境外，经省级以上监察机关批准，可以对被调查人及相关人员采取限制出境措施。限制出境是为防止被调查人逃避调查，甚至潜入境外，以及实施其他干扰监察工作顺利进行的行为，而赋予监察机关的限制被调查人出境的权力。如果被调查人不存在干扰监察工作顺利进行的情况而被限制出境，即构成违反规定限制他人出境。对于不需要继续采取限制出境措施的，应当及时解除。不按规定解除出境限制，实际上是对公民出境自由权利的不尊重。限制出境制度是为维护国家安全和利益，保障公民的合法权益，并根据现实社会制度的发展要求而制定的。如果执行过宽，就可能损害国家的安全和利益，不利于社会秩序的稳定。反之，如果执行过严，就可能侵犯公民的出境自由权，损害公民的权益。所以有权采取限制出境措施的决定机关应当增强法律意识，严格依法办事，防止超越职权和滥用职权行为的出现；对于执法机关应当进行人权意识教育，转变传统的管理思想，尊重公民合法的出境权益，防止非法侵害公民出境权事件的发生。

[①] 吴建雄. 试点地区用留置取代两规措施的实践探索. 新疆师范大学学报（哲学社会科学版），2018（2）.

（二）滥用职权、玩忽职守、徇私舞弊行为

这里的滥用职权是指不依法行使职权，以不当目的或者以不法方法，实施违反职务行为规定的活动。滥用职权属于故意行为，主要表现为以下几种情况：一是超越职权，擅自决定或处理没有具体决定、处理权限的事项；二是玩弄职权，随心所欲地对事项作出决定或者处理；三是故意不履行应当履行的职责，或者说任意放弃职责；四是以权谋私、假公济私，不正确地履行职责。只有当监察机关及监察人员滥用职权的行为与公共财产、国家和人民利益遭受的重大损失之间有必然因果联系时，才构成滥用职权罪，应当追究刑事责任。当不构成滥用职权罪，而属于一般工作上的错误问题时，应由监察机关进行纪律和组织处理。

这里的玩忽职守是指监察人员不负责任、不履行或不正确履行法定职责，致使公共财产、国家和人民利益遭受损失的行为。玩忽职守属于过失行为，有多种表现形式，比如：不履行监察职责，不实施职务上所要求实施的行为，对职责范围内的管辖事务不负责任，敷衍塞责；对于监察对象可能给公共财产、国家和人民利益造成损失的行为不及时采取有效措施加以制止；在履行监察职责过程中擅离职守；等等。对监察人员玩忽职守行为的认定，要注意主、客观要件的统一，即只有造成了损失才能追究其责任。这个损失可能是因玩忽职守而造成的财物损失，也可能是财物外的其他利益损失，如损害了国家机关的声誉，妨碍监察机关职责的正常履行，给当事人造成严重的精神创伤等。

这里的徇私舞弊是指为了私情和一己私利，用欺骗或其他不正当方式违法乱纪的行为。监察人员利用本人职责范围内的权限或者本人职务、地位所形成的便利条件为自己或者他人谋取私利，袒护或者帮助违法违纪人员掩盖错误事实以逃避制裁，或者利用职权陷害他人的行为都属于徇私舞弊。根据我国刑法的规定，徇私舞弊罪属于渎职类罪中的罪名。在徇私舞弊类滥用职权案中，徇私成为推动行为人滥用职权的直接动力，行为人为了徇私而滥用职权。而在徇私舞弊类玩忽职守案中，徇私仅仅是行为人不履行法定职责的一个原因，尚不具有刺激和推动行为人积极追求犯罪结果的作用，不能被称为犯罪动机，也反映不出行为人的主观恶性。因此，应根据徇私舞弊所起的作用鉴别相关行为是构成玩忽职守罪还是构成徇私枉法罪。

对于监察人员违法行使监察权的行为，应当根据监察人员违法行使监察权行为的情节、性质、后果等严重程度，进行分类处理。对于严重触犯党的纪律处分条例和国家法律法规的行为，应当严格依纪依法给予党纪政务处分和组织处理；对于构成滥用职权罪、玩忽职守罪的行为，依法追究刑事责任。在调查工作结束后发现立案依据不充分或者失实，案件处置出现重大失误，监察人员严重违纪违法的，应当追究负有责任的领导人员和直接责任人员的责任。

《监察法实施条例》第 278 条在《监察法》所规定的上述两类共七种情形的基础上还增加了两种情形，即贪污贿赂、徇私舞弊的行为，以及不履行或者不正确履行监督职责，应当发现的问题没有发现，或者发现问题不报告、不处置，造成严重影响的行为。

二、不配合或故意阻碍监察活动的违法行为

（一）有关单位不执行监察机关决定、拒不采纳监察建议的行为

《监察法》第 62 条规定："有关单位拒不执行监察机关作出的处理决定，或者无正当理由拒不采纳监察建议的，由其主管部门、上级机关责令改正，对单位给予通报批评；对负有责任的领导人员和直接责任人员依法给予处理。"这是关于针对有关单位拒不执行处理决定或者无正当理由拒不采纳监察建议的行为给予处理的规定，主要目的是保障监察机关作为行使国家监察职能的专责机关的权威性。

1. 拒不执行监察机关决定的行为

监察机关作出的处理决定一般是指监察机关依据《监察法》第45条的规定，根据监督、调查结果，向职务违法的监察对象作出警告、记过、记大过、降级、撤职、开除等政务处分决定；对不履行或者不正确履行职责的领导人员，按照管理权限对其直接作出问责决定，或者向有权作出问责决定的机关提出问责建议。监察机关的处理决定一经作出即产生法律效力，具有强制性，监察对象及有关单位必须执行，并且要将执行的情况通报监察机关。监察对象对监察机关涉及本人的处理决定不服的，应当依照《监察法》第49条规定的法定程序提出；有关单位对监察机关作出的处理决定有异议的，应当依照法定程序提出。拒不执行处理决定的，应当依法承担相应的法律责任。

拒不执行监察机关作出的处理决定的"有关单位"，涉及监察机关的监察范围。根据监察法的规定，"有关单位"包括中国共产党的机关、人大机关、行政机关、政协机关、监察机关、审判机关、检察机关、民主党派和工商联机关，法律、法规授权或者受国家机关依法委托管理公共事务的组织，国有企业、事业单位，基层群众性自治组织，中国人民解放军和中国人民武装警察部队。

拒不执行的客体，是监察机关依法作出的具有执行内容、需要义务人执行并已发生法律效力的决定。监察机关是我国行使监察权的唯一机关，它在依法履行监督、调查、处置职责时作出的处理决定，是代表国家行使监察权的具体形式。决定一经生效，就具有法律强制力，有关单位都必须执行，不允许抗拒执行。

拒不执行的内容，是监察机关依法作出的决定中要求义务单位执行的内容。监察机关所作的决定一般包括两个层面的内容：第一是监察机关经过监督、调查后对被监察对象涉及的实体问题所作的判断性内容。第二是需要执行的内容。根据《监察法》第45条第1款第2项的规定，这里的执行内容就是指监察机关对违法的公职人员依照法定程序作出的警告、记过、记大过、降级、撤职、开除等处分决定。

需要注意的是，监察法讲究"令行禁止"，对拒不执行的构成，并没有设定主观认识能力和客观执行能力等方面的可例外不执行条件。只要具有故意拒绝的心理态度和客观上未执行、选择性执行的客观事实，就构成拒不执行。监察法也没有设定拒不执行必须造成的后果程度，因为监察法强调的是通过无条件执行来保障监察权威。

根据《监察法》的规定，对于上述构成拒不执行监察机关决定的行为，对直接责任人，由其主管部门、上级机关责令改正；对责任单位给予通报批评；对负有责任的领导人员则依法给予处理；对于构成犯罪的，应当追究刑事责任。

2. 拒不采纳监察建议的行为

监察建议一般是指监察机关依据《监察法》第45条的规定，在监督、调查、处置的基础上，针对监察对象所在单位在廉政建设和履行职责方面存在的问题等提出的建议性文件。对于监察机关提出的监察建议，监察对象及其所在单位如无正当理由，应当采纳，并且将采纳监察建议的情况通报给监察机关。监察对象所在单位未按照法定程序向监察机关提出异议，又拒不采纳监察建议的，应当追究所在单位及人员的法律责任。

监察建议是监察机关行使监察权的主要方式，是加强廉政建设、促进依法履行公职的有效手段，具有法律上的执行性。但是，鉴于监察建议和监察处理决定在其形成基础和对外功能等方面存在差异，监察法采取了区别对待的原则，容许有关单位有条件地不采纳监察建议，但是必须持有并报告不采纳的正当理由。持有正当理由，是指有关单位在单位廉政建设和履行职责这两个方面不存在监察建议所针对的事实以及预防必要。关于正当理由的报告，监察法没有明确报告的方式方法，但是，按照我国有关单位履行公职的一般程序来理解，该报告应当是指符合我国现行公文规则的各类书面报告。对正当理由的认定权，当然属于提出监察建议的机关。在审查、认定的必要期间内，有关单位可以暂缓执行监察建议所涉及的内容。

对违反监察建议的有关单位进行追责时，其执行主体不是作出监察决定或者提出监察建议的监察机关，而是有关单位的主管部门、上级机关。"对负有责任的领导人员和直接责任人员依法给予处理"中的两类人员，参照我国刑法关于单位犯罪的理论和法条，应当是指有关单位直接负责的主管领导和其他直接责任人员；其中的"依法给予处理"，根据我国立法法的规定和监察法的立法旨意，应当是指依照法律、法规、规章、其他规范性文件，特别是中国共产党党内法规，进行处理。

（二）有关人员妨碍监察工作的违法行为

《监察法》第63条规定，"有关人员违反本法规定，有下列行为之一的，由其所在单位、主管部门、上级机关或者监察机关责令改正，依法给予处理：（一）不按要求提供有关材料，拒绝、阻碍调查措施实施等拒不配合监察机关调查的；（二）提供虚假情况，掩盖事实真相的；（三）串供或者伪造、隐匿、毁灭证据的；（四）阻止他人揭发检举、提供证据的；（五）其他违反本法规定的行为，情节严重的"。这是《监察法》关于针对有关人员妨碍监察工作的行为进行处理的规定，主要目的是克服和排除监察机关依法行使权力的各种阻力和干扰，保障监察活动的顺利进行。

《监察法》列举了以下五项阻碍、干扰监察机关行使职权的违法行为。对于有下列行为之一的人员，由有关单位依据管理权限责令改正，依法给予处理。

1. 不按要求提供有关材料，拒绝、阻碍调查措施实施等拒不配合监察机关调查的

这是指监察对象或其他有关人员故意违背监察机关的指示或者提示，不按要求提供有关材料，或者以拒绝、阻碍调查措施实施等方式故意拒不配合监察机关开展调查的情形。监察机关的调查措施，包括谈话、讯问、询问、查询、冻结、调取、查封、扣押、搜查、勘验检查、鉴定、留置等12项措施，每一项措施的实施都有强有力的法律支持和保障，任何人不得拒不配合，不得非法对抗、阻碍、破坏。

2. 提供虚假情况，掩盖事实真相

这是指在监察机关及其工作人员要求提供违法犯罪行为的真实情况和违法犯罪事实时，监察对象或其他有关人员故意提供虚假情况、虚假证明，或者掩盖违法犯罪事实，意图阻碍监察机关调查、逃避法律责任的情形。要注意的是，该项条文也规定了不属于监察范围但与监察活动相关的其他人员不履行配合调查、不真实陈述事实的法律后果，使认定、打击和制裁变得有章可循、有法可依。

3. 串供或者伪造、隐匿、毁灭证据的

被监察的部门和人员为了逃避监察机关的调查，或者为了包庇违法违纪者，或者为了陷害他人而故意隐瞒真实情况，就与案件有重要关系的情节提供虚假情况或者隐匿、转移、销毁案件证据，都是违反国家法律的行为。串供，是指违法违纪行为人之间，以及违法违纪行为人与案件其他有关人员之间，为了达到使违法违纪行为人逃避纪律、法律责任追究目的，而统一口径、建立攻守同盟的行为。伪造证据，是指故意制造虚假的证据材料，包括模仿真实证据而制造假证据，或者凭空捏造虚假的证据，以及对真实证据加以变更、改造，使其证明作用失去或减弱。隐匿、转移、销毁证据，是指故意将证明事实情况的证据材料藏匿、转移到监察机关不便或者不能搜集的地方，或者予以毁灭。

监察机关是我国反腐败专门机关，调查职务违法和职务犯罪、开展廉政建设和反腐败工作

是监察机关的法定职权，因此，妨碍监察机关及时、顺利、全面、准确地收集证据的行为，必然严重影响监察程序和刑事司法程序，所以必须对这类行为严厉追责。

4. 阻止他人揭发检举、提供证据的

这是指监察机关及监察人员或被调查单位和个人，以暴力、威胁、贿买等方法阻止他人揭发检举、提供证据的行为。检举人向监察机关及监察人员揭发检举公职人员，是监督国家公职人员清正廉洁的重要形式，是监察机关受理线索、收集证据的重要途径，也是监察机关行使监察职能、开展监察活动的信息来源之一。包括监察机关在内的任何单位和个人不得采用任何形式的方法、手段阻止他人揭发检举，更不能阻止检举人向监察机关提供书证、物证和视听资料。

我国刑法明确规定了妨害作证罪的几种情形：行为人非法劝止、阻止证人依法作证；采用暴力方式使证人因人身自由受到严重限制而无法作证；威胁证人，使证人不敢作证；采用金钱、财物或其他利益，或者许诺钱财或其他利益，使证人不愿作证；利用职务等身份迫使从属部下不要作证；等等。

《监察法》这一规定既是对监察机关履行受理揭发检举职能的保护，也是对其自身监督的严格规定。任何单位或个人无论采用何种方式，只要主观上故意阻碍揭发检举，客观上实施了妨害证人依法作证的行为，都应当被追究责任。

5. 有其他违反监察法规定的行为，情节严重的

这一规定是《监察法》第 63 条的兜底条款，因为前述四项违反监察法应当承担法律责任的行为，不可能穷尽所有违反监察法的行为。监察工作涉及面广、专业性强，监察工作的开展涉及所有行使公权力的单位和个人。监察机关不仅在受理举报、处理线索、调查案件等监察事项中会遇到某些妨碍监察机关行使职权的违法行为，而且在处理案件乃至移送案件过程中也可能遇到某些阻碍监察机关正常履行职责的行为。对于这些行为，虽未能穷尽列举，但已设定义务性规范和强制性规范，以适用于其他违反监察法规定并且达到了需要追究责任的程度的行为。同时，这一规定也属于指引性条款，情节严重应当如何界定，对违法行为适用哪些法律、罪名，仍待有权部门厘定。

三、诬告陷害类违法行为

《监察法》第 64 条规定：“监察对象对控告人、检举人、证人或者监察人员进行报复陷害的；控告人、检举人、证人捏造事实诬告陷害监察对象的，依法给予处理。”《监察法实施条例》第 275、276 条分别规定，“监察对象对控告人、申诉人、批评人、检举人、证人、监察人员进行打击、压制等报复陷害的，监察机关应当依法给予政务处分。构成犯罪的，依法追究刑事责任。”“控告人、检举人、证人采取捏造事实、伪造材料等方式诬告陷害的，监察机关应当依法给予政务处分，或者移送有关机关处理。构成犯罪的，依法追究刑事责任。监察人员因依法履行职责遭受不实举报、诬告陷害、侮辱诽谤，致使名誉受到损害的，监察机关应当会同有关部门及时澄清事实，消除不良影响，并依法追究相关单位或者个人的责任。”以上是关于处理诬告陷害类违法行为的规定，主要目的是保障公民的控告权和检举权，保障监察人员行使职权时不受非法侵害。

（一）监察对象报复陷害控告人、检举人、证人或监察人员的行为

控告、检举、证实公职人员职务违法和职务犯罪，是宪法和法律赋予公民的基本权利，对监察人员而言更是法律赋予的责任。报复陷害，既包括国家机关工作人员滥用职权、假公济私，对控告人、检举人、证人和监察人员实施报复陷害的行为，也包括非国家机关工作人员对

控告人、检举人、证人或者监察人员实施报复陷害的行为。对控告人、检举人、证人或者监察人员进行报复陷害，是严重的违法犯罪行为。

监察人员在办理监察事项过程中不可避免地会触动一些人的利益。出于逃避制裁心理，一些监察对象会对监察工作进行抵抗；出于受到制裁后滋生的怨恨，一些监察对象也会对监察人员进行报复陷害。实践中，监察对象对控告人、检举人、证人或者监察人员打击报复的表现形式多种多样，如污蔑陷害、围攻阻挠、谩骂殴打、无理调动工作、压制提职晋级和评定职称等。监察对象对控告人、检举人、证人或者监察人员进行报复陷害的，应当依法给予政务处分；是党员的，应当依照《纪律处分条例》追究党纪责任；构成犯罪的，应依法追究刑事责任。

（二）控告人、检举人、证人捏造事实诬告陷害监察对象的行为

控告人、检举人、证人捏造事实诬告监察对象，是指控告人、检举人、证人捏造事实，告发陷害监察对象，意图使他受党纪、政务处分或者刑事追究。控告人、检举人、证人捏造事实、伪造材料诬告监察对象，既可能以使监察对象受到党纪/政务处或刑事追究为目的，也可能以败坏监察对象名誉、阻止监察对象得到某种奖励或提升为目的。

我国宪法规定，公民对任何国家机关和国家工作人员的违法失职行为，有向有关国家机关提出控告或检举的权利，但不得捏造或者歪曲事实进行诬告陷害。对于控告人、检举人、证人诬告陷害监察对象的，应当依法给予政务处分；是党员的，依照《纪律处分条例》追究党纪责任；构成犯罪的，依法追究刑事责任。

第四节　监察法律责任的种类

如前所述，按照不同的标准可以对监察法律责任作出不同的分类。在监察法律规范和监察实践活动中，最基本最实用的分类方法是根据监察违法行为性质的不同把监察法律责任分为政务责任、刑事责任和国家赔偿责任。其中，政务责任是以传统的政纪处分制度为基础，顺应国家监察体制改革的需要而产生的一种新的责任形式。一般而言，被追究政务责任的违法行为较轻，而被追究刑事责任的犯罪行为较重，对于同一行为有可能既要承担特定的政务责任，也要承担相应的刑事责任。相对于政务责任或者刑事责任而言，国家赔偿责任是一种独立的法律责任类型。无论监察机关及监察人员对于其违法行使职权的行为是否已经承担了政务责任或刑事责任，只要该行为客观上侵犯了公民、法人和其他组织的合法权益并且造成了损害，那么行为人所属的国家机关就要作为赔偿义务机关来依法承担国家赔偿责任，对受害人进行国家赔偿。

一、政务责任

政务责任是指《监察法》和《政务处分法》规定的，因实施违法行为而产生的，由监察机关强制违法的公职人员承担的法律责任。根据《政务处分法》的规定，对违法的公职人员可以依法作出警告、记过、记大过、降级、撤职、开除等政务处分决定。政务责任是政务处分的前提，政务处分是政务责任的后果。没有政务责任，就没有政务处分。政务责任的轻重决定政务处分的轻重，政务处分的轻重必须与政务责任的轻重相适应。政务责任主要是通过政务处分来实现的，可以说，政务责任是政务处分的内在素质，而政务处分则是政务责任的外在表现形式。[①]

---

① 秦前红.监察法学教程.北京：法律出版社，2023：422.

根据《政务处分法》的规定，公职人员任免机关、单位依法履行公职人员管理主体责任，有权对公职人员基于其职务违法行为予以处分。要注意的是，政务处分不同于处分，政务处分是监察机关的专属权力，法律依据为《监察法》《政务处分法》《监察法实施条例》，主要针对公职人员的职务违法行为；处分是各级行政机关、事业单位等依法享有的内部管理权力，法律依据为《行政机关公务员处分条例》《事业单位工作人员处分暂行规定》等，既适用于违法行为，又适用于违纪行为。政务处分与处分的区别不仅反映在名称上，而且反映在权力性质、适用范围、程序、救济等诸多方面。因此，《政务处分法》赋予公职人员任免机关、单位相应的处分权，并不等于确认其与监察机关具有同等的法律地位。监察机关承担监督专责，公职人员任免机关、单位承担监督主体责任，政务处分与处分各司其职、各有侧重，既相互独立又相互配合。[①]

《监察法》《政务处分法》规定，监察机关应当依照法律规定按照管理权限给予违法的公职人员政务处分。从条文来看违法事由并没有被限定为职务违法行为。事实上，公职人员的违法行为是多种多样的，公职人员在日常生活中的某些民事违法行为或者行政违法行为，与公权力行使可能无任何关联，当事人通常会因此承担对自己不利的民事、行政法律后果，原则上它们不属于政务处分范围。但这并不意味着所有非职务违法行为都不属于政务处分范围。《监察法实施条例》第23条对职务违法行为作了列举式规定，在此基础上，《监察法实施条例》第24条列举了三类应当予以政务处分的"其他违法行为"，包括超过行政、刑事追诉时效的违法行为，需要与职务违法一并核查的违法行为等。据此，非职务违法行为在上述特别规定的情况下也可以成为政务处分事由。

关于政务处分方式，《政务处分法》基本上沿用了行政处分的方式，设定了六种政务处分种类：警告、记过、记大过、降级、降职、开除。不同的政务处分案件情况各异，法律必须设置公平合理的政务处分适用规则，做到错责相当、宽严相济。对于违法情节恶劣、后果严重的，应当给予较重的政务处分；对于主动交代问题，在违法行为中起次要或辅助作用的，应当从轻处理；对于违法情节轻微，主动上缴违法所得的，可以免于政务处分。《政务处分法》设置专章对政务处分的种类及适用规则作了规定，目的在于保证政务处分的公平、合理，使政务处分与公职人员违法行为的性质、情节、危害程度等保持一致。此外，《监察法》《监察法实施条例》《政务处分法》还规定，对监察人员违法行使职权的苗头性、倾向性行为或者违法情节轻微的行为可以采取批评教育类和组织处理类的非党纪政务处分方式，其中批评教育类方式包括谈话提醒、批评教育、责令检查、诫勉、通报批评、向上级监察机关作出检讨等，组织处理类方式则包括停职、免职、责令辞职、调离岗位、辞退等。批评教育类处理方式一般对被处理人的职务、资格等没有实质性影响，不影响提升职务和评先评优。通报批评、诫勉等处理方式则一般会对被追究单位和个人在形象、名誉等方面产生一定的影响，其中诫勉还会对晋升职务产生一定的影响。组织处理类处理方式对被处理人的晋升职务和评先评优通常有直接影响，在影响期内不得提升职务和参与评先评优。非党纪政务处分方式，可以单独使用，也可以合并使用，或者与党纪政分处分合并使用。

二、刑事责任

《监察法》第66条规定，"违反本法规定，构成犯罪的，依法追究刑事责任"。这是关于构成犯罪追究刑事责任的规定，主要目的是打击犯罪，保障监察法各项制度顺利实施，维护监察

---

① 张成立，张西勇．政务处分制度探．四川大学学报，2021（6）．

法的权威性。

（一）妨碍监察工作涉嫌犯罪的

这是指监察对象及有关人员违反《监察法》第 63 条的规定，构成犯罪，依法追究刑事责任的情形。比如，串供或者伪造、隐匿、毁灭证据，涉嫌触犯《刑法》第 307 条第 2 款，该款规定，"帮助当事人毁灭、伪造证据，情节严重的，处三年以下有期徒刑或者拘役"。阻止他人揭发检举、提供证据的，涉嫌触犯《刑法》第 307 条第 1 款，该款规定，"以暴力、威胁、贿买等方法阻止证人作证或者指使他人作伪证的，处三年以下有期徒刑或者拘役；情节严重的，处三年以上七年以下有期徒刑"。

（二）报复陷害涉嫌犯罪的

这是指监察对象违反《监察法》第 64 条的规定，构成犯罪，依法追究刑事责任的情形。监察对象对控告人、检举人、证人或者监察人员进行报复陷害，涉嫌触犯《刑法》第 254 条，该条规定，"国家机关工作人员滥用职权、假公济私，对控告人、申诉人、批评人、举报人实行报复陷害的，处二年以下有期徒刑或者拘役；情节严重的，处二年以上七年以下有期徒刑"。

（三）诬告陷害涉嫌犯罪的

这是指控告人、检举人、证人违反《监察法》第 64 条的规定，构成犯罪，依法追究刑事责任的情形。控告人、检举人、证人捏造事实，诬告陷害监察对象，可能涉嫌触犯《刑法》第 243 条，该条规定"捏造事实诬告陷害他人，意图使他人受刑事追究，情节严重的，处三年以下有期徒刑、拘役或者管制；造成严重后果的，处三年以上十年以下有期徒刑"。"国家机关工作人员犯前款罪的，从重处罚"。

（四）违法行使职权涉嫌犯罪的

这是指监察机关及监察人员违反《监察法》第 65 条的规定，构成犯罪，依法追究刑事责任的情形。比如，泄露调查工作信息，可能涉嫌触犯《刑法》第 398 条第 1 款，该款规定"国家机关工作人员违反保守国家秘密法的规定，故意或者过失泄露国家秘密，情节严重的，处三年以下有期徒刑或者拘役；情节特别严重的，处三年以上七年以下有期徒刑"。其他滥用职权、玩忽职守、徇私舞弊的行为，可能涉嫌触犯《刑法》第 397 条，该条规定，"国家机关工作人员滥用职权或者玩忽职守，致使公共财产、国家和人民利益遭受重大损失的，处三年以下有期徒刑或者拘役；情节特别严重的，处三年以上七年以下有期徒刑。本法另有规定的，依照规定"。"国家机关工作人员徇私舞弊，犯前款罪的，处五年以下有期徒刑或者拘役；情节特别严重的，处五年以上十年以下有期徒刑。本法另有规定的，依照规定"。

需要注意的是，违反《监察法》其他规定，构成犯罪的，也应当依法追究刑事责任。[①]

刑事责任是法律责任范畴中最严厉的责任种类，这是由我国刑法的目的、功能所决定的。"良法善治"概念本身，就包含违法必究的原则。因此，对于违反《监察法》的行为，在依照《监察法》进行打击、追责的同时，并不能代替甚至排斥适用刑法。违反《监察法》的规定构成犯罪的，依法追究刑事责任，既可以判处管制、拘役、有期徒刑、无期徒刑甚至死刑，也可以判处罚金、剥夺政治权利、没收财产等附加刑。

《监察法》第 66 条通过指引性的规定，将某种严重违反《监察法》的行为同时纳入刑法的评判和考察范围，体现了中国特色社会主义法律体系的全面贯通，为取得反腐败压倒性胜利提供了最严厉的法治保障。

---

① 中共中央纪律检查委员会法规室，中华人民共和国国家监察委员会法规室.《中华人民共和国监察法》释义.北京：中国方正出版社，2018：280－282.

三、国家赔偿责任

《监察法》第 67 条规定，"监察机关及其工作人员行使职权，侵犯公民、法人和其他组织的合法权益造成损害的，依法给予国家赔偿"。这是关于监察机关国家赔偿责任的规定，主要目的是救济和保护公民、法人或者其他组织的合法权益，促进监察机关依法开展工作。

中国共产党十九大报告指出：我们中国共产党来自人民、植根人民、服务人民，一旦脱离群众，就会失去生命力。凡是群众反映强烈的问题都要严肃认真对待，凡是损害群众利益的行为都要坚决纠正。

《国家赔偿法》第 2 条规定，"国家机关和国家机关工作人员行使职权，有本法规定的侵犯公民、法人和其他组织合法权益的情形，造成损害的，受害人有依照本法取得国家赔偿的权利。"《监察法》第 67 条所称侵犯公民、法人和其他组织的合法权益，造成损害的行为，实质上是侵权行为，即监察机关及监察人员由于职务过错或过失侵害了他人的财产权利或者人身权利，依法应当承担法律责任的违法行为。

《监察法实施条例》第 280、281 条对申请监察机关国家赔偿的具体事由和程序作了进一步规定。监察机关及监察人员在行使职权时，有下列情形之一的，受害人可以申请国家赔偿：(1) 采取留置措施后，决定撤销案件的；(2) 违法没收、追缴或者违法查封、扣押、冻结财物造成损害的；(3) 违法行使职权，造成被调查人、涉案人员或者证人身体伤害或者死亡的；(4) 非法剥夺他人人身自由的；(5) 其他侵犯公民、法人和其他组织合法权益造成损害的。受害人死亡的，其继承人和其他有扶养关系的亲属有权要求赔偿；受害的法人或者其他组织终止的，其权利承受人有权要求赔偿。监察机关及监察人员违法行使职权侵犯公民、法人和其他组织的合法权益造成损害的，该机关为赔偿义务机关。赔偿申请应当向赔偿义务机关提出，由该机关负责复审复核工作的部门受理。

监察机关的履职行为构成侵权，监察机关应承担赔偿责任时，一般要具备以下几个条件：

一是公民、法人或者其他组织受到的损害必须是监察机关或者监察人员违法行使职权所造成的。所谓"行使职权"，一般是指监察机关及监察人员依据职责和权限所进行的活动。监察人员在从事与行使职权无关的个人活动时给公民、法人或者其他组织造成损害的，监察机关不承担国家赔偿责任。

二是损害事实与违法行使职权的行为之间存在着因果关系。违法行使职权的行为既包括侵犯公民、法人或者其他组织财产权的行为，如违法提请人民法院冻结涉案人员的存款等，也包括侵犯人身权的行为，如采取留置措施时超过法定期限等。

三是损害必须是现实已经产生或者必然产生的，不是想象的、虚拟的；是直接的，不是间接的。

四是赔偿是法律规定的。国家赔偿责任是一种法律责任，只有当法律规定的各项条件具备后，国家才予以赔偿。受害人提出国家赔偿请求，应当在法定范围和期限内依照法定程序提出。对于不符合法定条件，或者不属于法定赔偿范围的，国家不负责赔偿。

《监察法》出台后，应对《国家赔偿法》作相应修改，对监察机关国家赔偿责任的相关内容作出规定。当前，公民、法人和其他组织请求监察机关给予国家赔偿的具体程序，按照《国家赔偿法》的有关规定执行。[①]

---

① 中共中央纪律检查委员会法规室，中华人民共和国国家监察委员会法规室：《中华人民共和国监察法》释义．北京：中国方正出版社，2018：283－284．

参考文献

一、著作类

[1] 马克思 . 1844 年经济学哲学手稿 . 北京：人民出版社，2018.

[2] 马克思恩格斯选集：第 1 卷 . 北京：人民出版社，1972.

[3] 马克思恩格斯选集：第 3 卷 . 2 版，北京：人民出版社，1995.

[4] 马克思恩格斯选集：第 3 卷 . 3 版 . 北京：人民出版社，2012.

[5] 马克思恩格斯选集：第 4 卷 . 2 版 . 北京：人民出版社，1995.

[6] 马克思恩格斯全集：第 1 卷 . 北京：人民出版社，1965.

[7] 马克思恩格斯全集：第 4 卷 . 北京：人民出版社，1958.

[8] 马克思恩格斯全集：第 5 卷 . 北京：人民出版社，1958.

[9] 马克思恩格斯全集：第 13 卷 . 北京：人民出版社，1962.

[10] 马克思恩格斯全集：第 18 卷 . 北京：人民出版社，1964.

[11] 马克思恩格斯全集：第 19 卷 . 2 版 . 北京：人民出版社，2006.

[12] 马克思恩格斯全集：第 20 卷 . 北京：人民出版社，1971.

[13] 马克思恩格斯全集：第 22 卷 . 北京：人民出版社，1965.

[14] 马克思恩格斯全集：第 41 卷 . 北京：人民出版社，1982.

[15] 列宁选集：第 4 卷 . 3 版 . 北京：人民出版社，1995.

[16] 列宁全集：第 20 卷 . 2 版 . 北京：人民出版社，2017.

[17] 列宁全集：第 26 卷 . 北京：人民出版社，1959.

[18] 列宁全集：第 34 卷 . 2 版 . 北京：人民出版社，1985.

[19] 列宁全集：第 43 卷 . 2 版 . 北京：人民出版社，2017.

[20] 毛泽东选集：第 2 卷 . 北京：人民出版社，1991.

[21] 毛泽东选集：第 3 卷 . 北京：人民出版社，1991.

[22] 毛泽东文集：第 2 卷 . 北京：人民出版社，1993.

[23] 毛泽东文集：第 7 卷 . 北京：人民出版社，1999.

[24] 毛泽东文集：第 8 卷 . 北京：人民出版社，1999.

[25] 邓小平文选：第 1 卷 . 2 版 . 北京：人民出版社，1994.

[26] 邓小平文选：第 2 卷 . 2 版 . 北京：人民出版社，1994.

[27] 江泽民文选：第 1 卷 . 北京：人民出版社，2006.

[28] 江泽民文选：第 2 卷 . 北京：人民出版社，2006.

[29] 江泽民文选：第 3 卷 . 北京：人民出版社，2006.

[30] 习近平谈治国理政：第 2 卷 . 北京：外文出版社，2017.

[31] 习近平谈治国理政：第 1 卷．北京：外文出版社，2018.

[32] 习近平谈治国理政：第 3 卷．北京：外文出版社，2020.

[33] 习近平．论坚持全面依法治国．北京：中央文献出版社，2020.

[34] 谭金土．法言与法相．呼和浩特：远方出版社，2001.

[35] 孙诒让．周礼正义．北京：中华书局，2016.

[36] 蒋礼鸿．商君书锥指．北京：中华书局，1986.

[37] 王晓天．求索刍草．北京：团结出版社，2006.

[38] 亚里士多德．政治学．北京：商务印书馆，1965.

[39] 陈梦家．殷墟卜辞综述．北京：中华书局，1988.

[40] 陈高华，等．元典章·台纲．北京：中华书局，2012.

[41] 黄河清．近现代辞源．上海：上海辞书出版社，2010.

[42] 杜兴洋．行政监察学．武汉：武汉大学出版社，2008.

[43] 尤光付．中外监督制度比较．北京：商务印书馆，2013.

[44] 秦前红．监察法学教程．北京：法律出版社，2023.

[45] 邱永明．中国监察制度史．上海：上海人民出版社，2006.

[46] 十四大以来重要文献选编：中．北京：人民出版社，1997.

[47] 张云霄．监察法学新论．北京：中国政法大学出版社，2020.

[48] 莫纪宏，姚文胜．监察法学原理．北京：中国社会科学出版社，2022.

[49] 江国华．中国监察法学．2 版．北京：中国政法大学出版社，2022.

[50] 中国纪检监察报社．学思践悟．北京：中国方正出版社，2017.

[51] 李晓明，芮国强．国家监察学原理．北京：法律出版社，2019.

[52] 陈力丹．舆论学：舆论导向研究．北京：中国广播电视出版社，2008.

[53] 卡尔·拉伦茨．法学方法论．陈爱娥，译．北京：商务印书馆，2003.

[54] 那思陆．明代中央司法审判制度．北京：北京大学出版社，2004.

[55] 田明理．强化自我监督的制度利器．北京：东方出版社，2019.

[56] 谭宗泽，张震，褚宸舸．监察法学．北京：高等教育出版社，2020.

[57] 孙国华．中华法学大辞典：法理学卷．北京：中国检察出版社，1997.

[58] 李秀峰．廉政体系的国际比较．北京：社会科学文献出版社，2007.

[59] 汉密尔顿，等．联邦党人文集．程逢如，等译．北京：商务印书馆，1980.

[60] 十六大以来党和国家重要文献选编：上一．北京：人民出版社，2005.

[61] 张文显．法理学．5 版．北京：高等教育出版社，北京大学出版社，2018.

[62] 吴建雄．新时代党和国家监督体系论纲．北京：光明日报出版社，2024.

[63] 曾繁正．西方主要国家行政法、行政诉讼法．北京：红旗出版社，1998.

[64] 林艺芳．监察法与刑事诉讼法衔接机制研究．北京：法律出版社，2023.

[65] 池田温．论韩琬《御史台记》//池田温．唐史研究论文集．北京：中国社会科学出版社，1999.

[66] 博登海默．法理学：法律哲学和法律方法．北京：中国政法大学出版社，1999.

[67] 姜明安．行政法与行政诉讼法．北京：北京大学出版社，高等教育出版社，2011.

[68] 罗华滨，刘志大．中国特色社会主义监督体制．北京：中国方正出版社，2012.

[69] 本特维斯兰德尔．瑞典的议会监察专员．程洁，译．北京：清华大学出版社，2001.

[70] 建立健全惩治和预防腐败体系 2008—2012 年工作规划．北京：中国方正出版社，2008.

［71］关于加强和改进新形势下党的建设若干重大问题的决定．北京：人民出版社，2009.

［72］王桂五．中华人民共和国监察法研究．北京：法律出版社，1991.

［73］中共中央文献研究室．十八大以来重要文献选编：上．北京：中央文献出版社，2014.

［74］中共中央文献研究室．习近平关于全面依法治国论述摘编．北京：中央文献出版社，2015.

［75］中共中央文献研究室．习近平关于全面建成小康社会论述摘编．北京：中央文献出版社，2016.

［76］苏联共产党代表大会、代表会议和中央全会决议汇编：第1分册．北京：人民出版社，1964.

［77］苏联共产党代表大会、代表会议和中央全会决议汇编：第2分册．北京：人民出版社，1964.

［78］肖蔚云，姜明安．北京大学法学百科全书：宪法学、行政法学．北京：北京大学出版社，1999.

［79］本书编写组．《中国共产党纪律检查机关监督执纪工作规则》学习问答．北京：中国方正出版社，2018.

［80］中共中央纪律检查委员会法规室，中华人民共和国国家监察委员会法规室．《中华人民共和国公职人员政务处分法》释义．北京：中国方正出版社，2021.

［81］中共中央纪律检查委员会法规室，中华人民共和国国家监察委员会法规室编写．《中华人民共和国国家监察法》释义．北京：中国方正出版社，2018.

［82］中国共产党第十八届中央委员会第四次全体会议文件汇编．北京：人民出版社，2014.

［83］中共中央纪律检查委员会法规室，中华人民共和国国家监察委员会法规室编写．《中国共产党纪律检查机关监督执纪工作规则》释义．北京：中国方正出版社，2018.

［84］习近平．决胜全面建成小康社会 夺取新时代中国特色社会主义伟大胜利：在中国共产党第十九次全国代表大会上的报告．北京：人民出版社，2017.

［85］胡锦涛．高举中国特色社会主义伟大旗帜为 夺取全面建设小康社会新胜利而奋斗：在中国共产党第十七次全国代表大会上的报告．北京：人民出版社，2007.

二、古籍类

［1］唐律疏议·斗讼．

［2］钦定台规：宪纲二·陈奏．

［3］叶子奇．草木子：卷三：下·杂制篇．

［4］历代刑法志．北京：群众出版社，1988.

［5］班固．前汉书·薛宣传．台北：中华书局，2016.

［6］班固．前汉书·刑法志．台北：中华书局，2016.

［7］脱脱．宋史·职官四．北京：中华书局，2016.

［8］王先慎．韩非子集解．北京：中华书局，1998.

［9］房玄龄．晋书·刑法志．北京：中华书局，1974.

［10］班固．前汉书·百官公卿表．台北：中华书局，2016.

［11］赵尔巽．清史稿·职官二．北京：中华书局，1977.

[12] 董诰，等．全唐文：卷172．北京：中华书局，2001.

[13] 张廷玉．明史·职官志二．北京：中华书局，1974.

[14] 司马迁．史记·李斯列传．北京：中华书局，1982.

[15] 司马迁．史记·循吏列传．北京：中华书局，1982.

[16] 段玉裁．说文解字注．郑州：中州古籍出版社，2006.

[17] 欧阳修，宋祁．新唐书·百官三．北京：中华书局，2003.

[18] 范祥雍．战国策笺证：下册．上海：上海古籍出版社，2006.

[19] 宪纲事类·宪纲·纠劾百司//中国珍稀法律典籍集成：乙编：第二册．

[20] 宪纲事类·宪纲·巡按失职//中国珍稀法律典籍集成：乙编：第二册．

[21] 睡虎地秦墓竹简整理小组．睡虎地秦墓竹简尉杂．北京：文物出版社，1978.

三、期刊类

[1] 田雅琴．日本行政监察制度管窥．中国监察，2005（8）.

[2] 田兆阳．行政首长负责制与集体领导．新视野，2001（6）.

[3] 郑宪．再谈民主监督．中央社会主义学院学报，2004（2）.

[4] 陈瑞华．论国家监察权的性质．比较法研究，2019（1）.

[5] 张成立，张西勇．政务处分制度探析．四川大学学报，2021（6）.

[6] 习近平．在新的起点上深化国家监察体制改革．求是，2019（5）.

[7] 江国华．国家监察体制改革的逻辑与取向．学术论坛，2017（3）.

[8] 王锡锌．行政过程中相对人程序权利研究．中国法学，2001（4）.

[9] 封利强．监察法学的学科定位与理论体系．法治研究，2020（6）.

[10] 徐永平．充分发挥社会监督的反腐败功能．理论研究，2012（2）.

[11] 卫跃宁．监察法与刑事诉讼法管辖衔接研究．法学杂志，2022（4）.

[12] 蔡金荣．"国家监察全面覆盖"的规范结构探析．求实，2019（1）.

[13] 陈伟．国家监察全覆盖的内涵、原则及重点，学术论坛，2020（2）.

[14] 邹开红．《中华人民共和国监察官法》解读．中国纪检监察，2021（17）.

[15] 夏金莱．论监察全覆盖下的监察对象．中国政法大学学报，2021（2）.

[16] 钱唐．如何理解纪委与监委职责的对应性．中国纪检监察，2018（6）.

[17] 许柯．监察工作信息公开制度的建构与完善．廉政文化研究，2022（2）.

[18] 童之伟．对监察委员会自身的监督制约何以强化．法学评论，2017（1）.

[19] 韩大元．论国家监察体制改革中的若干宪法问题．法学评论，2017（3）.

[20] 周佑勇．监察委员会权力配置的模式选择与边界．政治与法律，2017（11）.

[21] 徐靖．论法律视域下社会公权力的内涵、构成及价值．中国法学，2014（1）.

[22] 王晓天．论中国封建监察制度的利弊得失．湘潭师范学院学报，1999（4）.

[23] 陈力丹．论我国舆论监督的性质和存在的问题．新闻与传播，2003（9）.

[24] 郭文涛．论监察委员会的双重属性及其制度优势．深圳社会科学，2020（6）.

[25] 赵振宇．以系统施治标本兼治理念正风肃纪反腐．中国纪检监察，2021（5）.

[26] 马怀德．国家监察体制改革的重要意义和主要任务．国家行政学院学报，2016（1）.

[27] 韩延明．人民至上：习近平新时代中国特色社会主义思想的精髓．党建，2022（7）.

[28] 魏昌东．监察全覆盖的理论逻辑与应然边界．南京大学学报（社会科学版），2022（5）.

[29] 吴建雄，郭太盛，郭烽．把权力关进制度笼子的科学要义．红旗文稿，2017（2）.

[30] 姚莉．监检衔接视野下的检察提前介入监察机制研究．当代法学，2022（4）.

［31］秦前红．我国监察机关的宪法定位以国家机关相互间的关系为中心．中外法学，2018（3）．

［32］姚莉．《监察法》第 33 条之法教义学解释：以法法衔接为中心．法学，2021（1）．

［33］秦涛，张旭东．论《监察法》"行使公权力"的判定标准．上海行政学院学报，2019（2）．

［34］吴建雄，李春阳．健全国家监察组织架构研究．湘潭大学学报（哲学社会科学版），2017（1）．

［35］吴建雄．国家监察体制改革若干问题探析．新疆师范大学学报（哲学社会科学版），2019（5）．

［36］吴建雄．试点地区用留置取代两规措施的实践探索．新疆师范大学学报（哲学社会科学版），2018（2）．

［37］吴建雄，王友武．监察与司法衔接的价值基础、核心要素与规则构建．国家行政学院学报，2018（5）．

［38］吴建雄．新起点上深化国家监察体制改革的法理思考．武汉科技大学学报（社会科学版），2018（10）．

［39］杜倩博．监察委员会内部机构设置与运行机制：流程导向的组织变革．中共中央党校学报，2018（4）．

［40］李景平，赵亮，于一丁．中外行政监察制度比较及其启示．西安交通大学学报（社会科学版），2008（4）．

［41］王冠，任建明．纪检监察体制变迁中的多元主体关系及演进逻辑，广州大学学报（社会科学版），2021（4）．

［42］刘小妹．跳出历史周期率的中国道路：权力监督的法治化．西北大学学报（哲学社会科学版），2023（3）．

［43］陈宏宇．民主监督：职能变迁与制度边界：以人民政协民主监督为例的研究．经济社会体制比较，2016（6）．

［44］左卫民，安琪．监察委员会调查权：性质、行使与规制的审思．武汉大学学报（哲学社会科学版），2018（6）．

［45］刘用军．论民主党派中行使公权力的公职人员范围：以监察法之监察对象为视角．湖北警官学院学报，2019（2）．

［46］顾永忠．公职人员职务犯罪追诉程序的重大变革、创新与完善：以《监察法》和《刑事诉讼法》的有关规定为背景．法治研究，2019（1）．

［47］习近平．在中共中央政治局第四十次集体学习时强调 提高一体推进"三不腐"能力和水平 全面打赢反腐败斗争攻坚战持久战．旗帜，2022（7）．

四、网络文献类

［1］沿着有中国特色的社会主义道路前进．（2007－08－29）［2023－08－16］．https：//www.gov.cn/govweb/test/2007－08/29/content_730445.htm.

［2］李建国．关于《中华人民共和国监察法（草案）》的说明．（2018－03－15）［2023－10－27］.http://www.npc.gov.cn/npc/c2/c30834/201905/t20190521_281382.html.

［3］习近平同志在中央政法工作会议上的讲话全文．（2014－01－07）［2023－10－27］.http://cpc.people.com.cn/n/2014/0108/c64094－24063359.html.

［4］习近平：坚持全面从严治党依规治党 创新体制机制强化党内监督．（2016－01－13）［2023－10－27］.http://cpc.people.com.cn/n1/2016/0113/c64094－28045267.html.

［5］中共中央印发《深化党和国家机构改革方案》．（2018－03－21）［2023－10－27］．https：//www. rmzxb. com. cn/c/2018－03－21/2002007. shtml.

［6］一文读懂建国以来我国监察机构的历史沿革．（2023－04－19）［2023－08－12］．https：//www. sohu. com/a/667513341＿120652517.

［7］全国公务员总数和录用人数连续2年下降．（2016－05－31）［2023－08－11］. https：//www. gov. cn/xinwen/2016－05／31/content＿5078420. htm.

［8］女协警被查！纪委：虽是劳务派遣，但属于在国家机关从事公务人员．（2022－08－07）［2023－08－13］. https：//new. qq. com/rain/a/20220807A00DLV00.

［9］中国共产党党员总数公布．（2023－06－30）［2023－08－11］. https：//m. gmw. cn/2023－06/30/content＿1303423215. htm.

［10］让腐败分子永无藏身之地．（2018－10－08）［2023－10－27］. http：//fanfu. people. com. cn/n1/2018/1008/c64371－30328194. html.

［11］司法协助类条约缔约情况一览表．（2019－04－10）［2023－04－10］. https：//www. fmprc. gov. cn/web/ziliao＿674904/tytj＿674911/tyfg＿674913/default＿1. shtml.

［12］中国四千外逃贪官携走资金五百亿美元．（2009－09－17）［2023－10－27］. http：//chinaps. cssn. cn/rdpl＿58843/201506/t20150618＿2358463. shtml.

［13］中国银行开平支行案主犯许超凡被从美国强制遣返．（2018－10－04）［2023－10－27］. http：//www. ccdi. gov. cn/toutiao/201807/t20180711＿175442. html.

［14］"五个敢于"是新时代干部担当精神的具体体现．（2018－04－13）［2023－10－27］. http：//theory. people. com. cn/n1/2018/0413/c40531－29923920. html.

五、报纸类

［1］国家监察体制改革试点取得实效．人民日报，2017－11－06.

［2］邱学强．迈向法治反腐新征程．学习时报，2018－06－13（1）.

［3］何毅亭．论中国共产党的自我革命．学习时报，2017－07－24.

［4］杨丽敏．人民是党执政兴国的最大底气．人民日报，2022－07－14（11）.

［5］李林宝．树立正确的权力观（人民论坛）．人民日报，2022－05－18（4）.

［6］向泽选．纪检监察工作如何实现法法衔接．中国纪检监察报，2018－04－25.

［7］朱旭东．中国共产党自我监督的历史性探索．中国纪检监察报，2018－06－07.

［8］准确把握习近平法治思想的鲜明理论品格．人民日报，2021－12－06.

［9］习近平．在中共中央政治局第四十次集体学习上的讲话．新华社，2022－06－17.

［10］习近平．在首都各界纪念现行宪法公布施行30周年大会上的讲话．人民日报，2012－12－05.

［11］习近平．在庆祝全国人民代表大会成立60周年大会上的讲话，人民日报，2014－09－06.

［12］习近平．在庆祝中国人民政治协商会议成立65周年大会上的讲话．人民日报，2014－09－22.

［13］决胜全面建成小康社会 夺取新时代中国特色社会主义伟大胜利．人民日报，2017－10－19.

［14］习近平．在第十八届中央纪律检查委员会第六次全体会议上的讲话．人民日报，2016－01－12.

［15］充分发挥全面从严治党引领保障作用 确保"十四五"时期目标任务落到实处．人民日报，2021－01－23.

［16］姜洁.中办印发《关于在北京市、山西省、浙江省开展国家监察体制改革试点方案.人民日报，2016－11－08.

［17］如何坚持系统施治标本兼治 发挥纪检监察机关组织作用和系统优势.中国纪检监察报，2021－04－01.

［18］习近平.在文化传承发展座谈会上强调 担负起新的文化使命 努力建设中华民族现代文明.人民日报，2023－06－03.

［19］习近平.一刻不停推进全面从严治党 保障党的二十大决策部署贯彻落实（在二十届中央纪委二次全会上发表重要讲话）.新华社，2023－01－09.

［20］坚持惩防并举 更加注重预防 深入推进党风廉政建设和反腐败斗争：中共中央纪律检查委员会向党的第十七次全国代表大会的工作报告.人民日报，2007－10－27.

《   》※任课教师调查问卷

　　为了能更好地为您提供优秀的教材及良好的服务，也为了进一步提高我社法学教材出版的质量，希望您能协助我们完成本次小问卷，完成后您可以在我社网站中选择与您教学相关的 1 本教材作为今后的备选教材，我们会及时为您邮寄送达！如果您不方便邮寄，也可以申请加入我社的**法学教师 QQ 群：436438859（申请时请注明法学教师）**，然后下载本问卷填写，并发往我们指定的邮箱（cruplaw@163.com）。

　　邮寄地址：北京市海淀区中关村大街 31 号中国人民大学出版社 1202 室收

　　邮　　编：100080

　　再次感谢您在百忙中抽出时间为我们填写这份调查问卷，您的举手之劳，将使我们获益匪浅！

基本信息及联系方式：※

姓名：＿＿＿＿＿＿＿　性别：＿＿＿＿＿＿＿　课程：＿＿＿＿＿＿＿＿＿＿

任教学校：＿＿＿＿＿＿＿＿＿＿　院系（所）：＿＿＿＿＿＿＿＿＿

邮寄地址：＿＿＿＿＿＿＿＿＿＿　邮编：＿＿＿＿＿＿＿＿＿＿

电话（办公）：＿＿＿＿＿＿　手机：＿＿＿＿＿＿＿　电子邮件：＿＿＿＿＿＿

调查问卷：※

1. 您认为图书的哪类特性对您使用教材最有影响力？（　　）（可多选，按重要性排序）

　　A. 各级规划教材、获奖教材　　　　B. 知名作者教材

　　C. 完善的配套资源　　　　　　　　D. 自编教材

　　E. 行政命令

2. 在教材配套资源中，您最需要哪些？（　　）（可多选，按重要性排序）

　　A. 电子教案　　　　　　　　　　　B. 教学案例

　　C. 教学视频　　　　　　　　　　　D. 配套习题、模拟试卷

3. 您对于本书的评价如何？（　　）

　　A. 该书目前仍符合教学要求，表现不错将继续采用。

　　B. 该书的配套资源需要改进，才会继续使用。

　　C. 该书需要在内容或实例更新再版后才能满足我的教学，才会继续使用。

　　D. 该书与同类教材差距很大，不准备继续采用了。

4. 从您的教学出发，谈谈对本书的改进建议：＿＿＿＿＿＿＿＿＿＿＿＿＿＿

＿＿＿＿＿＿＿＿＿＿＿＿＿＿＿＿＿＿＿＿＿＿＿＿＿＿＿＿＿＿＿＿＿＿

＿＿＿＿＿＿＿＿＿＿＿＿＿＿＿＿＿＿＿＿＿＿＿＿＿＿＿＿＿＿＿＿＿＿

选题征集：如果您有好的选题或出版需求，欢迎您联系我们：

联系人：黄　强　联系电话：010-62515955

索取样书：书名：＿＿＿＿＿＿＿＿＿＿＿＿＿＿＿＿＿＿＿＿＿＿＿

书号：＿＿＿＿＿＿＿＿＿＿＿＿＿＿＿＿＿＿＿＿＿＿＿＿＿＿＿＿＿

备注：※ 为必填项。